2020
山东省工业和信息化
发展研究

山东省工业和信息化研究院

Research on the Development of Industry and Informatization in Shandong Province

中国经济出版社
CHINA ECONOMIC PUBLISHING HOUSE
·北 京·

图书在版编目（CIP）数据

山东省工业和信息化发展研究：2020 / 山东省工业和信息化研究院编．--北京：中国经济出版社，2021.7

ISBN 978-7-5136-6505-6

Ⅰ.①山… Ⅱ.①山… Ⅲ.①工业发展-研究-山东-2020 ②信息产业-产业发展-研究-山东-2020 Ⅳ.①F427.52 ②F49

中国版本图书馆 CIP 数据核字（2021）第 127612 号

策划编辑　海　毅
责任编辑　孙晓霞
责任印制　马小宾
封面设计　任燕飞

出版发行　中国经济出版社
印 刷 者　北京建宏印刷有限公司
经 销 者　各地新华书店
开　　本　710mm×1000mm　1/16
印　　张　25.25
字　　数　390 千字
版　　次　2021 年 7 月第 1 版
印　　次　2021 年 7 月第 1 次
定　　价　98.00 元
广告经营许可证　京西工商广字第 8179 号

中国经济出版社 **网址** www.economyph.com **社址** 北京市东城区安定门外大街 58 号 **邮编** 100011
本版图书如存在印装质量问题，请与本社销售中心联系调换（联系电话：010-57512564）

编委会

主　　编　滕建军

副 主 编　宋振海　秦　可　李国芹　李玉奎

执行副主编　秦　可

编　　委　范玉明　陈高华　张永君　李燕芹
崔　磊

主　　撰　邵　磊　李尚达　徐兆伟　王文平
潘劲松　李晓峰　刘际宁　张宇翔
刘明伟　刘金旺　刘伟伟　魏　磊
范玉明　王　强　戴　昊　李燕芹
赵　彬

目录
contents

第一部分　工业篇

第二部分　信息化篇

第三部分　综合篇

第一部分

工业篇

1

山东省工业高质量发展对策研究

——基于偏离—份额分析法和鲁粤苏浙四省对比分析

李国芹　陈高华　邵磊　徐兆伟　夏轲

摘　要　本课题以习近平新时代中国特色社会主义思想为指导，运用经济理论与山东省工业实际相结合，首先简介山东省工业现状，采用偏离—份额分析法对山东省38个工业行业进行竞争力分析，并对2008—2018年鲁粤苏浙四省的主要经济指标进行对比，精准分析山东省工业存在的问题和差距，探索山东省工业高质量发展思路，提出发展目标和策略。从研究结果来看，建议山东省工业行业发挥传统产业基础扎实的既有优势，加快新兴产业发展，以强化要素配置、产业集群、质量品牌、创新驱动和开放新高地等为重点抓手，助力加快实现山东省工业高质量发展。

关键词　工业；偏离份额分析；高质量；对策

工业既是一个国家的经济命脉，也是一个区域经济发展的重要支柱。山东省作为工业大省，已建立了较为完整的工业体系，产业门类齐全，重点行业基础扎实，新兴产业加速发展，在全国工业发展中占有重要地位。近年来，山东坚持以新发展理念为统领，以供给侧结构性改革为主线，以提高发展质量和效益为中心，加快新旧动能转换重大工程，牢牢把握制造强省定位，推动全省工业高质量发展，开启了工业大省向工业强省跨越的新阶段。但是在这个传统产业换挡转型、新兴产业尚未壮大的特殊历史时期，山东省工业面临效益持续下滑、占全国比重不断降低的发展现实，同广东、江苏两省工业营收的差距越来越大，存在即将被浙江超越的可能。当前，认清差距、找准方向、明确发展重点是山东省工业亟待解决的问题，本报告以此为出发点，研究探索山东省工业向高质量发展的对策和方法。

一、山东省工业现状

（一）工业规模总量大

山东省拥有 41 个工业大类和 197 个工业中类，是中国工业门类最齐全的省份之一。2018 年，全省规模以上工业企业有 38333 家，实现主营业务收入 9.27 万亿元，利润总额 4872 亿元，占全国比重分别为 10.1%、9.1% 和 7.3%，均居全国第三位，工业在全省经济中的比重达到 37.8%。临沂、潍坊、滨州 3 市规模以上工业收入均超过 8000 亿元，烟台、临沂、济宁、潍坊 4 市工业利润总额均超过 400 亿元。2018 年，全省工业年底就业人员数达 1417.2 万人，规模以上工业企业全部从业人员年平均人数达 696 万人。

（二）传统行业基础雄厚

山东省工业体系完整，具有传统行业体量大、基础雄厚、稳定性高的特点，形成了抗风险能力强的独特产业优势。轻工、化工、机械、冶金、纺织、建材等传统行业产值占比达到 80%，从 2018 年山东省百强企业营业收入占比来看，石油化工、机械、钢铁、设备行业占比约 40%。山东省工业传统行业仍然占据主导地位，同时也是山东省工业发展的最大优势和基础。

（三）新兴产业茁壮成长

新兴产业发展成效突出，规模不断壮大。2018 年，山东省新能源新材料、新一代信息技术和高端装备等行业分别增长 6%、6.7% 和 5.5%，均高于全省规模以上工业增速。人工智能、5G、工业互联网、大数据等新一代信息技术加快与制造业对接融合，催生出大量的新技术、新产业、新业态、新模式，“四新”经济增加值占全省生产总值的比重达到25%左右，“四新”经济投资占全部投资比例达40%以上，全省高新技术产业产值比重达到36%。

（四）企业创新不断提高

深入开展了新一轮高水平企业技术改造行动计划，通过实施“万项技改”，推动“万企转型”，加强制造业创新中心等重点平台建设，加大企业技术研发投入，形成了一大批重大技术创新成果，如可燃冰试采装备“蓝鲸一号”、C919 大型容机和“墨子号”量子卫星等项目都有山东制造的贡献。2018 年，全省研究与试验发展（R&D）经费支出达到 1643.3 亿元，低于广东、江苏和北京，居全国第四位，经费投入强度为 2.15%。2018 年，山东有 88 家企业入围中国制造业 500 强，4 家企业入围世界 500 强；累计有 40 家企业成为全国“制造业单项冠军”示范企业，数量居全国首位。

（五）两化融合深度推进

山东省工业制定实施“现代优势产业集群 + 人工智能”、5G 产业发展的推进措施，坚持标杆示范先行，积极培育应用场景，深入推动现代信息技术赋能产业发展，全省工业信息化融合指数多年来一直位居全国前列。《中国智能化发展指数报告（2019）》显示，山东智能化发展指数是 67.20，居全国第六位，其中智能制造指数居全国首位。截至 2018 年，全省已培育两化融合管理体系贯标咨询服务机构 11 家，前 5 批有 262 家山东省工业企业被评为国家级两化融合管理体系贯标试点企业，居全国第三位。海尔、浪潮、歌尔等 5 个项目入选国家工业互联网创新工程，海尔卡奥斯、浪潮云洲两个工业互联网平台进入国家重点支持的十大双跨工业互联网平台，数量居全国第一位。

（六）园区建设集群效应显现

山东省不断推动“两区一圈一带”区域发展战略，产业在不同区域间梯次分布，发展空间得到有效拓展，基本形成了东部地区、中部地区、西部地区协同发展格局，各类经济开发区已成为现代工业的主要载体。山东现有国家级经济技术开发区 15 家，数量居全国第三位；省级经济开发区 134 家，海关特殊监管区域 10 家。2018 年，全省经济开发区实现公共财政预算收入 2470. 7 亿元、进出口总额 11008. 5 亿元、实际使用外资 96. 3 亿美元，分别占全省比重的 38. 1%、57. 0%、58. 9%。截至 2018 年，全省经济开发区拥有世界 500 强投资项目 565 个，占全省比重的 76. 2%；拥有上市企业 134 家，其中 13 家开发区创建为国家级新型工业化产业示范基地。

二、基于偏离—份额分析山东省工业各行业竞争力

偏离—份额分析法（SSM）的基本思想是把区域产业发展变化看作一个动态的过程，以其所在区域的经济发展作为参照系，将区域某一产业总量在某一时期的变动分解为 3 个分量，即份额分量、结构偏离分量和竞争力偏离分量，以此分析区域内某一产业总值增长相对其所在更大区域平均水平的偏离状况，从而评价区域产业结构优势和自身竞争力的强弱，进而确定区域未来经济发展过程中主导产业发展方向和产业结构调整的思路。本节采用偏离—份额分析法，对山东省工业的 38 个行业主营业务收入进行竞争力分析，找出具有竞争优势的行业，以便区分制定不同行业的发展策略。

（一）偏离—份额分析法（SSM）数学模型构建

山东省工业行业规模用 b 表示，全国工业行业规模用 B 表示，0 为基期，t 为末期，将山东省工业行业按照统计学标准划分为 38 个产业部门用 j（$j=1, 2, 3, \cdots$）表示，即以 $b_{ij,0}$ 和 $b_{ij,t}$ 分别表示山东省工业行业各产业部门在基期和末期的经济规模（定义山东在全国各省区中的位置为 i 区域），以 $B_{j,0}$ 和 $B_{j,t}$ 分别表示全国工业行业各产业部门在基期和末期的经济规模。

山东省工业行业第 j 个产业部门在［0，t］时间段的变化率为

$$r_{ij} = (b_{ij,t} - b_{ij,0}) / b_{ij,0} \quad (1)$$

全国工业行业第 j 产业部门在［0，t］时间段的变化率为

$$R_j = (B_{j,t} - B_{j,0}) / B_{j,0} \quad (2)$$

全国工业行业在［0，t］时间段的总体变化率为

$$R = (B_t - B_0) / B_0 \quad (3)$$

可以将 i 区域 j 产业的经济增长量 G_{ij} 分解为区域增长分量 N_{ij}、产业结构增长分量 P_{ij} 和竞争力增长分量 D_{ij}，PD_{ij} 为总偏离。N_{ij} 反映 i 区域 j 产业产值按全国经济总产量的增长速度应有的增长额；P_{ij} 反映 i 区域 i 产业产值以全国产业结构为评价标准的优劣程度；D_{ij} 反映 i 区域 j 产业产值自身的发展程度同全国该产业的平均发展程度的比较。

$$N_{ij} = b_{ij,0} \times R,\ N'_{ij} = b_{ij,0} \times R_j \quad (4)$$

$$P_{ij} = b_{ij,0} (B_{j,t} / B_{j,0} - B_t / B_0) \quad (5)$$

$$D_{ij} = b_{ij,0} (b_{ij,t} / b_{ij,0} - B_{j,t} / B_{j,0}) \quad (6)$$

$$PD_{ij} = P_{ij} + D_{ij} \quad (7)$$

$$G_{ij} = N_{ij} + P_{ij} + D_{ij} = b_{ij,t} - b_{ij,0} \quad (8)$$

（二）数据录入和计算

根据《山东统计年鉴》和《中国统计年鉴》的数据统计，选取 2008 年和 2018 年两个时间点的工业行业各产业部门主营业务收入作为对象，以相同时间内全国工业行业各产业部门主营业务收入为参照，其基本数据及初步处理如表 1 所示。

表 1 2008 年、2018 年全国和山东省工业各行业主营业务收入 单位：亿元

序号	行业名称	2008 年山东 ($b_{ij,0}$)	2018 年山东 ($b_{ij,t}$)	2008 年全国 ($B_{j,0}$)	2018 年全国 ($B_{j,t}$)	经济增长量 (G_{ij})
	总计	62034.2	92569.1	500020.1	1046595.8	30534.9
1	煤炭开采和洗选业	1906.0	1626.2	15315.2	24645.8	-279.8
2	石油和天然气开采业	1296.6	823.6	11053.0	8710.9	-473.0
3	黑色金属矿采选业	283.9	227.0	3635.7	3374.4	-56.9

续表

序号	行业名称	2008 年山东 ($b_{ij,0}$)	2018 年山东 ($b_{ij,t}$)	2008 年全国 ($B_{j,0}$)	2018 年全国 ($B_{j,t}$)	经济增长量 (G_{ij})
4	有色金属矿采选业	419.0	866.9	2706.0	3729.1	447.9
5	非金属矿采选业	328.4	144.2	1822.5	3413.3	-184.2
6	其他采矿业	4.2	1.8	9.7	30.9	-2.4
7	农副食品加工业	5811.5	7198.2	23565.8	47758.3	1386.7
8	食品制造业	1425.4	1468.2	7463.7	18679.8	42.8
9	酒、饮料和精制茶制造业	707.3	839.2	6137.6	15534.9	131.9
10	烟草制品业	168.1	298.1	4259.7	10465.4	130.0
11	纺织业	4322.8	4216.3	20726.4	27863.1	-106.5
12	纺织服装、服饰业	961.1	1511.3	9074.1	17417.7	550.2
13	皮革、毛皮、羽毛及其制品和制鞋业	563.1	447.6	5692.8	12130.5	-115.5
14	木材加工和木、竹、藤、棕、草制品业	803.1	1631.5	4650.5	9210.3	828.4
15	家具制造业	384.0	290.0	3001.3	7081.7	-94.0
16	造纸和纸制品业	1463.4	1953.2	7501.2	14012.8	489.8
17	印刷和记录媒介复制业	223.2	410.4	2593.4	6471.1	187.2
18	文教、工美、体育和娱乐用品制造业	293.4	1014.9	2414.0	13408.8	721.5
19	石油加工、炼焦和核燃料加工业	3023.1	10531.4	22636.2	47910.8	7508.3
20	化学原料和化学制品制造业	5623.9	9638.6	33308.5	72065.9	4014.7
21	医药制造业	1054.8	2907.7	7402.3	24264.7	1852.9
22	化学纤维制造业	128.1	155.3	3883.8	8394.0	27.2
23	橡胶和塑料制品业	2110.3	2917.4	13773.8	24845.2	807.1
24	非金属矿物制品业	3480.8	3455.8	20345.5	48973.6	-25.0
25	黑色金属冶炼和压延加工业	3802.1	5051.0	45658.7	67255.6	1248.9
26	有色金属冶炼和压延加工业	1986.0	5950.7	20666.9	52215.3	3964.7
27	金属制品业	1406.2	2652.0	14547.6	34375.1	1245.8
28	通用设备制造业	3864.6	3363.6	23837.8	38308.9	-501.0
29	专用设备制造业	2203.6	2713.9	14116.5	29920.0	510.3

续表

序号	行业名称	2008年山东($b_{ij,0}$)	2018年山东($b_{ij,t}$)	2008年全国($B_{j,0}$)	2018年全国($B_{j,t}$)	经济增长量(G_{ij})
30	交通运输设备制造业	3082.8	6218.0	32913.4	95226.3	3135.2
31	电气机械和器材制造业	3114.2	3415.2	29374.9	64643.3	301.0
32	计算机、通信和其他电子设备制造业	2524.6	3477.5	43178.0	107685.4	952.9
33	仪器仪表制造业	249.0	377.5	4850.6	8206.5	128.5
34	其他制造业	627.4	49.0	4026.5	1675.1	-578.4
35	废弃资源综合利用业	39.3	182.3	1158.3	4086.0	143.0
36	电力、热力生产和供应业	2187.7	4031.5	30245.3	62462.6	1843.8
37	燃气生产和供应业	109.4	377.2	1592.1	7484.8	267.8
38	水的生产和供应业	51.8	134.9	880.8	2657.9	83.1

注：为便于数据对照，本工业行业不含“开采辅助活动”及“金属制品、机械和设备修理业”两个分类，并将“汽车制造业”与“铁路、船舶、航空航天和其他运输设备制造业”合并为“交通运输设备制造业”。全国和山东省工业规模以上主营业务收入合计数据也相应调整。

按照上述统计数据，运用偏离—份额分析法，计算得到2008—2018年山东省工业各行业的4个分量，即份额偏离分量（N_{ij}）、竞争力偏离分量（D_{ij}）、结构偏离分量（P_{ij}）和总偏离分量（PD_{ij}），构造偏离—份额分析表，如表2所示。

表2 2008—2018年全国和山东省工业行业各产业数据处理结果

序号	行业名称	份额偏离分量(N_{ij})	结构偏离分量(P_{ij})	竞争力偏离分量(D_{ij})	总偏离量(PD_{ij})	份额偏离分量*(N'_{ij})
	总计	67810.0	0.0	-37275.1	-37275.1	67810.0
1	煤炭开采和洗选业	2083.4	-922.2	-1441.0	-2363.2	1161.2
2	石油和天然气开采业	1417.3	-1692.0	-198.2	-1890.3	-274.7
3	黑色金属矿采选业	310.4	-330.8	-36.5	-367.3	-20.4
4	有色金属矿采选业	458.0	-299.6	289.5	-10.1	158.4
5	非金属矿采选业	359.0	-72.3	-470.9	-543.2	286.7
6	其他采矿业	4.6	4.5	-11.5	-7.0	9.1

续表

序号	行业名称	份额偏离分量（N_{ij}）	结构偏离分量（P_{ij}）	竞争力偏离分量（D_{ij}）	总偏离量（PD_{ij}）	份额偏离分量*（N'_{ij}）
7	农副食品加工业	6352.6	-386.5	-4579.3	-4965.9	5966.0
8	食品制造业	1558.1	583.9	-2099.2	-1515.3	2142.0
9	酒、饮料和精制茶制造业	773.1	309.8	-951.0	-641.2	1082.9
10	烟草制品业	183.8	61.2	-115.0	-53.8	244.9
11	纺织业	4725.3	-3236.8	-1594.9	-4831.7	1488.5
12	纺织服装、服饰业	1050.5	-166.9	-333.4	-500.3	883.7
13	皮革、毛皮、羽毛及其制品和制鞋业	615.6	21.2	-752.3	-731.1	636.8
14	木材加工和木、竹、藤、棕、草制品业	877.9	-90.5	40.9	-49.6	787.5
15	家具制造业	419.7	102.3	-616.0	-513.7	522.0
16	造纸和纸制品业	1599.7	-329.3	-780.6	-1110.0	1270.4
17	印刷和记录媒介复制业	244.0	89.8	-146.6	-56.8	333.7
18	文教、工美、体育和娱乐用品制造业	320.7	1015.6	-614.9	400.8	1336.4
19	石油加工、炼焦和核燃料加工业	3304.6	70.9	4132.9	4203.8	3375.4
20	化学原料和化学制品制造业	6147.5	396.4	-2529.2	-2132.8	6543.9
21	医药制造业	1153.0	1249.8	-549.8	700.0	2402.7
22	化学纤维制造业	140.0	8.7	-121.6	-112.8	148.8
23	橡胶和塑料制品业	2306.8	-610.5	-889.2	-1499.8	1696.3
24	非金属矿物制品业	3804.9	1092.9	-4922.8	-3829.9	4897.8
25	黑色金属冶炼和压延加工业	4156.1	-2357.7	-549.5	-2907.2	1798.4
26	有色金属冶炼和压延加工业	2170.9	860.7	933.0	1793.8	3031.7
27	金属制品业	1537.1	379.4	-670.7	-291.3	1916.6
28	通用设备制造业	4224.4	-1878.4	-2847.1	-4725.5	2346.1
29	专用设备制造业	2408.8	58.2	-1956.6	-1898.5	2466.9
30	交通运输设备制造业	3369.8	2466.6	-2701.3	-234.6	5836.5
31	电气机械和器材制造业	3404.1	334.8	-3437.9	-3103.1	3739.0

续表

序号	行业名称	份额偏离分量（N_{ij}）	结构偏离分量（P_{ij}）	竞争力偏离分量（D_{ij}）	总偏离量（PD_{ij}）	份额偏离分量*（N'_{ij}）
32	计算机、通信和其他电子设备制造业	2759.7	1012.1	-2818.9	-1806.8	3771.8
33	仪器仪表制造业	272.1	-99.9	-43.7	-143.6	172.2
34	其他制造业	685.8	-1052.1	-212.0	-1264.1	-366.4
35	废弃资源综合利用业	43.0	56.4	43.5	99.9	99.4
36	电力、热力生产和供应业	2391.4	-61.0	-486.6	-547.7	2330.4
37	燃气生产和供应业	119.6	285.4	-137.3	148.2	405.0
38	水的生产和供应业	56.6	47.9	-21.4	26.5	104.5

（三）山东省工业各行业竞争力分析

根据表2数据绘制行业偏离分量分析图（图1）、行业结构绝对优势分析图（图2）和行业结构相对优势分析图（图3）。

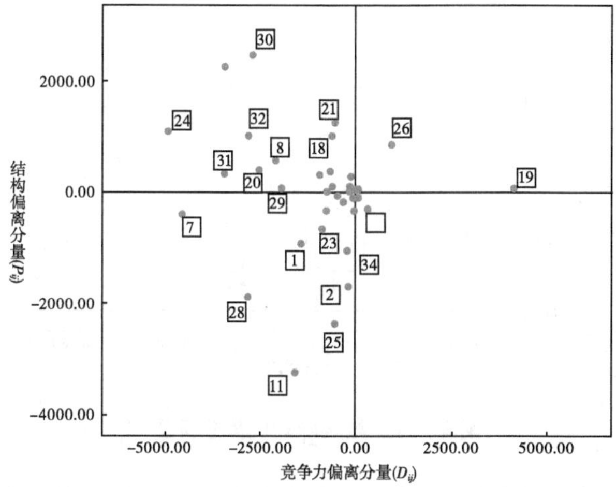

图1　行业偏离分量分析图

图1中第一象限和第四象限为山东省工业行业中主营业务收入增速高于全国同行业的行业序号，第一象限和第二象限表示全国工业行业中主营业务收入增速高于全国工业平均增速的行业序号。可以看出，在2008—2018年的

时间段内，一是全国工业有16个行业结构偏离分量（P_{ij}）为正值，高于全国工业平均增速，有22个行业结构偏离分量（P_{ij}）为负值，低于全国工业平均增速。二是山东省工业多数行业的竞争力偏离分量（D_{ij}）为负值，即山东省工业多数行业主营业务收入增速低于全国工业各行业平均水平。分行业来看，山东省工业共有5个行业竞争力偏离分量（D_{ij}）大于零，占全省38个行业比重的13.16%，分别为4有色金属矿采选业，14木材加工和木、竹、藤、棕、草制品业，19石油加工、炼焦和核燃料加工业，26有色金属冶炼和压延加工业和35废弃资源综合利用业。有33个行业竞争力偏离分量（D_{ij}）小于零，占全省38个行业比重的86.84%，其中30交通运输设备制造业，21医药制造业，24非金属矿物制品业，32计算机，通信和其他电子设备制造业，18文教、工美、体育和娱乐用品制造业，8食品制造业6个行业的结构偏离分量（P_{ij}）大于500，是今后山东省工业需要着重加强培育的关键之处。

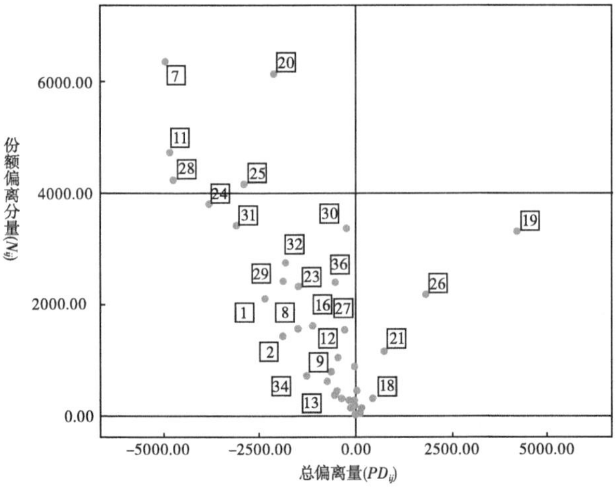

图2　行业结构绝对优势分析图

图2中第一象限和第四象限为山东省工业行业中主营收入增速高于全国工业平均增速的行业序号，第一象限和第二象限表示假设山东省工业行业以全国工业平均增速为发展的行业序号。可以看出，在2008—2018年的时间段内，山东省工业多数行业的总偏离量（PD_{ij}）为负值，即山东省工业多数行业主营业务收入增速低于全国工业整体平均水平。分行业来看，山东省工业

共有 7 个行业总偏离量（PD_{ij}）大于零，占全省 38 个行业比重的 18.42%，分别为 18 文教、工美、体育和娱乐用品制造业，19 石油加工、炼焦和核燃料加工业，21 医药制造业，26 有色金属冶炼和压延加工业，35 废弃资源综合利用业，37 燃气生产和供应业和 38 水的生产和供应业。这 7 个行业中有 3 个行业的竞争力偏离分量（D_{ij}）也为正值，即 19 石油加工、炼焦和核燃料加工业，26 有色金属冶炼和压延加工业和 35 废弃资源综合利用业，说明发展态势良好为优势部门，原有基础好且竞争力较强，并在全国经济带动下充分发挥自身效益，产业结构与竞争力优势能够共同起作用使部门产生正向效益。

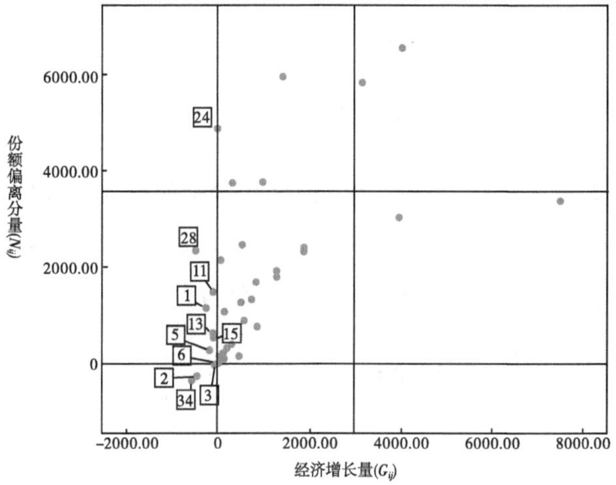

图 3　行业结构相对优势分析图

图 3 中第一象限和第四象限为 2008—2018 年山东省工业行业中主营业务收入增量为正值的行业序号，第一象限和第二象限表示假设山东省工业行业以全国同行业增速为发展的行业序号。可以看出，2008—2018 年的时间段内，一是全国工业有 35 个行业保持增长，占比达到 92.11%；3 个行业主营业务收入增速为负值，比重为 7.89%，分别为 2 石油和天然气开采业，3 黑色金属矿采选业和 34 其他制造业，这 3 个行业在山东省工业同为发展缓慢的行业。二是山东省工业有 27 个行业保持增长，占比达到 71.05%；有 11 个行业主营业务收入增速为负值，比重为 28.95%。除上述 3 个行业外，还有 1 煤炭开采和洗选业，5 非金属矿采选业，6 其他采矿业，11 纺织业，13 皮革、毛

皮、羽毛及其制品和制鞋业，15 家具制造业，24 非金属矿物制品业和 28 通用设备制造业 8 个行业。

综上所述，2008—2018 年山东省工业多数行业主营业务收入增速放缓，增长缓慢行业占比较大，是全国的近 3 倍。山东省工业具有主营业务收入增速优势的行业集中在冶金、石油焦化、木材等传统原材料行业，而在全国工业贡献量较大的交通运输设备制造业和计算机、通信等电子设备制造业两个行业中，山东省工业行业主营业务收入均增长缓慢。山东省工业急需加快行业结构优化调整，在巩固既有传统产业优势基础上，着力培育新动能，推动全省工业高质量发展。

三、山东省工业与粤苏浙对比分析

本节采用 2008—2018 年统计年鉴数据，分别从工业增加值、主营业务收入、工业利润率、出口交货值、大中型企业、轻重工业结构等方面进行比较，分析山东省工业与全国及粤苏浙三省的差异情况。

（一）工业增加值增速对比

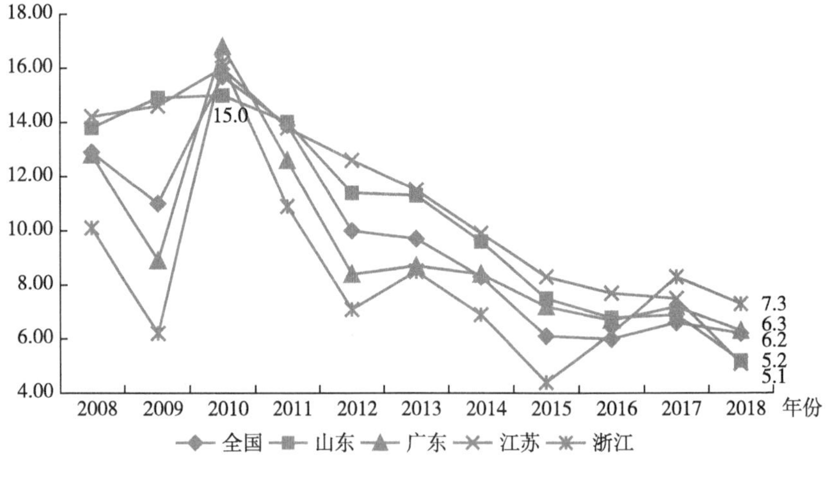

图 4　山东与全国及粤苏浙工业增加值增速对比（%）

2008—2018 年，山东与全国及广东、江苏和浙江规模以上工业增加值同比增速情况如图4所示。可以看出，山东省工业增加值增速自2010年达到最高值15%以后，持续下滑至2018年的5.2%。分阶段来看，2008—2017年，山东省工业增加值变化与江苏基本保持一致，居于四省前列，高于全国平均水平；2018年，山东省工业增加值增速呈现较大幅度下滑至5.2%，高于江苏0.1个百分点，低于全国1个百分点。2016—2018年，浙江省工业增加值加速发力，2017年、2018年连续两年位居四省首位，展现了较强潜力。

（二）主营业务收入对比

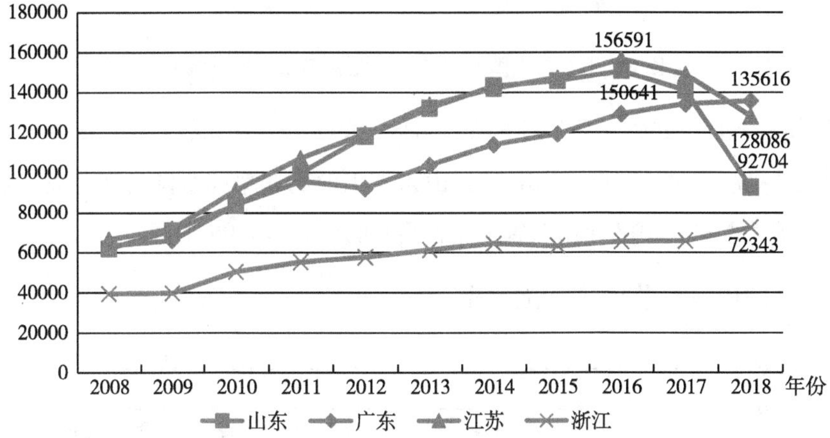

图5　山东与粤苏浙工业主营业务收入对比图（单位：亿元）

2008—2018年，山东与广东、江苏和浙江规模以上工业主营业务收入发展情况如图5所示。可以看出，2012—2015年，山东省工业和江苏的不相上下，两省交替占据全国首位；2016年至今，山东和江苏趋势接近，但山东降幅大于江苏，山东省工业于2016年达到最大值15万亿元后大幅下滑，至2018年降为9.27万亿元，两省差距扩大至3.5万亿元。广东和浙江基本保持平稳增长态势，2018年广东超过江苏，成为全国规模以上工业主营业务收入最大的省份。

（三）工业利润率对比

2008—2018年，山东与全国及广东和浙江规模以上工业利润率情况如图6所示。可以看出，山东省工业利润率自2010年达到最高值7.3%以后，持续下

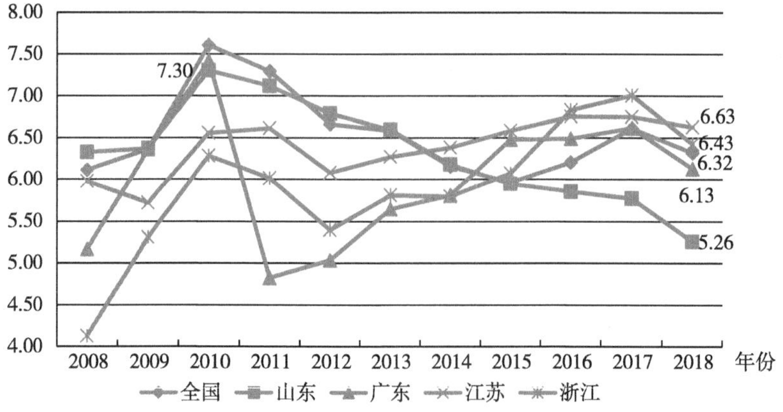

图 6　山东与全国及粤苏浙工业利润率对比（%）

滑至 2018 年的 5.26%。分阶段来看，2008—2015 年，山东省工业利润率变化与全国保持高度一致；2016—2018 年，山东省工业利润率同全国出现背离，且差距呈现扩大态势，2018 年山东省工业利润率低于全国 1.06 个百分点。

（四）出口交货值占全国比重

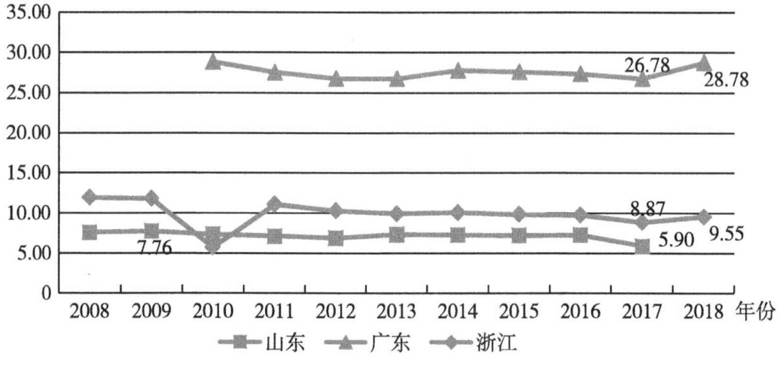

图 7　山东与粤浙工业出口交货值占全国比重（%）

2008—2018 年，从山东与广东和浙江规模以上工业出口交货值占全国比重（图 7）以及占各自营业收入比重（图 8）情况来看，山东省工业出口比重偏低，外向型经济不强，出口交货值不管是占全国比重，还是占营业收入比重均居三省末位，低于广东 20 余个百分点，甚至出口交货值比重不到全国平均水平的一半。

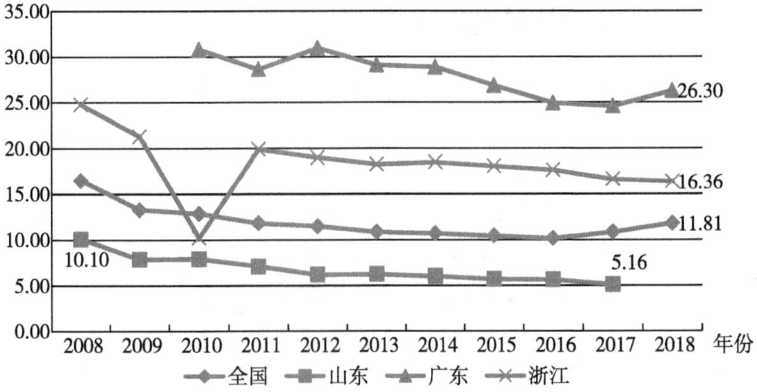

图 8　山东与全国及粤浙工业出口交货值占营业收入比重（%）

（五）大中型企业收入占比

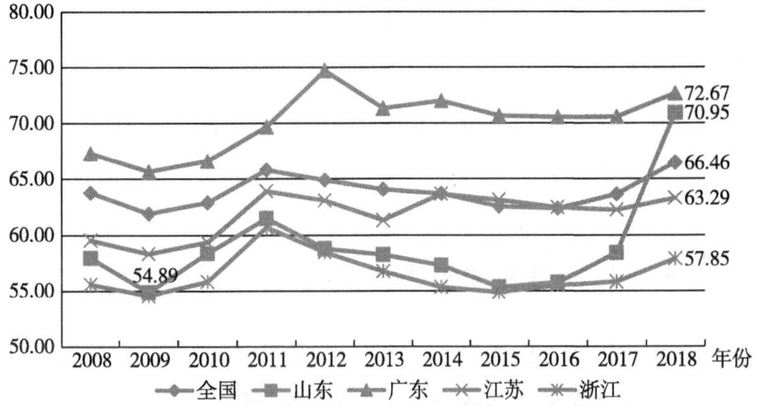

图 9　山东与全国及粤苏浙工业大中型企业主营业务收入比重（%）

2008—2018 年，山东与全国及广东、江苏和浙江规模以上工业大中型企业主营业务收入比重情况如图 9 所示。2008—2017 年，山东省工业大中型企业收入比重均低于全国平均水平，也低于广东和江苏，仅略高于浙江。但在 2018 年，山东省工业大中型企业收入比重大幅上升，超过全国工业大中型企业收入比重 4. 49 个百分点。

（六）轻重工业结构对比分析

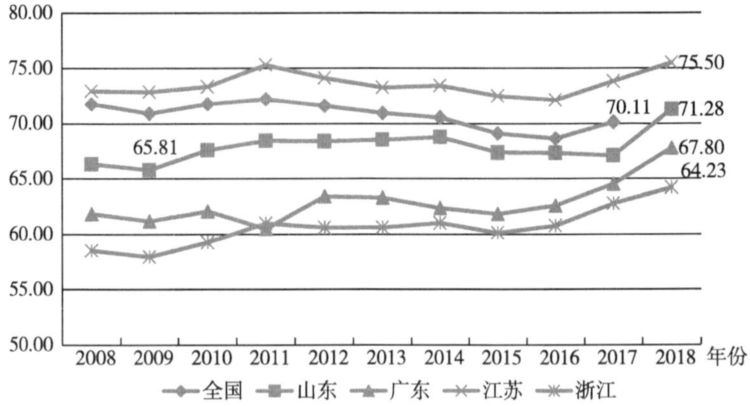

图 10　山东与全国及粤苏浙重工业主营业务收入比重（%）

从图 10 来看，2008—2018 年，山东重工业主营业务收入比重要低于全国平均水平。江苏重工业主营业务收入比重位居四省之首，浙江最低。整体来看，四省重工业主营业务收入比重均在全国重工业主营业务收入比重平均 5 个百分点左右，变化趋势基本保持一致。

四、山东省工业存在的问题和差距

与粤苏浙三省相比，山东新旧动能转换起步较晚，工业经济发展正处于多方复杂要素相互叠加的“焦灼期”和新旧动能转换的“空档期”。

（一）要素约束日趋紧张，求解路径在收窄

生产要素约束条件日趋紧张，资金总量低、劳动力流出、土地供应紧张、特别是能耗、煤耗、排放、水耗等环境要素指标作为“硬杠杠”，已触及“天花板”，需要在更多结构性约束条件下求解高质量发展。

1. 资金要素

2018 年，粤苏浙鲁四省的一般公共预算收入分别为 1.21 万亿元、0.86 万亿元、0.66 万亿元、0.65 万亿元；四省年末存款余额分别为 20.8 万亿元、14 万亿元、11.7 万亿元、9.6 万亿元；四省贷款余额分别为 14.5 万亿元、

11.6 万亿元、10.6 万亿元、7.8 万亿元。山东资金总量与粤苏浙三省相比，存在较大差距。

2. 劳动力和人才要素

人才队伍总量和结构存在不足。全省高层次专家人才严重不足，2016 年仅占科技人员总数的 6.9%；高技能人才 268.8 万人，仅占技能人才总数的 26.3%；招工难、用工贵，科技研发人员、中层管理人员、熟练技术工人等难招、难留，特别是高技术研发人员缺口较大。

3. 能源要素

山东能源消耗约占全国能源消耗总量的 9%，年煤炭消费量 4 亿吨左右，在全省能源消费总量的比重达到 80% 左右，而产量仅 1.1 亿吨左右，对外依存度达到 70% 以上。2018 年“外电入鲁”电量达到 698.9 亿千瓦时。

4. 土地、环境和生态要素

土地供应不“解渴”，部分在建项目因未获得土地指标而延期开工建设。环境要素指标成为“紧箍咒”，能耗、煤耗、排放、水耗等环境要素指标持续收紧，很难在短时期内为优质项目落地腾挪出空间容量。

（二）缺少领航大企业，影响带动作用弱

粤苏浙等省的领航型、生态型大企业对于经济社会的影响力具有全国意义，带动作用也比较强，而且山东企业影响力相对局限于地区和行业，带动作用也不具有普遍的领航意义。

1. “头部企业”体量不够大、实力不够强

2018 年度中国企业 500 强中山东有 51 家企业入围（其中工业企业 48 家），排名最靠前的魏桥创业、山东能源、海尔集团、潍柴控股、兖矿集团等 5 家企业，名次仅分别为第 43 名、第 50 名、第 74 名、第 84 名、第 98 名普遍偏后，没有进入前 20 强。

2. 大企业影响力和带动作用相对偏弱

山东没有产生阿里巴巴、腾讯、小米、京东等生态型企业集群。《财富》杂志发布的世界 500 强中山东仅有 4 家企业入围，山东能源、魏桥创业、兖矿集团、海尔智家分别位列第 211 名、第 273 名、第 318 名、第 448 名。其他

省份代表性企业的名次分别为：平安第29名、上汽第39名、华为第61名、京东第139名、宝武钢铁第149名、阿里巴巴第182名、深圳招商银行第188名、联想第212名、吉利第220名、腾讯第237名、美的第312名。

3. 缺少“金融大鳄”

金融资本高居产业“食物链”顶端，“金融资本控制商业资本、商业资本控制工业资本”的经济发展规律在起客观作用。山东没有产生类似上海复星、深圳招商银行等具有全国影响力的投资类、金融类大型企业，而恒丰银行、齐鲁银行、中泰证券、泰山财险等企业在全国排位偏后，影响力较弱。

（三）产业集聚度不高，协同配套任务重

产业集聚度不高、关联性不强，没有发挥出规模效应，产业集群内的企业没有形成紧密的上下游协作关系、牢固的配套支撑关系、可靠的协同一致关系。

1. 一些行业原材料产品、中间产品多，终端产品少，产业上下游存在脱节、协作配套能力不强问题

一方面，有优势的终端产品缺乏省内配套，龙头企业跨越式、突破性发展不够，产业链带动能力不强，如海尔、海信、力诺等企业的主要元器件多数为省外配套。另一方面，有优势的原材料产品向下游终端产品的延伸不够，如我省聚氨酯、高性能氟硅材料，业务利润较高的下游终端产品只有上百个品种，而国外大企业拥有上千个品种。

2. 钢铁、地炼等行业的产业集中度不高、布局分散、规模偏小等问题突出

山东省地方炼油企业有38家，平均单厂规模350万吨/年，500万吨/年以上的仅有6家。钢铁行业具备冶炼能力的企业有21家，分布在济南、日照等12个市，粗钢产能8112万吨/年，生铁产能8068万吨/年，产能居全国第三位。除山钢集团、日钢集团外，省内其他钢铁企业的平均规模约240万吨/年，比工业和信息化部规范条件企业的平均规模每年低100万吨左右。全省钢铁企业人均产钢量加权平均约700吨/年，对比世界2000吨/年以上先进水平有较大差距。山东75%的钢铁产能分布在内陆地区，其中济南、淄博、济

宁、德州、聊城、滨州等6个京津冀大气污染传输通道城市钢铁产能占比达52%，布局较为分散。

（四）初级产品比重大，价值链条中低端

山东省工业初级产品多，产业链条短，多数处于价值链的中低端，产品深加工度和附加值较低，高附加值和高科技含量的产品较少，基础原材料、能源和高耗能产业占比偏高。这种结构决定了山东省工业的“两低”：劳动生产率低、营收利润率低。

1. 初级产品比重较大，附加值低

纺织服装行业，山东以纺纱为主的纺织业产值占到76%，附加值高的服装服饰业产值仅占24%，而广东的纺织业、服装服饰业的比重分别为39%和61%。广东有更多的纱线、布料转化为附加值更高的服装。食品行业，初级加工和低档次产品多，精深加工和高附加值产品少，精深加工食品产值仅占食品工业总产值的40%。医药行业，原料药和低价药比重偏高，终端制剂占医药产业主营收入的20%左右，低于江苏20个百分点。家具行业，板材产量占全国的25%，成品家具仅占全国的12%。

2. 多数处于价值链中低端，高端产品较少

电解铝行业，2018年山东铝材产量与电解铝产量之比为0.94，较全国平均水平（1.27）低0.33个百分点，粤苏浙三省没有电解铝产能，但其铝材产量分别为472万吨、278万吨和188万吨。机械行业，主营业务利润率低于全国平均水平，整车制造企业规模小、乘用车档次偏低，农业机械、轻工机械、工程机械等行业自动化、半自动化的高端产品占比不到20%。

（五）新兴产业规模小，追赶先进难度大

新兴产业要求技术密集、资金密集、人才密集，注重长期积累和创新，粤苏浙等省具有先发优势和学习曲线积累优势，山东难以在短时期内追赶上，且需要付出更大代价。

1. 前十大子行业比较，在计算机、通信和其他电子设备制造业，电气机械和器材制造业这两大类子行业，山东与广东、江苏差距非常大

以2018年为例，广东这两个行业的主营业务收入分别为38756亿元、

13975 亿元，江苏这两个行业的主营业务收入分别为 17448 亿元、13621 亿元，这两个行业成为广东、江苏两省排名前三位的行业，而我省这两个行业的主营业务收入都低于 3500 亿元。

2. 互联网产业规模偏小

2016 年，全国互联网经济收益总量大约为 22.77 万亿元，而山东互联网经济收益总量仅为 1.049 万亿元，占比不到 5%，同期广东互联网经济收益总量为 5.423 万亿元，居全国第一位，是山东互联网经济收益总量的 5.17 倍。山东电子信息产业主营业务收入分别比广东、江苏少 2.7 万亿元、1.3 万亿元；高附加值的集成电路产量仅分别相当于江苏的 1.71%、广东的 2.69%。

3. 新兴行业缺乏领军企业

中国人工智能企业 100 强、云计算企业 100 强中，山东只有浪潮集团 1 家企业入围；大数据企业 50 强中，只有浪潮集团、青岛大快、青岛萨纳斯 3 家企业入围；国家网信办备案区块链服务共 506 项，其中山东仅有 9 项。缺乏如华为、中兴、科大、大疆等领军企业。

五、山东省工业高质量发展对策

山东省目前正处在由大到强战略性转变的关键时期，与发达国家工业发展水平相比，与先进省份发展形势相比，工业经济发展正处于多方复杂要素相互叠加的“焦灼期”和动能转换的“试水期”。但从总体上看，我国长期稳定向好的发展趋势没有改变，传统产业改造升级的动力和新兴产业快速成长的潜力仍然较大，工业基础雄厚的底蕴仍存。要坚定践行新发展理念，抓住“走在前列”的目标定位，围绕供给侧结构性改革主线，进一步解放思想，深入推进重点改革攻坚行动，将山东省工业建成以创新引领、结构优化、智能高效、集群明显为核心特征的高质量工业发展体系。要全面贯彻创新、协调、绿色、开放、共享的高质量发展理念，坚持“四个强化、三个拓展”促成“七个推进”，以工业经济的脱胎换骨、“凤凰涅槃”实现山东省工业的创新发展、持续发展、领先发展。

（一）强化要素配置效能，推进工业生态环境持续改善

经济高质量发展的体制机制就是激励要素与资源流向高质量部门和领域的体制机制，完善使市场在资源配置中起决定性作用和更好地发挥政府作用的体制机制，提高资源配置的效率效能。

一是腾出“笼子”不手软。健全完善的市场机制，形成产权有效激励、要素自由流动、价格反应灵活、竞争公平有序、企业优胜劣汰的制度环境。持续推动高耗能产业“倒计时”改革，压减冗余、优化主力，推进“僵尸企业”处置和亏损企业治理等各项工作力度。全面推行以亩产效益为导向的资源要素差别化配置政策，注重提高资源利用效率。

二是招揽“好鸟”不抠门。实施政策优先、税收减免等方式，分阶段谋划引进省外、国外的创新型企业落地生根，鼓励盘活资金要素更多地流向高端制造领域。加大“双招双引”力度，努力招引一批高端产业项目和高层次人才团队，强化要素跟着项目走的理念，促进科研项目出成果、出人才、出效益、出竞争力。

三是培育“新鸟”不懈力。加强新兴项目、重点项目的培育扶持和跟踪指导，推进项目高标准建设并尽早建成投运。协调服务关键项目推进中的困难问题，积极争取各方支持，分散产业风险，改进营商环境，营造良好的工业产业生态环境。

（二）强化管理创新导向，推进质量品牌价值持续提升

加强企业质量体系建设和品牌培育建设，以提高供给质量为主攻方向，推动供给侧结构性改革。引导企业树立质量第一的价值导向，全面提升企业质量管理体系。

一是推广应用先进的质量管理方法，提高全员全过程全方位质量控制水平。鼓励企业重视研发设计和创新管理，采用先进的技术和标准组织生产，推广应用卓越绩效、六西格玛、精益生产、质量诊断、质量持续改进等先进的质量管理方法，健全质量在线监测、在线控制和产品全生命周期质量追溯体系。

二是实施制造工艺优化和质量提升行动计划，组织攻克一批长期困扰产

品质量提升的关键共性质量技术，加强可靠性设计、试验与验证技术开发应用，推广采用先进成型和加工方法、在线检测装置、智能化生产等，大幅提升产品稳定性、质量可靠性、环境适应性和使用寿命。建立和完善质量标准体系，开展先进制造业标准化试点和企业标准“领跑者”活动，制定一批国家标准和国际标准，推动企业开展质量国际对标，积极申请国际认证。

三是制订实施高质量发展品牌培育计划，提升传统品牌、培植新兴品牌，举办具有国际影响力的大型展会和专题展会。鼓励企业、协会抱团参加国际展会，开拓品牌传播渠道，扩大品牌影响力，提升品牌含金量，推动一批知名品牌进入中国500强，冲击世界500强。

（三）强化集群集聚效应，推进区域工业产业优化整合

进一步发挥好产业集群在加快高质量发展中的引领和支撑作用，瞄准高端装备制造、高端化工、信息产业、新材料等重点产业领域，对集约程度显著、创新能力较强、资源节约效果明显、两化融合程度较高、发展潜力较大的集群进行扶持培育。重点围绕产业集群转型升级，加快推进优势产业集聚发展、特色发展。

一是推动产业集群快速发展。统筹规划产业布局，提高土地节约集约水平，形成区域支柱产业集群。厘清集群发展与生态环境保护的关系，积极引导和鼓励优先采用资源利用率高、污染物产生量少、产品废弃后可回收利用的技术、工艺和材料。大力推进印染、铸造等行业“共享工厂”建设，积极促进区域性产能共享。

二是加强高质量产业集群建设。以绿色设计与制造、资源循环利用等为重点，着力推广节能新技术、新产品，改造提升一批重点用能企业。积极发展高科技含量、高附加值、高投资密度、低污染、低能耗项目，严格执行国家和各省产业结构调整指导目录，加大淘汰落后产能工作力度，推动传统产业集群向资源节约集约和生态环保型产业集群转变。

三是延伸产业链，提高配套能力和产业聚集度。支持中小企业走“专精特优”发展道路，提升产业链配套能力。引导中小企业专注核心业务，组织精细化生产，采用独创技术和工艺开发优质的产品和服务，培育一批主营业

务突出、竞争力强、成长性高，在细分领域具有领头羊地位的专业化“小巨人”企业和“隐形冠军”。选择一批有专特技术、经营有方、行业领先，并且保持高速成长的企业，采用树典型、立标杆、强引领的方式，推动中小企业转型升级。

四是加强对产业转移的引导。结合区域资源环境的承载能力，有序转移符合国家产业政策的资源依赖和市场依托型等的生产能力。集中政府、行业和企业三个方面的力量，重点解决集群共性技术的瓶颈问题，促进集群共性技术健康扩散，引导企业与大专院校、科研院所开展多层次、宽领域的全面合作，解决技术和企业发展战略，积极促进共性技术扩散。

（四）强化巩固现有优势，推进传统产业改造提质增效

坚持“稳中求进”的传统产业改造提升路线，在巩固现有发展优势的基础上遵循客观规律，实施“质量优先，兼顾效益”的发展策略。

一是维持一定的工业经济增长基础。瞄准传统产业的关键领域和薄弱环节，推进“工业强基”专项建设，引导鼓励传统产业利用新技术、新业态、新模式提升质量和效益。实施一批节能改造、安全管理和质量提升工程，逐渐强化倒逼机制，实现传统产业从低附加值产业向高附加值产业升级，从高污染、高能耗产业向绿色环保产业升级，从粗放型产业向集约型产业升级。

二是坚持以创新驱动为引领。以推进供给侧结构性改革为主线，以提高工业发展质量效益为中心，瞄准传统产业的关键领域和薄弱环节，统筹规划布局，强化产业链条、深化两化融合、大力发展现代制造服务业，积极发展传统产业中的新产业、新业态、新模式，提升传统产业质量和效益，实现山东传统产业由大到强的转变。

三是推动跨界方式多元化，以新业态提升融合发展动力。深化制造业与互联网融合发展，加快构建基于互联网的制造业“双创”平台新体系，培育网络化生产制造新模式。用好智能制造“金钥匙”，推动传统产业升级改造，加快推广智能制造模式。从提升企业研发制造全过程信息化水平入手，推进生产装备智能化升级和新型智能化产品的研发及产业化，引导企业开展智能化改造、研发生产智能化新产品。积极开展制造业与互联网融合发展试点示

范，推动企业两化融合管理体系标准的普及。

（五）拓展激励引导机制，推进新兴产业发展加快提速

对新兴产业实施“引导鼓励，加快提速”的发展策略。对处于成长状态的行业和企业加大政策优惠。通过近几年的发展，山东省工业在计算机、量子通信、海洋平台、医药制造等行业已有所突破，但发展规模和速度仍需提升。对萌芽状态的新生行业应加强引导，不断注入新鲜营养。立足山东比较优势，找准新兴产业的发展方向和突破口因势利导，为新兴产业的发展营造健康的环境。防止高端产业低端化，促进新兴产业向技术密集型产业加快发展。

一是加大政策鼓励引导力度，对优化工业经济发展氛围做到“政策鼓励干”。鼓励和引导市场放活，进一步增强制造业中小企业的创新动力，在政策鼓励基础上尝试“放水养鱼”，优化中小企业发展环境，增强工业经济发展动力。发挥政策引导“四两拨千斤”的杠杆放大效应，引导产业资源、社会资本更多地投向“四新”“四化”领域，加快全省产业结构转型升级。

二是加大产业扶持力度，对新兴产业发展实现“帮扶设梯次”。遵循产业技术创新与企业成长规律，积极构建科技型企业孵化培育、成长扶持、推动壮大的全生命周期梯次帮扶体系。对高新科技企业的研发投入按一定比例给予补助，对企业研发经费财政补助程序实行流程再造，切实降低企业创新成本，进一步增强企业对研发投入的信心和动力。

三是强化共性技术产业平台培育，为促进各方优势资源聚集做好“政府搭平台”。优化孵化平台、高科技企业众创空间和关键共性技术平台建设，为创新型企业和优势行业的发展建立良好的发展空间。加快推进高新技术产业化进程，吸引国内外高水平研发机构来省建立分支机构或与省内机构联合。紧紧抓住决定着新兴产业发展质量的产业链核心环节，促进关键共性技术研发创新平台建设。推动制造业由中低端加工环节向高端核心制造技术迈进，逐步提升高端产品占有率。

（六）拓展创新驱动支撑，推进内生动力不断发展强大

创新驱动的核心是推动以资源为主向以创新为主转变。统筹推进研发投入的强度和效率，逐步健全科技成果转化机制和高端创新人才培养机制，不断促进原始创新能力快速提升，加快知识产权和技术标准运用水平。

一是推动创新重心转移，从引进消化吸收再创新、集成创新向原始创新转变，在前瞻性基础研究、引领性原创成果上取得重大突破；从应用创新向应用基础创新转变，在关键共性、前沿引领、现代工程、颠覆性技术创新上取得重大突破。

二是强化技术标准创新，加强地方标准研究院建设，完善提升产业链标准体系，推动主导产业标准国际化。建立创新新经济政策体系，鼓励促进新技术、新产业、新业态、新模式的发展。加快培育企业技术中心、技术创新中心、制造业创新中心、产业创新中心、工程（技术）研究中心和重点实验室等一批重大创新平台，大幅度提升研发基础设施水平。

三是树立一批自主创新示范企业，充分发挥引领带动作用。以企业为主体，积极对接国内外高水平大学和科研机构。完善科技研发投入机制，进一步加大政府投入，落实企业研发费用加计扣除、高新技术企业减免税等优惠政策，引导企业建立研发准备金制度，增强企业研发投入能力。

四是健全创新成果和科技人员奖励制度，激发企业和科研人员创新积极性，全面提升创新能力。充分发挥人才改革试验区和重点园区的示范引领作用，实施区域内人才发展规划、开发培养、市场配置、政策设计、制度创新一体化。加大制造业引智力度，开辟主导产业“高精尖缺”人才引进专门通道，“特事特办、一人一策”，引进带技术、带项目、带团队的高层次领军人才和海外人才。

（七）拓展竞争合作领域，推进国际经营能力逐渐提高

加大产业开放力度，持续优化统一、开放、竞争、有序的市场体系，加大创新能力开放合作，培育国际产业合作和竞争新优势。

一是积极引导外资投向高端制造领域，更加注重对外资搭载的先进技术、经营理念、管理经验和市场机会的消化吸收，推动企业以高品质产品供给嵌入全球产业链、价值链、创新链。深化质量技术与标准体系的国际交流与合作，积极参与相关国际和区域性质量标准与规则制定，提高规则制定权和国际话语权。

二是抢抓“一带一路”建设和新一轮扩大开放重大机遇，着力扩大对外合作的深度和广度。进一步强化“引进来”，鼓励有条件的城市建立对外合作产业园区，以国内外先进制造业企业和领军人才为方向，加大招商引资力度；完善招才引智政策，加强与国内外高校和科研院所的合作。

三是持续实施“走出去”战略，每年组织一批企业人才到国外参展和合作交流，鼓励企业并购或参股国外高端制造业企业和研发机构，建立营销及服务体系，发展国际总承包、总集成，建立全球产业链体系，提高国际化经营能力。

参考文献

[1]山东省人民政府办公厅:《山东省推进工业转型升级行动计划(2015—2020年)》(鲁政办发〔2015〕13号),2015.

[2]山东省人民政府办公厅:《关于加快推进工业创新发展转型升级提质增效的实施意见》(鲁政办发〔2017〕1号),2017.

[3]高柳珍.基于偏离—份额分析法的广西工业行业主导产业发展方向选择研究[J].柳州师专学报,2013,28(3):133－137.

[4]陈绪论.基于可持续发展视角下的鲁粤苏浙沪主导产业比较研究[D].山东师范大学,2009.

课题组成员简介

李国芹，副院长，山东省工业和信息化研究院。

陈高华，高级经济师，室主任，山东省工业和信息化研究院。

邵磊，工程师，山东省工业和信息化研究院。

徐兆伟，工程师，山东省工业和信息化研究院。

夏轲，高级经济师，山东省工业和信息化研究院。

2

山东省新能源汽车发展技术与路径研究

李尚达 宋鹏飞 国栋 李玉奎 程琳

摘 要 在连续三年高速增长后，自2019年下半年起，国内新能源汽车产销出现持续下行。面对严峻的市场形势，“山东省新能源汽车发展技术与路径研究”课题组密切关注、积极分析国家政策和市场动态，以期为山东新能源汽车产业厘清问题、找准定位，引导产业保持战略定力、冷静应对市场波动。研究提出了走“氢能源商用车引领、小型高速电动车升级”的山东特色新能源汽车发展道路。

关键词 新能源汽车；氢能源商用车；小型高速电动车；市场波动；山东特色发展道路

本课题主旨目标是为山东省新能源汽车产业提出既符合国际技术潮流和国家政策，又适合山东省情和经济社会需要的发展路径。

山东省的新能源汽车产业是以传统汽车产业为依托升级发展而来的新兴产业，在全国新能源汽车体系中占据一席之地，特别是在新能源商用车领域有较强竞争力。但是，当前山东省新能源汽车产业发展遇到了诸多问题，既有来自市场、技术方面的，也有来自国家和地方产业政策方面的；既要面对省内竞争，也要面对省际、国际日益激烈的竞争。2019 年以来，国内汽车产业产销整体下滑，特别是进入下半年，新能源乘用车产销也出现多年来的首次下滑。面对严峻的宏观形势，山东迫切需要明确一条切实可行的发展路径，为企业决策和政府政策提供参考和依据。

从政策层面来看，新能源汽车产业是高端装备制造业的重要组成部分，而高端装备制造业是山东省新旧动能转换重大工程中重点发展的新兴产业之一。对我省新能源汽车产业的发展路径进行创新研究，对于有效引导我省高端装备制造业发展乃至全省制造业的发展具有重要现实意义。

一、发展新能源汽车产业的意义

（一）调整经济结构、促进高质量发展

进入 21 世纪以来，我国经济快速发展与资源环境的矛盾日益尖锐，原有的“四高一低”粗放增长方式未得到根本改变，经济社会发展存在内在结构性矛盾。转变经济发展方式、创新经济发展模式、调整经济结构，加快新能源、新材料等战略性新兴产业的发展，成为经济工作的重要任务和主攻方向。在装备制造领域，新能源汽车是政策焦点和研发重点之一，这为新能源整车、关键零部件、相关材料产业提供了发展机会。

新能源汽车的生产和推广可提供大量就业机会，培养技术型产业工人，推进上下游行业转型升级，进而推动整个经济发展模式转变，促进国民经济可持续发展。对于山东省来说，发展新能源汽车产业是实现传统制造业转型升级的重要手段之一，是实现制造业高质量发展的重要途径之一。充满活力的新能源汽车产业，将成为山东省经济发展重要支撑和装备制造业

产业的核心领域，对于山东省新旧动能转换总体目标的实现具有重要的战略意义。

（二）降低环境污染、有效利用能源

纯电和氢能新能源汽车一般无直接污染物排放，间接的污染物主要产生于发电环节以及电池废弃物。从发电环节来看，风能、水能、核能等清洁新能源可探索不上网条件下的分布式新能源汽车充电，即便是火力发电，集中排放对大气污染的控制难度也大大低于燃油汽车。对于电池废弃物，相关回收技术和政策正在日益成熟和完善。据相关资料显示，电动汽车产生的噪声要小于同类燃油汽车，大规模推广电动汽车也有利于城市噪声污染的治理。无论是直接还是间接污染，电动汽车都是现阶段最理想的“清洁车辆”，大力发展新能源汽车产业可以有效支撑环保建设，有明显的社会和经济效益。

（三）改善能源供给、巩固能源安全

我国石油资源有限，严重依赖进口，对石油需求增长量占全球需求增长量的41%，新增石油需求2/3用于交通运输业，而进口的原油30%被汽车消耗。我国煤炭资源丰富，新能源汽车所需电能可以由火电或其他清洁能源提供，能节约大量石油资源，并有效推动新型可再生能源产业的技术发展。山东省既是能源生产大省也是能源消费大省。山东省的能源产业在我国经济体系中占有重要地位，特别是石油产业。近年来，山东为发展新型可再生能源虽然付出了巨大的努力，但是在新型能源的有效利用和产业化方面还存在各种困难，发展新能源汽车产业可以拉动可再生能源的有效利用，特别是氢能源电动车的发展将成为省内相关产业发展的重要动力，具有突出的协同效益。

（四）促进转型升级、推动产业发展

我国现已成为世界第一汽车生产和消费大国，但我国汽车产业的整体技术水平距世界先进水平还有很大的差距，一些关键技术和零部件都被国外企业垄断。长期以来，本土企业缺少关键技术等不利因素严重制约了中国的汽

车强国之梦。在充分研究与论证后，中国汽车工业走上了发展节能与新能源汽车的战略转型路径。相对传统汽车技术，我国在新能源汽车领域与发达国家的差距较小，政府和国内企业对新能源汽车的发展给予了高度关注和大量投入。新能源汽车产业的兴起代表了未来数十年的发展方向，是当前汽车产业的制高点，是国际国内汽车制造厂商共同的战略选择。新能源汽车产业的发展，是山东省汽车产业更上一层楼、赶超先进的重要机遇，其成败与否将会在很大程度上决定山东省汽车产业的生死存亡。

（五）技术前景广阔、有益于军民融合

新能源汽车所需的多种关键技术都具有十分广阔的军用前景，电控系统、高性能电池、超级电容器等技术都是各国争相发展的前沿技术。推动山东省新能源汽车产业发展将会同时提高省内企业军民融合发展的能力和潜力，提升山东省工业的产业层次和战略重要性，为争取更多国家资源投入，增加企业效益提供更多机会。

二、国内外产业发展分析

（一）全球发展概况

《2019 年全球新能源汽车产业发展趋势报告》显示，2018 年的销量约 200 万辆，同比增长 68.3%，增速较 2017 年（58.4%）进一步提高。全球新能源汽车渗透率逐年提升，2020 年渗透率将达到 5%。据美国 EVSales 统计，2019 年上半年全球新能源汽车总销量达到 1117484 辆，同比增长 47.4%。山东的新能源汽车占上半年全球汽车总销量的 2.4%，同比增长了 0.8%。

总体来看，新能源汽车在全球范围内处于高速增长期，但尚未结束的 2019 年，全球销量预期增长率比前两年出现 10 ~20 个百分点的下降。随着产业技术瓶颈显现、炒作氛围逐渐消散、消费者趋于理性，新能源汽车产业可能进入一个稳定的降温期。而中国作为前期推广力度较大、市场最为广阔的地区，需更加关注可能出现的波动。

（二）主要技术路线

目前，全球新能源汽车产业出现过或在发展中的技术路线有：太阳能电池车、大电容电池车、纯电动汽车、混动汽车、燃料电池汽车等，其中太阳能、大电容路线由于受客观条件制约，发展前景不明朗或应用场合限制性较强。

需要注意的是，作为目前尖端技术领域，新能源汽车的核心技术与工艺主要由跨国企业集团掌握和引领，政府以引导为主。

1. 纯电路线

纯电动力汽车是指以车载电源为动力，用电机驱动车轮行驶，符合道路交通、安全法规各项要求的车辆。纯电动汽车完全由可充电电池（如铅酸电池、镍镉电池、镍氢电池、锂离子电池、石墨烯电池等）提供动力源，考虑到安全、高效、性价比等因素，目前新能源电池车主要使用钴酸锂电池、磷酸铁锂电池、锂镍钴锰三元锂电池、镍氢电池等。由于具有无污染、噪声小、结构简单、维修方便、能量转换效率高、可平抑电网峰谷差等优点，纯电路线是目前新能源汽车发展的主要路线之一，被世界各大汽车厂商作为当前主打新能源车型。特斯拉、福特、雪佛兰、比亚迪、北汽新能源等是国内外领军企业。

2. 混动路线

混合动力汽车是指车辆驱动系统由两个或多个能同时运转的单个驱动系统联合组成的车辆，车辆的行驶功率依据实际的车辆行驶状态由单个驱动系统单独或共同提供。目前，全球主流混动路线为油电混合动力汽车，即采用传统的内燃机和电动机作为动力源的汽车。此路线下有三种类型：串联式混合动力、并联式混合动力、混联式混合动力。

串联式混合动力系统一般由内燃机直接带动发电机发电，产生的电能通过控制单元传到电池，再由电池传输给电机转化为动能，最后通过变速机构驱动汽车。也就是说，发动机并不直接驱动车辆行驶。增程式混动汽车属于此类，但目前在国内该类型车研发较少。

并联式混合动力系统有两套驱动系统：传统的内燃机系统和电机驱动系

统。两个系统既可以同时协调工作，也可以各自单独工作驱动汽车。这种系统适用于多种不同的行驶工况。部分插电式油电混动车属于此类，是目前国内和全球主要的电动车型之一。插电式混合动力汽车可以较好地平衡里程焦虑和纯电动汽车成本上升，可以提高传统内燃机的使用效率和整车能源效率，也可以降低电池的使用量、车辆自重以及车辆成本。插电式混合动力汽车销量增速的提升，是市场回归正常的一种表现。

混联式混合动力系统的特点在于内燃机系统和电机驱动系统各有一套机械变速机构，两套机构或通过齿轮系，或采用行星轮式结构结合在一起，从而综合调节内燃机与电动机之间的转速关系。与并联式混合动力系统相比，混联式动力系统可以更加灵活地根据工况调节内燃机的功率输出和电机的运转。但相对来说，结构也更加复杂。部分插电式油电混动车以及轻混合动力汽车属于此类，都是目前市场主流产品。

3. 燃料电池路线

燃料电池汽车是一种用车载燃料电池装置产生的电力作为动力的汽车。目前，最主流的技术路线是以高纯度氢气作为车载燃料电池装置所使用的燃料，故关键部件是燃料电池。燃料电池汽车运行时，氢在汽车搭载的燃料电池中与大气中的氧气发生氧化还原反应，产生出电能来带动电动机工作，由电动机带动汽车中的机械传动结构，进而带动汽车的前桥（或后桥）等行走机械结构工作，从而驱动电动汽车前进。燃料电池的反应结果会产生极少的二氧化碳和氮氧化物，副产品主要产生水，因此被称为“绿色新型环保汽车”。燃料电池汽车的氢既可由车辆直接携带纯氢燃料，也可通过车载燃料重整器将烃类燃料转化为富氢气体，目前主流路线采取储氢罐携带纯氢方式。

该路线的环保性能和发展前景在众多路线中最优，目前受到各大厂商重视。山东省潍柴、中通、重汽等企业在氢燃料商用车方面处于国内领先水平。在乘用车方面，丰田汽车公司研制的 Mirai、本田汽车公司的 Clarity，都是处于国际领先水平的燃料电池轿车产品，我国技术水平与国际先进水平有一定差距。在商用车方面，近期的耐久性目标为 18000 h。美国 UTC 公司示范的大型客车是长寿命燃料电池系统的典型案例，2010 年该示范性商用车已连续运行 7000 h，到 2015 年已在实际路况条件下运行 19000 h 。2018 年，中国燃料电池轿车寿命不足 2000 h，客车的寿命约为 3000 h，明显低于国外先进水平。总体来看，车用燃料电池的耐久性正不断提升，逐步接近商业化目标。但由于涉及制氢储氢、电池堆材料、加氢站建设、成本等一系列技术与推广困难，目前在商用车和乘用车领域的应用明显少于纯电路线。

（三）各国政策现状

全球主要国家针对新能源汽车政策总体采取鼓励支持态度。同时，主要国家对传统燃油车的退出制订了初步的日程计划。

1. 鼓励与补贴政策

德国、法国等采取面向消费者直接补贴和减免税款的方式鼓励产业发展。2016 年，德国规定在德购买纯电动汽车的消费者将获得 4000 欧元补贴，购买油电混合动力汽车可获得 3000 欧元补贴。补贴总金额共计 12 亿欧元，由政府和汽车制造商平摊，采取“先到先得”原则，补贴发完为止。购买电动汽车的消费者还将享受免缴 10 年汽车税的优惠政策，及免税政策可追溯至自 2016 年 1 月 1 日起的电动汽车购买者。法国政府从 2008 年开始实施补贴政策并分别在 2014 年、2016 年两次上调补贴额度，使消费者的购买成本逐年下降。基础设施方面，法国 2015 年建成了 8165 个公共充电桩，并采取分类补贴标准：即电动车及排量少于 20g/km 的油电混动车可获得 6300 欧元的优惠；购买排量在 21g/km ~ 60g/km 的油电混动车可享受 1000 欧元的优惠；购买排量在 61g/km ~ 110g/km 的油电混动车可享受最多 750 欧元的优惠；废弃车龄 10 年以上的柴油车，转而购买纯电动车可再享受 6300 欧元的补贴，购买插电混动车可享受 2500 欧元的补贴。

美国也采取类似德、法的补贴政策，加州的积分政策值得我们研究借鉴。积分制政策有效减少政府财政负担，激励企业研发生产符合消费者需求的新能源汽车。加州新能源汽车积分政策较其他国家地区有独特之处：车企新能源积分 = 车企获得积分 – 政府规定积分；车企获得积分 = （单车积分 × 车型销量）的总和；政府规定积分 = 车企销量 × 政府规定比例。车企新能源积分为负的情况下，需要将负积分清零。车企可以使用两种方法进行清零：一是向加州政府缴纳罚款，每积分5000美元。二是向其他拥有正积分的车企购买，价格由交易双方商定。加州政府在制定企业达标准则时更加明确了企业的社会责任，对于大型企业只能使用ZEV积分来完成规定指标，积分不达标的企业必须在下一年内弥补。

日本对新能源汽车的研究起步较早，20世纪末提出新能源技术研发计划；21世纪初明确新能源汽车发展战略；2010年日本发布《新一代汽车战略2010》，成为目前日本新能源汽车发展战略主要指导纲领。从不同类型车辆数量比重、电池性能及成本、充电站等方面提出战略目标值，明确新一代汽车的发展目标：到2020年，“新一代汽车”的新车销量比例达到50%，总保有量达到1350万辆；到2030年，这个比例要达到70%，并计划在2020年之前在日本境内建成200万座普通充电站和5000座快速充电站。日本实施“绿色税制”，适用对象包括纯电动汽车、混合动力车、清洁柴油车、天然气车，前三类车被日本政府定义为“下一代汽车”，购买这类车可免除100%的重量税和取得税，个别车辆还有50%自动车税的减免，此外还有补助金优惠。

2. 燃油车禁售计划

在2015年联合国气候变化大会上，包括德国、英国、荷兰、挪威，以及美国18个州在内的国家和地区，组成了“零排放车辆同盟”，承诺到2050年，该联盟内国家将不再销售燃油车（见表1）。

表1　各国预计禁售传统汽车时间表

禁售地区	实施时间	禁售类别
荷兰	2025年	燃油汽车
挪威	2025年	燃油汽车
印度	2030年	燃油汽车
德国	2030年	传统内燃机汽车
法国	2040年	燃油汽车

在一些国家出台燃油车退出市场计划的同时，世界主要车企也发布了集团逐步退出燃油车业务的时间表（见表2）。

表2　世界主要车企预计退出传统汽车时间表

品牌/车企	燃油车停售时间	未来规划
沃尔沃	2019 年	自 2019 年起，停止生产销售传统内燃机车型；2025 年 售出 100 万辆电气化汽车
菲亚特·克莱斯勒集团	2019 年（玛莎拉蒂）	从 2019 年开始，玛莎拉蒂只生产电动和混动车型；2021 年 jeep 品牌车型将全部采用电动版本
捷豹路虎	2020 年	2020 年所有的捷豹路虎汽车均将是电动或混动版本
戴姆勒	2022 年	2022 年停产停售旗下全部传统燃油车；smart 品牌将率先开始停售燃油车型
福特	2022 年（林肯品牌）	林肯 2022 年全面停售停产燃油车；2025 年末，福特将推出福特及林肯品牌电动产品 15 款
长安	2025 年	2025 年正式停止销售传统燃油车，并于 2025 年推出全新纯电动车型 H 款，插电式混动车型 12 款
北汽	2025 年	2020 年，在北京地区停售燃油汽车；2025 年，全面停止销售燃油汽车（除军民融合和专用汽车外）
海马汽车	2025 年	2020 年后推出新能源模块化平台，2025 年将全面淘汰燃油车
丰田	2025 年	在 2025 年前停止生产传统纯燃油汽车
大众	2030 年	最迟 2030 年，大众将实现所有车型电动化，传统燃油车彻底停止销售

（四）国内发展概况

1. 产销出现波动

2018 年，全国新能源汽车产销分别完成 127 万辆和 125.6 万辆，比上年同期分别增长 59.9% 和 61.7%。其中，纯电动汽车产销分别完成 98.6 万辆和 98.4 万辆，比上年同期分别增长 47.9% 和 50.8%；插电式混合动力汽车产销分别完成 28.3 万辆和 27.1 万辆，比上年同期分别增长 122% 和 118%；燃料电池汽车产销均完成 1527 辆；纯电动商用车产销分别完成 19.4 万辆和 19.6 万辆，比上年同期分别增长 3% 和 6.3%。2018 年，插电式混合动力商用车产销分别完成 27.8 万辆和 26.5 万辆，比上年同期分别增长 143.3% 和 139.6%；插电式混合动力商用车产销均完成 0.6 万辆，比上年同期均下降 58%。

据中汽协数据显示，2019 年上半年，我国新能源汽车累计完成产销分别为 61.4 万辆和 61.7 万辆，同比分别增长 48.5% 和 49.6%。其中，纯电动汽车产销分别为 49.3 万辆和 49.0 万辆，同比分别增长 57.3% 和 56.6%；插电式混合动力汽车产销分别为 11.9 万辆和 12.6 万辆，同比分别增长 19.7% 和 26.4%；燃料电池汽车产销分别为 1170 辆和 1102 辆，同比分别增长 7.2 倍和 7.8 倍。

进入下半年后，市场出现明显波动。随着新能源汽车补贴方式和额度出现变化，整个产业迎来“阵痛期”。在多种市场因素综合作用下，7 月、8 月新能源车市出现“两连降”。7 月国内新能源汽车销售 8 万辆，同比下降 4.7%；8 月销售 8.5 万辆，同比下降 15.8%。2019 年 8 月，乘用车中新能源车用户购车意向占比为 1.7%，比 7 月下滑 0.1%。北汽新能源将全年销售目标从 22 万辆下调至 15 万辆，比亚迪由 40 万辆下调至 35 万辆，上汽、吉利也分别下调 3 万 ~5 万辆。

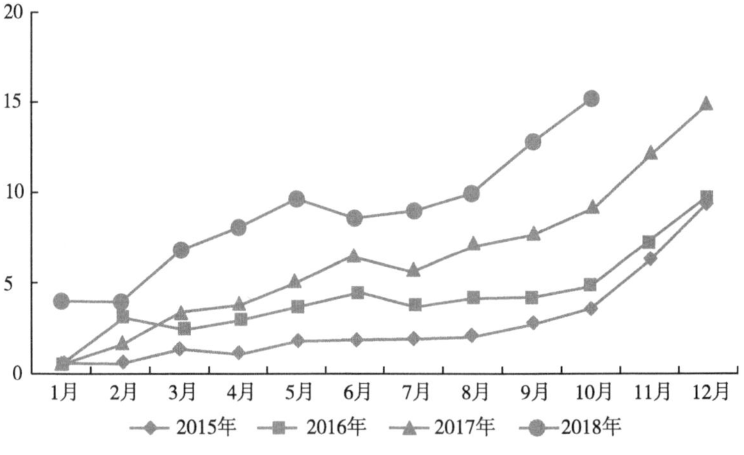

图 1　国内新能源汽车产量逐年上升（万辆）

国内新能源汽车产销的市场和增量主要集中在乘用车领域；而我省具有比较优势的商用车领域则全国规模较小，竞争激烈，对省内商用车企业的研发、销售都造成较大压力。2019 年下半年出现的市场波动，是受整体经济不振、补贴退坡、个别车型事故等综合因素影响，这些负面因素大多会延续至2020年，故对2020年的行业形势应持审慎态度。

2. 政策导向积极

2019年12月，工业和信息化部发布《新能源汽车产业发展规划（2021—2035年）》征求意见稿，规划到2025年新能源汽车竞争力明显提高，动力电池、驱动电机、车载操作系统取得关键性突破，新能源车销售占比达25%，智能网联车销量占比30%，高度自动驾驶智能网联汽车实现限定区域和特定场景商用。此外，要深化“三纵三横”研发布局，以纯电动汽车、插电式混合动力（含增程式）汽车、燃料电池汽车为“三纵”，以动力电池与管理系统、驱动电机与电力电子、网联化与智能化技术为“三横”。开展先进模块化动力电池与燃料电池系统的技术攻关，探索新一代车用电机驱动系统解决方案，加强智能网联汽车关键零部件及系统开发，突破计算和控制基础平台等技术瓶颈，提升基础关键技术、先进基础工艺、基础核心零部件和关键基础材料等产业基础能力。

虽然此次征求意见稿将2025年的新能源车销量占比从20%上调至25%，但预期中的增量大多来自乘用车，由于山东具有以商用车为主的特殊产业结构，所以须对此次销量占比提升有清醒认识，避免盲目上项目。特别是发达省份已经发展成熟的领域，尽量走合作引进途径，避免自研项目上马即落后的情况。

3. 三电有待提升

核心零部件方面，国内虽取得一定进步，但与国际龙头存在较大差距。新能源汽车区别于传统车最核心的技术是“三电”，包括电池（电池模组、结构系统、电气系统）、电驱动（传动机构、电动机、逆变器）、电控。其中，电池约占整车成本的42%，电机电控各占约10%。电池电芯的关键材料是正负极、隔膜、电解液，正极材料主要有磷酸铁锂、钴酸锂、锰酸锂、三元、高镍三元。大部分自主品牌都没有自己的电芯与电池组设计能力，而跨国龙头车企虽然大多没有自产电芯，但是坚持自己设计生产电池组件与管理系统，加强动力电池核心竞争力。从全球动力电池形势来看，松下、宁德时代、LG的动力电池装机量增速明显，比亚迪增速有所放缓。而我省没有较大规模的新能源汽车动力电池配套企业，电机和电控技术水平和研发能力也落后于国内领先省份。

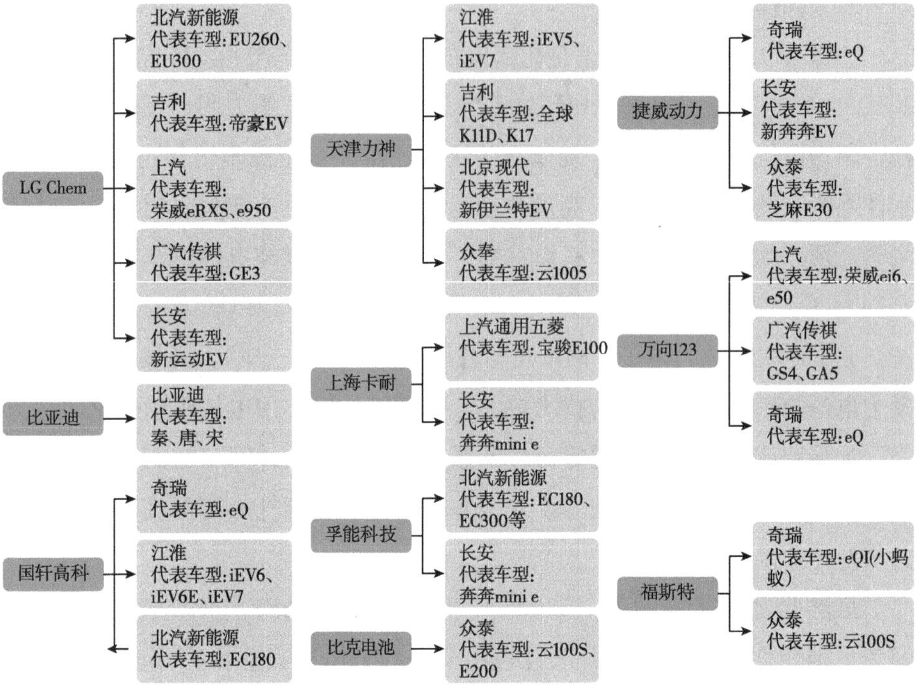

图2　国内主要新能源车企动力电池采购来源

（五）国内产业分布

1. 主要分布省份

据统计，中国共有71个整车集团，新能源汽车企业有455家。据《华尔街日报》数据显示，中国有超过487家新能源车制造商。乘用车龙头与技术主要集中在江苏、上海、浙江、广东等省份，商用车龙头与技术主要集中在北京、山东、陕西、安徽、河南、福建等省份。2018年，比亚迪和北汽新能源仍然占据着新能源汽车产销量的前两位。两家企业最大的不同在于，北汽新能源到目前为止一直坚持纯电动的技术路线，而比亚迪则是纯电动和插电式混合动力双线并举。

表 3　领先省份产业分布及概况

江苏	概况	江苏目前是全国范围内汽车工业聚集最为密集、发展最具潜力的地区。因长三角的地缘优势、零部件配套资源及其整车厂资源，都为江苏汽车工业的发展奠定了基础。其中，作为省会的南京新能源汽车产业发展最为领先，南京经济技术开发区吸引了较多新势力的入驻，如拜腾、蔚来、长城华冠等，苏州和无锡新能源产业发展追赶其后，目前多个工厂正在建设中，地方招商政策力度大
	传统车企	南京金龙客车（客车/总部）、扬州九龙汽车（商务、客运及专用车/总部）、扬州亚星客车（客车/总部）、苏州常熟观致汽车（乘用车/总部）、苏州金龙（客车/总部）、无锡常隆客车（客车/总部）、比亚迪（南京工厂、淮安云轨建设）、上汽基地（南京、扬州、无锡）、北汽基地（常州、镇江）、一汽基地（无锡）
	新兴车企	南京拜腾汽车（总部）、南京蔚来汽车（电机电控，整车厂待建）、南京长城华冠（零部件生产）、南京博郡汽车（工厂在建）、苏州前途汽车（生产和研发）、苏州奇点汽车（研发中心及生产基地）、常州电咖（生产基地）、常州车和家（两大基地）、常州北汽新能源（基地）、淮安江苏敏安（总部）、连云港正道新能源汽车（基地）
	特点	1. 江苏省本土的客车、专用车类型的传统整车厂具有较大优势，但在乘用车领域仍有较大发展空间。 2. 江苏隐藏着众多汽车零部件配套的龙头企业，但大多较为低调。 3. 重点城市：南京、苏州、常州、扬州、无锡
上海	概况	上海汽车工业产值占全市工业产值 1/6，是上海的支柱产业。上海市的新能源车企大多以总部设点及设计研发中心为主。一方面，上海作为与国际接轨的大城市，设计研发人才大量涌进；另一方面上海地价高，土地资源稀缺，生产基地少
	传统车企	上汽集团（总部）、上汽通用（工厂）、上汽大众（工厂）、上汽荣威、上汽乘用车（工厂）、万丰客车（工厂）、申沃客车（工厂）、比亚迪（工厂）、吉利（工厂）
	新兴车企	蔚来汽车（总部/工厂）、爱驰汽车（总部）、绿驰汽车（总部）、威马汽车（总部）、游侠汽车（总部）、上海思致（总部）、蔃石汽车（总部）、特斯拉（海外第一工厂）、康迪电动（工厂）
	特点	1. 上海以总部和研发中心为主。 2. 分布最为密集的是浦东新区，包括特斯拉新建工厂。 3. 围绕上汽通用、上汽乘用车两大车企整体布局，金桥、张江、临港、外高桥等园区紧密协同、相互呼应

续表

广东	概况	广东新能源汽车的崛起，是广东依靠传统汽车产业集群优势，在多项扶持政策的推动下，集中资源对新能源汽车核心技术的攻坚成果。广东汽车企业已经实现了纯电动汽车、插电式混合动力汽车、增程式电动汽车开发和产业化，实现了战略性的转型升级。未来，广东新能源汽车产业将会形成广汽、比亚迪双子星座，带动整个产业链上下游发展
	传统车企	广汽集团（总部）、广汽传祺、广汽乘用车（工厂）、广汽客车、广汽比亚迪客车（工厂）、比亚迪（总部/工厂）、比亚迪（汕头云轨）、长安标致雪铁龙（工厂）、福田汽车客车（工厂）、一汽佛山（工厂）、宝能集团汽车产业园
	新兴车企	珠海银隆（总部）、陆地方舟（总部）、小鹏汽车（总部/工厂）、正道汽车（总部/工厂）、长江汽车氢动力（研发中心及整车生产）、五龙电动集团（神州拟收船龙37%股份）、FF睿驰汽车（总部）、艾康尼克（总部/工厂）、飞驰汽车（总部）、福迪汽车（总部）、宏远汽车（总部/工厂）、云山汽车（总部/工厂）
	特点	1. 比亚迪居新能源乘用车销量排行榜首。 2. 电池产业聚集效应强，出口内销双管齐下。 3. 广东新能源汽车政策更新最快，覆盖面最广，属于全国政策布局领先区域。 4. 广东公交全面新能源化，取消限牌限行。 5. 深圳新增网约车必须是纯电动车，深圳市成为首个出台纯电动物流车运营补贴的城市
浙江	概况	浙江新能源汽车在吉利、众泰、长江等产业链上下游众多企业的带动下，形成了新能源产业聚集的发展优势，同时浙江省对招商引资的优惠政策，加上得天独厚的交通条件，吸引了许多新造车企。杭州因独有的城市地位和资本优势，催生了零跑、时空电动等新兴车企，同时也是浙江省新能源汽车发展的标杆。宁波作为国内重要的汽车零部件制造和出口基地，汽车整车制造也获得较好的发展。湖州、嘉兴、绍兴各有一家新兴造车车企及工厂部署
	传统车企	杭州吉利控股集团（总部）、杭州万向集团（总部/工厂）、宁波衫杉汽车（专用车/总部）、比亚迪（杭州、宁波）、杭州宝能汽车（工厂）、杭州中植汽车（工厂）、杭州广汽乘用车（工厂）、吉利汽车（杭州、金华、湖州、宁波、台州）、杭州长安福特（工厂）、众泰汽车（杭州、金华、永康）、上汽大众（宁波）
	新兴车企	杭州零跑汽车（总部）、杭州长江汽车（总部）、绍兴电咖汽车（总部/工厂）、杭州时空电动（总部）、嘉兴合众汽车（总部/工厂）、宁波知豆电动汽车（总部）、杭州新吉奥（总部）、湖州游侠汽车（工厂）、温州威马汽车（工厂）
	特点	1. 吉利、比亚迪、万向、杉杉、上汽、东风、长安福特、广汽、众泰等知名传统整车厂强劲，带动产业链上下游集聚。 2. 大多地市平均分布1~2家新兴车企，地方布局及招商体系较为完善，各城市发展侧重点不同，招商政策灵活。 3. 新兴车企分布较为密集，不乏新能源汽车独角兽企业落户。 4. 重点城市：杭州、宁波、嘉兴、湖州

由表3可知，新能源汽车领先省市的研发与生产，或者以乘用车为主，或者乘用车与商用车并举，已经形成了较为完善的产业链配套和产业集聚。这既与国内商用车、乘用车三七开的市场份额相符，也与乘用车需求与潜力较大的市场预期相符。山东商用车独大、乘用车稀少的布局与领先省份差异甚大，而随着全国布局趋于稳定、补贴持续退坡，山东系统引进或自研新能源乘用车的风口已过，保持自身特有的发展路径，更为符合实际。

2. **销售热点区域**

从销售情况来看，深圳、上海、合肥、北京、杭州等城市居于领先地位，山东的城市没有进入前十名。山东民间消费市场态度相对保守，目前新能源汽车销售主要是平台或公务用车，以及商用车。

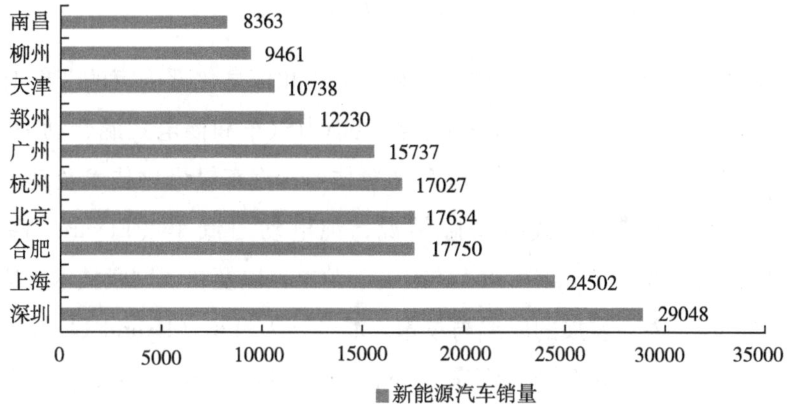

图3　2018年上半年国内新能源汽车销量前十城市（辆）

（六）省级政策分析

已知宁夏、安徽等地出台了新能源电动车规划，山东、浙江、江苏等地在新兴产业规划或汽车规划里提到了新能源汽车。各地政策主要有以下几方面特征：①各省市的政策中充电设施及配套设施服务领域占据较重要的位置，虽然新能源汽车补贴政策逐渐退坡，但充电设施建设的补贴政策依然持续。②购买新能源汽车的直接补贴虽然退坡，但一些城市实施了新能源汽车不限行、停车优惠等其他更多样化的鼓励政策。③除了西藏等少数省份未出台新能源汽车产业发展规划之外，其他省市都已出台相关政策，并且所有省份都有“加快新能源汽车推广应用实施方案”出台。④氢燃料电池相关政策逐渐增多，以北京、上海、安徽、广东为代表的省市出台了发展氢燃料汽车的政策，加氢站的建设已经是这些省市未来的主要工作任务之一。

由此可见，几乎所有省份都在国家政策引领下，把节能与新能源汽车产业作为重点发展领域，只是根据地区基础、配套水平的不同，发展侧重方式上有所差异。对于山东来说，保持战略定力，按照既定规划，制定有关措施，鼓励引领企业有序推进新能源汽车发展，是最为科学的路径选择。而对领先省份成绩与做法的学习、参考，必须建立在充分调研分析的基础上，立足省情差异与地方特色，有选择、有针对性地进行消化、吸收、利用，切忌照搬照抄。

三、山东路线产品现状与发展重点研判

从节能与新能源汽车动力种类上看，工业和信息化部确定的节能与新能源汽车技术路线图包括：节能汽车、纯电动力汽车和插电式混合动力汽车、燃料电池汽车、智能网联汽车、汽车制造技术、汽车轻量化技术及动力电池技术等七大领域。结合我省实际情况，纯电动力汽车（Electric Vehicle，EV）、燃料电池汽车（Fuel Cell Vehiclese，FCV）以及智能网联技术，应作为当前重点关注并着力发展的路线与技术。混合动力汽车（Hybrid Electirc Vehicle，HEV）、插电式混合动力汽车（Plug - in Hybird Electirc Vehicle，PHEV）可作为长期关注与储备路线。对于高能量密度电池、高端电机和电控等核心产品与技术，我省基础较为薄弱，且研发投入巨大，发展应以引进合作为主。

从应用场景来看，与燃油汽车类似，节能与新能源汽车也可分为乘用车、商用车两大类。结合山东基础现状，面向新能源乘用车、新能源商用车、智能网联汽车、充电设施建设四个方面，研究分析山东省的发展路线与重点。

（一）新能源乘用车

1. 山东省乘用车发展基础较薄弱

就山东省乘用车发展基础来看，山东本土的乘用车生产基础较弱。截至目前，尚没有一家产销量可观的乘用车品牌。诞生于山东的整车品牌只有华

泰汽车，由表4可知华泰汽车的产能只有15万辆，而华泰汽车的竞争力并不出众。此外，华泰总部已迁往北京。落户淄博的国金汽车主营纯电路线，但目前经营遇到困难，处于停产状态。

在乘用车生产方面，通用、大众、吉利、众泰、北汽、比亚迪等6家车企分别在烟台、青岛、济南、临沂4个城市开设了工厂。其中，除了通用、大众和众泰工厂的设计产能较高，分别达到了60万辆/年、30万辆/年、30万辆/年外，其他3家车企的工厂产能都很小，仅仅是总公司年销量的零头，山东只是这些企业的生产基地。由于目前汽车产业基本实现了全球配套，所以这些生产厂对山东省汽车零部件企业发展的带动作用有限。

纵观山东，全省汽车产业面临着缺乏自主品牌、产业结构不合理、汽车零部件产业集中度低等问题，呈现出大而不强的现状（表4）。

表4　省内各地市产能情况

地市	整车厂	产能（辆/年）
烟台	上汽通用东岳	60万
	北方奔驰重型	5万
	舒驰客车	1.5万
济南	重汽	7.9万
	吉利	3万
	宝雅	规划产能40万
青岛	一汽大众	30万
	一汽解放	10万
	北汽新能源	5万
	比亚迪	0.5万
潍坊	诸城福田	46万
	瑞驰	35万台新能源汽车系统
	比德文	可达35万以上
	雷丁	目前15万，二期完工30万
寿光	凯马汽车	20万
	寿光泰汽电动车	5万以上

续表

地市	整车厂	产能（辆）
临沂	众泰	30 万
	新大洋知豆	10 万
	沂星电动客车	0.5 万，3 年内实现 2 万
	齐河御捷	15 万
德州	齐河乐唯	2016 年 15 万，2017 年可突破 20 万
	齐河宝雅	规划 40 万
	富路	30 万三轮全棚车、20 万低速纯电动汽车
淄博	国金	规划 20 万
	唐骏	10 万卡车，5 万电瑜车
青州	江淮	轻卡 10 万
聊城	时风	20 万
	中通客车	1 万新能源客车，2 万节能型客车
荣成	华泰汽车	15 万
泰安	航天泰特	矿用自卸车 0.4 万左右
日照	五莲五征	农用车 3 万
威海	文登黑豹	10 万
济宁	重汽	2 万
莱芜	昊宇	整车 10 万，改装车 5 万
滨州	鸿日新能源	预计 6 万

2. 要有选择地应用主流研发模式

现阶段国内新能源乘用车的研发路径大致分两种路径，一种为大多传统车企选择的研发速度较快的逆向研发，另一种为看重电动车长远发展的造车新势力和有着雄厚研发实力的传统车企选择的正向研发。逆向研发是在采用原有传统燃油汽车为动力的车型基础上将动力系统换成电动机，并在底盘或后备厢加装电池的纯电动汽车。通常情况下，采用逆向研发的纯电动汽车都有相对应的以传统燃油发动机作为动力的车型，而正向研发就是从车型立项开始进行每个零部件的设计。其中，车身结构、制造工艺、空气动力学、人机工程学、电气化匹配等都需要按照需求进行设计。

市场中逆向研发的纯电动汽车的数量要远远大于正向研发的纯电动汽车，

毕竟逆向研发更适合快速占领电动车市场，同时逆向研发的难度远远低于正向研发。逆向研发需要有较为发达的传统能源车企作为基础，而正向研发还需要更强有力的资本及资源整合能力作为支撑。根据现在山东省的新能源乘用车制造基础，还需要在参考成熟经验、充分利用原有技术积累的基础上，综合应用主流研发方式的适用部分，以逆向研发为基础，在个别领域尝试正向研发。可见，山东省发展新能源汽车必须认清形势、找准关键、合理布局、创新模式，才有可能由点到面、由易到难，逐步形成山东特色的研发模式。

3. 以 A00 级小型车为乘用突破口

根据机动车保险数据统计，2017 年新能源乘用车 A00 级依旧是市场主力，占比 56%，A 级车型占比 32%，A0 级和 B 级车型共占比 11%。从不同动力类型看，均呈现差异化分布特点，其中 BEV（纯电动汽车）车型主要以 A00 级车型为主，占比 67%；PHEV（插电混合动力汽车）车型主要以 A 级新车型为主，占比 95%；FCV（氢燃料电池车）车型全为 B 级车型。从企业看，排名前十的企业中，多数企业以 A00 级车型为主，其中江淮、奇瑞、江铃、众泰、长安、上汽通用五菱旗下 A00 级车型占比超过 85%。

从纯电动乘用车发展现阶段看来，制约其发展最主要的因素就是电池续航问题和充电设施建设问题，普通消费者面临着对电动汽车电池寿命及续航里程没有信心、日常出行找充电桩难、充电难的问题。因此，纯电动汽车最适宜的突破口应为主要用于市内代步的、满足日常通勤需求的小型化电动车。要争夺这一类型汽车市场，一要降低电池成本，提高性价比；二要实现家庭快速充电，以最大限度解决出行焦虑。

目前，山东省低速电动车产能非常大，而 2018 年《山东省人民政府办公厅关于加强低速电动车管理工作的实施意见》（鲁政办字〔2018〕241 号）中明确提出清理整顿低速电动车生产企业，引导有条件的低速电动车生产企业加大研发投入，鼓励通过转型升级申请国家新能源汽车生产资质，向高速电动车企业转型。这样虽然为山东省发展小型新能源汽车提供了产能基础，但这条转型升级之路举步维艰，目前尚没有成功转型高速小型电动汽车的大型企业出现。

4. **目标市场要以私人消费为主**

从整体新能源乘用车应用领域来看，消费主体主要为私人用车，其次为公共用车（主要为公务用车及共享汽车）。主要原因：①政策推动。近年来，从中央到地方出台多项鼓励性政策，如免征购置税、不限牌等优惠政策，鼓励消费者购买。②产品性能提升。随着新能源汽车产品性能、质量的发展，同时车型也逐渐丰富，消费者主动选购新能源汽车产品。

山东应从细分市场入手，利用自身原有条件找准重点，精准发力，只有地方政策与优势企业良性互动、相互促进，才能在国内已经较为成熟的新能源乘用车市场取得一席之地。

5. **山东省新能源乘用车发展重点**

以 A00 级车型为突破口，重点发展可应用于城镇家庭用车、共享出行等应用场景的小型电动车。大力开发最高时速大于 120km/h，综合工况续航里程大于 250km 的纯电动乘用车，同时注重可满足出租网约车和公务车领域的纯电动乘用车的研发。加快发展插电式混合动力乘用车，同步探索发展燃料电池乘用车。研究整车轻量化材料的应用，着力实现整车耐久性、续航里程、快充性能和电池使用寿命等领域的突破。

（二）新能源商用车

现阶段储电电池技术发展较为成熟，但燃料电池技术仍处于研发阶段，从技术及应用成本来看，山东省商用车产业现阶段应该以纯电动和混合动力汽车为主，同时加快燃料电池汽车发展速度，持续进行基础研发，推动示范工程建设。

1. **发展新能源商用车具备先天优势**

山东省为商用车生产大省，2017 年末，全省产销商用车分别为 96.64 万辆和 96.76 万辆，同比增长分别为 28.80% 和 28.08%。其中，重型载货汽车产销分别为 29.58 万辆和 29.43 万辆，同比增长销分别为 61.12% 和 58.13%；中型载货汽车产销分别为 5.54 万辆和 5.01 万辆，同比增长分别为 81.01% 和 67.55%；轻型载货汽车产销分别为 60.91 万辆和 61.71 万辆，同比增长分别为 14.70% 和 15.46%；客车产销分别为 0.62 万辆和 0.61 万辆，同比增长分别为20.62%和21.90%。

重型商用车为山东省的比较优势产品，拥有中国重汽国内最大的重型商用车生产基地，引领国内重型商用车发展方向。轻型卡车为山东传统强势产品，主要有北汽福田诸城汽车厂、山东凯马汽车、山东唐骏欧铃等企业，总产量位居全国前列。山东中通客车主营产品常规能源客车市场占有率居行业第二位，新能源客车市场占有率居行业第三位。正是凭借这一优势，中国重汽、中通客车已经在新能源商用车领域取得长足进步，在全国处于领先地位。

2. 未来新能源的商用车发展方向

受应用场景、关键技术水平等因素的影响，新能源商用车主要集中在城市公共交通、短程客运、团体通勤等领域。以现在的电池技术发展状态来看，续航里程短和自重大、售价高的短板会制约其销售发展，想要在卡车完全电动化则没有任何实质意义。

近年来，以氢能作为新能源的商用车在技术上不断取得突破，部分地区已经开始试运行。但是在成本、基础设施建设等全球性瓶颈问题上还未找到合适的解决方案，制氢、储氢、运氢、加氢的氢能源产业链尚不清晰。未来，车用能源高效、低碳、清洁和多元化的主流发展趋势是毋庸置疑的，燃料电池汽车是新能源汽车未来发展的方向，基于山东省氢燃料汽车产业发展的基础以及“能源多元化”发展战略，必须继续加强燃料电池汽车的发展。

电池组重量会导致汽车自重及成本大大增加，导致环保性及经济性下降。燃料电池汽车目前成本高且基础设施不健全，但是商用车在一定程度上恰恰能克服这些缺点。商用车的体量和应用场景在一定程度上能够包容高成本和里程焦虑，决定了一些技术路线只能在商用车领域率先试运行，所以山东省具有发展燃料电池汽车产业的先天优势。

在特殊场合下，纯电动卡车具有很大市场，如点对点（200公里以内）短距离城市运输以及固定路线用途的重卡、城市物流用轻卡、码头运输车。但在一般场景下，混合动力为现阶段最为切合实际的技术方案。城际运输用的轻卡、中重卡车型可以考虑非插电式混合动力。混合动力卡车的优势在于发动机大部分时间都处于高效率工况下工作，为了获得最佳的燃油消耗，需要用电机来弥补发动机在低速、走走停停等工况下的不良表现。通过多能源管理控制系统，实现纯电动模式、纯发动机工作模式、混合动力模式、外接充电模式、制动量回收模式等多种模式间的智能切换，很好地解决了传统燃油发动机效率低、排放高、能耗高问题，不存在纯电动车充电慢、续驶里程短的问题，是节能与新能源汽车发展的重要技术路线。

3. 山东省新能源商用车发展重点

插电式混动汽车、纯电动（锂电池）汽车、氢燃料电池汽车以及LNG商用车整车、插电式混合动力整车的开发，需面向城市公共交通、短程客运、团体通勤和城市物流的高性能整车，以及环卫、医疗、园林等行业专用车。

加快引进或自主研发新能源汽车用动力电池、驱动电机、精密减速器、电控系统、电池管理系统、混合动力汽车用动力耦合及传动装置等新能源汽车关键零部件，提高产业配套能力。突破电池正负极、隔膜、石墨烯、电解质等关键材料，车身及汽车关键零部件轻量化材料及成形技术。加快推进氢燃料电池产品与技术及配套氢气瓶、管道、控制阀等关键零部件。

（三）智能网联汽车

1. 全球智能网联汽车发展形势

当前，人工智能、5G、大数据等新一代信息技术快速演进，与汽车产业深度融合发展，为智能网联汽车产业新生态提供了充足的条件。发展智能网联汽车，不仅能在经济层面带动汽车、电子、通信、互联网等领域的技术创新和产业升级，还能通过与智能交通系统相结合，在社会层面带来深远的影响，成为解决交通安全、道路拥堵、能源消耗、环境污染等问题的重要手段，同时为构建新型智慧交通出行服务新格局打下基础。

当前，主流整车企业、零部件车企、互联网企业抢抓发展机遇，纷纷开展前瞻布局，加强产品技术研发，跨界合作，推动产业市场化进程。

长安汽车与百度开展战略合作，将在自动驾驶全技术链流程、功能安全及信息安全、车联网等领域探索合作；百度、联通、华为展开自动驾驶实车“路演”，加速推进智能网联落地；腾讯车联与东风柳汽签署战略合作 共建智慧出行服务体系；东风汽车与华为面向下一代电动智能网联汽车展开战略合作；比亚迪与360在车联网、汽车信息安全解决方案、移动互联、物联网、大数据及 AI 等领域共同打造跨时代的智能汽车生态体等。

我国汽车产业存在对发展智能网联汽车的关键零部件研发能力不足，缺乏可持续发展的研发体系，长期依赖进口产品，技术研发空心化等问题。同时，我国智能网联汽车缺乏智能化交通体系、商业保险制度、信息安全制度等建设，急需对道路交通法规修订及事故责任认定等方面的研究。

2. 中国智能网联汽车发展环境

目前，智能网联汽车产业尚不成熟，需要国家出台配套产业支持政策，鼓励企业开展技术研发和示范测试，推动产业发展。

工业和信息化部作为全国汽车产业主管部门，近年来加大对智能网联汽车产业发展的布局，成立了国家制造强国建设领导小组车联网产业发展专项委员会，制定了《车联网（智能网联汽车）产业发展行动计划》，积极推动智能网联汽车产业的发展；组建智能网联汽车产业创新联盟；在支持创新方面，工业和信息化部组织行业编制发布《智能网联汽车技术路线图》，为企业技术研发和创新提供方向指导。标准化方面，工业和信息化部制定发布《国家车联网产业标准体系建设指南（智能网联汽车）》，推动成立全国汽车标委会智能网联汽车分技术标委会。

3. 山东智能网联汽车发展现状

2019 年中国人工智能百强榜涉及智能驾驶领域的企业有 18 家，山东企业没有一家进入该排行榜，山东省在智能网联汽车领域的发展已经落后。

表 5　2019 年智能驾驶企业综合实力 18 强名单

序号	排名	企业名称	重点业务领域
1	1	阿里巴巴	综合类
2	2	百度	综合类
3	3	腾讯	综合类
4	4	华为	综合类
5	20	四维图新	智能交通
6	23	高德地图	智能交通
7	42	Momenta	智能驾驶
8	43	禾赛科技	智能驾驶
9	50	禾多科技	智能驾驶

续表

序号	排名	企业名称	重点业务领域
10	57	图森未来	智能驾驶
11	60	新石器	智能驾驶
12	61	纵目科技	智能驾驶
13	64	MINIEYE	智能驾驶
14	75	速腾聚创	智能驾驶
15	78	智行者科技	智能驾驶
16	83	小马智行	智能驾驶
17	96	驭势科技	智能驾驶
18	97	中科慧眼	智能驾驶

2019 年以来，智能驾驶行业明显降温，随着特斯拉等外企大举进入国内市场及政府补贴政策的取消，我国智能驾驶企业也面临着较大的竞争压力，行业逐渐进入洗牌期。

但是，智能网联汽车及汽车自动驾驶技术是未来汽车发展的必由之路，不像发动机、电池等行业存在大量不确定性。随着 5G 技术商用优化的落地，各大基础电信运营商、电信设备商也在加快车联网通信服务开发力度，政府也着力推动在国家智能汽车与指挥交通示范区展开车路互通相关领域测试。在未来，国家智能驾驶相关政策法规逐渐成形、行业技术不断完善、中国智能驾驶企业积极推动应用落地的情况下，中国智能驾驶市场规模将持续扩大。

对于山东省来说，因为汽车产业历史布局的原因，新能源乘用车基础较为薄弱，而且智能网联汽车作为多种新型技术综合发展的产物，对全国来说基础方面基本无差异，山东与各汽车大省站在同一起跑线上。山东的企业可从汽车“智能化”中寻找机遇，在汽车行业发展浪潮中获得更多话语权。

4. 山东智能网联汽车发展重点

（1）关键技术与零部件。瞄准未来新能源汽车发展方向，加大对智能网联汽车关键零部件和关键共性技术的研发投入。主攻车辆智能计算平台体系架构、传感器、车载智能芯片、中央处理器、无线通信设备、车载雷达、摄像头、车辆智能算法等关键技术，加快车载环境感知控制器、车辆智能控制与集成技术，基于网联的车载智能信息服务系统、高精度地图、汽车辅助驾驶系统、无人驾驶系统、新能源汽车安全运营管理系统、数据安全及平台软件的开发生产。

（2）基础环境建设。基础环境建设包括配套基础设施建设和服务体系建设，设计车辆与车辆间、车辆与信号灯等基础设施间、车辆与出行服务平台间的信息交互。

完善智能网联汽车道路测试设施，并促进产业化。促进网络通信技术、人工智能技术与道路交通基础设施的深度融合，为车联网、自动驾驶等新技术应用提供必要条件。面向典型场景和热点区域部署边缘计算能力，构建低时延、大带宽、高算力的车路协同环境。支持北斗卫星导航系统和差分基站等设施建设，提升车用高精度时空服务的规模化应用水平，满足车辆的高精度定位导航需求。在部分高速公路和部分城市主要道路，支持构建集感知、通信、计算等能力为一体的智能基础设施环境。

（3）示范应用区域建设是推动智能网联汽车产业化的重要途径。加强政府部门的协同合作，开展半开放区域和公开道路等测试验证，鼓励省内相关产业链各方参与，保障车载终端、路侧单元与云平台间通信的可靠性、兼容性和安全性。在机场、港口、快速公交车道和产业园区开展自动驾驶通勤出行、智能物流配送、智能环卫等场景的示范应用。积极构建国家级的车联网先导区，不断提升交通智能化管理水平和居民出行服务体验。

（四）充电设施建设

1. 充电桩发展现状

世界各国基本都坚定了汽车电动化的发展方向，各国对充电基础设施建设的发展思路各有特点，都积极鼓励和扶持充电基础设施建设。欧洲和日本主要是整车企业主导充电设施建设运营，美国主要是整车企业和充电运营商共同主导市场，中国主要是充电运营商支撑市场发展。近年来，先进的充电技术不断突破，产品品质不断提升，同时随着国家在新能源汽车补贴上向充电基础设施建设转移，国内充电设施建设发展较快，并逐渐向成熟迈进。

近年来，国内充电桩的建设和运营保持较高的集中度，特来电、国网、星星充电、普天新能源等四大运营商占比为86%。运营商由重建设转向重运营，运营模式不断创新。运营商积极创新充电服务模式，充电收入占运营收入的比重有所下降，增值业务逐渐成熟；充电设备兼容性明显提高，接口逐渐统一。目前，中国充电设施建设运营数量是全球第一位，公共充电桩数量为20多万个，是居第二位美国的4倍。但是，在标准化制定、安全运营管理、资源利用率、充电体验等方面还有待加强，整体发展速度低于新能源汽车的发展速度。

根据《山东省“十三五”新能源发展规划》的要求，到2020年山东省充电桩建设35万个，但最近几年随着电动汽车的发展，特别是整个社会需求以及充电装置的利用状况，《山东省新能源产业发展规划（2018—2028年）》中将数量指标调整为到2022年完成10万个，占全国建设份额的10%。

2. 充电桩类别

从充电模式来看，目前国内电动汽车的充电方式主要分为充电和换电两种，以充电为主要方向，换电站数量较少。从技术形式来看，分为快速充电和常规充电两种。

快速充电的充电设备为直流充电桩，既可与交流电网直接连接，也可为非车载电动汽车电池提供直流电源的供电装置。直流充电桩采用三可以输出高达150A~400A的电流，从而实现快充的功能。充电过程中，需经配电变压器降压后，再经过整流、滤波、DC/DC功率变换器、高频功率变换器，变换输出需要的直流电为电动汽车动力蓄电池充电。由于直流充电桩的功率通常为50kW~100kW的大功率，需要配备专用的供电线路及变压器等设备，因此安装成本高于交流充电桩。常规充电对应的充电设备为交流充电桩，虽与交流电网连接，但无法为电池直接充电，需连接车载充电机才能完成充电过程。由于车载充电机功率较小，因此交流充电桩充电时间较长，但对蓄电池的寿命影响较小，且设备结构简单，成本较低。

因此，交流及直流充电桩在充电时长、投资成本、技术难度及应用场景方面均存在较大差异。从充电时长角度，交流充电桩一般在5~8小时，而直流充电桩仅需要20~30分钟；直流充电桩成本普遍在3万~5万元，交流充电桩成本较为低廉，约为3000~5000元。

3. **充电设施政策发展方向**

2015 年，国务院在《关于加快电动汽车充电基础设施建设的指导意见》中强调鼓励充电服务、物业服务等企业参与居民区充电设施建设运营管理，统一开展停车位改造，原则上新建住宅配建停车位应 100% 建设充电设施或预留建设安装条件，大型公共建筑物配建停车场、社会公共停车场建设充电设施或预留建设安装条件的车位比例应不低于 10%。

在推广补贴方面，2016 年 1 月财政部、工业和信息化部、国家发展改革委及国家能源局联合发布《关于“十三五”新能源汽车充电基础设施奖励政策及加强新能源汽车推广应用的通知》，提出对新能源汽车推广规模较大的省（市、区）安排奖励资金，用以补贴充电基础设施建设及运营，首次将新能源汽车充电设施建设环节与购置环节的补贴相联系。在 2018 年 11 月发布的《提升新能源汽车充电保障能力行动计划》中，再次强调引导地方财政补贴从补购置转向补运营，逐渐将地方财政购置补贴转向支持充电基础设施建设和运营等环节。

以上一系列政策，从前端的产品标准、建设布点、推广补贴、设施建设到中后端的运营补贴、扶持电价实现全覆盖，相关扶持政策贯穿充电设施建设始终，从多维度全面降低建设及运维难度，提高民间资本投入积极性，对我国充电桩市场实现从初步试水到高速成长期的较快过渡起到极大推动作用。从发展趋势来看，设备端短期竞争激烈，中长期大功率趋势提升集中度。

4. **充电设施发展重点**

围绕充电基础设施建设与电动汽车协调发展，加快构建以用户居住地停车位、单位停车场、公交及出租停车场站等配建的专用充电设施为主体，以公共建筑物停车场、社会公共停车场、临时停车位等配建的公共充电设施为辅助，以独立占地的城市快充站、换电站和高速公路服务区、国省道两侧配建的城际快充站为补充，以充电智能服务平台为支撑的电动汽车充电基础设施服务体系保障电动汽车顺畅出行。

在社会公共领域，推进充电基础设施规模化、网格化、一体化发展，形成各城市中心城区平均服务半径小于 5 公里、高速及国省道路平均服务间距小于 50 公里的充电网络；在公共专用领域，坚持充分挖掘自有资源和高效利用并与社会公共充电网络资源相结合，在公交、出租、物流、环卫等专用停车场建立与车桩匹配的充电设施，满足公共服务领域的充电需求；在私人领域，新建小区基本实现“一车一桩”，满足私人基本充电需求，支持智能移动充电项目建设。

（五）整体研判结论

在全球范围内新能源汽车发展已成定局。虽然山东省在一些方面处于劣势，但在世界新能源汽车的良好预期和既定国家战略指引下，山东必须找准突破口，统筹产业布局，引导要素投入，奋力赶上。否则，山东将又一次错失汽车产业发展机遇。

当前，最适合山东的整车技术路线有氢燃料电池和纯电路线，中长期可深入探索混动路线。对于目前山东新能源汽车产业来说，商用研究优先于乘用研究，小型高速车型市场优先于中大车型市场，关键零部件研发优先于整车成套生产，核心技术投入优先于产能提升投入。此外，在规范产品标准、促进低端产能转型升级方面，亟须出台省级有效措施。

四、发展方向与路径

（一）定位氢能商用龙头

从我国在全球新能源汽车发展所处位次中以及山东省在全国所处的技术地位来看，商用氢燃料电池车是我省可以争取龙头地位的关键领域，小型纯电动汽车具有比较优势，可争取国内的第一梯队。

目前，氢燃料电池客车在北京、上海、佛山、郑州、潍坊、聊城等地示范运营，潍坊和聊城运行的客车是由潍柴集团研发生产的。此外，山东还研发生产了氢燃料电池货车，已经通过前期测试，示范效果良好。从技术基础来看，潍柴、重汽、中通、福田都具有相应技术积累，对引进的技术消化吸收较为成功，虽然发展程度和路线有所不同，但为山东取得氢能源汽车领先地位打下了良好基础。从关键零部件配套来看，山东虽然具有潍坊、济南、烟台等传统汽车配套产品集群，但氢燃料电池堆芯整体、正负极、质子膜等关键零部件和材料的研发并不占据领先地位，需进一步加大技术资金投入，与整车发展相匹配。氢燃料乘用车方面，日韩龙头企业及国内传统龙头企业已有上市产品，山东目前尚处于探索阶段，不宜大规模跟进，有条件的企业可以自行尝试引进或研发。虽然纯电动乘用车在我省具有良好基础，但目前省内产品水准参差不齐，亟须整顿低速电动车市场。省级主管部门应以国家新能源汽车补贴标准为蓝本，制定按年度调整的动态技术鼓励目标，引导和引进研发型企业在山东发展。如果不含研发的纯制造厂落户山东，虽然会带来一定的税收与就业，但难以对省内技术与产业产生长期的拉动作用。

以国家标准作为省内产业准入标尺，不符合强制标准的尽快升级或淘汰；尽快出台明确的白名单制度，指向最有利于山东的技术与产品，未涉及地带允许企业自行按照市场规律进行尝试。

（二）鼓励自研合作并举

山东系能源汽车产业是国内整体产业链的一部分，应积极融入全国体系。一方面，经过前些年积累，省内企业在众多方面取得优势；另一方面，以山东一省之力不可能建成完整的产业体系。在加强投资优势方面研发力度的同时，主动与互补性省份进行沟通对接，通过合作实现要素互补，推进省内新能源汽车产业的整体协调发展。目前，技术与产业发展路径中“开放式创新”日益成为主流模式，应以省级层面为平台，面向江苏、浙江、广东、吉林、北京、重庆等省市，推介省内企业的技术合作项目，聘请对口权威技术专家，充分发挥“自研+合作”创新模式的共赢效应，引入顶尖的人才和技术资源。特别是面向氢燃料电池及关键组件、高能量密度蓄电池、新能源汽车底盘设计、轻量化设计等方面，与国内龙头企业进行多层次对接合作，是突破我省目前短板的重要手段。在国际合作方面，建议企业厘清自身需求，对境外合作方进行多方面了解，谨慎做出合作或收购动作，防止出现低效合作甚至无效收购。

（三）充分研究适应市场

2019 年下半年产销出现下行态势，让新能源汽车产业颇受震动，未来政策、市场频繁变动将成为常态。从行业企业角度说，必须从全球技术视野、国内市场特点和设计生产配套能力等宏观、微观角度综合分析研究，才能在频繁变动的新能源汽车市场中获得发展。单一考虑政策因素或面向短期市场需求进行大规模投入，都可能给企业带来重大损失。省内有条件的企业，在着力进行研发与创新的同时，应与社会性研究机构合作，针对面向的市场角度进行多层次、持续性的深入研究，确保投资和研发方向正确，减少损失，从而在企业之间、地域之间的竞争中获得优势。从政府角度来说，在稳步推进既定国家政策的同时，应对国际、国内市场和技术发展保持关注，适时对本地区政策进行针对性调整，引导和保护本地企业有序、健康发展。从研究手段来说，除了继续使用现有数据、报告工具进行分析外，应拓展与专业研究咨询机构合作，针对本区或本企业的产品细分门类，设置监控分析要点，创新性地使用分析方法，把握市场动向，指导自身发展。

（四）科研投入合理有序

科研方式可分为“无序科研”和“有序科研”。“无序科研”来源于欧美高校，是指不明确组织形式的科研模式，不预先提出研究方向与目标，科研人员自由选择方向。“有序科研”是指有组织的科研，有长期坚持的研究方向和明确的目标，并有固定的研究团队。一个人沿着一个方向长期研究直至攻克目标也是有序科研。

我国研究领域两种方式并存，高校和研究院所中普遍存在“无序科研”，但这种方式如果管控不力就会造成资源经费利用率低，人员效率不稳定且高水平技术产出少。欧美高校虽然也采用这种方式，但科研人员大多秉持“专一”原则，能够在自由选择目标与组织的情况下追求“高精尖”，持续有效地研究。“有序科研”更能取得科研突破，适用于产品领域较为固定的企业。在目标明确组织有力的前提下，能够集中优势资源形成合力，逐步实现预定目标。由于国外科研主力分布在企业集团，欧美企业科研普遍采取“有序科研”，加之科研投入巨大，因此其研究行动都比较成功，且成果保密。对于我省高端产业科研，应秉持允许高校院所“无序科研”以寻求新的路径与突破，同时号召企业集中资源进行持续、高效的“有序科研”。

当前，山东省新能源汽车技术研发主要集中在专业企业中，虽然有明确目标和组织，但投资强度和科研力量大多不强。企业普遍从自身认知和预期出发制定研发方向，招聘或临时组织团队进行研发，研发方向和团队持续性很容易受市场与金融影响，这与丰田、马自达等先进企业对比有较大差距。主管部门和社会组织要通过专家培训等方式，向省内新能源汽车企业技术与战略部门负责人教授科研战略、业内各技术路线的优缺点与发展情况、研发资金使用与人员组织等课程，支持企业形成明确的科研战略，储备、应用、换代循序渐进，对短期、长期研发都有预案、有主次、有先后，螺旋推进。

从政策引导方面看，虽然有各级产业规划作为导向，但企业只对限制性政策敏感，普通引导性政策对企业投资决策起不到重要的参考作用，这也在一定程度上造成了企业选择的偏差及科研资源的浪费。进一步深入研究引导企业科研方向投入的方式方法，调配社会要素资源合理分布，避免引导资金“撒芝麻盐”、企业调研不足匆忙上项目等情况。实现业内研发方向的正确性与投资有效性，是政府与企业共同面临的课题。

（五）应用精益方法体系

虽然丰田模式被认为是精益制造的起源，但丰田公司本身并不将精益作为公司标签，而是把“精益生产方式”发展成企业管理、文化、生产的方法体系，不断改进、升级。课题组通过赴广汽丰田调研总结后认为，“精益方法体系”对于山东新能源汽车产业非常值得借鉴，有益于较高水平车企提升层次，更重要的是有益于大量较低水平车企认识并融入现代管理和生产模式。

在丰田公司内部理念中，丰田生产体系（TPS）、人和改善是等价的三个方面，三者相辅相成，循环促进。通过与员工交流可以发现，丰田人对“丰田模式”的理解是一种具体的方法论，用于解决管理和生产中的各类问题，包括效率、质量、人员关系等。丰田并不热衷于总结理论体系，而是持之以恒地完善、改进体系，并把人的创造力作为首要驱动力。在这样一种工作模式与文化氛围下，自动化、信息化、智能化是受产品和工艺的需要，自然而然被人提出、引入、应用并推广，这种需求导向的技术进步，最能避免故步自封与好高骛远。虽然丰田模式的革新是由无数的小改善组成，但由于丰田已经坚持了几十年，取得了明显的领先地位，因此对于后来者来说，参考、模仿、消化、吸收形成最适合自己的模式，是行之有效的发展方式。

山东汽车企业管理、工艺水平参差不齐，但在借鉴敬意方法体系方面，其理论内核具有广泛适用性。首先，不应盲目以智能化为标尺要求自身的生产过程，而应分析所处的发展阶段，明确对当前发展性价比最高的应用性技术进行技术改造。如果当前市场只需要提升自动化水平就可以实现最高性价比生产，那么就以自动化改造为重点，适应市场需求后根据发展决定是否进一步提升。在工艺设计上，可借鉴 TPS 的众多要点，在改善点的发现与采纳上，要充分注重和发挥所有员工的创造性，即“人”的作用。虽然丰田模式在全球范围内得到广泛认可，但做好本地化，选择适合山东企业的内容为我所用，也是企业少走弯路，减少浪费的重要课题。

五、政策建议

在近现代经济史上，所有新兴产业的发展都是以市场为驱动，以企业为主体实现的，市场经济已经证明了其科学性和有效性。与此同时，“二战”后日本等国家的做法以及中国改革开放的经验都表明，后发经济体要想实现特定产业的快速发展，就离不开政府有限度的干预和产业政策调整。

新能源汽车产业对汽车行业的冲击是近年来制造业领域发生的重大变化之一，赶不上新能源浪潮就会被时代抛弃，已经成为行业共识。对于山东省汽车产业来说，新能源浪潮既是一个缩小与先进水平差距、实现赶超的重要机遇，也是避免被淘汰、实现自存自立的关键挑战。山东虽然有一定的汽车产业基础，但是与国内先进省份相比要薄弱得多，与国际先进水平相比差距更大。因此，山东省要在汽车产业市场上继续保有一席之地，就必须在政策层面给予大力、有效支持和引导本省新能源汽车产业发展。

结合国际产业发展趋势、国家政策导向、其他省份发展经验以及山东省实际，对山东省新能源汽车产业政策方向提出以下几点建议。

（一）政策重点倾向研发

目前，国内针对新能源汽车产业的产业扶持政策主要着力生产和销售环节，过去几年对新能源汽车生产进行了大额度补贴，这种方式的优点是操作简单见效快，短短几年时间大量资本就涌入新能源汽车行业，使产业规模快速扩大，涌现出一批新锐造车企业，增加了行业的活力。随着形势发展，国家产业政策逐步重点调整，开始侧重拉动新能源汽车消费需求，出台了税收和限行限购等方面的众多优惠措施，开拓新能源汽车市场。但是从 2019 年下半年开始，国内新能源汽车销售出现了明显的放缓，其中虽有经济不振、补贴退坡等众多外因，但根本原因在于现有新能源汽车产品在生产和使用上都依然存在短板，未来技术发展路线尚不笃定。

在当前和未来一段时间，新能源汽车产业的关键任务依然是加大新技术的研发力度，尽快拿出关键性能、总体使用体验可与传统燃油车相媲美的产品。对于山东省汽车产业的研发能力长期来说是一块短板，是产业水平提升的重要阻碍。山东省新能源产业政策有必要向研发方向倾斜，通过组织产业研发平台、加大对技术创新的奖励支持力度等方式，使有限的资源发挥出最大的效益。

（二）着力打造营商环境

新能源汽车产业的发展首先是汽车企业的发展，而企业发展除了企业内部因素之外，外部营商环境的优劣同样重要。山东省各级政府都把改善营商环境作为促进经济发展的重要举措，而且具体到新能源汽车行业，在为企业打造舒适营商环境时，可以根据行业特点出台有针对性的专门措施。新能源汽车行业既有传统制造业投资规模大、就业人数较多等特点，又有新兴高技术产业行业发展变化快、行业成熟度低的特点。政府在为新能源汽车行业服务时应该注意兼具稳定性和灵活性。具体来说，在企业投资阶段对企业的许诺要坚定有力，为了消除企业的后顾之忧，各地方可以考虑以地方性法规的方式将本地发展新能源汽车的决心和举措固定下来，为企业发展打造有利的长期环境，增强企业扎根当地的信心。政府对企业在运行中遇到的实际问题要以专业灵活的方式帮助解决，与企业共同应对复杂多变的市场环境，实现企业和产业的稳步发展。

（三）引入外来资金技术

新能源汽车产业同时具有资本密集型和技术密集型的特点，建设新能源汽车产业除了动辄需要上百亿元的投入，还要有当今最先进的专业技术和管理能力。山东省发展新能源汽车产业，必须大力吸引外来资金和技术为我省所用，具体来说，就是吸引国内投资和国际技术。

国内投资既包括公共部门如中央政府与国有银行的投资，也包括社会资本投资。引进公共投资时，地方政府应把发展新能源汽车纳入考虑范围，将产业发展需要和建设智慧城市以及绿色交通等社会发展需求相结合，通过改善公共基础设施、创造新能源汽车需求等方式帮助企业建设。当前在招商引资、吸引社会投资方面，政府背书具有举足轻重的作用，新能源汽车产业作为山东省重点发展的“十强”产业重要组成部分，需要各级政府高度重视，并作为引资重点。

在引进国际先进技术方面，要认识到全球经济不景气的大环境可能成为引进技术的机遇，鼓励企业在广泛接触国际上拥有先进技术和研发能力的企业和人才，为企业通过兼并重组、外聘专家等方式加强国际技术合作提供便利和保障。充分利用推进中日韩自贸区的契机，吸引日韩汽车企业到山东落户。

（四）增强消费者信任感

山东省是人口大省和汽车消费大省，巨大的市场潜力既是山东省发展新能源汽车行业的有力支撑，也是吸引外来资金和项目落地的重要砝码。但是，目前新能源汽车代替传统燃油汽车的速度依然不快，庞大市场潜力还未有效释放，一个重要的原因就是普通消费者对于购买和使用新能源汽车的接受度还较低，市场信心不足。其原因有多方面，如有的是合理担忧未得到有效回应，有的是对新能源汽车的有关知识不够了解或者存在误区。政府应该针对消费者的担忧指导行业应对和化解。

对于纯电动汽车里程方面的担忧，政府需要加紧落实充电桩建设等有关政策和项目，首先在省内中心城市的新规划建设区域解决充电难问题，然后再逐步推开。对于纯电动汽车生产质量和安全性方面的疑虑，政府不仅应该监督企业制定和落实更为严格的产品标准，避免因为盲目堆砌电池造成安全隐患，还应该出台具有针对性的保险扶持政策，降低消费者使用新能源汽车的成本。对于新能源汽车难以进入二手市场的问题，应该与政府规范二手车交易有关举措相协调，逐步化解有关难题。为了提升消费者对新能源汽车的认识和消除错误观念，政府可以在学校和全社会加大对新能源汽车的宣传教育力度，普及相关知识。

（五）倒逼低速产能升级

山东省侧重发展新能源商用车并不意味着放弃发展新能源乘用车，该车仍是汽车市场的主体和产业发展的主战场。山东省新能源汽车产业在发展乘用车时应该充分利用好自身产业特色，走差异化路线，重点探索小型电动车市场。

目前，国内外以特斯拉为代表的领先新能源汽车企业重点发展乘用车中较高端和大型化的轿车和 SUV 车型，这些车型既是各大生产商争夺的焦点，同时也是山东省内汽车行业的短板。随着国家对低速电动车进行清理整顿，高速小型电动车作为替代产品的市场广阔。2018 年，仅山东省就生产低速电动车 69.59 万辆，全国低速电动车保有量高达数百万辆。低速电动车企业在政策倒逼和市场需求双重影响下，转型升级任务迫切，以低速电动车市场和生产企业为基础探索发展小型电动车产品，是山东省可行的差异化发展路线。

（六）军民融合协调发展

山东省在促进新能源汽车产业发展的同时，应该充分考虑新能源汽车技术在军民融合方面的广阔前景。让新能源汽车得以发展的燃料电池、电控等关键技术早已经在军事装备领域有了实际应用，部分民用技术则直接来自军用技术转移。新能源动力技术的规模化应用也为军用装备的发展提供了新的可能性，对于加强国防建设有十分重要的意义。从企业发展的角度来说，争取利润率较高的军用装备订单也有利于补充企业资金，促进产品研发，提升产能利用率。因此，政府应该鼓励和引导新能源汽车企业与有关机构加强军民融合合作，扩展行业市场，提升竞争潜力。

参考文献

[1]杨军,林洋佳,陈杰军,等. 未来城市共享电动汽车发展模式[J]. 电力建设,2019(4).

[2]高佳作. 我国新能源汽车发展现状简介[J]. 低碳世界,2016(5).

[3] 陈纪,张笑语. 夯实充电设施为新能源汽车续航[N]. 经济日报,2019-06-19 (16).

[4]侯晓利,隋礼辉,夏继伟. 新能源汽车专业人才培养方案的创新性研究[J]. 教育教学论坛,2019(48).

[5]伍赛特. 混合动力汽车未来商业化趋势研究及展望[J]. 交通节能与环保,2019(6).

课题组成员简介

李尚达，工程师，山东省工业和信息化研究院。

宋鹏飞，工程师，山东省工业和信息化研究院。

国栋，经济师，山东省工业和信息化研究院。

李玉奎，室主任，山东省工业和信息化研究院。

程琳，高级经济师，山东省工业和信息化研究院。

3

山东省高端基础零部件行业发展研究

徐兆伟　李文全　姚树利　张伟　孙建

摘　要　机械基础零部件是装备制造业发展的基础，是衡量装备制造业发展水平的重要标志；高端基础零部件直接决定着整机装备的可靠性和稳定性，已成为影响高端装备和重大装备发展的关键因素。山东省机械基础零部件行业的规模虽居全国第一位，但高端产品发展不足、关键技术受制于人、部分产品严重依赖进口等问题比较突出。本课题梳理了山东省机械基础零部件发展现状，分析了行业高端化发展形势，探索了重点分行业的发展特点及趋势，研究了高端零部件发展的关键制约问题，并提出了行业迈向高端发展的对策和建议。

关键词　机械基础零部件；发展对策

一、总体情况

机械基础零部件，是指各类机械装备在生产、装配、改造过程中所需要的基础性机械零件或部件。机械基础零部件涉及的产品种类复杂繁多，根据不同的使用范围可大体分为两大类：一类是通用基础件，如通用轴承、齿轮、链条、模具、铸锻件、液压件、气动件、密封件、紧固件、弹簧等；另一类是行业基础件，可具体到各细分行业领域，如机床功能零部件、变速传动零部件等。高端基础零部件，是指在结构、质量、精度、可靠性及稳定性等性能方面达到了优异技术要求的高水平机械基础零部件，如高速精密轴承、高可靠性密封件、精密滚珠丝杠、高精度齿轮、高性能变速箱等。机械装备都是由成千上万的零部件组成的，零部件的质量、精度直接决定着整机装备的可靠性和稳定性。因此，机械基础零部件尤其高端基础零部件是影响装备制造业发展的关键。

2017 年，山东省机械基础零部件规模以上企业（含汽车零部件企业）共 2682 家，完成主营业务收入 5806.3 亿元，同比增长 2.26%；利润总额 361.1 亿元，同比增长 1.94%。从重点产品产量看，2017 年在山东省机械基础零部件行业重点涉及的 16 种产品中，实现同比增长的有 9 种，其中增长速度较快的有：轴承完成 26.4 亿套，同比增长 9.54%；工业链条完成 8.5 万吨，同比增长 25%；减速机完成 27.7 万台，同比增长 13.52%。实现同比减少的有 6 种，其中泵完成 68.9 万台，同比降低 7.89%；弹簧完成 29.4 万吨，同比降低 24.42%；密封件完成 24191.2 万件，同比降低 8.41%。

多年来，山东省机械基础零部件的行业规模居全国第一位，主营业务收入约占全国的 15%，基础零部件产品在全省乃至全国范围需求量巨大。锻件、轴承、齿轮传动零部件、汽车零部件等产品产量常年位居全国前列。2017 年，锻件完成 467.6 万吨，占全国的 38.87%，居全国第一位；齿轮完成 49.1 万吨，占全国的 19.03%，居全国第一位。

近年来，山东省高端基础零部件发展取得了一定的成绩。山东东阿钢球集团已发展成国内最大的轴承钢钢球、滚子生产企业，产品产量、质量效益均居全国同行业首位，其“海鸥”牌产品被评为国内轴承行业唯一“精品钢球”。豪迈科技股份有限公司掌握成熟的电火花加工、雕刻和精密铸造工艺，目前已成为国内知名的轮胎模具生产企业。盛瑞传动股份有限公司自主研发的世界首款前置前驱8挡自动变速器（8AT）填补了国内空白，荣获2016年度国家科学技术进步一等奖，现已发展成国内领先的汽车自动变速器研发智造基地。

目前，山东省机械基础零部件行业的发展总体趋缓，面临着“大而不强”“大而不精”的发展局面。2015年之前，山东省机械基础零部件行业发展迅速，主营业务收入及利润总额的增长速度一直高于整机装备制造发展水平（见图1、图2），行业产品总体上满足装备制造业需求。2015年以后，山东省机械基础零部件行业主营业务收入及利润总额的增长动力低于整机装备制造发展水平。2017年，山东省机械基础零部件行业总体上明显滞后于整机装备发展，通过对比2017年与前两年数据的发展趋势可以看出，这种滞后效应还存在进一步扩大的趋势。

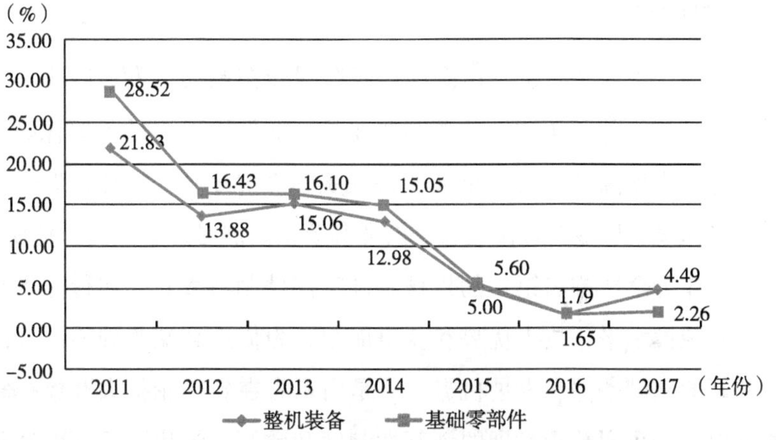

图1　山东省机械基础零部件与整机装备主营业务收入增长对比

高端基础零部件发展不足，是造成山东省机械基础零部件行业整体滞后于整机装备需求的关键。在转型升级背景下，装备制造业的发展更加重视精度、效率、节能、稳定等高端需求。然而，由于基础技术提升缓慢以及关键技术受制于人，使高端基础零部件的发展短期内难以满足这种需求。作为整

图2　山东省机械基础零部件与整机装备利润总额增长对比

机装配的供给侧，高端基础零部件已成为制约装备制造业尤其是高端装备和重大装备发展的关键因素。

二、当前形势

目前，由于山东省经济已由高速增长阶段转向高质量发展阶段，所以必须坚持质量第一、效益优先。装备制造业是工业经济发展的重要保障，高端基础零部件是实现高端装备和重大装备发展的必要途径。因此，促进高端基础零部件快速发展已成为保障装备制造业高质量发展必须承担的历史使命。

山东省作为全国排名第一的机械基础零部件制造大省，在行业发展上具备了一定的规模水平、技术优势和竞争能力，为促进高端基础零部件的发展提供了良好的基础条件和发展机遇。一是山东省在新一轮扩大开放战略布局上，通过出台一系列鼓励发展的创新性制度和政策，强化了招商引资和招才引智，有利于吸引国内外高新技术企业和创新创业人才参与高端基础零部件的发展；二是全省积极推进新旧动能转换，以及全国不断推进传统产业转型升级，为精密高效、性能稳定的高端基础零部件发展提供了巨大的市场空间。

面对当前发展机遇，山东省积极鼓励行业发展并相继出台了一系列促进基础零部件迈向高端发展的政策。2017 年 3 月，山东省人民政府发布的《山东省“十三五”战略性新兴产业发展规划》指出，要以引领创新发展、助推供给侧结构性改革为主线，重点发展高端装备产业、新材料产业等七大战略性新兴产业，强调加强关键零部件加工制造，提升产品质量、性能和附加值，强化关键零部件的系统配套能力。2018 年 10 月，山东省人民政府发布的《山东省高端装备制造业发展规划（2018—2025 年）》指出要发展特色优势产品及配套关键零部件，打造“专精特新”特色产业集群，形成与产业带主体优势互补、错位发展的格局。2018 年 12 月，山东省人民政府办公厅发布的《山东省装备制造业转型升级实施方案》[4]指出，要夯实发展基础，围绕重大装备和高端装备配套需求实施强基计划，重点发展机械基础零部件、基础材料、基础制造工艺和产业技术基础，为装备制造业转型升级提供坚实支撑。

当前形势下，要抓住省内机械基础零部件关键行业领域，把握重点细分行业高端化发展特点，克服行业发展面临的主要问题，积极寻求发展途径和解决对策。

三、发展特点

从全国占比情况以及分行业发展特点来看，山东省机械基础零部件产品主要集中在轴承、模具、齿轮及变速箱、铸锻件、液压气动件、紧固件等 6 个行业。2017 年，以上 6 个行业共有规模以上企业 1572 家，实现主营业务收入 4265 亿元，约占全省基础零部件主营业务收入总量的 3/4。

（一）轴承

2017 年，山东省轴承行业 423 家规模以上企业实现主营业务收入 863. 16 亿元，利润总额 66. 52 亿元，完成产量 26. 4 亿套，同比增长 9. 54%，行业规模居全国第五位。山东省轴承产业主要集中在聊城市，产品涉及钢球、轴承保持架、通用轴承以及非标轴承，代表企业有东阿钢球、聊城恩斯克轴承保持器、山东博特轴承、聊城永泰轴承、聊城金帝轴承等。目前，聊城是国内最大的轴承保持架生产基地和最大的轴承贸易基地，山东东阿钢球集团有限公司是国内最大的轴承钢钢球生产企业。聊城轴承产业基地，与瓦房店、洛阳、江苏、浙江并称全国五大轴承产业基地。

轴承是装备制造业广泛使用的基础零部件，从用途来看，轴承用量最多的是汽车行业（29.95%），其次是电机行业（14.92%），还有家电（13.55%）、摩托车（9.51%）、工程机械（4.63%）、农业装备（2.41%）。此外，机床、重型机械、铁路机车、电力等行业的轴承用量各占1%左右，这几个行业虽然轴承使用数量不大，但绝大多数都是以高精度、高稳定性的大型高端轴承为主。从全球市场占有情况来看，70%以上的轴承市场份额，被德国舍弗勒（INA & FAG）、瑞典斯凯孚（SKF）、美国铁姆肯（TIMKEN）以及日本的恩斯克（NSK）、恩梯恩（NTN）、光洋精工（KOYO）、美蓓亚（Minebea）、那智不二越（Nachi）8个大型跨国公司占据。具体到地域或国家，欧洲占全球市场的份额为27%，美国占全球市场的份额为24%，日本占全球市场的份额为19%。我国约占全球市场10%的份额，而且以中低档轴承产品为主，高端轴承产品基本被上述8个大型跨国公司垄断。

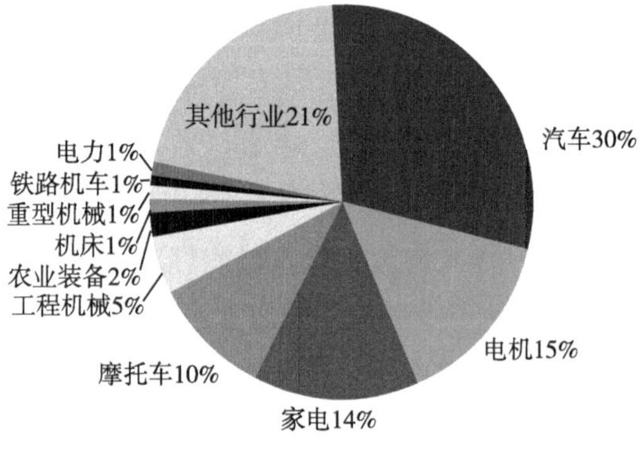

图3 分行业轴承用量对比

山东省轴承产业以生产通用轴承及其零部件为主，产业规模居瓦房店、洛阳、江苏、浙江之后，产品总体处于中低档水平。省内高端轴承发展初露头角，山东博特轴承有限公司与聊城大学、河南科技大学长期开展“产学研”联合，在消除轴承套圈内应力、增加套圈弹性和韧性方面取得了优异成果，研发的薄壁系列轴承、轻和特轻系列轴承的行业知名度较高。山东省宇捷轴承制造有限公司积极打造精品工程，将高端轴承产品聚焦在高速低噪声调心滚子轴承上，连续4年产销量全国第一。聊城市金帝轴承有限公司专注设计生产高性能轴承保持架，其研发的高速静音精密轴承保持架及其生产工艺荣获中国机械工业科技进步奖。

目前，高端轴承需要着重适应两个方面的发展趋势：一是通用基础轴承产品向轻量化、高效率、低能耗方向发展，主要因为我国汽车工业、电气家电、工程机械等相关工业领域的轴承需求量较大，并且逐渐加快转型升级步伐；二是大型关键轴承向重载、高精度、高速化、高可靠性等方向发展，主要因为我国轨道交通装备、航天航海装备、新能源装备、高端数控机床等重大装备快速发展，对大型关键轴承产品的需求量较大。山东省轴承发展产品结构失衡，中低端轴承生产相对过剩，精密静音轻型产品供给不足，大型重载轴承产品比较匮乏。

（二）模具

模具是工业生产中材料成型的关键工艺装备，具有高效率、高一致性、快速成型、节能节材等优点。汽车、家电、IT、日用品等行业的模具使用量最多，技术要求较高，这些行业涉及的零部件90%以上需要用到模具成型。

2017年，山东省模具行业107家规模以上企业实现主营业务收入208.83亿元，利润总额14.05亿元，完成产量30.7万套，同比降低3.72%，行业规模居全国前列。山东省模具产业主要集中在胶东半岛，以潍坊、青岛两地最为集中。山东豪迈机械科技股份有限公司主要研制轮胎模具，拥有成熟的轮胎模具电火花加工工艺、雕刻工艺和精密铸造工艺，20多年来以年均复合增长率近50%的速度快速稳健地发展。青岛海尔模具有限公司主要从事家用电器、汽车、电子类精密模具生产，拥有成熟的流动及成型缺陷分析技术、模具加工预补偿技术、热平衡技术和无熔接痕技术。在中国模具生产企业10强品牌排行榜中，豪迈和海尔模具分别列第二位和第七位。

目前，模具的设计制造在很大程度上基于经验完成，设计过程中的拔模要求和结构优化多依靠技术人员的经验确定，模具装配制造也需要根据经验多次试模和反复修正。因此，虽然使用模具进行冲压生产的工作效率很高，但是制作模具的过程往往效率较低。为提高设计效率，需要高薪聘请经验丰富的高技能专业人才；为提高加工效率，国内大型模具生产企业多采用先进的五轴联动数控机床，以精密铣削的加工方式实现生产。因此，模具行业往往需要投入较高的设计制造成本。可以预见，智能制造技术将成为促进模具产业快速发展的新引擎。同时，我国高端数控机床、汽车、轨道交通、新能源、航空航天等行业快速发展，也不断为模具产业带来新的市场需求。

模具产业高端化发展要适应以下几个趋势：一是高效率，主要是指模具要满足高速成型的技术要求，如加工可实现2000次/分钟的高速冲压成型；二是高精度，主要是指模具精密成型的工艺特点，冲压成型后直接达到设计要求，无须二次修正；三是多功能，主要是指模具拥有多功能复合的技术特点，可满足多工位、多工序复合加工。

（三）齿轮及变速箱

齿轮及变速箱（齿轮箱、减速箱、变速器），在机械传动的应用范围较为广泛，是动力传输至关重要的环节。2017年，山东省齿轮及变速箱制造业102家规模以上企业实现主营业务收入201.45亿元，利润总额12.47亿元，齿轮产量实现49.1万吨，同比降低3.20%，产量占全国的19.03%，居全国第一位。变速箱产量完成27.7万台，同比增长13.52%，产量占全国的4.13%。德州齿轮有限公司是山东省高新技术企业，年产各种圆柱齿轮260万只，各类汽车变速箱、取力器等齿轮传动箱10万台。山东鹰轮机械有限公司主要生产发动机齿轮、变速箱齿轮、螺旋伞齿轮，年产量为80万套，产销量居全省前列。盛瑞传动股份有限公司自主研发的世界首款前置前驱8挡自动变速器（8AT）填补了国内空白，并成功搭载于陆风汽车。目前，盛瑞传动正进一步向高端变速器方向发展，该款变速器已升级为三代产品，形成了前置前驱8AT和混动8HT、混动6HT、高效紧凑8AT、纵置后驱8AT和13AT等系列化产品平台。

山东省齿轮及变速箱制造业的发展主要有以下几个特点：一是行业集中度不高，生产企业在全省分部广泛，在各个地市均有相关企业。二是产品以中低端路线为主，缺乏基础创新及核心技术，在刀具、热处理工艺技术、加工设备、产品精度及检验方法上与国际先进水平相比差距较大。三是特色产品、高端产品虽获得一定突破，但品牌认可度的提高仍需要市场的长期检验

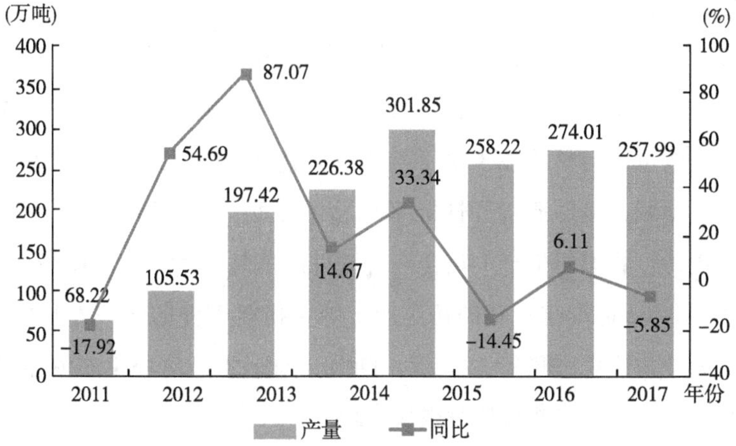

图 4　2010—2017 年全国齿轮产量情况

和技术的积累沉淀。

高端齿轮及变速箱行业的先进技术主要朝着运行平稳、效率高、噪声低、承载能力强等方面发展。结合省内、国内相关行业发展，高铁驱动齿轮箱、汽车自动变速器、大型能源装备齿轮箱等高端产品已成为发展重点。

（四）铸锻件

铸锻件是用铸造、锻造、烧结等工艺获得机械毛坯的主要方法，是机械制造业的重要基础。目前，我国铸锻件产量约 4000 万吨，居世界第一位。

2017 年，山东省铸锻件行业 630 家规模以上企业完成主营业务收入 2306.53 亿元，利润总额 142.97 亿元；产量实现 716.8 万吨，同比降低 2.21%；行业规模居全国第一位。省内产品以锻件为主，产量为 467.6 万吨，同比增长 5.9%，产量占全国总量的 38.87%；铸件产品产量为 249.2 万吨，同比降低 14.49%。通裕重工股份有限公司是大型铸锻坯料制备、铸锻造、热处理高新技术企业，主要为电力能源、海工装备、压力容器、航空航天等行业提供大型铸锻件及核心部件。齐鲁特钢有限公司主要生产 80～1200 毫米大规格锻造圆钢、方钢及重熔锭，广泛应用于大型机车、煤机、船舶、军工、汽车、模具等行业领域，产品大量出口澳大利亚、德国、意大利、法国、美国、日本、韩国、土耳其、巴西等国家和地区，是国内目前主要高合金钢锻圆、锻件、锻轴类精品基地。

铸锻件由于材料结构均匀，具有良好的减震性和稳定性，在各大工业领域具有重要的作用。山东省在铸锻领域的研究发展较快，许多研究成果在国内处于领先地位，但整体技术水平与国外先进水平相比还有待提高。特别是在铸造工艺领域，铸件质量和性能水平总体偏低，金属熔炼过程中能源消耗偏大。据统计，我国每生产 1 吨合格铸铁件的能耗为 550 ~ 700kg 标准煤，国外为 300 ~ 400kg 标准煤；我国每生产 1 吨合格铸钢件的能耗为 800 ~ 1000kg 标准煤，国外为 500 ~ 800kg 标准煤。同时，铸造生产对环境的破坏严重，铸造工艺与世界先进水平相比还有很大差距。

目前，高端铸锻产业主要有以下几个发展趋势：一是改良工艺促进节能降耗；二是加快推进铸锻领域两化融合，如学习国外先进经验，在生产前运用信息技术进行模拟生产，提高材料利用率；三是推进产业结构整合，提高生产效率。

（五）液压气动件

液压气动技术，是利用液体或气体等介质实现动力传递或转换的流体传动及控制技术。液压气动件是实现动力传输和自动化控制的重要机械基础件，广泛应用于装备制造业的各个领域。根据液压气动件的功能特点，不同行业领域对其需求各有侧重。在工程机械、重大农机装备、动力机械、船舶及军工等领域，主要利用各类大功率高压泵、流量阀、大型油缸、气缸等实现动力传递；在高端数控机床、数控加工中心、航空航天等领域，主要利用柱塞泵、换向阀、安全阀等控制机械执行机构，实现精准高效的自动化控制。

近年来，我国液压气动行业快速发展，产品产值已跃居世界第二位。2017 年，全国液压气动行业 1194 家企业完成主营业务收入 2128.75 亿元，同比增长 11.54%；利润总额 162.42 亿元，同比增长 29.62%。液压气动件已成为支撑高端装备和重大装备完成动力传递和自动化控制的关键。

山东省高端数控机床、工程机械、重型矿山设备、大型农机装备等产业发展位居全国前列，对液压气动件的需求旺盛。2017 年，山东省液压气动行业 242 家规模以上企业完成主营业务收入 528.664 亿元，利润总额 34.57 亿元；产量实现 1620.9 万件，同比增长 19.99%；行业规模居全国第二位。山东省液压气动件产品以液压件为主，占比达 67.73%。2017 年，山东省液压件产量完成 1097.8 万件，同比增长 10.1%；气动件产量完成 523.1 万件，同比增长 47.9%。山东天晟机械装备股份有限公司是以综采液压支架为主导，以单体液压支柱、矿用液压阀为辅的山东省高新技术企业，目前已成为国内重型矿山装备液压产品研发龙头企业。山东德方液压机械股份有限公司主要生产配套齿轮泵、换向阀、油缸、动力转向器、转向传动轴等，近几年不断开拓国际市场，产品出口到德国、俄罗斯、土耳其、苏丹、阿联酋、哈萨克斯坦、阿尔及利亚、印度等国家。临沂金利液压科技有限公司主要生产工程机械配套液压油缸、高压软硬管等，是国内领先的工程机械零部件提供商，国家级高新技术企业。

虽然山东省液压气动件制造业增长较快，但是与国际先进水平相比还存在较大差距，主要表现在产业布局比较分散，企业规模偏小，技术力量薄弱，产品结构以中低端产品为主；以变量泵、液压阀为代表的高端产品故障率高、可靠性差、使用寿命低以及品牌影响力较弱。因此，省内装备制造业对高端液压气动件的进口依赖性仍然较大，如在工程机械行业，额定压力 35 兆帕以上高压柱塞泵，有 90% 以上依赖进口。

受装备制造业加快转型升级步伐需求的影响，山东省高端液压气动件产业主要面对以下几个发展趋势：一是提高产品性能，满足整机集成化、复合化、紧凑化、精密化的技术要求；二是加强工艺研发，确保产品高质量、长寿命、高可靠性等发展需要；三是强化协同设计，结合以液压件为主的省情，促进高端液压件向高压化、高速化、宽温域、高功率密度等方向发展，积极适应多种极端工况，并加快拓展高端应用领域。

（六）紧固件

紧固件是指将两个或多个零件（构件）紧固连接为一体时所采用的基础性零件，如螺栓、螺母、螺钉、垫圈等。紧固件广泛应用于机械、电子、电器、化工、能源、冶金、模具、液压等行业，是应用最为普遍的一类基础件。从使用量来看，汽车工业、技改与建筑、电子工业对紧固件的需求量最大，分别占总量的23.2%、20.5%和16.6%，三大行业用量占总量的60%以上。

2017年，山东省金属紧固件行业68家规模以上企业完成主营业务收入156.74亿元，利润总额10.41亿元；产量实现26.30万吨，同比降低2.6%；行业规模居全国第四位。山东省紧固件制造仍属于劳动密集型产业，企业整体规模较小，产业集中程度较低，产品以中低端为主，其中8.8级以下普通低强度、低档次紧固件约占45%～50%。在新旧动能转换背景下，省内部分企业勇于开拓创新，在高端紧固件产品上有了一定的突破。淄博强大集团有限公司主要为发动机、工程机械、液压设备配套研发10.9、12.9级高强度螺栓，其研发的抗疲劳、无切削可以替代进口的上百种高强度螺栓的性能达到或优于进口产品。山东高强紧固件有限公司主要生产钢结构用、内燃机用高强度螺栓等产品，先后为芜湖长江大桥、重庆朝天门大桥等20多座国家重点桥梁，以及中央电视台、北京国贸大厦、青藏铁路等几十处国家重点工程提供了上千万套高强度螺栓。

我国紧固件产业规模居全球第一位，主要分布在浙江、河北、江苏、山东、上海和广东等地区。以上6省市紧固件产量分别占全国的35.99%、14.89%、8.81%、7.76%、4.56%、3.02%；同时，6省市紧固件进出口规模也走在全国前列。2017年，山东省紧固件出口总额完成2.41亿美元，居全国第五位，低于浙江（25.44亿美元）、江苏（6.19亿美元）、广东（5.28亿美元）、上海（4.98亿美元）；山东省紧固件进口总额完成1.47亿美元，居全国第七位，兄弟省市中上海（6.09亿美元）、江苏（5.44亿美元）、广东（4.83亿美元）进口排名比较靠前。

山东省紧固件制造业研发能力较弱，产品层次总体较低。一是紧固件产品附加值较低，且低价竞争现象严重。2017年，山东省紧固件出口单价1865美元/吨，进口单价则是8532美元/吨；同时，产品附加值低于广东（出口单价3640美元/吨）、江苏（出口单价2476美元/吨）等兄弟省份。二是山东省对高端紧固件产品的进口依赖程度相对较大，近年来紧固件进口量增长在10%左右。2017年，山东省进口紧固件1.72万吨，同比增长8.35%，进口增长速度高于广东（3.75万吨，同比增长4.19%）、江苏（5.73万吨，同比增长7.82%）、浙江（1.60万吨，同比增长5.79%）等兄弟省份。与同行业先

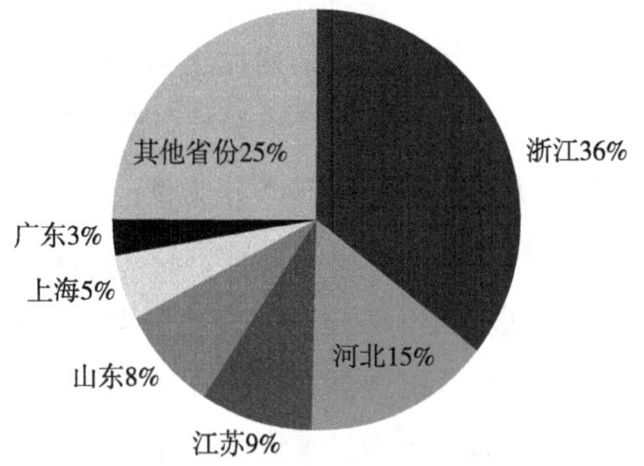

图 5　全国紧固件产业规模分布

进水平相比，山东省紧固件综合技术略显落后，特别是缺乏关键部件缸盖螺栓、连杆螺栓、轮胎螺栓等耐疲劳高强度螺栓产品。

随着航空航天、高铁、汽车、新能源等产业对高端紧固件产品需求的上扬，紧固件产业实现高端化发展面临着以下几个趋势：一是实现从低附加值向高附加值转变；二是冲破标准件藩篱，加快向非标异型件进军；三是加强对汽车、航空、核电等高强度、耐腐蚀等高端紧固件的推广和研发。

四、主要问题分析

山东省基础零部件行业产品复杂、种类繁多，虽然各细分行业领域各有特点，但作为装备制造业发展的重要基础，在高端化发展中面临着许多共性问题，主要表现在以下几个方面。

（一）高端产品依赖进口

由于在产品技术上受制于人，部分关键基础件依赖进口解决，涉及高端装备和重大装备的多个核心领域。在工业机器人领域，虽然我国早已成为世界第一大工业机器人应用市场，但装配制造过程中所用到的零部件有 60% 以上需要进口；工业机器人关节用 RV 减速机，90% 以上被日本企业垄断。在高端数控机床领域，65% 以上的滚珠丝杠和 70% 以上的直线导轨依赖进口解决。在工程机械领域，液压泵、高压阀等核心基础零部件产品 85% 以上需要进口，约70%的利润被国外零部件制造厂家获得。

近年来，装备制造业正在积极进行结构优化和转型升级，对高精度、高速度、高可靠性的基础件产品提出了更加严格的装备配套要求，因此部分关键基础零部件依赖进口的现象更加明显。以2015年为例，在山东省装备制造业整体低位运行且省内、国内机械基础件难以满足整机装配需求的情况下，高端基础零部件产品的进口数量迅猛增长，部分产品甚至出现了“量价齐涨”。究其原因，主要有两点：一是在转型升级背景下，装备制造业对高端基础零部件需求量加大，而省内乃至国内产品无法满足需求，只好选择进口；二是在长期的进口依赖惯性下，即便省内个别厂家在某关键基础件领域取得突破，但由于品牌影响力不足以及业内认可度不高，整机厂家对选择其产品仍然缺乏信心。

（二）研发投入力度不足

提到基础零部件，不少人仍然认为基础零部件仅仅是整机的配套件或附属品。伴随着长期以来的认知不足，省内、国内制造业企业广泛认为基础零部件和基础制造工艺的科研突破费时费力，零部件产品能外购就不研发，甚至对关键核心零部件长期缺乏投入。

一方面，基础零部件企业规模普遍较小，研发力度有限，研发投入不足。山东省基础零部件企业主要以中小企业为主，大型企业非常少。以紧固件行业为例，2018年全省共有343家生产企业，而规模以上企业仅有68家，占比不足1/5。大多数中小企业长期面临着生产设备落后、产品质量差、经济效益低、研发经费短缺等局面。另一方面，整机企业不够重视，对关键核心零部件的自主配套投入不足。

综观世界制造业强国，在关键核心领域都积极做到“以点带面”。以工程机械为例，美国“卡特彼勒”、日本“小松”之所以能成为世界顶级工程机械企业，就是因为它们都坚持自己研发配套液压泵、液压阀、控制基板及管路等关键核心零部件，将关键技术牢牢把握在手中。

（三）产业集中程度较低

山东省机械基础零部件企业遍布全省各地，主要涉及的六大行业领域中，除轴承和模具的产业集聚相对明显外，其余行业的产业集中程度普遍较低。

在机械基础零部件行业，促进产业集群发展有诸多优势。一是由于机构基础零部件企业规模相对较小，发展产业集群可以有效节约资源，提高基础设施利用效率。二是由于机械基础零部件产业集群可以促进专业化生产，从而提高生产效率；企业可以充分发挥擅长的专业优势，在批量生产过程中只做一个或几个擅长的工序，从而不断提高专业化水平。三是由于专门化生产比较集中，市场配置、专业合作和人才交流比较便捷，产业集群内部相对容易解决相关领域的共性技术，从而加快促进关键技术的攻关和高端产品的研发生产。

（四）技术创新能力不强

在长期粗放式发展背景下，山东省机械基础零部件行业的大量产品停留在中低端生产标准上，造成产品精度偏低、做工粗糙、稳定性差、同质化现象严重等多方面的问题。

伴随着科技进步，当前装备制造业越来越多地向精密化、自动化、智能化方向发展，因此对精确执行机构部件的要求越来越高，特别是与之相关的高速低噪声轴承、精密齿轮、高性能变速箱、液压泵阀、气动元件等高端基础零部件。一方面，传统的设计方法、制造工艺等相关技术已经难以满足这种高端零部件的生产，技术创新就显得愈加重要。另一方面，缺乏复合型创新型人才。国内创新人才在分布、水平和创新实践等方面存在不平衡。受长期经济体制影响，侧重研究、开发和生产的科技创新人才主要分布于高校、科研院所和企业等不同单位，导致了人才创新在产、学、研等各个领域各有侧重，综合性、复合型创新人才比较缺乏。

（五）品牌影响效应偏弱

山东省基础零部件品牌与国内、国际一流品牌相比，差距比较大。例如，山东省紧固件规模虽然居全国第四位，但没有一个品牌进入全国前十名，与上海标五（SFC）、浙江东明（THE）、江苏东台华威（FL）等产品品牌相比，知名度不够高；聊城轴承企业虽众多，但无一进入国产品牌十强，不如瓦轴（ZWZ）、哈轴（HRB）、洛轴（LYC）等国内大品牌响亮。

国际知名的高端零部件生产厂家都很注重品牌建设和品牌传播，积极向整机厂家介绍零部件产品的特色和优势；与此同时，鼓励整机厂家在推广整机产品过程中，增加对核心零部件产品的品牌介绍，不断扩大市场的知名度。“德国制造”在国际上享有盛誉，产品质量好、性能稳定、可靠性高，品牌效应尤为突出。这不仅归功于西门子、德马吉、大众等整机企业，更归功于40000余家配套企业，尤其是其中的1300家企业。这些企业高度专注各个细分市场领域，并积极向世界各地整机厂商和终端用户推广品牌，将产品做精、做细的同时把品牌做大、做强，打造出了舍弗勒（INA & FAG）轴承、博士力士乐（Rexroth）液压件、伍尔特（WURTH）紧固件、罗杉（LROSA）直线导轨等诸多高端基础零部件品牌，成为多个领域的世界第一，是品牌响亮的国际隐形冠军。

五、对策建议

（一）营造氛围改善行业发展环境

加强政策引导，进一步提高对基础零部件发展的认识，将培育和发展高端基础零部件作为装备制造业转型升级的重要着力点。加大对装备制造业中小企业的政策扶持力度，支持山东省机械基础零部件走集约化发展道路，引导各地根据自身优势培育特色产业。强化机械基础零部件进出口管理，重点把控高端基础零部件的进口情况，积极关注和有效应对进口产品对境内产业造成的倾销活动，为境内产业逐渐向好发展营造良好、持续、稳定的市场环境。

（二）加强高端基础零部件产学研联合攻关

以加大研发投入力度为重点，引导省内企业、高校、科研、投资机构根据各方技术、资源等优势，分类开展机械基础零部件制造技术产学研联合攻关。试点开展高端基础零部件产学研联合攻关省级重大专项，并给予财政支持。优化产学研服务平台建设，加强在政策支持、产业导向等方面的建设。加快推进机械基础零部件高新技术产业化进程，吸引国内外高水平研发机构来省内建立分支机构或与省内机构联合。

（三）推进关键共性技术研究及探索制定先进标准规范

进一步优化产业结构，支持和鼓励产业集群建设，不断完善基础设施、商务物流、信息服务等平台建设，促进优势资源的集中利用。优化产业集群的发展结构，推进专业协会、科研机构与细分领域企业开展建设共性技术研发平台，探索研究基础资源共享机制，引导和规范关键共性技术的市场交易机制。依托重点科研院所、骨干企业，建设省级关键技术研发平台、重点实验室及工程技术中心等。引导高水平行业协会、领军企业对接国际先进产品标准，探索制定高端基础零部件的标准和规范。

（四）强化科技创新成果转化及创新人才培养

鼓励开展基础领域的技术研发和科技创新，结合现代化制造技术积极尝试改良传统的设计方法、制造工艺等，在基础零部件科技创新的道路上寻求新的增长点。加强创新成果保护，杜绝假冒伪劣产品，改善产品同质化现象和低价竞争。推广科技成果转化管理创新，用市场化手段融合投入机制、激励机制、交易机制和评价机制。加强与国内外先进水平的合作创新，优化人才引进机制。倡导传承敬业、专注的工匠精神，引导专业人才在技术沉淀中不断创新。加强设计人才、工艺人才和生产人才的横向交流，打通新材料、新工艺、新制造多向互通和跨界创新人才培养的新渠道。

（五）加强品牌建设推广

强化地域品牌意识，推进政府进一步完善省内品牌支持体系建设，在产业政策、财政支持、国内外交流等方面推动省内品牌的建设推广。增强企业品牌意识，引导企业树立良好的品牌价值观、品牌发展观和品牌建设观。推进企业品牌管理团队建设，依托《中华人民共和国商标法》《中华人民共和国专利法》《中华人民共和国反不正当竞争法》等法律，强化品牌战略定位，深入挖掘品牌内涵，积极维护品牌形象。鼓励企业学习国内外机械基础零部件生产先进企业的品牌建设经验，积极与整机厂商沟通，深入了解终端用户需求，进一步提升用户的满意度和信任度，不断推广和传播品牌形象。

参考文献

[1]徐秉金,乔梁. 注重抓好机械基础产品工业的发展[J]. 计划经济研究,1990:80－83.

[2]山东省人民政府. 山东省"十三五"战略性新兴产业发展规划[Z]. 2017－03－09.

[3]山东省人民政府. 山东省高端装备制造业发展规划(2018—2025年)[Z]. 2018－10－26.

[4]山东省人民政府办公厅. 山东省装备制造业转型升级实施方案[Z]. 2018－12－29.

[5]中国机械工程学会. 中国机械工程技术路线图[M]. 北京:中国科学技术出版社,2011.

[6]张本平. 浅谈铸造项目设计中的节能与环保[J]. 铸造,2004:920－921.

[7]石勇. 强化基础是制造业"由大变强"根本之路[N]. 中国电子报,2015－5－29(2).

[8]蔡文柳,于宏新. 基于制造业转型的技术创新和创新人才新趋势[J]. 科技经济导刊,2019,27(3):193－194.

[9]屈贤明. 核心基础零部件质量品牌是建设质量强国的基础[J]. 中国工业评论,2017(12):54－57.

课题组成员简介

徐兆伟，工程师，山东省工业和信息化研究院。

李文全，正高级工程师，山东省工业和信息化研究院。

姚树利，工程师，山东省工业和信息化研究院。

张伟，经济师，山东省工业和信息化研究院。

孙建，工程师，山东省工业和信息化研究院。

4

装备（汽车）制造企业智能化路径研究

王文平　李尚达　宋鹏飞　李玉奎　程琳

摘　要　针对国内外制造业智能化研究大多专注技术层面的实现手段和政策层面的支持与扶持，缺少关注企业内外部制造活动及其价值流动、管理模式对智能化的影响等问题，本研究以最具现代工业水平代表性的汽车制造业作为分析重点，提出了人、管理和技术将共同作用企业智能化的实现过程；智能化将促进企业核心竞争能力转向知识管理，且智能化先行企业将构建越来越多的知识“黑箱”，进而垒高行业进入门槛；智能化过程是一个融合多种技术、管理覆盖全价值链的系统工程和长期“化”的过程；以精益管理为基础，以持续改善为手段，将是制造型企业走向智能化道路的基本选择等观点。基于上述观点，构建了机器智能活动与人的智慧活动模型，比较了人的智慧系统与机器智能系统的关系；提出了智能化要素“知识—人、管理、技术”(K－HMT）模型，认为智能化须以知识管理为重心，有效利用人、管理、技术三个要素；明确了智能化应在企业开发设计、采购供应、生产制造、营销销售、维护服务五个层面全面推进；探讨了装备制造企业智能化的可行路径等。

关键词　制造企业；智能化；精益管理；知识管理

一、研究概述

（一）研究目的和意义

1. 研究背景

党的十九大报告指出：“要加快发展先进制造业，推动互联网、大数据、人工智能和实体经济深度融合。”

来自各种研究和媒体的信息，都异口同声地传播着智能化时代的到来。西方发达国家将智能化作为国家战略予以引导和推动，把智能化作为未来企业生存和发展的必由之路。我国也将智能制造作为从制造大国向制造强国转变的重要举措。

随着通信技术的飞速发展，以及自动化、信息化、数字化、网络化的普及程度越来越高，物联、智能甚至智慧的企业制造系统建设已经成为上至政府下至企业各个层面关注的重点。

中商情报网指出：在国家政策推动和制造业技术转型升级等背景下，中国智能制造产业发展迅速，对产业发展和分工格局带来深刻影响。数据显示，2017 年中国智能制造行业市场规模为 15150 亿元，增长率为 22.6%，伴随着技术的逐渐完善，应用产业的不断拓展，市场规模将持续增长，2019 年市场规模将超 19000 亿元。

全球最能赚钱的车企丰田汽车于 2018 年 1 月 16 日，正式投产广汽丰田第三生产线，总投资为 30 亿元人民币，按照丰田全球 NO. 1 生产水平建设，具有被官方称为“集约/智能/卓越”的创新特色。通过提升设备集约化、导入丰田最新技术等，广汽丰田第三生产线实现真正的“智能思考”。在焊装车间导入最新、通用性更强的丰田 GBL 线，自动化率达 99%；使用可伸缩生产线，可在极短时间内根据车型、产能变化进行灵活调整；通过在制造、管理、销售、供应链等全产业链领域应用“互联网 +”技术，让产品、生产、销售等均能灵活应对市场变化，实现从技术智能化升级至全链智能化。

与智能化热火朝天景象不同的是，阿迪达斯于 2019 年 11 月 11 日通过官方网站宣布，2020 年 4 月关闭德国安斯巴赫市、美国亚特兰大的智能工厂。

原先在德国、美国执行的全自动化 Speedfactory 专案，将转移至亚洲的中国、越南工厂。德国、美国的智能工厂分别于2017年、2018年正式投入生产，几乎100%由机器人运作。

因此，企业满足需求的市场类型、产业整体装备水平、自身发展阶段、管理水平等的不同，必然会在基本规律约束下走出不一样的智能化路径。

2. 研究目的

一方面，目前国内外在制造业智能化方面的研究，大多专注技术层面的实现手段和政策层面的扶持，缺少针对不同行业的内外部制造活动及其价值流动、不同管理模式的信息处理方式等对智能化影响的研究，导致面对大潮流时多数企业无所适从或盲目行动，有些政策对不同状态的企业不加以区分地扶持，既浪费了宝贵的社会资源，也增加了智能化道路的曲折。

另一方面，物质财富的不断丰富，导致顾客需求越来越多样化，企业在生产模式的选择上，要么低成本大批量生产，要么个性化生产成本高，企业满足市场的能力急需提升且面对的竞争压力也越来越大，智能制造或给企业提升竞争能力提供了可能。

本研究拟以最具现代工业水平代表性的汽车制造业作为开始，探讨装备制造企业智能化的可行路径，以期为装备制造企业厘清发展智能化思路提供参考。

3. 研究意义

本研究期待解决以下问题。

（1）解决企业在智能化道路上要么迷茫不作为，要么冒进乱作为，方向不明确，甚至走弯路的问题。

（2）解决政府在产业政策上缺乏明确思路，无法分阶段和分产业特点地促进企业进行智能化转型，进而提升政府对产业发展的指导支持作用。

（3）解决不同地区在发展智能产业上缺乏产业方向指引和实施阶段规划的问题。

（4）解决学校、企业在人才培养等环境支持上，方向迷失的问题。

（二）研究方法与过程

1. 研究方法

总体框架：本课题通过探究汽车制造业的发展历史和趋势，分析和延展至装备制造业智能化可能的路径。

研究方法：采取案头调查、重点专家访谈、典型企业调研、政策咨询等方式进行（见图1）。

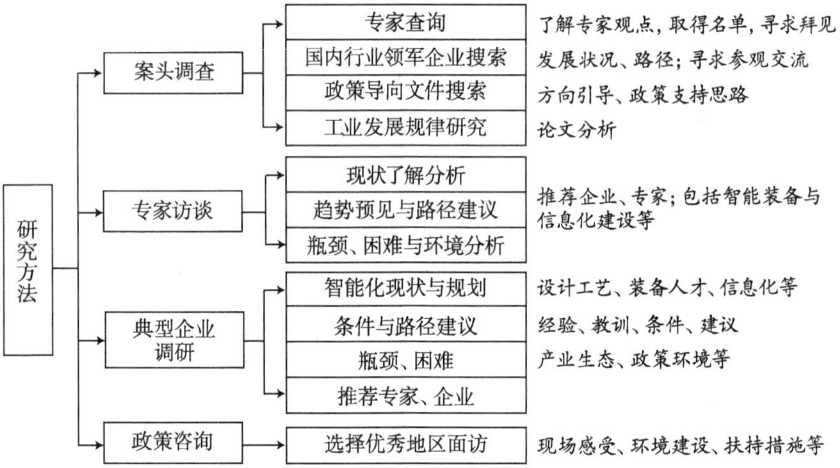

图1　课题研究方法

2. 研究过程

本课题自2019年5月启动至2019年12月30日结题，先后开展了如下研究活动：

案头调查，检索查阅了国内智能制造的相关政策、有关专家的主要观点、工业和汽车业的发展历程等文献资料。

典型企业调研，先后走访调查了省内部分与智能制造相关的汽车和装备制造企业及广汽丰田、东北工业集团等。

专家访谈，拜访了中国机械工业联合会专家委员会副主任蔡惟慈、中国汽车工业协会副秘书长许艳华等国内专家，并与部分与管理和信息化咨询专家进行了开放式的沟通。

在课题组成员内部充分研究、探讨基础上，完成了本报告。

（三）研究结论

1. 主要观点

（1）每一次新的工业革命，都必须以前面的工业革命基础，脱离该基础就无法实现新的工业革命。

（2）任何一次工业化进程，都不可能朝发夕至，企业的智能化亦然，社会对此需有清醒的认识和长期观点。

（3）要实现高质量发展，企业就必须从规模效益型转型，对于大多数制造企业，走管理效益型道路是长久之计。

（4）仅有先进的装备、技术，无法构建起企业的核心竞争力，人、管理和技术将共同作用于企业智能化的实现过程。

（5）智能化不仅是智能制造，还包括从供应商的供应商到客户的客户全价值提供过程的智能化，智能制造仅仅是智能化的一个重要组成部分。

（6）智能化将促进企业核心竞争能力转向知识管理，且智能化先行企业将构建越来越多的知识“黑箱”，进而垒高行业进入门槛，增强其竞争优势。

（7）智能化过程是一个融合多种技术、管理覆盖全价值链的系统工程和长期“化”的过程，企业须在战略高度做好规划。

（8）由于企业基础的不同，实现智能化的路径会有一定的差异，但以精益管理为基础，以持续改善为手段，将是制造型企业走向智能化道路的基本选择。

2. 理论创新

通过对装备（汽车）制造企业智能化路径的研究，在对工业发展史、汽车产业发展史、精益管理理论、智能化自身特性和趋势等分析基础上，我们提出了制造型企业实现智能化的路径，并在理论上有如下创新点。

（1）清晰了智能化本质的认识。智能化是对人的能力的拓展，而非取代，智能活动与人的智慧活动具有相似性，构建、比较了人的智慧系统与机器智能系统的关系，为探讨智能化可适用的领域（替代人的感知、记忆、判定、作业等）提供了基准。

（2）提出了智能化要素模型：知识—人、管理、技术（K－HMT）模型。

认为智能化须以知识管理为重心，有效利用人、管理、技术三个要素。模型坚持以人为本，充分发挥人的作用，强调企业知识及标准的持续更新，进而不断提升技术力，解放人的繁杂机械劳动，更高效地管理和利用人的智慧。

认为模型中的知识和三要素，均具有软硬之分：知识包括显性知识和隐性知识；人是包括技能性偏硬和价值观、理念等偏软的综合体；管理是包括战略、文化等偏软和方法、工具等偏硬的；技术包括软性的思维方式和硬性的标准、规范。

（3）明确了智能化应在企业五个层面全面推进。企业智能化的实现过程，需要在开发设计、采购供应、生产制造、营销销售、维护服务五个层面的全面推进。

（4）构建了智能化是推动企业技术、管理持续改善和人不断进步的“化”的过程。企业必须回归以盈利为根本目的的本质，智能化不是看智能装备如何先进，而是一个融合多种技术、管理覆盖全价值链的系统工程和长期过程，因而是构建推动企业技术、管理持续改善和人不断进步的“化”的过程。对于制造型企业来说，这个“化”的过程应以精益管理为唯一基础。

（5）预测了智能化将打造企业竞争的新优势。智能“化”的过程所带来的企业知识管理能力的提升，将帮助企业构建越来越多的知识“黑箱”，进而垒高行业进入门槛，打造成为未来企业竞争的新优势。

（四）鸣谢

在本项目研究过程中，得到了院领导对课题立项、管理和调研活动信息和经费支持。

中国机械工业联合会专家委员会蔡惟慈副主任、中国汽车工业协会许艳华副秘书长、杭州众章数据科技有限公司首席专家章月洲高级工程师、济南易德企业管理咨询有限公司张占界总经理等专家为本课题提供了良好的意见和建议；包括中通汽车、广汽丰田、东北工业集团等企业领导，为本课题的考察、交流提供了鼎力支持。

对此，我们一并表示衷心感谢！

二、汽车工业发展的启示

（一）四次工业革命，技术不是唯一推力

1. 四次工业革命

谈到工业革命，人们常常将其归结为科学技术重大进步的结果。蒸汽机的发明驱动了第一次工业革命，流水线作业和电力的使用引发了第二次工业革命，半导体、计算机、互联网的发明和应用催生了第三次工业革命，这三次工业革命给人类社会的各个方面带来了翻天覆地的变化（见图2）。

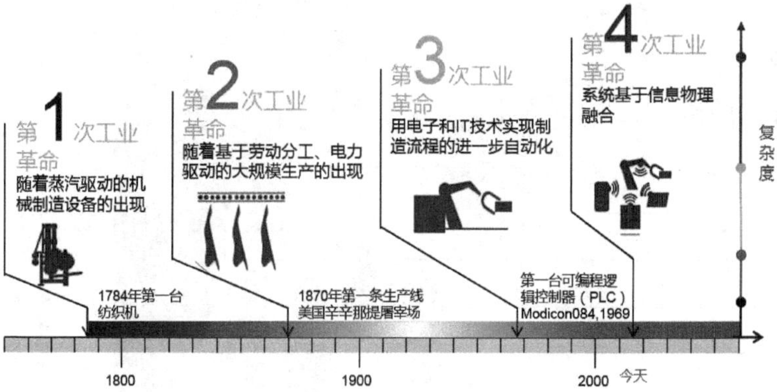

图2　四次工业革命的推动技术

第四次工业革命将是由人工智能、生命科学、物联网、新能源等一系列创新所带来的物理空间、网络空间和生物空间三者的融合。技术发展扩散的速度，以及对人类社会影响的深度和广度，都是前三次工业革命远不能相比的。

世界经济论坛创始人兼执行主席克劳斯·施瓦布（Klaus Schwab）在其《第四次工业革命：转型的力量》中，对四次工业革命的主要事件进行了描述（见图3），并提出每次新的工业革命，不是对原有产业的全面颠覆，而是在原有产业基础上的进步。

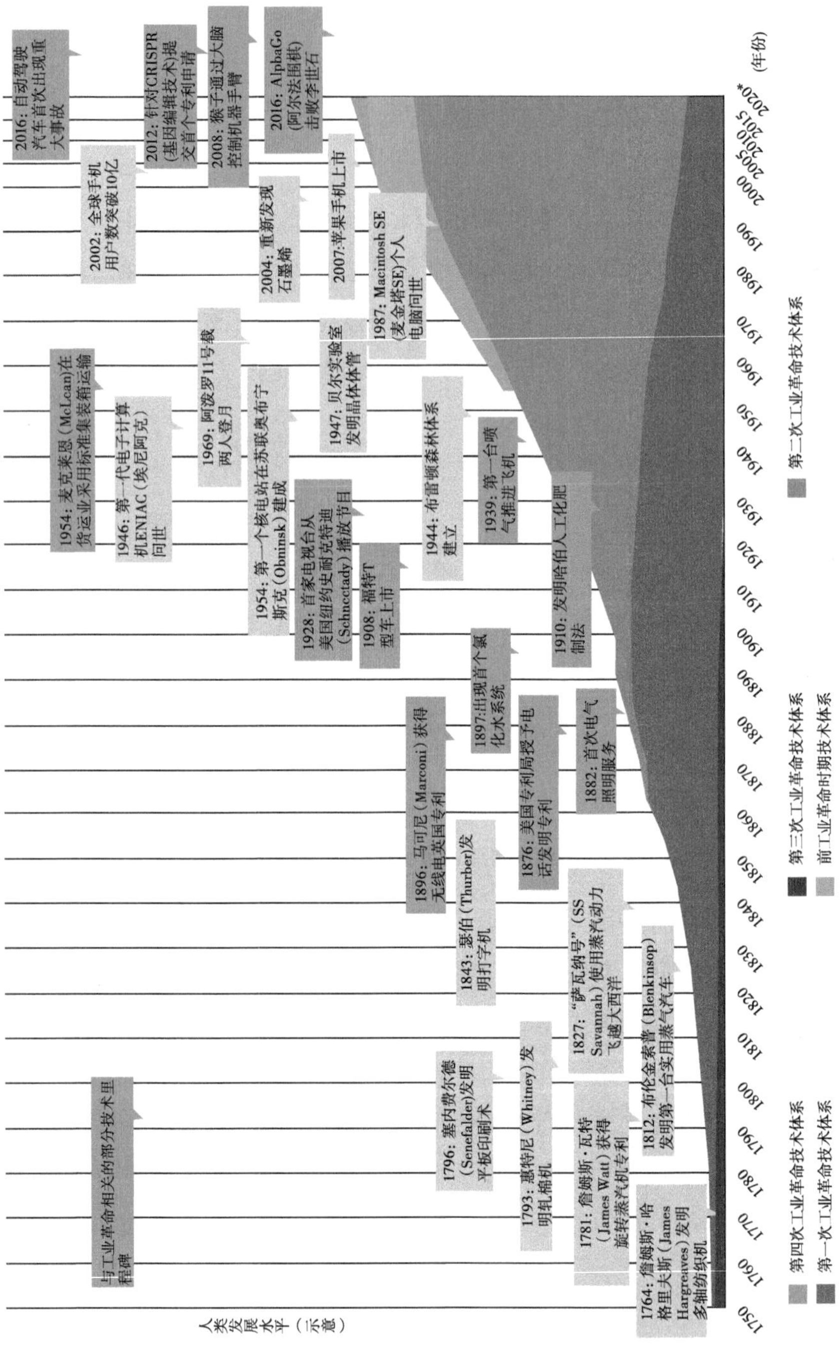

图 3　工业革命对人类发展的贡献示意图（经合组织成员，1750—2017 年）

资料来源：世界经济论坛。

2. 管理与科技共同推动了工业革命

科技确实是推动工业革命不可或缺的力量，但另一个事实也绝不容忽视，即与每一次科技进步相伴的是管理理论和实践的突破。

第一次工业革命，解决了当时英国资本家提高生产率与工人成本较高之间的矛盾，掀起了一股机械化的浪潮。生产效率提升和规模扩大，带来的生产组织的难度越来越突出，管理学开始形成（见表1）。

以电气化为代表的第二次工业革命，大规模生产导致生产资料之间的关系空前复杂，工业企业进一步采用机械化、自动化生产，分工协作更为严密，生产流水线的应用对生产的标准化、专业化、定量化等提出了迫切需求。以泰勒制为代表的科学管理应运而生。按照哈佛商业历史学家钱德勒在《规模与范围》中的表述，英国比较重视个人及家庭对工厂的控制，是个人资本主义，而德国和美国广泛雇用专业管理人员对工厂进行管理，是管理资本主义。例如，福特发明了流水线，大大提升了汽车生产效率。通用汽车在大规模兼并重组中创新了事业部制。这一差别是导致英国在工业 2.0 时代落后的一个重要原因。

表1　早期管理科学发展概要表

1776 年	法国大革命
	亚当·斯密（1723—1790）的《国富论》（*The Wealth of the Nation*）预言了旧重商主义制度的结束和现代资本主义制度的开始；阐述了劳动分工的益处和资本主义的“看不见的手”的作用
	美国人选择了自由市场体系
1785—1809 年	美国式制造系统形成，注重应用纵向一体化和可互换零件的大规模生产。 结果：①可互换零件的概念大大降低了对零件工人专业技能的需求。②通过重视专业化机械而不是人，美国式系统更多地注重通用技能培训而不是专业培训
1832 年	英国查尔斯·巴贝奇（Charles Babbage，1792—1871），在他的《论机械和制造业的经济》中将注意力放到了工厂管理上，详细阐述了亚当·斯密关于劳动分工的原理，并且叙述了工厂怎样在不同种类的工人中进行工作分工
1872 年	安德鲁·卡内基（Andrew Carnegie，1835—1919）开始进入钢铁业，他把贝西默的新型炼钢技术和麦考伦、汤姆森的管理方法结合到一起，通过保持一个连续的工作流，从而充分发挥了一体化的优势，它是第一座设施布置由物流决定的工厂。通过不懈的扩大规模优势和提高产出速度，卡内基很快成为世界上最高效的钢铁制造商

续表

1877— 1880 年	美国詹姆斯·韦林·西（James Waring See）写给《美国机械师》编辑的一系列信件，提倡用高工资吸引高质量的劳动力，将工具标准化、车间内部良好的内务管理，明确定义工作以及明确的权力分配
1880 年	美国机械工程师协会（ASME）成立，很快成为讨论与工厂运作和管理相关问题的平台
1893—1915 年 科学管理之父——泰勒	弗雷德里克·温斯洛·泰勒（Frederick Winslow Taylor，1856—1915） 1886 年，加入美国机械工程师协会（The American Society of Mechanical Engineers）。 1893 年，辞去投资公司职务，独立从事工厂管理咨询工作。此后，他在多家公司进行科学管理的实验。在斯蒂尔公司，泰勒创立成本会计法。在西蒙德滚轧机公司，泰勒改革了滚珠轴承的检验程序。 1895 年，在美国机械工程师协会发表《计件工资制》。 1898 年，在伯利恒钢铁公司大股东沃顿（Joseph Wharton）的鼓动下，以顾问身份进入伯利恒钢铁公司（Bethlehem Steel Company），此后在伯利恒进行了著名的“搬运生铁块试验”和“铁锹试验”。此外，泰勒还对每一套动作的精确时间作了研究。同年，与怀特（Munsell Wright）共同发明高速钢。 1903 年，正式出版《工场管理》。 1911 年，发表《效率的福音》，正式出版《科学管理原理》
1913 年	亨利·福特认识到产出速度的重要性，尝试抛弃了原本由训练有素的工人安装的大量零部件以及让工人围绕在静止的底盘前完成装配工作的做法，寻找一种将产品以连续的流运送到工人面前的方法，在福特的海兰公园（Highland Park）工厂建造第一条 T 型车流水线
	工业心理学之父是雨果·明斯特博格（Hugo Munsterberg，1863—1916）发表《心理学与工业效率》
1916 年	亨利·法约尔（Henri Fayol，1841—1925）发表著作《工业管理与一般管理》
1917 年	阿尔弗雷德·P. 斯隆（Alfred P. Sloan，1875—1966）启动了一项改组通用汽车（GE）公司结构的计划，将其改组为由一个强有力的总部协调（不是直接经营）的许多自主经营的分公司的集团（事业部制）
自 1881 年起，管理学教育兴起	1881 年，第一个美国大学生商业教学项目在宾夕法尼亚大学的沃顿商学院成立；接着是 1898 年在芝加哥大学和伯克利大学，1900 年在纽约大学和威斯康星大学，到 1910 年美国大学中至少有 12 座以上建立独自的商学院

电子信息技术、生物工程技术、空间技术、新能源技术的突破和应用，引发了以信息控制技术为代表的第三次工业革命。信息化不仅引发了经济、社会的重大变化，同时对人的生活及思维方式产生了巨大影响。如何有效地管理、应用信息资源、人力资源，提升其在价值链、产业链、创新链动态调整与治理的能力，成为企业提升企业竞争力的重要手段。

以智能化、深度学习为代表的第四次工业革命的到来，以及需求更加个性化、产品交付更加快捷化、服务更加亲近化等，必将引发企业管理的进一步变革。

（二）汽车工业发展与生产方式转变

尽管1769年英国人古诺研制出第一辆蒸汽三轮汽车，但人们并未把他作为汽车发明人。1886年，德国工程师卡尔·奔驰将自己设计的汽油机安装在一辆三轮汽车上。同年，戈特利布·戴姆勒研制成功第一辆四冲程汽油机四轮汽车，由此标志着现代汽车工业的建立。

技术意义上讲，从19世纪末卡尔·奔驰发明汽车至今，汽车并未出现突破性的技术变革（电力驱动不能算是汽车变革，只能算是动力系统的一次革新）。真正推动汽车进入千家万户，形成具有引领现代工业特质的，主要来自汽车制造业生产方式的巨变，可分为以下三个大的发展阶段。

1. 手工生产方式

19世纪末，法国巴黎P&L机床公司开始制造汽车，当时实行手工单件生产。其生产效率极低，制作成本高，质量保证全凭技术工人高超的技艺和丰富的经验。

2. 大批量生产方式

它是由以美国福特汽车公司为代表的企业创造的一种生产方式。1913年，美国福特首先采用流水线生产T系列车型，它不仅为世界汽车行业，而且为工业做出了巨大的贡献，影响十分深远。通用公司采用兼并的方法先后兼并了30多家汽车公司，汽车技术在这个时期也有很大进步，高速汽油机、柴油机、等速万向节、无极齿轮和双曲面齿轮、齿轮传动、带同步器的变速器、四轮驱动、液压减震器、充气轮胎、发动机、蓄电池、启动马达系统都是这一时期发明的。

到20世纪后半期，这一生产组织方式的缺点越来越突出，主要原因来自市场的变化。当时不仅在汽车市场顾客需求越来越多样化，而且对质量的要求也越来越高。这种状况给制造业提出了新课题，一方面要找出使产品的开发设计周期和生产周期显著缩短的办法，另一方面，还要使企业的生产经营方式能够快速响应市场的需求变化。这两个方面促使汽车制造企业改变原有的大规模经营方式、管理方式和工作方式，探索新的模式。

3. 精益生产方式

1950 年，丰田喜一郎到美国参观了福特汽车公司位于底特律的 Rouge 工厂，回日本后与当时主管生产的大野耐一研究得出结论：大量生产方式不适合日本。随后以大野耐一为核心的日本生产管理专家创立了一种全新的管理模式——丰田生产方式，这就是精益生产方式的起源。从当前的竞争格局来看，精益生产方式取得了胜利。以丰田汽车公司为代表的日本汽车业在全球的竞争地位不断提升，其竞争实力也不断增强。

由此可见，今天的汽车技术主要来自产业发展过程的技术演进，而非颠覆。汽车产业生产方式的变革，恰恰是促进其高速发展的主要力量。

（三）汽车产业发展趋势展望

截至 2019 年 6 月，我国机动车保有量达 3.4 亿辆，汽车 2.5 亿辆，已经构建起一个庞大的工业体系和后服务市场体系，对我国经济发展和提高人民生活质量发挥着巨大作用。汽车的本质是以人为中心，服务人类，更好地提升人民的生活质量。有预测认为，未来 10 年汽车的发展趋势是动力系统将被混动、纯电驱动取代。汽车自动驾驶、车联网、共享出行等围绕人的出行体验的技术都将是汽车未来发展的主要方向。

1. 动力绿色化、车身轻量化

汽车保有量大幅上升，对资源的需求急剧增加，同时造成的空气污染也日益严重。受益于节能环保政策的推出，未来节能环保、新能源汽车及相关零部件行业将是新的投资增长点。我国新能源汽车保有量达 344 万辆，占汽车总量的 1.37%，纯电动汽车仍是新能源汽车领域的“主流选择”，占新能源汽车总量的 81.74%，保有量达到 281 万辆。无论何种能源形式，汽车的自重是影响汽车能耗的重要因素，而且在纯电动汽车上的表现更加明显。为了保证续航里程不得不增加电池，随着电池重量的增加，能耗也增加，导致性价比越来越低。所以，在车身结构、材料等方面轻量化研究非常关键，如特斯拉和蔚来就简单粗暴地选择采用全铝车身。

2. 行驶智能化

随着智能网联、人工智能等技术的发展，“智能化”是汽车技术升级的重要方向。智能网联汽车产业是汽车、电子、信息通信、道路交通运输等行业深度融合的新型产业形态。当前，人工智能、5G、大数据等新一代信息技术的快速演进，及其与汽车产业深度融合发展，为智能网联汽车产业新生态提供了充足的条件。发展智能网联汽车，不仅能在经济层面带动汽车、电子、通信、互联网等领域的技术创新和产业升级，还有利于提升汽车网联化、智能化水平，实现自动驾驶的同时还能通过与智能交通系统相结合，在社会层面带来深远的影响，成为解决交通安全、道路拥堵、能源消耗、环境污染等问题的重要手段，为构建新型智慧交通出行服务新格局打下基础。作为跨界整合产物，智能汽车发展的动力主要来源于两方面：一是高科技行业，尤其是 IT 行业凭借自身的智能技术优势进军汽车行业，开发出新的智能汽车产品，典型代表如美国特斯拉公司；二是传统汽车企业通过移入智能化技术，实现汽车智能化改造，包括大众、通用、福特、丰田等在内的世界知名汽车生产厂家都已纷纷推出自己的智能汽车产品。

3. 用车共享化

高盛发布了题为《汽车 2025》的报告分析，增长型城市的交通问题日益严重。汽车保有成本增加，而闲置时间高达 95%。麦肯锡全球董事合伙人彭波表示，目前出行市场总额约为 3.6 万亿美元。由于移动互联网的深度变革和消费者用车场景的多样化，未来汽车制造商的品牌价值将越来越低，出行平台的品牌价值将更加凸显。这为那些能更有效配置人、车资源的企业提供了一片蓝海。国内汽车制造企业入局共享出行市场似乎已成潮流。例如，一汽集团的“旗妙出行”、长城汽车的“欧拉出行”、上汽集团的“享道出行”、广汽集团的“如祺出行”、江淮汽车的“和行约车”、东风集团的“东风出行”，长安、一汽、东风联合组建的“T3 出行”。此外，大众、奥迪、宝马、丰田等跨国车企，也纷纷布局出行产业。车企排成豪华阵容进入共享出行领域，在引发行业大洗牌的同时，也使共享出行服务跃升成汽车产业继制造、售后服务之后的第三大亮丽市场。

汽车主机厂商纷纷布局共享出行，其先天优势在于共享车辆的定制化，但是依靠线上系统控制和调配的共享模式，其最核心的内容却是利用互联网、大数据对线下资源的管理与调控，不能依靠简单粗暴的投放车辆、扩大补贴以及更大规模的营销，更在于业务模式上的创新，最终还是要落脚到管理的创新上。

4. **服务网络化**

随着汽车保有量的快速增长，汽车后服务市场规模越来越大。2015 年中国汽车后服务市场规模达到 7600 亿元，2016 年达到 8800 亿元，2017 年达到 10700 亿元，2018 年达到 13054 亿元。据预测，2022 年中国汽车后服务市场规模将达到 25730 亿元。近五年（2018—2022）年均复合增长率约为 18.49%。

传统的汽车后服务市场大体可分为七大行业：汽保行业、汽车金融行业、汽车 IT 行业、汽车养护行业（汽车精品、用品、美容、快修及改装）、汽车维修及配件行业、汽车文化及汽车运动行业、二手车及汽车租赁行业。传统的线下汽车服务模式很难满足如今大批量、高个性化、高效率的服务需求，随着移动互联网的快速发展，车主用户线上解决汽车生活服务需求的习惯基本形成。所以，利用互联网模式整合传统汽车后服务市场模式，及时收集、分析用车人的需求，在汽车保养、维修、金融、保险等传统服务方面，以及出行、旅游等深入与汽车相关的各种生活场景等方面，为用车人提供精准、高效的服务的需求越发强烈。

5. **制造柔性化**

随着社会的发展，人们对产品的个性化需求越来越高。同时，前文提到的汽车的网联化、共享化导致人们的需求越来越极致，人们会根据每次出行的需求不同，选择不同功能的汽车，所以对汽车的需求会从原来长时间的拥有变成短时间的分享，追求少数性能的极致。汽车产品多元化和个性化会适应各种各样的出行场景，而综合功能的汽车会转向少数功能的极致汽车，在保证用户体验的同时，最大限度地降低了汽车成本。汽车的个性化需求会倒逼整个产业柔性化生产，随着新一代信息技术、5G 通信、AI 等技术的发展与应用，汽车柔性制造将是大势所趋。

（四）得到的启示

从前述分析中，我们可以得到以下启示。

（1）工业革命，不是对原有产业的全面颠覆，而是在原有产业基础上的进步。

（2）工业革命，不仅有技术创新的推动，还有管理创新的推动。

（3）汽车工业的进步，不仅来自技术的演进，更重要的是来自生产方式的变革。

（4）技术的进步，会激发管理方式的改变和提升（特别是信息化、智能化手段的出现），而管理方式的提升会反推技术进步的加快。

（5）汽车产业未来的发展趋势说明，汽车产业的智能化，绝不仅是智能制造，其涵盖着以客户为中心的汽车消费生活的全过程。汽车驾驶人从早期的一个职业，变成今天大众掌握的一项技能，未来将变为一种生活方式。

三、智能化时代到来

“智能化是指事物在网络、大数据、物联网和人工智能等技术的支持下，所具有的能动地满足人的各种需求的属性。”因此，智能化时代就是产品能够主动迎合人们需求的时代，这些需求包括生产过程的智能化和产品的智能化、服务的智能化。

环顾我们周遭的生活，已经实质性地踏上了智能化的旅程，并将享受越来越多的智能产品带来的益处。

作为趋势已经势不可挡，我们只有积极应对。

（一）世界主要国家智能制造的举措

1. 主要发达国家战略部署

表 2　国外智能制造战略一览表

国家	提出时间	战略路线
美国	2011 年	先进制造业的伙伴计划
德国	2013 年	工业 4.0 战略计划实施建议

续表

国家	提出时间	战略路线
日本	2016 年	社会 5.0 战略
英国	2013 年	工业 2050 战略
法国	2015 年	未来工业计划
韩国	2014 年	制造业创新 3.0 计划

按照中国工程院院士、原院长周济的分析，智能制造是全球制造业发展的必由之路，各主要国家已经形成共识，并结合本国特点制定了本质一致的中长期发展战略。

2.《中国制造 2025》的目标任务

《中国制造 2025》提出坚持“创新驱动、质量为先、绿色发展、结构优化、人才为本”的基本方针，坚持“市场主导、政府引导，立足当前、着眼长远，整体推进、重点突破，自主发展、开放合作”的基本原则，通过“三步走”实现制造强国的战略目标：第一步，到 2025 年我国迈入制造强国行列；第二步，到 2035 年我国制造业整体达到世界制造强国阵营中等水平；第三步，到新中国成立一百年时，我国制造业大国地位更加巩固，综合实力进入世界制造强国前列（见图 4）。

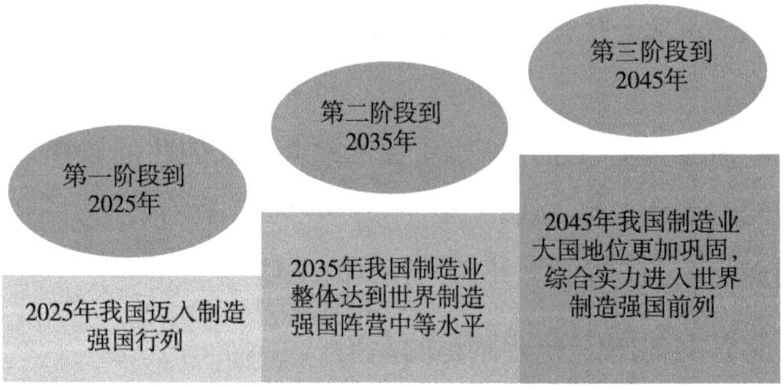

图 4 《中国制造 2025》三步走战略

上述三个阶段的实现，必然要求制造业内的智能化取得同步发展，以便助推各级目标实现。第一阶段尚有五年时间，这五年是中国制造业智能化发展的关键时期。如果第一阶段目标落后进度，将影响整个中国制造 2025 战略的实现，使中国制造业落后于席卷全球的智能化时代。故当前智能制造亟须对具体路径的分析与探索。

围绕实现制造强国的战略目标，《中国制造2025》明确了9项战略任务和重点：一是提高国家制造业创新能力；二是推进信息化与工业化深度融合；三是强化工业基础能力；四是加强质量品牌建设；五是全面推行绿色制造；六是大力推动重点领域突破发展，聚焦新一代信息技术产业、高档数控机床和机器人、航空航天装备、海洋工程装备及高技术船舶、先进轨道交通装备、节能与新能源汽车、电力装备、农机装备、新材料、生物医药及高性能医疗器械等十大重点领域；七是深入推进制造业结构调整；八是积极发展服务型制造和生产性服务业；九是提高制造业国际化发展水平。

9项战略任务和重点虽然涉及不同行业，但所有高端制造业在当前国际整体水平中的提升，均离不开智能化的支撑，这已是当代特征，而不是未来需求。

3. 产业政策驱动制造迈向“智造”

表3　2015年以来中国智能制造相关政策汇总（不完全）

时间	发布单位	文件名称	主要内容
2015年5月	国务院	《中国制造2025》	到2020年，制造业重点领域智能化水平显著提升，试点示范项目运营成本降低30%；到2025年，制造业重点领域全面实现智能化，试点示范项目运营成本降低50%，产品生产周期缩短50%，不良品率降低50%
2015年7月	国务院	《关于积极推进“互联网+”行动的指导意见》	以智能工厂为发展方向，开展智能制造试点示范，加快推动云计算、物联网、智能工业机器人、增材制造等技术在生产过程中的应用，推进生产装备智能化升级、工艺流程改造和基础数据共享
2016年8月	质检总局、国家标准委、工业和信息化部	《装备制造业标准化和质量提升规划》	到2020年，工业基础、智能制造、绿色制造等重点领域标准体系基本完善，质量安全标准与国际标准加快接轨，重点领域国际标准转化率力争达到90%以上，装备制造业标准整体水平大幅提升
2016年9月	工业和信息化部、财政部	《智能制造发展规划（2016—2020年）》	到2020年，智能制造发展基础和支撑能力明显增强，传统制造业重点领域基本实现数字化制造，有条件、有基础的重点产业智能转型取得明显进展；到2025年，智能制造支撑体系基本建立，重点产业初步实现智能转型

续表

时间	发布单位	文件名称	主要内容
2016年9月	工业和信息化部、国家发展改革委	《智能硬件产业创新发展专项行动（2016—2018年）》	到2018年，我国智能硬件全球市场占有率超过30%，产业规模超过5000亿元。在低功耗轻量级系统设计、低功耗广域智能物联、虚拟现实、智能人机交互、高性能运动与姿态控制等关键技术环节取得明显突破，培育一批行业领军上市企业。建成标准开发、产品及应用检测、产业供给能力监测三大支撑平台，智能硬件标准化及公共服务能力达到国际先进水平
2017年7月	国务院	《新一代人工智能发展规划》	到2020年，一系列人工智能标志性产品取得重要突破，在若干重点领域形成国际竞争优势，人工智能和实体经济融合进一步深化，产业发展环境进一步优化
2017年10月	工业和信息化部	《高端智能再制造行动计划（2018—2020年）》	到2020年，推动建立100家高端智能再制造示范企业、技术研发中心、服务企业、信息服务平台、产业集聚区等，带动我国再制造产业规模达到2000亿元
2018年5月	工业和信息化部	《工业互联网发展行动计划》	到2020年底，初步建成工业互联网基础设施和产业体系，建成5个左右标识解析国家顶级节点，标识注册量超过20亿；推动3万家以上工业企业上云，培育超过30万个工业App
2018年9月	工业和信息化部、国标管理委员会	《国家智能制造标准体系建设指南（2018年版）》	到2018年，累计制定修订150项以上智能制造标准，基本覆盖基础共性标准和关键技术标准。到2019年，累计制定修订300项以上智能制造标准，全面覆盖基础共性标准和关键技术标准，逐步建立起较为完善的智能制造标准体系。建设智能制造标准试验验证平台，提升公共服务能力，提高标准应用水平和国际化水平

中国相关部门针对智能制造的密集政策，既涉及相关标准体系，也涉及具体技术指标，还涉及与国际水平的对标与接轨。这些一方面证明国家产业政策已经向智能化推进，另一方面也可以感受到政策仍以成果和要求为主要内容，具体实施方式和手段仍交由企业、市场和研究机构来发挥作用。企业，特别是汽车等高技术产业内的企业，承担着智能化路径探索与实践的主要工作和责任。

（二）智能化认知的误区和恐慌

1. 智能化太高深，与我们企业无关

李彦宏认为，未来没有一家企业可以声称与人工智能无关，所以每个产业、每个企业家要考虑的是怎样用最有效的方法，提升技术创新能力，把人工智能变成“自己的菜”。否则，就有可能错过一个时代。

即便是在普通制造业领域，为满足人民日益增长的品质和数量需求，基础产品的设计、生产、个性化、优化等方面，都在逐步逼近传统模式的极限，不管企业从事的行业多么基础，生产过程和产品的智能化都是企业为保障自身生存所必须考虑的当下问题。

2. 智能化迫在眉睫，不抓就会被淘汰

一方面，已经遭遇升级瓶颈的企业会面临这样的焦虑，即原有制造模式的升级甚至转型需求与自身认知和能力不匹配，在模糊的智能化需求倒逼下，让人感到既无法入手又急于求成。另一方面，政府面临经济下行压力，高密度出台政策，误认为智能化是适合所有企业的，且迫在眉睫。

以山东为例，制造业企业水平参差不齐，即便是技术密集的汽车产业其自动化水平、信息化水平和管理水平也普遍低于行业平均水平。因此，稳住阵脚、分析现状、找准需求、精确谋划、总体规划、分步实施，是大多数企业智能化的合理思路和路径。

3. 智能化需要大投入，我们实力不够，无能为力

这种企业认为智能化需要大投入，如果没有资金、技术、人才实力，就无能为力。目前智能化水平较低的企业，特别是仍有市场需求的企业，会有这种消极和侥幸心理。智能化是逐步提升“化”的过程，技术与管理提升均贯穿整个过程，具体的、微小的改进都是促进智能化升级的重要支撑。小企业虽然资源较少，但可学习、复制、创新的点始终存在。即便是层次不高的制造业，逐步的智能化改进也会在本行业中取得优势地位，而长期处于落后趋势的企业，迟早面临淘汰的风险。如果把智能化当作固定的模式或僵化的框架，就会感到无能为力，而如果把智能化理解为逐步发展、点滴积累的过程，那么所有企业都有自己的智能化路径可走。

4. **智能化就是智能生产，就是机器代人**

智能化的支撑技术与管理手段众多，核心在于主动地满足人的需求。智能生产是智能化的一个方面，不是全部。忽视人的参与和需求，孤立看待生产过程的智能手段，是对智能化的误解。被普遍误认为是智能制造关键手段的机器代人，只是智能化的手段与表现之一，不是目的与本质。追求机器代人实际上是舍本逐末，正确的发展路径应该是在逐步实现智能化的过程中，自然而然使用机器取代部分人的工作。即便如此，对于创造性工作和应对突发事件都必须发挥人的作用，而不能完全依赖 AI。

5. **只要肯花钱，就能买来智能化**

缺乏智能化思维和理解会产生这种错误观点。误认为智能化是一蹴而就的事，只要肯花钱就能买来智能化，就可以迅速提升实力。

智能化既不是一件具体工具，也不是固定不变的程序，而是针对不同时点的不同市场需求和企业行业发展水平，因地制宜、分类施策、逐步推进的过程。想一蹴而就、买来智能化的做法，不仅不能提升实力，还可能给企业造成巨大的经济负担和浪费。

6. **只要智能化了，企业就战无不胜，一劳永逸**

少数企业对智能化有过高期待，主要是企业仍对智能化缺少认知。智能化过程是帮助企业适应需求的手段，但仅是一种综合性手段，而不能解决供需、文化、政治等各类企业内外的问题，企业战略决策与智能化必须同步发展。即便从生产过程和产品智能化看，持续的发展与演变也是永恒的主题，不会有一劳永逸。

7. **智能化是高新技术，与人和管理关系不大**

没有管理的智能化无法发挥技术与设备的效能；没有人参与的智能化，只能僵化和落伍，即便曾一时有效，也终将被有人参与改善的其他智能化系统淘汰。从本质上说，智能化的原始动力仍是人的需求，实现智能化的动力来自人的智慧。与人割裂的智能化，必然停留于形式而无法真正推进企业发展。

（三）智能化的内涵（人机智能活动对比分析）

智能化重点解决的是：在信息的获取迅速、准确基础上（认知、传输），开展自分析、自学习、自决策，为安全性操作提供自主决策，为需要人类介入的决策智能提供参考方案。

智能化的本质是：使用机器对人的能力进行拓展而非取代。因此，其智能活动与人的智慧活动具有相似性（见图 5a、图 5b），在一定范围内替代人的感知、记忆、判定、作业等。

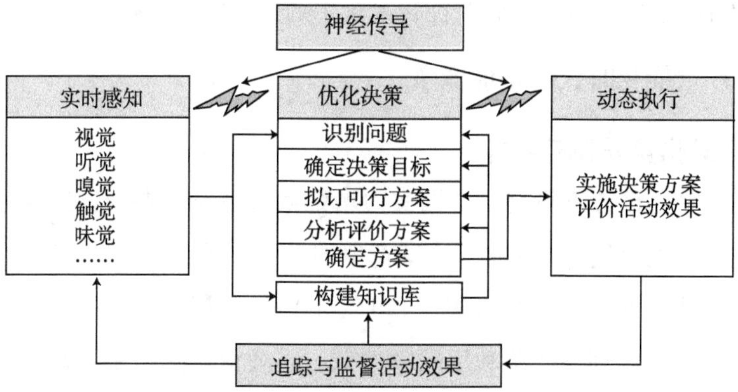

图 5a　人类智慧活动基本模型

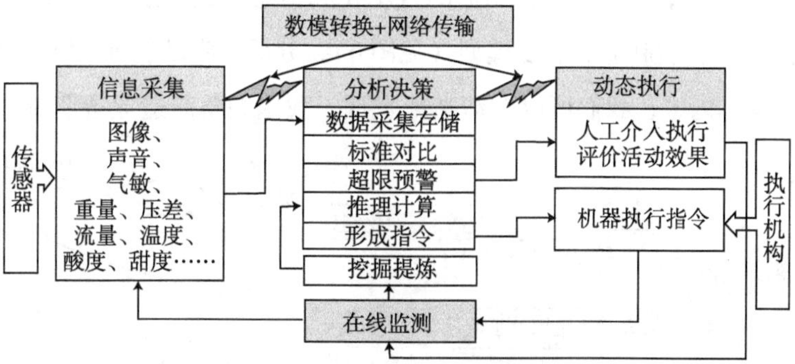

图 5b　机器智能活动基本模型

智能化的特征是：全面数字化感知、数字信息标准化、信息互联互通、系统自身有限制决策等。

智能化的覆盖范围：取决于所定义系统的大小。一般意义上说，企业的智能化包括产品智能化、研发设计智能化、生产过程智能化（智能排产、智能质量检测、智能预防性维护、智能加工、智能仓储等）、管理智能化、服务智能化等。

虽然机器智能活动模型与人类智能活动有诸多相似之处，但本质上是对人类智能的模仿，在最需创造力和辨识力的关键点上，需要人工介入。即使人工介入很少，即使机器智能化水平非常高，如果忽视了人的作用，则机器智能活动将存在巨大的潜在风险。实际上，应对最高级别的、超出 AI 与人脑预期的风险与损害，正是人在机器智能活动中的主要作用。故智能化的核心是人对智能化的需求以及人在智能化系统中的主导作用。

（四）智能化时代的企业竞争

1. 全球化竞争势不可挡

全球一体化已势不可挡，中国实力增强后必将全面参与国际竞争，构建制造企业自身竞争优势，是加入全球竞争的必然选择。

目前，我国处于“工业 2.0”（电气化）的后期阶段，质量基础相对薄弱、产业结构不合理、资源利用效率偏低、行业信息化水平不高、劳动力成本提高。“工业 3.0”（信息化）还有待进一步普及，“工业 4.0”（智能化）正在尝试尽可能做一些示范，制造的自动化和信息化正在逐步布局。

对照 IBM 智能制造成熟度模型（见图 6），分析相应级别所对应“典型客户挑战”的具体内容，我们可以较清晰地发现，我国装备制造业智能制造成熟度

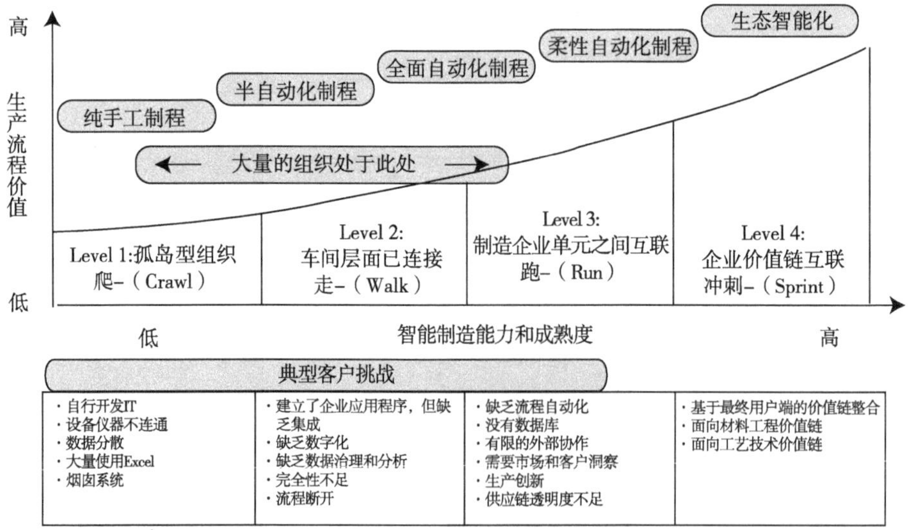

图 6 智能化程度划分（来自 IBM）

不高，企业普遍处在前两个级别，少有企业能达到第三级别。如果不能尽快提升我国制造业智能化水平，必将在一定程度上制约企业参与国际竞争的能力。

2. **数字化竞赛业已启程**

中国电子信息产业发展研究院发布《中国智能化发展指数报告（2018年)》，从基础环境、产业基础、创新引领能力、智能制造、产业融合、智慧社会6个指标，考察区域间数字经济发展的结构性关系（见图7），将31个省、市、自治区分为成熟应用型（如广东、北京、江苏等）、变革驱动型（如重庆、贵州、河南等）和基础潜力型（如内蒙古、云南、黑龙江等）。从省级对比来看，山东虽然排在第五位，但已经退出了第一梯队，如果不能及时提升，山东与粤、苏、浙的差距不是当下，而是未来。

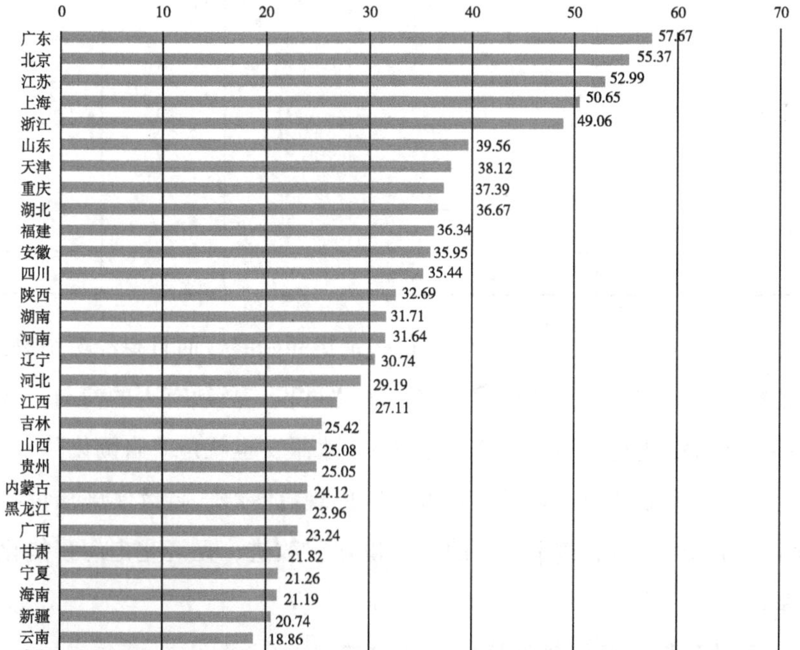

图7　省级区域数字经济发展的结构性关系

3. **“自働化”仍然是基础**

“自働化”来自丰田汽车，是TPS两大支柱之一。丰田的“自働化”与自动化含义不同。有人字偏旁强调人机最佳结合，而不仅是用机械代替人力的自动化。

丰田的“自働化”是让设备或系统拥有人的“智慧”，当被加工零件或产品出现异常时，设备或系统能即时判断并自动停止。通过“自働化”改善的设备或系统，可以达到两个目的：一个是不生产不良品，即用简便的机械替代人的劳作，减轻作业强度，提高工作效率；另一个是，可以节省监控设备运行的看护人（实现省人化），即异常发生时的自动停机功能。丰田“自働化”根据6种作业内容划分7个水平层次。层次越高，实现自动作业和一定程度自决策的范围就越广（见表4）。

表4　丰田“自働化”7个水平层次

水平	自动装料	自动开始	自动加工	正常停止	异常停止	自动卸料
1	×	×	×	×	×	×
2	×	×	√	×	×	×
3	×	×	√	√	×	×
4	×	×	√	√	√	×
5	×	×	√	√	√	√
6	×	√	√	√	√	√
7	√	√	√	√	√	√

对于智能化来说，自动化和信息化必定贯穿始终，而且要经历由易到难、由简到繁的发展过程。这个由简到繁的进化过程，必须有人的参与，且通过人的参与和持续改善，不断提升系统的智能水平，也就是“自働化”。

对于每个企业来说，对照“自働化”的现有等级，持续实施从设备到生产单元，再到生产线、整个工厂的“自働化”改进，无疑是走向智能化的聪明之举。

4. 工业互联网将引发新模式、新业态

2012年，工业互联网的概念正式提出。工业系统正在从单点的信息技术应用向全面的数字化、网络化、智能化演进。目前，工业互联网有两大内涵：首先，工业互联网是关键网络基础设施，虽基于现有互联网，但同时会推动互联网的发展和演进，以便满足安全、实时、可靠性等要求，包括工厂内网、工厂外网和标识解析。同时，工业互联网还是新业态和新模式，类似互联网和移动互联网围绕工业生产经营会产生很多应用创新，包括智能化生产、网络化协同等（见图8）。

工业互联网不仅是制造业的切入点，通过其发展还可以探索出整个数字经济发展的路径，或者产业转型发展的方法和路径。目前，工业互联网还需进行深度研究和探索，特别是在应用模式、推广模式、商业模式方面，还有很多挑战。但是工业互联网的应用，正是智能化时代到来的表现和推动力之一。

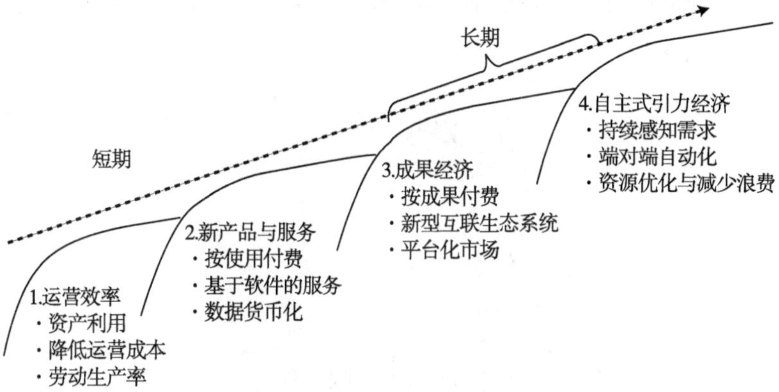

图8　工业互联网的应用和影响路径

资料来源：世界经济论坛，2015。

四、回归企业本质看智能化

探讨企业智能化的路径，必须回归企业本质，探索和寻找影响智能化根本性的要素。

（一）企业是价值创造组织

1. 企业的目的是盈利

作为一种社会组织，企业的根本目的只有一个，就是盈利。因为如果没有盈利的动力驱动，投资人就不会投资，不投资就不会有企业组织，所以企业组织的本质就是利益组织。

脱离企业的盈利目的谈智能化毫无用处，所以无论是政策引导，还是企业技术和管理的改善活动，走智能化道路必须尊重企业这一本质的特征。

2. **企业盈利的手段是创造价值**

按照营销学大师菲利普·科特勒的价值让渡理论，企业要实现盈利就必须向顾客让渡价值。通俗地说，企业提供的产品和服务要对顾客有用，且顾客追求其价值的最大化。企业要实现价值让渡且自身还要盈利，就必须更好地创造价值。从这个意义上说，企业是通过价值创造，在实现利他（员工、顾客、供应商等）基础上，获取利润的。

要实现创造价值，就需要基于资源的支持，发挥人的才智，完成客户委托事项（见图9）。

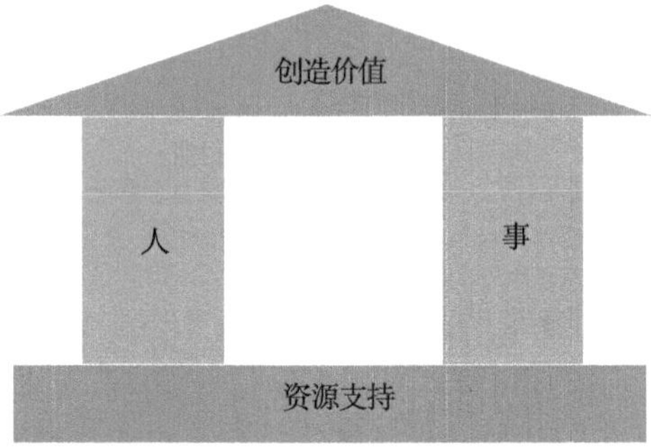

图9　企业价值创造的基本结构

3. **效益是流程运作的结果**

很明显，企业的价值创造活动需要通过一系列业务流程来实现。自工业时代起，分工为更加有效地创造价值提供了可能（见图10），分工带来了对管理的需求，这也是后来的管理工作从作业中分离出来的主要原因。

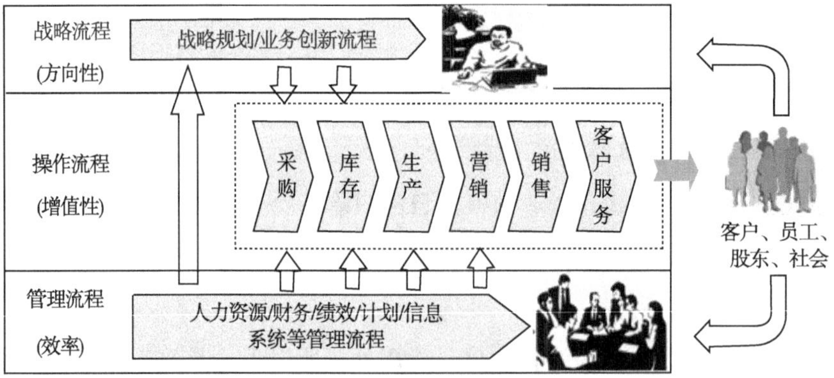

图10　企业流程运作示意

从分析流程运作会发现，企业运作水平的高低直接体现在其推动和控制物（产品）、资金、信息等资源流动的水平上。由此，对企业智能化的理解，绝不能仅限于制造作业的高效率和节省人工成本，而是要站在促进价值流动的角度，从全价值链条上分析和改善主要制约，更好地创造价值。

（二）企业智能化系统的界定

1. 全供应链的价值实现活动

智能化是一个系统，迈向智能化需要过程。这个系统的规模和范围定义的是否科学，将直接影响智能化的过程。在信息化阶段，企业常常被困于ERP、PDM、CRM、APS、MES、PMC、SCM、CAD、CAM、CIMS等诸系统之间的信息有效传递和系统边界模糊之中。企业的智能化不能全面脱离上述系统的有效运行。

因此，企业需要站在全价值链的价值实现层面，清晰地定义企业智能化的系统。只有从全供应链的价值流动分析增值活动，才能找到急需解决的客户痛点，为智能化改善提供依据（见图11）。

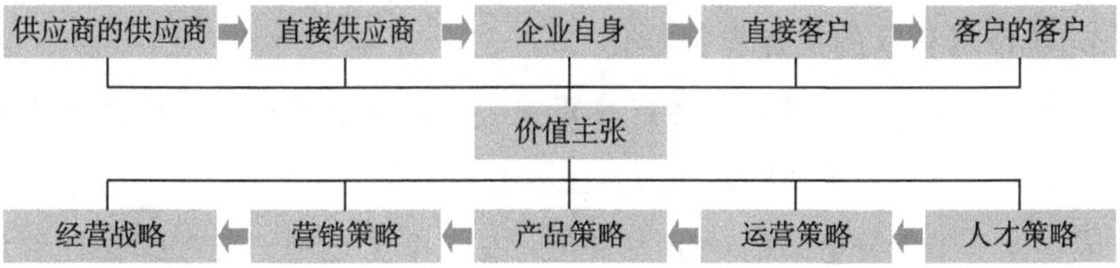

图11　全供应链的价值活动

只有通过对全供应链的价值流进行分析，才可能使企业自身与供应商、客户等实现信息和业务的协同。

当然，基于大多数企业目前对供应链的影响力受限，所以智能化的规划可以从全供应链开始，并基于规划与企业的相关战略、策略结合，起步实施还需从内部发起。

2. 从企业盈利逻辑看智能化

美国学者罗伯特·卡普兰和大卫·诺顿在其著作《平衡计分卡：化战略为执行》中，从财务、顾客、内部业务流程、学习与成长4个维度考察企业的业绩，并给出了其内在的逻辑关系（见图12）。

相比而言，企业在财务管理、客户管理、运营管理等维度实现智能化是完全可能的，但无论怎样智能化，都无法取代人的作用——员工的学习和创新。因此，人（股东、员工，乃至顾客等）是在智能化过程中必须高度重视的资源。

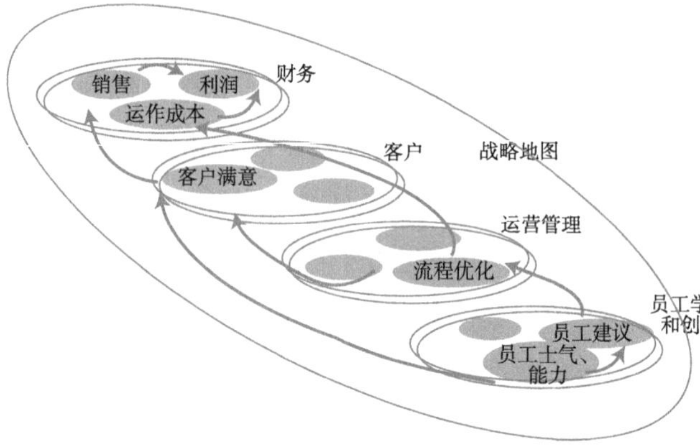

图12　平衡计分卡的4个维度

3. 从市场竞争的重点看智能化

站在市场竞争的角度看，客户真正关心的是从获得产品和服务中得到价值的多少。影响客户价值感知的因素主要有：

成本，一个十分重要的竞争力要素。在每个行业中，通常都存在着严格遵循低成本原则的细分市场。

产品质量和可靠性。质量分为两类：产品质量和过程质量。在产品设计中，产品的质量水平将随着所面对的细分目标市场有所变化。过程质量与产品可靠性直接相关。

交货速度。交货快意味着组织生产快、生产周期短，这对于减少库存和增加流动资金十分重要。

制造柔性。柔性是衡量企业从生产一种产品的生产线转换到生产另一种产品生产线的能力，是应对市场多样化需求的核心能力。

因此，企业的智能化的投入，若不能给客户和企业带来上述4个方面的收益，就必将成为企业的负担。

（三）智能化要素模型的构建

1. 智能化要素模型的提出

从前三次工业革命的经验中我们发现，推动工业革命的是技术和管理的结合。从企业价值创造活动的分析中我们得出，人的作用是智能化中不可或缺的。智能化的机器只有在人的有效控制下才是安全的，机器永远需要向人类已有的知识学习，然后才能执行特定的任务。

基于此，我们有理由相信在智能化的道路上，人、管理和技术三要素缺一不可。

我们还发现，建立在人、管理和技术三要素基础上的知识，构成了智能化的重心。因为一方面，支持企业运行的各种知识（技术、管理），是教会智能机器的最为基础的内容，进而才能构成人与机器共同掌握知识的智能化系统。另一方面，只有持续改进才能持续满足客户变化的需求，才能防止企业知识和系统的僵化，进而保持企业竞争优势。持续改进过程中所构建的知识体系只有转化为企业知识，并通过人的作用将其授予智能的机器，才能智能化。

基于上述研究，我们建立了由一个中心（知识管理）和三个要素（人、管理和技术）构成的知识—人、管理、技术智能化要素模型（简称 K－HMT 模型，见图 13）。

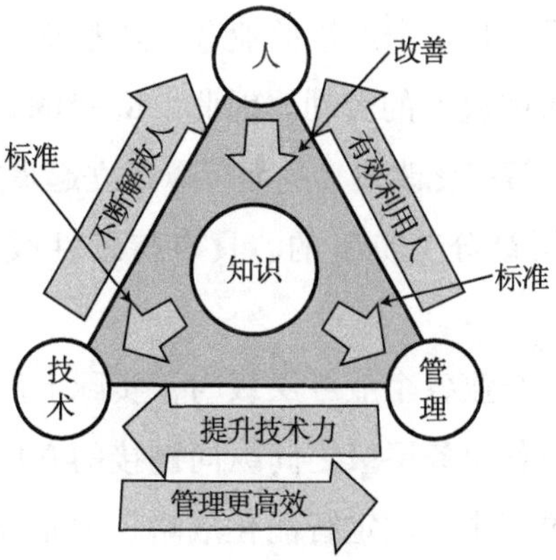

图 13　智能化要素模型

2. K－HMT 模型的内在联系

从价值流动的立场看，在企业的价值创造活动中，技术主要用来不断解放人的体力乃至部分脑力劳动，同时技术手段的提升还可以提升管理的效率；管理主要用来有效发挥以人为主的各项资源的作用，减少浪费，同时管理水平的提升会加强企业技术管理，促进技术能力的提升；人通过利用自有知识和企业知识库，不断对现有的知识库进行更新，推翻原有的管理和技术标准，构建新的标准，推动企业不断前进。

该模型不仅强化了人、管理和技术在普适性企业活动中的作用（如作业对象不是物，而是客户），而且强化了知识在该模型中的中心地位，并将标准、改善等管理行为一并纳入企业的活动中。

对于该模型的知识和三要素，均具有软硬之分：知识包括显性知识（偏硬）和隐性知识（偏软）；人是包括技能性（偏硬）和价值观、理念等（偏软）的综合体；管理包括战略、文化（偏软）和方法、工具等（偏硬）；技术包括软性的思维方式和硬性的标准、规范。

3. K－HMT 模型的应用

从企业经营活动的内容和流程分析，可以概括为开发设计、采购供应、生产制造、营销销售、维护服务 5 个层级，每个层级还可以再细分出相应的内容，如开发设计还包括市场调研与细分、产品设计、工艺设计等（见图 14）。

在智能化时代，无论是每个层级的业务，还是细分的具体业务，都可以且需要采用智能方案来解放人的劳动。因此，K－HMT 模型可以全面适用于各个层级及其子系统的智能化改造，进而可以建立起贯穿企业全业务流程的、基于知识管理的、多层级分工负责的、具有持续性改进作用的智能化管理模块。

当该模型横向置于企业各个业务层级时，实际上已经建立起以知识为中心，人、技术、管理在各业务层级之间纵向链接的立体结构。这个体系必将为企业在实施智能化过程中，制定智能化战略、优先选择智能化推进层级和有效实施智能化提供有力支持。

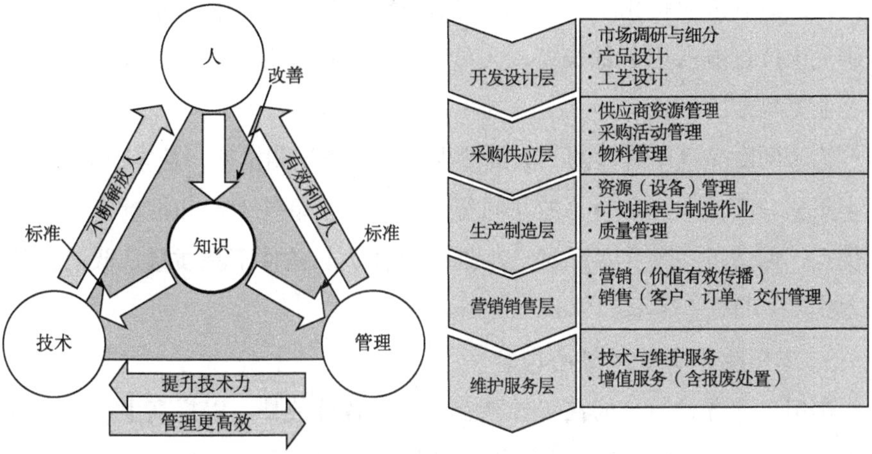

图 14　业务层级与 K－HMT 模型应用

（四）精益管理与智能化

1. 何为精益生产

精益生产（Lean Production，LP）是美国麻省理工学院数位国际汽车计划组织（IMVP）的专家对日本丰田生产方式的赞誉之称。“精”，即少而精，不投入多余的生产要素，只是在适当的时间生产必要数量的市场急需产品（或下道工序急需的产品）；“益”，即所有经营活动都要有益有效，具有经济性。精益生产被称为“当今工业界最佳生产组织体系和方式之一”。

2. 丰田生产方式的由来

20 世纪 50 年代初，美军为了解决朝鲜战争的后勤军需问题，于是就近在日本下订单采购军需品，但朝鲜前线的反馈信息表明，从日本采购的电话机质量问题较多。麦克阿瑟将军到日本视察，发现日本企业完全是手工作坊式的装配，没有明确的分工和作业流程，就更别提流水作业了。于是，麦克阿瑟将军请美国国防部的军需官为日本企业起草了中级管理技术（MTP）和基层督导员（相当于主任或班组长，JIS）两套培训教材。借助这两套教材，日本企业开始了学习外国管理技术并同日本文化相结合的发展过程。

日本的汽车工业普遍受“多品种少量生产”这种市场状况的制约。20 世纪后半期，世界汽车工业进入市场需求多样化的新阶段，对质量的要求越来越高，这给制造业提出了新课题：只有有效地组织多品种、小批量生产，才能避免生产过剩所引起的设备、人员、库存、资金等一系列资源浪费，以保持企业竞争能力。

为了同欧美汽车工业的“大批量少品种生产”相抗衡，从丰田佐吉开始，经丰田喜一郎及大野耐一等的共同努力，综合了单件生产和批量生产的特点和优点，创造了一种在多品种、小批量混合生产条件下高质量、低消耗的生产方式——TPS（Toyota Production System）。

3. **丰田生产方式的核心内容**

丰田生产方式的目的在于杜绝企业内部各种浪费，以提高生产效率，是丰田公司的历史产物，始于丰田佐吉先生，经丰田喜一郎先生，一直到今天。

丰田生产方式的理论框架包含“一个目标”“两大支柱”和“一大基础”：“一个目标”是低成本、高效率、高质量地生产，最大限度使顾客满意；“两大支柱”是准时化与“自働化”；“一大基础”是指改善（见图 15）。改善是丰田式生产管理的基础，这里的改善是以下的含义。

（1）从局部到整体永远存在着改进与提高的余地。在工作、操作方法、质量、生产结构和管理方式上要不断地改进与提高。

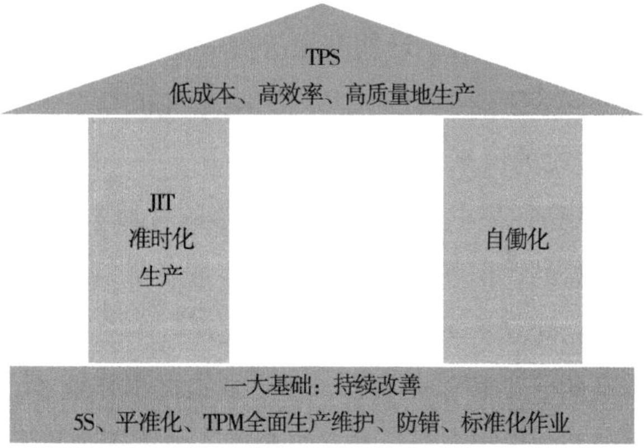

图 15　TPS 的理论框架

（2）消除一切浪费。丰田式生产管理哲理认为，不能提高附加价值的一切工作（包括生产过剩、库存、等待、搬运、加工中的某些活动，多余的动作，不良品的返工等）都是浪费。这些浪费必须经过全员努力不断地消除。

(3) 连续改善是当今国际上流行的管理思想。它是指以消除浪费和改进提高的思想为依托，对于生产与管理中存在的问题，采用由易到难的原则，不断地改善、巩固，改善、提高的方法。经过不懈的努力，以求长期的积累，并获得显著效果。

(4) 准时化（Just in Time，JIT）生产，即在合适的时间生产合适的数量和高质量的产品。JIT 需要以拉动生产为基础，以平准化为条件，在品种和数量上实现混流加式运动，起到对市场多品种、小批量需要的快速反应和满足功能。

(5) “自働化”是人员与机械设备的有机配合行为。生产线上产生质量、数量、品种上的问题导致机械设备自动停机，并有指示显示。任何人发现故障问题都有权立即停止生产线，主动排除故障，解决问题。同时，将质量管理融入生产过程，变为每个员工的自主行为，将一切工作变为有效劳动。

4. 精益与工业 4.0 殊途同归

很显然，工业 4.0 要实现的目标就是丰田生产方式（精益生产）要实现的目标。例如，解决多品种小批量、流程改善、优化作业效率、标准化等问题，消除制造流程的浪费，实现价值最大化。

许多专家都认为，精益是智能化的基础。丰田内部专家对智能化的解读是：

人为基，器为辅——所有浪费中，员工智慧的浪费是最大的浪费；机器学习的起点是“以人为师”。

持续性改善——标准化的目的不是定标准，而是改标准；如果过度依赖智能系统，就会让现场变得僵直，系统的反应也会变得迟钝。

没有实务改善，就没有系统投资——打造低成本、低能耗自动化生产线，而非昂贵漂亮的智能工厂。

对比精益管理思想及丰田生产方式的实践，我们更加相信精益管理与智能化要素（K－HMT）模型在管理目标和思想上具有一致性。

（五）实施智能化，构建竞争新优势

1. 尊重智能“化”的过程

正确的智能化，不是简单地拥有如何先进的智能装备，而是要构建推动

人不断进步、企业技术和管理持续改善的“化”的过程。这个“化”的过程，为企业实现智能化提供了路径基准。

这个“化”的过程，要提升企业知识管理能力，要更加尊重人的作用、发挥人的才智、解放人的部分劳动，进而提升人的整体素质，构建人才优势。

这个“化”的过程，要重新明确公司战略，要梳理适应智能化时代的业务流程和管理模式，构建管理优势。

这个“化”的过程，要从运营活动的过程中寻找应用新技术实现“自働化”的途径，包括重新布置设施、改变生产组织方式，适应柔性制造的要求，改变销售、物流方式，提升市场响应能力等，构建技术优势。

2. 基于知识“黑箱”打造新优势

装备制造业属于离散式制造，与化工等流程型制造有着显著的区别。相比流程型制造来说，智能制造难度更高。检视企业的智能制造成熟度、“自働化”等级水平，分析不同级别的特征和递进关系，对于企业明确阶段水平和努力方向，确定实施路径大有裨益。

我们还发现，随着科技的进步与理论的发展所带来的技术、工艺、管理等越来越数字化、智能化，企业将越来越重视知识的更新、积累和管理，并将这些知识“软件化”进企业的智能系统，进而变成企业竞争和技术保密的知识“黑箱”，构建起新的难以攻克的竞争壁垒。

3. 探索创新，加快装备产品智能化

面对智能化时代对智能装备需求的增加，作为装备制造企业需要发挥自身在装备制造上的技术优势，积极创新智能装备产品，并可通过对智能装备产品的开发，不仅可以更好地提升产品竞争力，还可以促进企业自身制造过程的智能化。

4. 拓宽思路，探索新业态、新模式

智能化产品、智能化制造、智能化管理、智能化服务等会给企业未来拓展出诸多新的业务形态和商业模式。因此，企业应该抓住智能化过程构建的知识、人、管理、技术等优势，拓宽思路，大胆探索，进而在更高层级上构建自己的竞争优势。

五、智能化路径探索

（一）众说纷纭的智能化道路

在智能化趋势驱动下，就如何实施智能化引起了包括政府、企业和社会组织的广泛关注。就实施智能化问题被提及最多的是智能制造，而且有将智能制造的概念涵盖智能化的所有内容、智能制造就是智能化的趋势。

我们提出智能化，并将智能制造作为智能化的组成部分，其核心思想是强调企业在走向智能的“化”过程中，也就是说，实现智能将是一个永无止境的过程。而智能制造概念则对过程的强调弱了许多。

尽管两个概念有所差异，但从实质性的内容看，两者具有高度一致性。因此，在本部分的讨论中，不做概念的绝对区分。

1. 智能制造相关参考模型

智能制造这一话题，已由早期的软件供应商或系统集成商在向制造企业推销解决方案时使用的营销术语，逐步演变成了制造企业必须面对的生存条件。围绕促进智能制造的健康发展，包括我国在内的主要国家和世界标准组织等对智能制造提出了相应的标准和范式，这些标准和范式是目前各方探索智能化路径的重要参考（见表5）。

众多范式各有侧重，标准体系的思路也具有差异（见表6、图15a、图15b）。从未来看，这些探讨虽然是有益的，但对企业层面而言却造成了选择上的困难。

表5　与智能制造相关的现有参考模型

序号	模型名称	制度组织
1	工业4.0参考架构模型（RAMI 4.0）	德国工业4.0平台
2	智能制造生态系统（SME）	美国国家标准与技术研究院（NIST）
3	工业互联网参考架构（IIRA）	工业互联网联盟（IIC）
4	智能制造系统架构（IMSA）	中国国家智能制造标准化总体组
5	物联网概念模型（ISO/IEC）	JTC1/WG10 物联网工作组
6	IEEE 物联网参考模型	IEEE P234 物联网工作组

续表

序号	模型名称	制度组织
7	ITU 物联网参考模型	ITU－T SG20 物联网及其应用
8	物联网架构参考模型	OneR2M 物联网协议联盟
9	全局三维图	ISO TC184 自动化系统与集成
10	智能制造标准路线图框架	法国国家制造创新网络（AIF）
11	工业价值链参考架构（IVRA）	日本工业价值计划（IVT）

表6　中日智能化标准体系对比

国别	维度	要素
中国	系统层级	设备、单元、车间、企业、协同
	生命周期	设计、生产、物流、销售、服务
	智能特征	资源要素、互联互通、融合共享、系统集成、新兴业态
日本	资源轴	员工层、流程层、产品层、设备层
	管理轴	质量、成本、交货期、环境
	执行轴	计划、执行、检查、行动

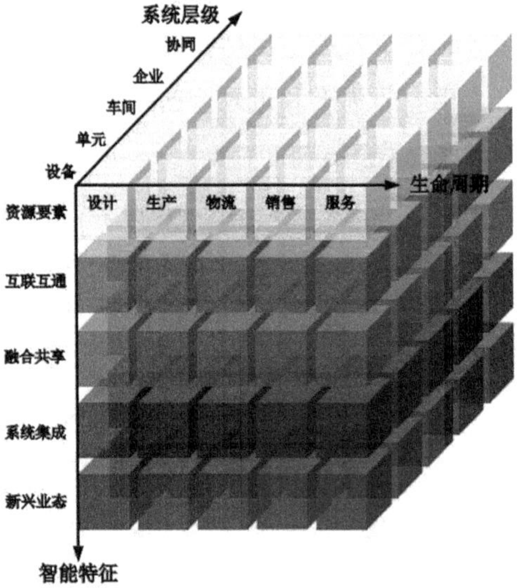

图15a　中国标准的智能制造系统架构（IMSA）

资料来源：国家智能制造标准体系建设指南（2018年版）。

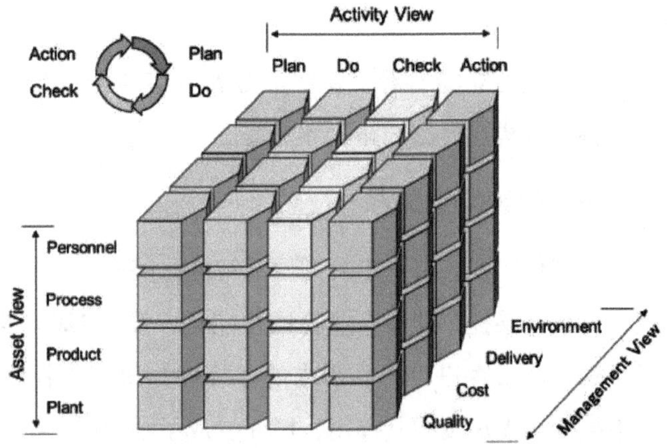

图 15b　日本提出的工业价值链参考架构（IVRA）

2. 有关学者的研究

国内学者围绕智能制造的路线进行了诸多探索，所持观点也不相同。

中国工程院曾组织业内 100 余位院士、专家对智能制造的若干关键问题进行了深入研究，划分了智能制造演进的 3 个代际，首次提出了“新一代智能制造”这一概念。

中国工程院周济院长认为：智能制造的内涵包含了制造业的数字化、网络化、智能化，由数字化制造、智能制造 1.0 和智能制造 2.0 等三个不同范式的制造系统逐层递进组成。从系统角度分析，智能制造是一个集成的、优化的、复杂的大系统，需要从产品、生产、模式、基础、系统五个维度深刻认识，系统推进。（来自：e－works　未来智造白皮书。）

北京航空航天大学刘强教授提出了发展智能制造要遵循“三不要”原则：①不要在落后的工艺基础上搞自动化——对应在工业 2.0 阶段，必须先解决在优化工艺基础上实现自动化的问题；②不要在落后的管理基础上搞信息化——对应在工业 3.0 阶段，必须先解决在现代管理理念和基础上实现信息化的问题；③不要在不具备数字化、网络化基础时搞智能化——要实现工业 4.0，就必须先解决好制造技术和制造过程的数字化、网络化问题，要进行补课、普及、充实和提高。(来自:《探索智能制造发展之路》,数字印刷 2019年第1期。)

我们认为,从企业的立场上看,要在学习和借鉴各种标准和范式基础上根据企业自身的特点,构建自己的路径和标准。

(二)部分企业的智能化探索

观察企业的智能化实践,有助于我们厘清智能化路径。

企业实践一:我省某挂车制造企业尝试智能化,投资1200多万元购买机器人车底盘焊接线,由于客户对产品需求的多样性与机器人程序调整的复杂性,导致员工不接受而无法发挥其作用,反而变成了企业的负担。

企业实践二:据曾深入了解过德国大众集团工业4.0样板工厂的人士透露,其样板工厂并未实现全面智能化,且投资收益不高。开篇我们提到的阿迪达斯关闭德国和美国智能工厂同样说明,企业不能脱离追求效益的本性谈智能化。

丰田的实践:面对智能化,丰田采取的策略是将智能化融于企业自有的管理模式之中,并在原来TPS基础上,自2012年起提出了丰田新全球架构(Toyota New Global Architecture,TNGA),一个涉及包括汽车研发、设计、生产、采购等全产业链价值在内的创新体系和全新的“造车理念”。

TNGA概念是丰田全新的造车理念和方法论,立足以更高效的方式制造更好的汽车,从零起步改善进化每个决定汽车基本性能的部件,从根本上实现汽车生产机制的全面革新。

目前,TNGA已经从产品到工厂得到实施,包括基于“集约/智能/卓越”理念的广汽丰田第三条生产线和TNGA架构下的诸多丰田产品。

东北工业集团的实践:东北工业集团按照“精益为基、自动为先、数字驱动、智能引领”的总体思路,深入推进精益管理向智能制造转型升级。通过四期三年规划,从2008年推行基础精益开始,历时10多年才逐步尝试构建部分生产线的智能制造体系。

在打造数字化工厂,推动智能制造建设中,应坚持由点到面的建设路径,总体规划、分步实施,推动以大华公司双质量飞轮和挠性飞轮产线为试点实施数字化、智能化工厂建设。

在自动化改造升级中，加大自动化投资改造的力度，优先在危险、繁重、关键质量工序等生产线上实现机器人代替人工操作。至今，已完成生产线自动化、数字化改造升级 253 项，应用了 56 项机械手、机器人代替人工操作，节省作业人员 416 人，自动化应用比例由 27.3% 提升至 45.5%，为数字化工厂建设、向智能制造迈进奠定了坚实的基础。

启示：智能制造绝不能仅依靠所谓先进的装备。再先进的装备，也改变不了企业的文化，文化决定战略，战略决定行为。今天落后的装备，当初都曾是先进的。同理，今天先进的装备，明天也将落后。只有重视人的作用，实施持续改进，加强知识管理，才能在竞争中不断提升。

（三）智能化路径选择的建议

1. 精益生产是智能化的基石

工业和信息化部装备工业司原司长、中国智能制造系统解决方案供应商联盟专家委员会主任张相木曾在 2019（第七届）先进制造业大会暨长三角制造业高质量发展高峰论坛上呼吁，精益生产是智能制造的基石，是推行智能制造必须经历的变革过程，不懂得精益生产谈智能制造就纯粹是忽悠。

IBM 认为推行智能制造可以从精益生产、制造协同和整合运营三个方面进行切入（见图 16）。

图 16　IBM 提出的智能制造切入点

精益生产。通过系统结构、人员组织、运行方式等方面的变革，使生产系统能很快适应用户需求的不断变化，并能使生产过程中一切不良、多余的东西被精简，最终达到包括生产效率、产品质量以及用户反馈各方面最优化的一种生产管理方式。

制造协同。在统一的信息系统体系结构下，利用集成的思想和方法将各个分系统进行集成，解决现有制造业中的信息孤岛问题，并辅以可视化平台快速反映生产状况，从而加强企业各部门之间的协同生产管理能力。

整合运营。通过实施敏捷协同的供应链整合，提升总体营运效率；采取预测性质量体系，从事后控制向事前防范；构建面向制造业务的共享平台，打通并顺滑链接用户端需求与系统资源，帮助企业不断提升用户响应。

2. **知识管理是智能化的捷径**

提到精益生产，可能很多企业都会有一种“老虎吃天”的感觉。我们认为，有效推进精益化、信息化、智能化，可以依照本研究提出智能化要素模型(K－HMT)，从对开发设计、采购供应、生产制造、营销销售、维护服务五个层级的知识管理层面入手，将精益持续改进思想融入企业的 K－HMT 知识管理体系，无疑会发挥事半功倍的效果。

3. **汽车企业智能化的框架路径建议**

对于处于不同管理水平和发展阶段的汽车企业来说，其智能化的起点一定会有差异，但从总体上看，汽车企业的智能化有其基本规律，我们总结提炼了一个框架路径（见图 17）。

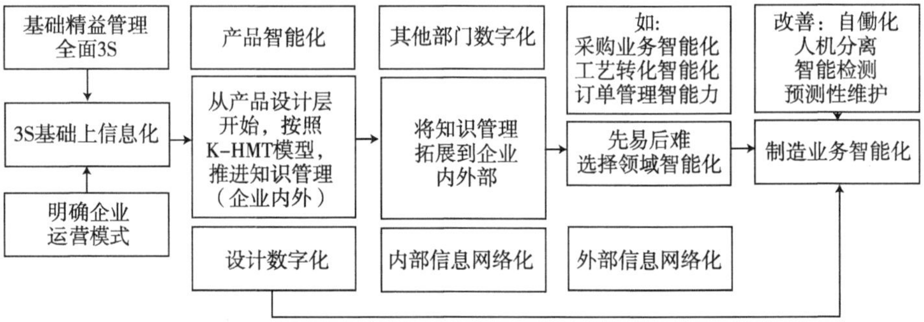

图 17　汽车企业智能化的框架路径

前提假设：智能化的内容是具有可重复性的，哪怕是相似的可重复，不可重复的则必须交由人来处理。

实施原则：按照新技术六问，反复思考，做出规划；没有实务改善，就没有系统投资。

建议路径：从精益入手解决生产过程的管理问题，并实施持续改善和“自働化”；从产品设计层启动知识管理；通过知识管理，在五个层级持续优化业务并拓展至企业内外部；在投入低的管理领域优先推行智能化；优化建设智能化制造单元；链接各智能化单元，构建智能制造系统。

4. 装备制造企业智能化的框架路径建议

对于装备制造企业，我们建议从基于 K - HMT 的知识管理入手，将为客户提供智能化产品和服务活动与内部的智能化过程有机结合，优先将 K - HMT 利用在开发设计、维护服务层级，在取得经验基础上，拓展至企业其他层级。

（四）智能化的实施建议

1. 提高智能化的战略认识

智能化时代已经到来，不再是可有可无的事情，而是产业发展的必然。因此，企业一定要高度重视，认真对待。建议企业将企业智能化纳入整体战略规划，并制定智能化专项规划，做到整体规划，分步实施。在规划中务必尊重智能化的发展规律，结合企业的实际情况，从精益管理入手，从解决制约企业发展的瓶颈出发，厘清精益化、智能化路径；要强化知识管理在智能化中的作用，利用 K - HMT 模型和持续改进思想在各个运行层级的应用，提升人才、管理、技术三要素的竞争实力。

2. 产品智能化与内部智能化有机结合

作为提供工作母机的装备制造企业，一方面要应对客户对装备不断智能化的需求，这种需求可以延伸为智能单元甚至智能车间；另一方面，企业自身对智能化的需求也在不断加大。因此，将产品智能化与内部智能化有机结合，既能够将自身智能化的经验用于提升产品的竞争力，又能够通过产品的智能化开发用于自身智能化制造的建设。

3. 狠抓人才队伍建设

人才永远是企业竞争的核心，能够直接引进优秀人才当然可以，但要注意引进人才和企业文化的融合，注意引进和培养懂技术和管理的真专家。许多优秀企业的经验都证明，最好的人才策略是企业自己育人。K - HMT 模型提供的知识管理，就是很好的育人途径。用好人才，务必注意破除既有管理体制、机制的制约，为人才成长创造良好的环境。

4. **积极引入外脑，提供智力支持**

对于每个企业来说，人才资源的力量总是有限的，因此引入外脑提供技术、管理智力支持，不仅可以站在另外的视角给企业提供优异的解决方案，还能够帮助企业培育自己的人才队伍，可谓一举两得。

5. **积极探索智能化带来的新模式、新业态**

实施智能“化”的过程会为企业带来许多新机会，只要坚持按精益思想和方法采用 K－HMT 模型实施知识管理，就一定会带来新模式、新业态。

参考文献

[1]克劳斯·施瓦布,尼古拉斯·戴维斯．第四次工业革命:行动路线图:打造创新型社会[M].世界经济论坛北京代表处,译.北京:中信出版社,2018.

[2]克劳斯·施瓦布.第四次工业革命:转型的力量[M].世界经济论坛北京代表处,李菁译．北京:中信出版社,2016.

[3]詹姆斯·P. 沃麦克,丹尼尔·T. 琼斯.精益思想[M]．沈希瑾,张文杰,李京生译．北京:机械工业出版社．2015.

[4] 詹姆斯·P. 沃麦克，丹尼尔·T. 琼斯，丹尼尔·鲁斯.改变世界的机器:精益生产之道[M]．余锋,张冬,陶建刚,译．北京:机械工业出版社．2015.

[5]大野耐一.丰田生产方式[M]．谢克俭,李颖秋,译．北京:中国铁道出版社．2016.

[6]罗伯特·卡普兰,大卫·诺顿.平衡计分卡:化战略为行动[M]．刘俊勇,孙薇,译．广州:广东经济出版社．2004.

[7] 周济,李培根,周艳红,等．走向新一代智能制造[J]．工程(英文).2018,4(1):11－20.

[8] 周济,等．中国智能制造发展战略研究[J]．中国工程科学,2018,20(4): 1－8.

[9] 许晔,郭铁成．IBM“智慧地球”战略的实施及对我国的影响[J]．中国科技论坛,2014(3):148－153.

[10] 赵敏,朱铎先．智能制造、工业互联网、数字孪生、赛博物理系统 https://www. chinaruimu. com/news/media – coverage/2615. html.

[11] 工业和信息化部,国家标准化管理委员会．国家智能制造标准体系建设指南(2018 年版) http://www. miit. gov. cn/n1146285/n1146352/n3054355/n3057497/n3057498/c6428869/content. html.

[12] 艾瑞咨询研究院．中国制造业企业智能化路径研究报告(2019 年) https://www. iresearch. com. cn/Detail/report? id = 3351&isfree = 0.

[13] 前瞻产业研究院．2019 年中国智能制造发展现状及趋势分析报告 https://www. qianzhan. com/analyst/detail/220/190828 – 4f40ea25. html.

[14] e – works. IBM 智能制造的三大切入点．https://m. e – works. net. cn/report/201907ibm/ibm. html.

[15] 两化融合服务平台．德国工业 4. 0 时代:物联网互联网下的传统工业．http://cspiii. com/yj/gd/2014 – 06 – 06 – 1094. html.

课题组成员简介

王文平，高级经济师，山东省工业和信息化研究院。

李尚达，工程师，山东省工业和信息化研究院。

宋鹏飞，工程师，山东省工业和信息化研究院。

李玉奎，室主任，山东省工业和信息化研究院。

程琳，高级经济师，山东省工业和信息化研究院。

5

山东省轮胎行业高质量发展建议

潘劲松　范玉明　李晓峰　王樊伟

摘　要　为加快推进山东省轮胎行业转型升级提质增效，实现高质量发展，本文立足山东省轮胎行业发展现状，分析行业发展中存在的问题、不足，以及国际发展趋势，重点从开展评级评价、实施产能置换、开展绿色认证、加强技术改造、推进产学研用和加快全球化布局等六个方面，提出了推进山东轮胎高质量发展的工作建议，给有关政府部门提供了加强轮胎行业管理的工作思路和借鉴。

关键词　轮胎；高质量；建议

山东是国内轮胎工业大省，其生产能力、产量、国内市场占有率和出口、科研开发能力多年来一直居全国首位，在世界轮胎工业中占有重要地位。2018 年 11 月，山东省人民政府印发了《关于加快七大高耗能行业高质量发展实施方案》（鲁政字〔2018〕248 号），该方案为实现山东轮胎行业高质量发展、向世界先进水平迈进，明确提出了具体发展目标和实施路径。为深入贯彻落实山东省政府《关于加快七大高耗能行业高质量发展实施方案》（鲁政字〔2018〕248 号）文件要求，加快推进山东省轮胎行业转型升级提质增效，实现高质量发展。本课题立足山东省轮胎行业发展现状，重点围绕如何促进山东轮胎高质量发展提出建议，希望能给有关部门在制定和完善有关产业发展政策时，提供经验借鉴和思路拓展。

一、山东轮胎发展基本现状

（一）主要产品产能情况

截至 2018 年底，山东省有轮胎生产企业 192 家。据省统计局统计，全省共生产轮胎 35631.7 万条（包含部分摩托车胎）。据山东省橡胶行业协会统计，2018 年全省共生产子午胎 32563.57 万条（不含玲珑轮胎、赛轮轮胎、森麒麟轮胎省外及国外产量），占全国总产量（6.09 亿条）的 53.4%。其中，全钢子午胎产量 7578.65 万条，占全国总产量（1.33 亿条）的 57%；半钢子午胎产量 24984.92 万条，占全国总产量（4.76 亿条）的 52.5%。据海关统计，2018 年出口轮胎 379.98 万吨，占全国出口量（539.2 万吨）的 70.3%，出口额达到 582.57 亿元人民币。

表 1　2017 年山东省轮胎企业产能分布情况

种　类	产　能	2017 年企业数
载重汽车子午胎	≥500 万条/年	5
	300 万～500 万条/年	8
	120 万～300 万条/年	18
	≤120 万条/年	4

续表

种 类	产 能	2017 年企业数
轿车子午胎	≥2000 万条/年	3
	1200 万～2000 万条/年	8
	600 万～1200 万条/年	13
	≤600 万条/年	4

（二）骨干企业规模情况

2019 年，全球轮胎企业 75 强排行榜中，山东省有 19 家上榜，其中 6 家企业销售额超过 10 亿美元。在 2019 年中国轮胎工业销售收入前 10 强排行榜中，山东省占据 6 席。

表 2　2019 年全球轮胎企业 75 强山东企业入围情况

序号	企业名称	2018 年销售额/亿美元	位 次
1	山东玲珑轮胎	23.169	17
2	赛轮轮胎	20.015	18
3	山东恒丰橡胶	19.091	19
4	山东昊华	13.682	23
5	三角集团	11.358	25
6	兴源轮胎	10.718	27
7	双星轮胎	9.621	31
8	浦林成山	8.017	35
9	万达宝通	7.620	37
10	华勤橡胶	6.940	38
11	森麒麟轮胎	6.308	39
12	山东华盛	5.861	42
13	跃龙轮胎	5.436	45
14	八亿轮胎	4.558	48
15	银宝轮胎	—	49
16	三利轮胎	3.185	56
17	中一橡胶	2.474	54
18	慧通轮胎	—	67
19	丰源轮胎	—	68

（三）产业集群培育情况

山东省轮胎行业经过多年聚集发展，已形成以胶东的青岛、烟台、威海为聚集的半岛轮胎产业集群，以广饶、寿光为代表的鲁北轮胎产业集群。以上两大产业集群产业区集中了全省80%以上的产能，产业区内的产业链较为完整，既有子午胎主导产品，又有模具、硫化机等产业配套设备，还有钢丝帘线、炭黑、帘子布、气门嘴等基础材料，上下游配套能力较强。其中，半岛产业集群既是我省龙头企业主要集中区域，也是国内重要的研发中心。集群内的三角轮胎、玲珑轮胎、成山轮胎、双星轮胎、赛轮轮胎5家全钢子午胎被认定为“中国名牌”，占全国“中国名牌”总数的一半。鲁北轮胎产业集群主要以东营广饶、潍坊寿光的生产企业为主，产品以中、低端替换市场为主。

（四）工艺技术进步情况

近年来，全行业通过推广氮气硫化、变频电机改造、余热回收利用技术、低温一次法连续混炼、分布式光伏屋顶发电等节能技术改造及智能工厂升级，使企业生产效率和效益大幅提升，能源消耗、环保排放都有了大幅下降。2018年，全省载重汽车子午胎降低到430千克标准煤/吨轮胎（国家标准495千克标准煤/吨轮胎），轿车子午胎降低到450千克标准煤/吨轮胎（国家标准530千克标准煤/吨轮胎）。特别是三角轮胎南海新区工厂、青岛森麒麟轮胎、青岛双星轮胎等企业智能化工厂均投入高效运行，产品质量均一性得到了充分保障，进一步提升了竞争力。

（五）研发中心建设情况

目前，山东省拥有全国唯一的“国家橡胶与轮胎工程技术研究中心”“橡塑材料与工程教育部重点实验室”“轮胎先进装备与关键材料国家工程实验室”（2家）和“国家橡胶助剂工程研究中心”等国家级技术研究中心和实验室。国家级企业技术中心和省级企业技术中心分别达到6个、14个。玲珑轮胎、三角轮胎、赛轮轮胎3家企业建设了海外技术研发中心。拥有中亚、华东智能网联2家轮胎试验场，中亚轮胎试验场作为国内首家大型室外轮胎试验场投产运营，填补了国内空白。硫化、炼胶、成型等轮胎生产主要装备制造达到国际先进水平，已出口到倍耐力等世界著名轮胎公司。

（六）开放合作情况

继玲珑轮胎、森麒麟轮胎在泰国，赛轮金宇在越南相继建设工厂投产后，三角轮胎、玲珑轮胎、浦林成山等企业国际化产业布局进一步加快。其中，三角轮胎投资5.8亿美元在美国北卡罗来纳州建设工厂，规划建设500万条高性能乘用车子午线轮胎和100万条商用车子午线轮胎生产线。玲珑轮胎在塞尔维亚投资9.9亿美元建设轮胎厂。浦林成山轮胎投资1.7亿美元，启动泰国轮胎厂建设。我省轮胎企业通过“走出去”，既规避了“双反”贸易摩擦，又实现了国际化经营，拓展了全球发展空间。此外，我省轮胎企业跨国并购迈出新步伐。青岛双星轮胎联合青岛国信、青岛城投和青岛港等企业共同出资40亿元人民币，购入锦湖轮胎45%的股份，成为锦湖轮胎的控股股东，并购完成后，双星轮胎将进入世界轮胎前10强。

二、全球轮胎产业发展特点与市场需求趋势

（一）发展特点

产业规模集约化。2018年，普利司通（日本）、米其林（法国）、固特异（美国）前3强企业总销售额达626.49亿美元，占据全球轮胎总销售额的37.2%。德国大陆、日本住友、意大利倍耐力、韩国韩泰、日本优科豪马、中国中策、中国台湾正新等7家区域大型企业占全球约25.6%的市场份额。以上10家企业占据2018年全球轮胎前10强位置，总销售额1059.5亿美元，占世界轮胎总销售额的60%以上。

产业布局全球化。随着世界经济全球化、全球经济一体化的逐步深化，轮胎企业的国际化已成为各国轮胎产业发展的必然趋势，是实现企业强大的必由之路。以轮胎三巨头为例，普利司通51个轮胎工厂分布在23个国家，米其林70个轮胎工厂分布在17个国家，固特异90个轮胎工厂分布在28个国家。轮胎生产与消费市场的贴近，不仅可以有效减少运输成本，还可以规避

贸易摩擦风险。

制造装备自动化、信息化。国外先进的轮胎企业都已开发了自己的高端制造技术，如米其林的 C3M 技术、大陆的 MMP 技术、固特异的 IMPACT 技术、倍耐力的 MIRS 技术等。目前，机械自动化已普遍应用在国外先进轮胎企业中，这些公司将机器人搬运技术应用在轮胎生产的全过程中，输送过程基本实现无人化，在成型—硫化—检测—入库工序上已全部实现自动化。

制造技术绿色化。在轮胎原材料的选择上，高性能、多功能和无毒安全的橡胶、辅料和助剂得到普遍使用，有毒、致癌物质受到严格限制，更趋向绿色化、节能化。在制造工艺技术上，低温连续混炼、轮胎成型多鼓化、高温充氮硫化、湿法混炼、一次法成型、电子辐射仪硫化等渐成发展趋势，更注重高效、安全、节能。

轮胎产品安全、环保、智能化。以安全高效、节能环保为主要特点的"绿色轮胎"，是国际轮胎工业发展的主流方向。轮胎结构也从"三化"（子午化、扁平化、无内胎化）提升为低滚阻、高性能和多功能的"新三化"，开始进入安全、智能、长寿时代。

（二）市场需求趋势

据有关研究机构报告显示，2017 年，世界汽车轮胎市场整体规模达到 22 亿条，轮胎市场价值达到 2230 亿美元，轮胎年销售量同比增长 3.4%。轮胎市场增长的主要国家和地区在欧洲、美洲和东北亚，尤其是美国、德国、意大利、日本等成熟市场，在以亚洲为代表的新兴市场中以中国市场的容量最大。北美、欧洲积极影响高性能轮胎市场的增长；中国和印度在轻型和重型载重汽车及大客车轮胎市场上占主导地位，这类轮胎相对属于中、低端产品，主要应用于替换胎市场，目前占轮胎市场的 3/5 左右。从全球轮胎需求结构看，原配胎大约占比 19%，而替换胎占比为 81%。其中，美国的原配胎比替换胎约为 3∶17，我国的原配胎比替换胎约为 2∶3。随着我国汽车保有量的不断提升，未来我国替换胎市场有望迎来高速增长，替换需求将会是内需的重点。国内汽车 2015—2017 年汽车保有量的平均增速在 12%，考虑替换周期，中国轮胎市场未来 3 年的需求复合增速在 12%

以上。另据 Research Report Insights（RRI）公司预测，未来 10 年全球汽车轮胎市场预期以 7% 增长率增长。

三、山东省轮胎行业存在的问题与不足

（一）企业生产规模小

普利司通、米其林、固特异等世界大型轮胎公司的产能均已达 2 亿条以上。山东省轮胎产业起步于 20 世纪 90 年代，经过 20 多年的发展，骨干企业单厂生产规模与世界大型轮胎公司单厂生产规模相当，但山东省产量最大的玲珑轮胎公司，其整体产能仅有固特异的 20% 左右。2018 年，山东省轮胎企业前 10 强销售额总和 130.23 亿美元，仅为普利司通公司销售额的 52%。与世界大型轮胎公司相比，山东省轮胎企业在产能、产量、销售额方面差距很大。

（二）与国外先进水平相比，我省轮胎中、低档产品多，高端产品少

从市场看，国内汽车厂生产的高中档汽车，绝大多数由外资品牌轮胎配套，甚至在替换轮胎市场上也处于强势地位。如今流行的高性能和超高性能轮胎已成为国外跨国企业集团的主导产品，产量占到 50% ~60%；而山东省较好的内资企业的高性能和超高性能轮胎也只占 20% ~30%，且主要出口并以廉价取得市场。

（三）与国际知名品牌相比，我省轮胎品牌知名度低

在国际轮胎市场上，一线品牌（名贵品牌）的高档轮胎主要被米其林、普利司通、固特异、大陆、倍耐力等占领，其价值指数最大一般都在 90 ~ 110；二线品牌（价值品牌）的中高档轮胎和三线品牌（知名品牌）的中低档轮胎均被 8 个跨国集团（住友、横滨、东洋、诺基亚、固铂、韩泰、正新、锦湖）等占领，其价值指数达到 70 ~ 90。我国出口欧美等国家的轮胎价值指数一般只有 50 ~ 60，很少达到 70，为此损失了大量利润，而且还频遭国际贸易摩擦，导致中国轮胎生产经营长期处于不稳定状态。迄今，山东省在国际

市场上很少见到被消费者公认的世界知名品牌，仅有少数几家企业位居世界三四线品牌行列，多数被称为“不知名品牌和杂牌低价轮胎”。在国内外市场豪华型高档轿车上很少见到我国自主品牌轮胎，我国轮胎同世界前沿先进技术水平相比还存在一定的差距，轮胎的商业价值难以体现。

（四）基础研究力量薄弱，自主创新能力有待进一步提高

近年来，山东省轮胎企业重视科技创新，不断增加研发投入。虽然个别骨干企业的研发投入占销售收入比达到3%，甚至5%以上，但其实际投入额只有5亿元左右。普利司通、米其林、固特异的研发投入分别为60.6亿元、49.4亿元和27.7亿元，山东省轮胎企业的研发投入与世界一流企业的差距较大。虽然研发投入占比的逐年增长说明山东省轮胎企业也越来越多地重视技术研发，但在某些方面实现的“后发赶超”绝不是已有抗衡之力的表现，山东省轮胎企业存在的缺乏核心技术、研发体系薄弱等问题亟待解决。从研发成果数量来看，山东省企业的自主创新能力与国际轮胎巨头相比还存在较大差距。以发明专利申请数量为例，截至2018年底，米其林、普利司通公司在中国境内申请发明专利均超过千件，而山东省玲珑轮胎（第3位）、三角轮胎（第6位）、双星（第8位）和赛轮金宇（第9位）4家入围2018年度轮胎企业专利排行榜前10强企业合计申请发明专利只有170件。研发投入不足、自主创新能力不强是制约我省轮胎产业由大到强的关键因素。

四、发展建议

（一）开展评级评价，淘汰低效落后产能

建议省级工业主管部门结合我省化工行业评级评价相关规定，按照能耗、效益、亩均贡献、技术评价、质量标准等指标体系的评价细则，研究制定《山东省轮胎企业综合评价办法》。各市依据该办法，按照轮胎生产企业能耗、技术水平、质量标准等指标评价标准，对本市轮胎生产企业进行综合评级排序。建议将轮胎企业划分为发展壮大类（A类）、改造提升类（B类）和转移退出类（C类）。其中，对发展壮大类（A类）企业，各市在财政政策扶持、

银行信贷支持、企业税收减免、用汽用电用水价格优惠等方面给予倾斜的产业政策。对改造提升类（B类）企业，要求企业提供整改方案，最后由地方政府组织专家组进行评审。整改方案应包括明确企业整改时间、步骤及整改提升水平，以及在规定期限内完成整改目标。各地市主管部门负责整改方案的监督与实施。对转移退出类（C类）企业，由企业所在地市级政府主管部门实施一企一策，制定有关转移退出方案。方案要明确应转移退出企业的退出时间、退出顺序、善后措施等。

（二）实施产能置换，保障行业稳定发展

建议省级政府层面研究制定《山东省轮胎行业产能置换办法》及相关配套政策。原则上，山东不再新增轮胎产能。新建、改扩建轮胎项目必须符合该办法的相关条款规定。按照市场化原则，鼓励优势企业以市场化手段进行轮胎产能指标交易。支持企业以产能指标折价入股新项目等方式推进产能转移。严禁通过核销债务等手段，阻止产能指标跨地区转移。鼓励支持企业通过产能指标交易、参股入股等形式开展兼并重组。进一步完善轮胎行业金融扶持政策，引导银行机构实施有保、有压差异化信贷政策，为企业转型升级提供多样化融资支持。建议研究设立轮胎行业新旧动能转换发展专项资金，该专项资金由省内所有轮胎生产企业共同设集资设立，专门用于奖补主动退出的轮胎生产企业。按照谁受益、谁付费的原则，由存续企业为产能退出企业提供必要经济补偿。在全面摸清企业职工底数前提下，统筹做好职工安置分流、生活保障、就业创业等工作。

（三）开展绿色认证，倡导绿色轮胎产品

建议引导企业积极参与做好《山东省轮胎单位产品能耗限额》（DB37/T 756—2018）、《山东省绿色轮胎技术规范》（DB37/T 3098—2018）、《山东省载重汽车子午线轮胎安全环保技术性能要求》（DB37/T 3100—2018）、《山东省轿车子午线轮胎安全环保技术性能要求》（DB37/T 3101—2018）等标准文件的宣贯和落实。引导企业按照《绿色轮胎技术规范》（DB37/T 3089—2018）要求开发节能环保绿色轮胎，推动省内轮胎生产企业按照《轮胎分级标准》（T/CRIA 11003—2016）和《轮胎标签管理规定》（T/CRIA 11004—

2016)，自觉参加轮胎标签等级认证工作。为全面推行轮胎绿色制造创造管理基础，推动省内轮胎企业自觉参加《绿色轮胎技术规范》认证工作。对达到和符合绿色轮胎技术规范标准的企业，政府给予投资、信贷、财税、评级评价等方面政策性支持。发挥政府规范引导作用，引导省内轮胎企业积极参与绿色工厂、绿色产品、绿色园区、绿色供应链的认定工作，树立一批绿色发展标杆企业。

（四）加强技术改造，提升智能制造水平

建议支持和引导大型轮胎骨干企业开展智能化改造，推进生产过程智能化，建设智能车间、智能工厂、智能制造试点示范项目。引导轮胎企业开展工业云及工业大数据创新应用试点，发展基于工业大数据分析的工艺提升、智能排产、过程控制优化、能耗优化等智能决策与控制应用。一是依托“轮胎先进装备与新材料国家重点工程实验室”、软控股份、赛轮集团等单位，研发化学炼胶工艺装备、轮胎自动化成型设备、生产过程物流自动化技术。二是依托软控股份、双星轮胎等单位，加快新一代高精度物料输送系统、全自动柔性轮胎成型系统、轮胎成品检测装备的研发及产业化应用。三是发挥软控股份在轮胎工业装备及信息化方面的技术优势，推广轮胎射频识别（RFID）技术、轮胎温度压力监测系统（TPMS）、轮胎生产制造执行系统（MES）等信息技术在轮胎及其生产过程中的应用。

（五）推进产学研用，增强行业协同创新

深化企业主导的产学研用协同创新机制，提升骨干企业研发能力。一是支持三角轮胎、玲珑轮胎、赛轮集团充分利用国外高水平人力资源优势，加强已有的3个海外研发中心建设。二是依托国家橡胶与轮胎工程技术研究中心、三角轮胎、玲珑轮胎等单位，依据轮胎力学仿真理论，发展具有自主知识产权的轮胎设计理论。三是支持青岛科技大学、国家橡胶与轮胎工程技术研究中心等单位，探索“绿色轮胎自动化生产工艺技术”。四是在子午胎生产企业中，推广低温一次法连续混炼工艺、串联式密炼机混炼工艺、电子辐照半成品部件预硫化技术、高温充氮硫化技术、橡胶助剂造粒技术、轮胎硫化节能技术、轮胎企业屋顶太阳能光伏发电、闪蒸汽回收利用技术、轮胎智能

化热水除氧节能技术等先进技术。

（六）加快全球化布局，提升国际竞争力

为应对日益频繁的国际贸易摩擦，建议省商务部门牵头建立山东省轮胎产业贸易摩擦预警点，为我省轮胎工业稳定出口和“走出去”保驾护航。引导优势产能参与境外布局，通过国外建厂实现全球范围的资源配置和重组。对境外项目投资的资金贷款或融资租赁给予贴息补助，加大企业海外投资保险费补贴力度。支持三角、玲珑、赛轮、恒丰等有条件的企业到东南亚等土地、天然橡胶资源丰富的国家以及欧美非等目标市场国家进行产业布局。为进一步规范我省轮胎行业境外投资经营行为，引导企业建立健全境外合规经营风险审查、管控和决策体系，深入了解境外投资合作政策法规和国际惯例，遵守当地法律法规合法经营，建议开展山东轮胎海外投资服务体系建设，为企业开展境外投资创造良好的外部环境。

参考文献

[1]陈维芳.2019年度世界轮胎75强排行榜评析[J]. 橡胶科技,2019,(10):552－556.

[2]陈志炳. 全球汽车轮胎市场预计年增7%[EB/OL]. http://www. tire-world. com. cn/data/txdata/datachanges/201937/32057. html,2019－3－7.

课题组成员简介

潘劲松，高级工程师，山东省工业和信息化研究院。

范玉明，室主任，山东省工业和信息化研究院。

李晓峰，工程师，山东省工业和信息化研究院。

王樊伟，工程师，山东省工业和信息化研究院。

6

山东省新材料行业现状与路径研究
——高性能纤维及复材

李晓峰　王樊伟　国栋　李玉奎　潘劲松

摘　要　本课题全面系统研究了高性能纤维及复材行业的现状、面临的形势，对各个子行业进行了梳理，并区分行业给出了合理化发展建议。有效提出符合山东实际的发展思路，放眼全球和国内形势，掌握战略性新兴产业技术变革和产业发展趋势，紧密结合山东省行业情况，梳理出最需要解决的共性关键问题。课题观点兼顾全面性和超前性，针对问题从多个角度提出不同的解决方案，同时注重超前谋划和逆周期分析，在新兴行业中解决时效性较强、苗头性问题。该课题定位在山东省高性能纤维及复材行业这一体量和潜力十分巨大的新兴产业上，致力弥补该行业缺乏细致研究和政策引导的问题，解决行业发展中的共性和关键性问题，为将来制定政策提供理论基础和解决思路。

关键词　高性能纤维及复材；山东省实际；新兴产业

一 高性能纤维及复材行业概况

（一）新材料产业基本情况

新材料产业是我省新旧动能转换发展的重要支柱产业，作为高新技术的基础和先导，产业效益突出、战略意义巨大。该产业技术变革迅速，新材料研发水平及产业化规模已经成为衡量一个国家、地区经济社会发展、科技进步和国防实力的重要标志。新材料技术与纳米技术、生物技术、信息技术的融合发展进一步加快，复合化、多功能、智能化趋势明显，开发与应用联系更加紧密，更加重视与生态环境及资源的协调发展。

从国际看，全球新材料行业不断整合，市场规模不断扩大，2010—2016年新材料产值增长了5倍多，随着全球制造业不断升级和市场需求快速增长，新材料产业将持续快速发展；发达国家纷纷制订出台相应的研究开发计划（附表1），竭力抢占新材料技术和产业的制高点；新材料产业发展模式不断更迭，集约和集群化发展日趋明显，高端材料垄断现象进一步加剧，杜邦、陶氏、帝人、巴斯夫、LG等跨国企业加速对全球新材料产业的布局，占世界市场份额的比重不断扩大，在多数高端新材料领域已形成明显的技术优势和壁垒。

从国内看，新材料产业作为国民经济的先导产业，呈现快速健康发展态势，在研发、产业化及推广应用等方面的实力显著增强，产业规模日益壮大。产值从2010年的0.65万亿元增长至2018年的3.5万亿元，预计至2025年新材料产业将占据全国GDP的10%左右。国务院《“十三五”国家战略性新兴产业发展规划》提出，优化新材料产业化及应用环境，推进新材料融入高端制造供应链，初步实现我国从材料大国向材料强国的战略性转变。广东、江苏、浙江、上海等省市纷纷在新材料领域进行重点布局，出台了相关扶持政策，为产业发展创造了良好的政策环境。

从省内看，加快新旧动能转换、实现转型升级为新材料产业提供了重要发展机遇。一方面，加快培育和发展新一代信息技术、高端装备、现代海洋和新能源汽车等战略性新兴产业，实施国民经济和国防建设重大工程，需要新材料产业提供支撑和保障。另一方面，山东省传统产业规模大，部分行业产能过剩，资源、能源、环境等约束日益加剧，迫切需要传统产业转型升级，加快发展新材料产业，提高材料的精深加工率，有效培育新的经济增长点和竞争优势。

（二）高性能纤维及复材行业基本情况

从新材料行业整体发展情况来看，高性能纤维及复材行业具有较高的发展水平。2017 年，我国高性能纤维及复材行业总产能为 12 万吨/年，产量为 9 万吨，消费量 14 万吨，自给率约 60%，呈现良好的发展态势。

1. 关键技术和工艺水平不断提升

随着 PAN 碳纤维的高性能、低成本、高效成套技术走向成熟和沥青基碳纤维制备方法的完善，碳纤维行业生产供给走向成熟，规模突破万吨级，逐步实现碳纤维国内市场的国产替代。芳纶纤维研发走向成熟，芳纶 1313 基本实现国产替代，走向国际市场并实现大批量出口，芳纶 1414 逐渐形成市场规模并稳步占据国内市场。超高分子量聚乙烯依托现有的技术突破持续释放产能，并逐步实现自主供应。聚酰亚胺纤维、聚苯硫醚纤维、聚芳醚酮纤维等实现产业化并在部分领域实现应用。玄武岩纤维、聚四氟乙烯纤维、陶瓷纤维等技术研发和制备工艺逐步走向成熟。复合材料预浸料和纤维专用设备方面的研究逐渐展开，配套初步形成体系。行业整体自动化、智能化水平不断提高，步伐加快。

2. 技术研发能力和产业化水平不断提高

我国高性能纤维和复合材料的核心产品生产工艺、制备和表征关键技术等皆已取得重要突破，在技术研发层面逐渐与国际先进水平接近，逐步实现高稳定、高效化和高性能化的生产。其中，T300、T700 级碳纤维已实现产业化，产品涵盖高强、高强中模、高模和高强高模四个系列。间位芳纶纤维、聚苯硫醚纤维和连续玄武岩纤维等实现快速发展，年产能突破万吨。对位芳纶纤维、聚酰亚胺纤维、聚四氟乙烯纤维等实现了千吨级产业化生产，填补了国内空白。预计到 2035 年，在高性能纤维及复材领域的部分国内技术水平能够达到世界领先，产业、产品及应用走向成熟，成为新材料领域产值引领的子行业。

3. **研发投入不断加大，创新能力不断提高**

近年来，我国在高性能纤维及复材领域重点布局，在研发领域投入大量精力和财力，2009—2017 年的专利数较 2000—2008 年增长一倍有余，相关领域专利数目接近 10 万件，不论在数量和质量上已经进入全球研发的第一梯队。部分产品实现从无到有的转变，种类不断丰富，相继攻克了杂环芳纶纤维、聚芳醚酮纤维和碳化硅纤维关键技术，打破了国外垄断。

4. **市场潜力巨大，效益显著**

与新材料行业的其他领域相比，高性能纤维及复材领域的产量较小，2016 年全球高性能纤维及复材领域产量仅有约 1000 万吨，却实现了 810 亿美元的产值回报，效益显著、产品附加值极高，是回报投入比极高的产业。据部分研究机构测算，到 2035 年高性能纤维及复材领域将成长为新材料领域产值最高的子行业。

二、分行业情况分析与介绍

（一）碳纤维行业

碳纤维是一种含碳量在 90% 以上，具有较强拉伸强度和模量的低密度、轻质化材料，在结构部件方面市场和用量巨大，常与其他纤维或预浸料共同使用以弥补自身柔性欠佳的缺陷。碳纤维是集技术性、先进性、功能性和战略性于一身的战略性新兴产业，发展碳纤维产业具有重要的战略意义。

1. **行业现状**

（1）产量高速增长，产品种类丰富。全球碳纤维的产量高速增长，从 2008 年产量 4 万吨左右，到 2018 年已经增长至 10 万吨，预计未来碳纤维年均产量增速会维持在 10% 左右。其中，日本东丽公司产能共占 4.5 万吨左右，在产品质量和价格方面引领国际市场，通过并购索尔泰克进一步巩固了企业全产业链的技术优势，在配套和中高端产品生产方面形成垄断态势，占据了利润最大、用量最多的航空和汽车两大应用市场。目前，虽然世界经济有所衰退，但是碳纤维的需求预计仍将保持两位数增长。截至 2017 年国内碳纤维产能总量在2.6万吨左右，其中超过千吨的生产企业有7家。国内碳纤维品种不断丰富，2015年工业和信息化部“碳纤维产业技术成熟度评价”中指出，产品已经在T300、T700、T800H级的生产企业拥有达标成熟的工艺。目前，产品开发向高强高模两个方向有序拓展，形成了大丝束、小丝束、长短纤等多种类型。

山东省目前以光威复材为代表的碳纤维生产企业和配套行业，主要从事碳纤维生产、预浸料及其复合材料生产、配套加工等。光威复材在省内处于龙头地位，拥有碳纤维制备及工程化国家实验室和山东碳纤维技术创新中心，产量达3100吨/年，产品包括PAN基湿法T300级碳纤维、湿法/干湿法T700级碳纤维、湿法/干湿法T800级碳纤维和少量湿法T1000级碳纤维及配套织物、复合材料等，规模化生产加工能力强，纺织速度可达到500米/分，企业生产的关键技术、关键装备和关键应用也取得巨大进展，企业以民用市场为主，高端军工订单占全国总量一半以上，呈现健康良好的发展态势。此外，我省有以济宁碳素集团为代表的沥青基碳纤维生产企业，依托泰山领军人才研发中心等科研骨干力量，正在探索一条工艺成本更加低廉的创新发展道路。另外，在碳纤维下游有以济南、青岛、德州等地为代表的碳纤维复合材料和应用产品加工企业集群，形成了碳纤维产业链上下游有效衔接、配套完备的工业体系。

（2）**产能逐渐增大，中高端产品仍以进口为主。**目前，碳纤维总体上仍主要依赖进口，国产碳纤维尚未实现充分供应。国内碳纤维产能虽逐步增大，但是低端产品比例过大，价格持续高企，高端产品开发步伐缓慢，导致产能难以充分释放。随着近些年中高端产品如T800级碳纤维技术的攻关和成功投产，预计2018年国产碳纤维用量将达到国内市场总额1/3左右，但仍有2.5万吨的缺口。在中高端产品领域，国产碳纤维质量仍存在毛丝较多的问题，且许多结构材料用的国产碳纤维尚未得到企业认可，对国产碳纤维的安全性仍有怀疑，将来国产碳纤维用量会有一个缓慢的增长过程。

行业发展克服众多挑战，逐步走向稳定。过去几年，碳纤维行业低端产品曾经出现同质化竞争、结构性过剩问题。国际寡头企业一度通过低端产品降价的方式严重打压了国内各企业，部分企业未能经受住市场冲击被迫破产。

而高端碳纤维市场的生产和应用技术长期被国外企业垄断并进行严密的技术封锁，导致多数国内碳纤维的生产企业始终处于发展的初步阶段。最近几年，随着市场向好和技术逐步走向成熟，碳纤维行业的工艺路线走向多样化，部分中高端和低成本的碳纤维产品生产工艺逐渐成熟，国内碳纤维企业才逐渐扭转了局面，行业整体呈现稳定发展的态势。

（3）**行业技术进展迅速**。碳纤维复合材料技术进展正向着应用领域多元化、低成本化和产品高性能化等方向发展。山东省碳纤维产业技术虽与国外相比仍处于跟跑状态，但已初步实现从无到有、从有到全的转变，技术遍布高强度和高模量两大方向，制备效率显著提高，模量、强度、干湿法纺速、氧化碳化速度等技术和工艺指标全面提升。预计到2035年左右，我国碳纤维领域的技术基本可与国际发展同步，形成并跑趋势，制备成本有效下降、工艺生产速度大幅提升、产品品种不断增多，初步形成具有自主产权的特色碳纤维及复材发展体系。高强型碳纤维千吨级产业化装置已陆续建成并投产，高强中模型工程化关键技术取得较大突破，百吨级生产线陆续投产并进入应用验证阶段，高模型碳纤维随着超高温石墨化炉的技术突破，也已进入工程化应用验证阶段。山东省碳纤维行业龙头企业也有足够实力与国家技术整体水平保持同步，进一步提高产品层次和规模效益。但是在研发配套领域，装备的能效和自动化水平还有一定差距，浸润料的配套尤其是可回收的热塑性树脂的研发有待进一步加强，在产业链、质量保证和效益方面都有待完善。

（4）**市场应用有效拓展，高端应用发展潜力大**。山东省是碳纤维及复合材料生产和需求的大省，在风电叶片、体育用品、军工产品等方面有多年成熟的生产和应用经验。但是由于高端产品数量不足、下游配套能力偏差，技术和市场仍有较大潜力可挖。同时，利润率较高的结构型碳纤维产品种类仍较少，在高速交通、新能源、航空航天、国防安全等领域的专用产品和配套专用剂开发上，仍与国际先进企业有较大差距，需进一步提高碳纤维专用产品的比例。随着新能源、航空航天、轨道交通和汽车工业的发展、军工领域国产材料自主替代步伐会不断加快，以及山东省碳纤维企业生产技术进一步走向成熟，碳纤维产品应用方向将进一步拓展，应用比例会进一步提高，山东省碳纤维行业可能迎来下一个窗口期。

2. 碳纤维行业面临的形势

（1）部分关键技术急需攻关。碳纤维行业是技术密集程度较高的战略性新兴产业，其产业的发展离不开科技水平的进步，目前山东省碳纤维企业在以下技术环节仍然存在差距：高性能高牌号碳纤维成套技术，碳纤维高效率低成本制备技术，高性能纤维复合技术与性能优化技术，纤维增强热塑性树脂基复合材料开发技术，绿色低耗、环保生产相关技术，国产装备替代技术，回收、维护工艺的开发等。这些技术短板，严重限制了碳纤维的应用发展，需要科研领域持续加强关注，以技术创新支撑引领我省碳纤维产业发展。

（2）产业链上下游关联度较高。碳纤维产业是复杂技术产业，一个应用就需要一种定制化方案进行匹配，需要上下游产业协同研发、开发、创新，方能促进碳纤维产品走向成熟。比如，碳纤维常被用作替代部分车体结构或者气瓶的金属构件，以实现车身减重，由于碳纤维与金属之间容易形成腐蚀，所以直接应用往往会对碳纤维造成较强腐蚀从而影响整体质量，只有通过上下游整体联动创新，方能最大化发挥碳纤维的优势和性能，需合作开发适合汽车不锈钢材料的玻璃纤维或特定环氧树脂进行保护，共同寻找最佳的玻璃纤维和浸润料添加比例等。此外，碳纤维的应用端常常需要时间较长的示范工程进行辅助，方能形成成熟的系列产品，也需要生产企业和应用企业长时间的协同调试和创新。

3. 发展建议

（1）聚焦产业共性问题，加强技术攻关。用好现有产业联盟、山东省重点研发计划项目和山东省新旧动能转换重点技术方向推荐清单，搭建平台，集中优势力量鼓励低成本高质量技术研发和高强高模功能化产品开发。聚焦低成本制造技术这一占复合材料总成本80%左右的核心领域，有效降低碳纤维复材的制造成本。重点研发攻关包括自动铺丝、自动铺带机等自动化、智能化机械的生产应用，以固化/共交接为核心的大面积整体成型新技术；以RTM、RFI、VARTM、SCRIMP等为代表的低成本制造技术；设备成本较低、生产周期短、能耗低的罐外成型技术等；低成本配套材料，大丝束碳纤维生产、低温快速固化树脂开发、低成本预浸料开发、RTM用树脂开发、热塑性树脂开发应用、混杂复合材料综合应用等技术。

（2）**找准定位，精准发力**。一是鼓励发展高技术含量、高效益的差别化产品和战略性应用。技术领先的碳纤维企业一直将研发作为企业的立足之本，以军工订单为代表的高性能碳纤维产品市场一直是我省碳纤维行业的优势领域。去年国家明确指出，在军事装备领域有较高的武器装备减重防护、升级换代方面的诉求，军工武器必须应用国产材料并实现自给自足。碳纤维高端产品的研发越来越具有战略意义，军工领域将来会成长为碳纤维企业重要发展方向之一。将来应减少对体育用品、风电叶片方面的补贴扶持，积极扶持最有价值的技术方向。要紧盯市场应用端做好应用开发和创新。利用好国内市场飞机、汽车和新能源发展机遇期。二是在政策上，对应用端研发给予适当倾斜。在过去几年，山东省对碳纤维生产企业给予高度关注，通过各种形式扶持和帮助碳纤维生产企业发展，取得了一系列成果，目前山东省生产企业发展体系初步建立，行业阶段性短板主要转移至配套和应用创新上。碳纤维材料性能的发挥既离不开核心碳纤维材料的制备，更离不开基体材料和成型工艺的配套。要紧盯行业应用端，根据情况变化适当调整策略和发力重点，使我省碳纤维产品档次继续提升，更多地实现和发挥全产业链价值。

（3）**在能耗指标和电价上给予政策倾斜**。由于目前技术所限，山东省碳纤维产业整体上虽耗能较高，但是碳纤维作为国防和产业关键性战略性材料，发展意义重大，需要在政策上予以适当倾斜。建议政策性降低电价，作为能源高度依赖的碳纤维行业，电力价格直接决定了其生产成本。去年山东省碳纤维企业光威复材在与日本碳纤维巨头东丽公司的竞争中成功胜出，依靠其独特的生产工艺、产品性能和价格优势，赢得了欧洲风电巨头维斯塔斯多年的稳定订单，成为我国碳纤维领域部分产品在国际竞争中逐渐由“跟跑”转为“并跑”的标志性事件。同时我们也应该看到，东丽公司作为日本新材料企业的优秀代表，背后得到日本政府的大力支持和相应政策倾斜，目前东丽公司正在享受日本政府给予的政策性电价补贴，无形中降低了其生产成本，故在市场竞争方面导致山东省碳纤维企业处于被动劣势地位。山东省龙头企业光威复材也因为电力成本问题，选择去电力成本更低的内蒙古设立分厂，在很大程度上造成了山东省优势产业的流失。应适当对碳纤维生产企业实施保护性电价，以紧紧抓住国际产业结构调整机遇实现“弯道超车”，带动如高端装备等下游产业发展，更好地保障山东省产业安全。

（4）**发挥山东省人才优势**。充分发挥人才作用，用好山东省当前人才优势，充分利用高等教育资源，尤其是具有明显数量优势的科技研发人员和高学历人才队伍。同时，在体制机制方面应注重改与革并举，定好标准，配好政策，树立良好的鼓励“创新”文化氛围，焕发人才创造力和政策活力。要注重产业型人才、实用型技术人才的引进和培育，顺应新时代媒体特征加大宣传，做好引才、育才、用才、扶持保障等各环节工作。

（二）芳纶纤维

芳纶是传统三大纤维之一，综合性能优异，是较为理想的有机耐高温高强度材料，在结构受力部件、耐磨部件、防护部件、抗弹部件和电子绝缘部件方面应用广泛。该行业的技术门槛较高，受贸易战和市场需求的双重影响，我国芳纶 1414 产品的市场投资热情高涨，发展潜力巨大，效益十分可观。该产业的发展对于应对国际贸易冲突，打破行业垄断，以及国防安全和产业安全具有重要的战略意义。

1. 行业概况

市场上产量较大的芳纶纤维主要有芳纶 1313 和芳纶 1414。其中，芳纶 1313 的技术门槛和成熟度优于芳纶其他品种产品，产品主要用于制造芳纶绝缘纸和安全防护服装手套。2019 年底全球芳纶 1313 的产能在 4.3 万吨/年，产量在 4 万吨左右，基本达到饱和，其中杜邦公司产能约占 1/4。芳纶 1414 技术成熟，在欧美国家已应用 30 多年，近年来由于新能源汽车、通信、军工装备的高速发展，欧美市场在汽车、光缆、防弹防护等领域对芳纶 1414 需求越来越大，其中一半的需求为汽车及橡胶复合材料。2018 年芳纶 1414 全球产能为 8.1 万吨/年，主要分布在美国、日本、荷兰、韩国、中国，其中 90% 集中于美国杜邦公司（4.05 万吨/年）和日本帝人公司（3.34 万吨/年），两家公司产能均大于 3 万吨/年，近几年的新兴产能主要集中在韩国和中国。目前，中国市场份额的 83% 被美国杜邦公司（68%）和日本帝人公司（15%）占有，产品主要依赖进口。

2017年11月至今，我国对进口芳纶产品加征关税，共经历过三次调整，调整暂定税率从25%逐渐降至5%，并确定从2018年9月24日开始实行（后在2019年5月13日提至10%）。但实施征收税率5%后，国外垄断企业相应调整芳纶产品价格，价格增幅远远大于我国加税的幅度（2018年2月27日产品价格最高上调至20%），具有明显挑战我国供需状况的趋势。许多常年对中国保持供应的进口品牌与美国企业保持同步，急剧减少了对我国芳纶产品的出口量，导致我国芳纶市场产生了“一丝难求”的状况。2018年下半年，国内许多芳纶需求企业难以采购到产品，对行业下游产生了明显的冲击和破坏。随着贸易战的进行，国家对于新材料（特别是对军用新材料）国产化替代要求逐步提高，这都为致力于发展高端纤维的企业带来了重要发展机遇。

山东省芳纶行业产品种类齐全，具有一定的技术基础，涌现出一批具有代表性的龙头企业。其中，泰和新材料公司自2008年首套中试装置试验成功至今，历经十余年的发展，已经发展成为我国芳纶领域行业领军者，芳纶1313产能在7000吨/年，居国内第一位、全球第二位。芳纶1414产能1000吨/年，建立了一系列自主知识产权体系。除泰和芳纶外，中芳特纤（万圣博）2000吨/年的芳纶1414产品马上投产，并同步规划扩大至3000吨/年。另外，中旭国泰、京博石化等公司也在纷纷布局，一批企业在小试和中试阶段均有成果，但形成稳定供应尚需进一步努力。

2. 市场需求情况

随着中国5G技术的快速发展和军工设备自主材料更新换代，我国的芳纶需求增长速度将明显快于世界平均水平（年平均增长率在6%左右），预计年平均增长速度将达到15%以上，逐渐成为世界上芳纶纤维的最大需求国，汽车行业、光纤光缆和军工装备领域将成为未来拉动芳纶市场快速增长的重要领域。目前，芳纶1313技术较为成熟已实现净出口，在当前经济形势不明确、需求走弱和原材料涨价的形势下，国内市场已经趋于饱和；而芳纶1414的国内市场成长空间和国内缺口巨大，2017年芳纶纤维进口量达到12000吨，芳纶1414在国内处于供不应求的局面，所以芳纶1414的需求增长将显著快于芳纶1313。

山东省既是轮胎生产大省，也是刹车片的生产大省，这两大部分是将来芳纶最有希望发展的领域，橡胶增强材料消费量约占芳纶 1414 的 1/4，主要利用芳纶高模高强和耐高温等性能，广泛应用在刹车软管、转向软管、刹车片、密封片、轮胎帘子线和传送带中。目前西方国家橡胶领域的芳纶用量占消费总量的比值过半，预计未来我国在橡胶领域应用的发展空间较大。此外，芳纶 1414 在线缆的消费量约占 1/2，大纤度、高模量的芳纶纤维可作为电线悬垂的主要承重结构部件。同时，芳纶 1414 广泛应用于防弹防护领域，其消费量约占 1/5，在价格、重量和性能等方面虽不如超高分子量聚乙烯纤维，但在耐高温上具有不可替代性，是防护装甲重要的组成材料。目前，我国的防弹装甲领域主要依赖进口，国产芳纶已经逐步打入防护领域并逐步实现替代。此外，芳纶纤维还可应用于采油管材料、消防材料等，发展潜力巨大。

3. 技术产品情况

芳纶 1313：技术和生产已较为成熟，国内产能已达 1.55 万吨/年，占世界全部产能的近 40%，已经实现国产化替代并实现净出口。芳纶 1313 的需求量虽然会有一定增长，但预计在未来一段时间该产品的同质化竞争会逐渐加剧。

芳纶 1414：产品技术难度较高，投资成本巨大，长期以来技术把持在以美国和日本为代表的少数国家手中，直至近些年我国少数企业才攻破关键技术，国内有能力形成稳定供应的企业在 5 家以内。目前，国内的芳纶 1414 产品品种较为单一，功能化和系列化产品缺乏，性能不够稳定，企业从新建到形成产品需要一个复杂而长期的过程，需要产业上下游在装备端、产品端、协同配套等多方面协同发展。由于受贸易战影响和市场刺激，行业利润丰厚，全国有 10 家以上企业纷纷准备投资建设对位芳纶生产项目。

杂环芳纶：强度略高于芳纶 1414，阻燃性略好于芳纶 1414，耐候性能明显强于 PBO 纤维，具有回潮率低、透波性能好、无明显缺陷等特征，是军用防护装甲中表现较好的一款材料。目前主要应用在国防、航空、航天和高端民用领域，在军工和高端航空航天部分领域具有不可替代的应用，将来在高强绳索、透波材料、特种输电线、特种防弹材料方面有较大应用空间。我国杂环芳纶纤维已经基本实现军用关键材料的国产化，目前正在推动军用转民用的结构调整和中高端升级。此外，在大丝束大规模批量化生产技术、M5 芳纶纤维等方面，进行了相关研发。

技术和装备水平：芳纶纤维的性能不仅决定于芳纶材料强度这一核心要素，而且决定于下游需求、应用便捷度、配套健全程度和市场认知度等综合因素，如颜色、表面张力、均匀度、复合度、可纺性、油剂工艺、绝缘性能、体系稳定性、应用经济性等各类指标，因此发展芳纶纤维需要全产业链技术水平的提高。同时，中高模型、中高强型、高拉伸性能芳纶纤维和长纤、浆粕等技术仍然存在壁垒，急需攻关。此外，纤维应用后性能损失较大，严重影响了芳纶纤维在织物市场的认可度，部分企业材料的强度性能损失可达 20% 以上。装备水平仍需不断提高，芳纶产品在生产过程中需要应用强酸，目前国产装备的防腐能力普遍有差距。两步聚合过程中物料混合装备、国产化螺杆、干湿法纺丝等重要装备都需要依赖进口。

4. **山东省芳纶行业形势分析**

我省芳纶行业经过多年高速发展，目前初步建立了较为完备的生产体系，部分企业做到了国内领先。受市场驱动和贸易战影响，以芳纶 1414 产品为代表的市场利好因素较多，行业整体效益会迎来显著增长，技术和配套水平不断提高，新增项目不断落地投产，产能会迎来爆发式增长，未来一段时间行业整体会迎来稳定增长期。同时，稳中有变，变中有忧，目前行业运行出现以下几点隐患。

（1）投资企业要具备较强的技术研发实力和产业链上下游协同发展能力。芳纶行业的技术门槛较高，除制备工艺技术本身之外，还需要产业链上下游一整套技术及装备水平的协同配套发展，能否实现上下游产业链联动发展，直接决定了这些高性能纤维项目的投资成败。我国在 20 世纪 70 年代即开始了芳纶纤维的研制工作，先后有多家科研院校和院所试图开发芳纶产品，都因其技术门槛高，缺乏配套研发技术支撑，一直处于小试和中试阶段，影响了芳纶产品的进一步开发和应用。当前，我们应积极吸取碳纤维、超高分子量聚乙烯纤维项目投资失败的教训，打造芳纶产业链上下游配套联动发展格局，逐步提高我省芳纶产业竞争力。

（2）项目周期长，需投入大量精力和财力。一种新材料从项目可行性研究、产品研发、技术攻关到形成稳定的产品供应，需要大量的工艺创新、装备革新和应用配套措施。以对位芳纶纤维发展的经验为例，企业从技术攻关到实现产品稳定供应，工艺环节上面临着十几道环节需要创新攻关，其中一些环节更是需要全产业链协同创新且缺一不可，如耐酸腐蚀设备问题、聚合流速问题、纺丝过程中性能损失问题、预浸料和产品不同种类开发等，这些问题无形中延长了产品稳定供应的周期。据调研了解，目前实现对位芳纶稳定供应的主要有 3 家企业：泰和新材、中蓝晨光、仪征化纤。它们无不是经历了一轮又一轮的工艺改进和连续投资，才最终发展出了种类有限的成套供应体系。东营的中芳特纤 2011 年即开展了项目研发，其间与清华大学等机构进行了研发合作，现已建成千吨级生产装置，但仅仅在一些军民融合项目上有过少量订单，远远不能释放企业千吨产能。

（3）**要警惕同质化竞争苗头。**目前，芳纶 1313 市场已经饱和，我省泰和新材的芳纶 1313 产量已居世界第二位，且近些年产品效益不断下滑，目前已转向出口方面寻求发展；芳纶 1414 虽有较大的市场空间，但受市场红利驱动，我省企业纷纷规划芳纶 1414 项目，企业投资建设的热情高涨，除我省泰和新材和中芳特纤已建成的两个千吨级装置之外，中旭国泰 12000 吨/年项目、京博石化 5000 吨/年项目和中芳特纤 3000 吨/年升级改造项目正在推进过程中，论证已经完毕正式进入小试和中试阶段，未来这些项目全部达产后，在规模上将成为我国乃至世界上特定芳纶产品产能的领导者。同时，国内较多企业都在试图扩大公司效益，至 2018 年，全国其他省份计划新增产能就达到了 8300 吨/年，在目前的 6000 吨/年产能基础上扩充了近两倍，且多数项目产品种类仍较为单一。这些产能一旦达产，就可能对我省芳纶产业形成剧烈冲击，形成同质化竞争的不良局面。

（4）**要警惕原料供应紧张状况。**受响水爆炸事故的影响，我国仅剩一家能稳定供应芳纶原料对苯二胺、间苯二胺的企业，且生产能力尚不足以匹配新增的国内需求，将来新规划的项目也因为安全和技术问题推进缓慢。此外，在全球原料市场供应紧张的情况下，依靠进口解决对苯二胺、间苯二胺的稳定供应也存在一定难度。因此，在国内外多重因素叠加下，原料供应紧张局面需引起极大重视。

（5）**要警惕国际垄断企业打压。**目前芳纶1414市场效益较好，更多是基于贸易战的影响，外资企业有意挑战我国关税政策和芳纶供需状况，故意提高产品价格，并减少对我国芳纶产品的供应。我省的芳纶产品结构仍较为单一，在种类、品质、成本方面仍与国际垄断巨头有较大差距，一些产品难以在市场上形成对等竞争，国际形势的变化仍不可预测，假使国外垄断巨头重新加大产品供应量，必将对我省生产企业形成巨大挑战。

5. **山东省芳纶纤维行业的发展建议**

（1）**应保障规划项目的建设落地。**芳纶项目成熟周期长，需要进行长时间的工艺研究完善，在今后一段时间除了要做好招引工作外，要更加重视项目落地推进情况。要集合优势力量，搭建好专业研发平台和应用交流平台，做好“招才引智”工作，特别要注重芳纶领域对具有研发经验和产业化优秀人才的引进，切实解决企业的后顾之忧，力推新建芳纶项目早日落地。

（2）**攻关关键共性技术，提高产品附加值。**需突破生产芳纶1414差别产品的过程化关键技术、原料供应安全技术、产品性能调整技术、预浸料黏结树脂开发和核心装备配套水平；应更多地进行项目应用研究和应用示范，树立全产业链的技术优化研发思维，加强客户合作，积累经验不断提升复合技术，解决我省目前芳纶行业生产效率低、设备水平差、产品性能不稳定、系列化程度低、产品附加值不高等问题。要注重发挥逆周期调控作用，积极鼓励企业开发新的品种，加强研发，开发差别化、功能化、系统化的新型高附加值产品。

（3）**要走差异化发展战略。**要立足实现高强、高模、高伸、耐温等差异化、功能化品种的开发，提高产品附加值和市场竞争能力。积极借鉴国外先进企业技术开发经验，如在KM2级芳纶生产技术升级过程中，日本帝人开发了含醚键芳纶纤维，俄罗斯开发了吡唑法共聚芳纶，均形成了具有公司特色的高性能芳纶产品体系。我省要控制与芳纶1313产品相关的新增产能，鼓励研发差异化的芳纶1414产品，早日实现芳纶技术升级，实现多品种差异化、专用化发展。

（三）超高分子量聚乙烯纤维

超高分子量聚乙烯纤维是由乙烯制备而来，具有特殊的分子结构和空间组成，是一种柔性和抗冲击性能较佳的轻质化材料。与其他纤维材料相比，具有生产过程低碳、环保，兼具自润滑、耐磨损、耐低温、耐腐蚀、寿命长等优良特性，但存在耐高温性偏差、表面难以复合加工等问题。该材料与其他纤维材料混纺可有效发挥超高分子量聚乙烯纤维减重效果好、韧性强、弯曲强度好、阻尼吸能减震等优良特性，并弥补材料自身不足。主要应用在绳索、防弹装备、劳保装备、海工装备、高铁、飞行器、体育休闲领域等。

1. 产业现状

超高分子量聚乙烯（UHMWPE）纤维是近年来我国发展最迅速、发展空间最广阔的产业之一，推动了配套和下游产业蓬勃发展。2017 年，全球超高分子量聚乙烯纤维需求量在 5 万吨左右，市场销售额在 160 亿美元左右。主要生产企业为帝斯曼、霍尼韦尔等巨头，在产量和高端产品市场具有绝对市场优势，目前主要消费市场仍在欧美等发达国家；我国是少数掌握超高分子量聚乙烯树脂生产技术的国家，增长迅速但纤维应用起步较晚，市场容量达到了 2 万吨/年。

近些年，随着我国军警防护设备、特种绳索、防护服等行业迅速扩张，加之贸易战后我国军事领域国产材料替代工作的稳步推进，预计将来国内市场需求会迎来新一轮增长，据有关机构测算年均增速会达到 30% 以上，潜力十分巨大。目前，我国超高分子量聚乙烯纤维的产能基本与需求匹配，随着项目的建设和改造，预计到 2030 年产能可以达到 3 万吨/年。目前，该纤维中低端产品生产技术已被以中石化为代表的国内企业纷纷破解，建成投产了一大批生产企业，并形成稳定供应。高端产品生产技术和市场份额仍掌握在国外行业巨头手中，我国正在加紧步伐对这些高端产品进行开发。

超高分子量聚乙烯纤维主要采用冻胶纺丝拉伸生产工艺，将淤浆聚合工艺后的超高分子量聚乙烯粉末溶解，实现冻胶纺中的分子链解缠，然后热拉伸处理形成取向度和结晶度较高的纤维。按照溶剂不同可主要分为干法冻胶纺丝和湿法冻胶纺丝两种工艺。以国际巨头帝斯曼、TOYOBO 等企业为代表的干法生产工艺建立一整套过程简便、纺丝速度快的高强超细高性能纤维生产工艺，长期占据高端产品市场。我国除仪征化纤外，大多采用的湿法生产路线，虽然工艺容易掌握，但是纺丝流程长、效率低，产品强度和稳定性较差，在一定程度上限制了高端应用发展。

过去10年，山东省超高分子量聚乙烯行业经历了从投资热情高涨，到逐渐归于平静的发展过程。莱芜爱地新材料曾经投资建设5000吨/年超高分子量聚乙烯纤维的项目，但由于种种原因产品开发不顺利，不得已将企业转让给荷兰帝斯曼公司。到目前为止，除少数企业生产和规划超高分子量聚乙烯树脂之外，再无企业涉足纤维领域。未来一段时间，随着我省地炼企业整合和乙烯项目的兴建，一大批乙烯下游产业纷纷规划，如裕龙岛超高分子量聚乙烯树脂项目已完成了环保验收，但巨大的乙烯产能仍有待进一步消化，所以相应的纤维生产企业进入我省投资存在一定可能性。

2. **存在问题**

（1）**产品种类单一，高端供给不足。**一方面湿法生产路线日趋成熟完善，产品配套不断完善，混纺、改性和预浸料方向的体系不断丰富，且有多家装备公司专门针对超高分子量聚乙烯纤维设备的研发和生产，更促进了产业发展；另一方面，干法生产工艺和产品工艺档次升级仍然困难重重，产品质量和稳定性方面仍然与国际巨头有较大差距，目前只能依靠以东华大学为代表的相近技术路线生产相近的产品，技术重叠化程度较高。

（2）**存在同质化竞争加剧的风险。**虽然超高分子量聚乙烯纤维是具有较高技术门槛的产业，但是由于国内市场需求的快速增长，行业内纷纷筹划新建或扩产，且多沿用旧生产工艺生产相似产品，将来一段时间超高分子量聚乙烯纤维生产企业将不可避免地面临同质化竞争，市场角力的主要形式将转变为产品价格的竞争，大量产能不得不依靠出口消化；而高端产品的研发和项目建设目前发展速度较慢，除中石化仪征化纤外，企业都处于观望状态，在很长一段时间内高端市场仍将被国外企业占据；此外，预浸料、黏合剂配套与国外仍有较大差距，严重制约我国新型产品的开发。

3. **山东省行业发展建议**

（1）**积极引导行业健康有序发展。**目前，山东省仅有外资控股的绿地新材料从事超高分子量聚乙烯纤维的生产，另外还有一些企业从事上下游配套的生产活动。随着我省炼化行业整合和化工转型深度发展，炼油一体化逐渐向产业链深度延伸，乙烯原料的供应将会相对充足，会相应催生下游许多产业发展。不同的乙烯下游产业面临着完全不同的技术工艺路线和发展途径，面对机遇大量资金会纷纷涌入，往往面临着盲目投资带来的巨大风险。仅就超高分子量聚乙烯行业来讲，目前我国尚未形成成熟的高端产品技术和产品体系，我省虽然上游产业超高分子量聚乙烯生产配套相应成熟，但是由于干法纤维产品的投资刚刚经历了失败，日后就如何高效化解乙烯产能选择项目的时候，在考虑项目的高端化、效益化的同时，应更加理性地认清技术壁垒和我省产业链配套短板的存在，充分评估项目的困难程度，优化项目选择。以政府牵头，多部门、多学科联动，精细谋划，让研究院与行业协会协同发挥作用，严把建设项目，保证我省乙烯下游产业项目平稳落地。

（2）**搭建平台攻克关键技术。**超高分子量聚乙烯纤维行业作为技术壁垒较高、生产工艺和体系复杂的行业，工艺研发和产品开发往往需要多方面的共同努力。我省若规划超高分子量聚乙烯项目，应当利用好前期项目建设和开发经验，鼓励产学研用结合，调动多方面力量解决共性、关键性难题。建立健全超高分子量聚乙烯纤维产品的标准体系，形成科学的检测和认证方法，学习对接国际标准体系建设，保障行业快速健康发展。

（3）**深入对接市场差异化发展。**目前，在国防工业和航空航天领域急需多种型号和功能的超高分子量聚乙烯纤维给予配套支撑。随着我国国际地位的提升以及参与国际事务能力的增长，军工领域自主材料替代的步伐逐渐加快，军警建设与安全防护装备水平不断升档，高强、高吸能、轻质化、适应复杂应用环境的超高分子量聚乙烯纤维大有成为放弹防护首选之势，大型运输飞机和轻量化海工设备的建设也离不开该材料的发展，都需要大量智能化、功能化品种的开发支撑。此外，民用领域更加注重基础纤维产品的性价比，低本高强的产品和高效环保的熔体纺丝将成为未来发展的重点方向。超高强度、耐蠕变、防切割、耐高温等差异化高性能纤维产品将成为超高分子量聚乙烯纤维重点开发的方向。

（四）聚苯硫醚纤维

聚苯硫醚纤维是一种具有独特优异性能、制造成本相对较低的纤维，具有耐腐蚀、高阻燃、耐热耐电性能好，性质稳定、相容性好等优点，但机械强度不够强，需结合其他材料实现结构性增强。目前，主要应用在以袋式除尘器为代表的防腐滤料、薄膜领域，另外在航空航天、汽车、电力、环保等领域也有应用。

1. **产业现状**

聚苯硫醚的工业化生产始于20世纪70年代，经过美国和日本多家企业的工艺开发和升级，形成了较为成熟的工艺技术。我国在20世纪70年代同步开展了对该产品的研究和布局，有20余家企业建立了小试、中试装置，涌现出浙江新和成、四川玖源、重庆聚狮等前端树脂生产企业，我国聚苯硫醚纤维的产能已逐渐成长为世界第一位。目前，新合成的相关产品技术工艺已经逐渐达到国际先进水平，其在国内产品开发方面具有较大技术优势，但总体上我国相关技术仍处于追赶阶段，工艺本身研究仍有不足：一是大规模生产工艺有待加强，不能连续生产致使产品产量和性能欠稳定；二是溶剂和催化剂回收短板对环境安全影响较大，二者共同导致生产成本持续高企。目前，研究的焦点主要在开发熔融缩聚工艺和改善后续处理工艺上，着力降低产品杂质含量，生产低氯、高韧等差异化产品，进一步提升产品附加值。

未来聚苯硫醚纤维的全球市场容量约在1.1万吨/年，国内需求在8000吨/年。当前经济和环保形势不确定性增强，其下游主要应用市场受到较大影响，可能导致聚苯硫醚纤维国内需求增速放缓。未来一段时间，随着新建项目完工，国内竞争可能进一步加剧。

2. **山东省行业发展形势**

（1）项目正在稳步推进。以滨阳燃化为代表的万吨级聚苯硫醚项目已经完成规划，并进入小试阶段，目前项目正在积极推进中。同时，受市场红利驱动，全国多家企业都在规划建设聚苯硫醚项目，且产能均在5000吨/年以上。生产纤维级聚苯硫醚虽具有一定门槛，但与其他几大类纤维相比，该产品技术相对较为容易实现，且经过该行业多年的发展和技术积累，加之我国技术领域人才交流较为频繁，都为项目实施提供了巨大可能性，目前已有新和成公司实现成功投产，企业效益显著。

（2）行业面临短暂机遇期。目前，纤维级聚苯硫醚行业总体处于市场空窗期，国内只有一家企业能够形成稳定供应。聚苯硫醚纤维的主要优势是：同等耐腐、耐温性能下，产品价格优于芳纶、聚酰亚胺等材料。由于这方面的突出表现，加之环保和电动汽车等方面需求增长，共同导致该材料市场需求快速增长，形成了短暂的机遇期。随着项目进展和新种类产品的开发，我省未来聚苯硫醚配套的玻璃纤维和树脂行业可能有一定市场空间。

（3）**市场容量有限。**目前，国内市场容量仅有 8000 吨/年，随着未来替代性产品的开发，如更低成本的三聚氰胺纤维等技术逐渐走向成熟，聚苯硫醚纤维的效益预期可能进一步受到挤压。此外，外省新建同质化项目较多，随着这批新建项目的建成，可能采用低价竞争的策略争夺市场，竞争形势必然会加剧。若我省相关企业没有创新性的技术进展，可以预见该产品会出现同质化的倾向。

3. **发展建议**

（1）**加快规划项目落地，早日实现效益。**目前，纤维级聚苯硫醚行业总体处于市场空窗期，应通过合作研发、产业人才引进等方式积极推动项目相关技术产业化，尽早投产实现效益，同时要求我省相关企业要加快建设步伐，抢抓市场机遇期，早日抢占市场空间。

（2）**同步研发功能化产品。**在实现产品性能稳定投产后，应加强新型改性料和专用料的研发。未来一段时间可以结合我省环保产业和新能源电动车的发展机遇，更加注重开发差异化功能产品，在生产前端聚苯硫醚树脂方面做出更多改进。

（五）玻璃纤维

玻璃纤维是一种综合性能优异的无机非金属材料，其种类十分多样，通常具有耐热绝缘、化学稳定性优良以及强度高等诸多优点。高性能玻璃纤维是玻璃纤维中的高性能产品，典型包括耐腐蚀玻璃纤维、高机械性能玻璃纤维、低介电玻璃纤维、耐碱玻璃纤维以及石英、高硅氧、耐辐射等特种产品，除了具有比普通玻璃纤维更为优秀的强度和耐热绝缘等性能以外，还具有透波性强等特点。通常作为高性能复合材料的增强材料使用，赋予复合材料质轻高强，耐老化、耐疲劳、高透波等特性。在交通、基础设施、航空航天以及工业各领域得到广泛应用。

1. **行业概况**

中国玻璃纤维工业自1958年正式起步到现在，已经有超过60年的历史，实现了从无到有、从小到大、从弱到强的巨大发展，目前我国已经成为世界第一位的玻璃纤维生产大国、使用大国和出口大国。2017年，世界玻璃纤维产量约为620万吨，其中我国的产量就超过400万吨，主营收入1673.6亿元，总利润136.7亿元。

但是在高性能玻璃纤维方面，中国与发达国家还有一定差距。就产品结构而言，国外全部玻璃纤维使用量中，高性能产品的比例已达40%以上，远高于国内水平。国产高性能玻璃纤维相比国外同类产品依然存在高端和系列化产品少、质量稳定性差和工艺性不佳等短板。难以满足生产高端复合材料所需的可设计性和可靠性要求。

山东省是中国玻璃纤维行业的重要基地。山东玻璃纤维工业产值约占全国总产值的40%左右，形成了集科研、设计、试制、生产、检测、应用等为一体的较完整的产业体系。现属于中国建材集团所辖中材科技股份有限公司的泰山玻璃纤维有限公司（简称泰山玻纤），是山东玻璃纤维工业的支柱企业，玻纤维制品总产能超过90万吨/年，为全球五大、中国三大玻璃纤维制造企业之一，电子纱产品产量居全国首位。泰山玻纤和位于临沂的山东玻纤集团都有生产高性能玻璃纤维的能力，其中尤以泰山玻纤的能力最强，但是总体来说，山东省玻璃纤维行业在高性能产品方面依然难以离开国外技术合作，产品种类也不够全面。

2. **产品市场情况**

（1）高模量高强度玻璃纤维。高模量高强度玻璃纤维是一种增强型玻璃纤维。相比普通无碱玻璃纤维，高模量高强度玻璃纤维有拉伸强度高与弹性模量高、抗冲击抗疲劳性能好等优点，在航空航天、军工船舶、化工与环保等对复合材料性能要求高的领域有十分广泛的应用。特别是由于大尺寸风机叶片需求的持续增长，对高模量高强度玻璃纤维的需求也是水涨船高。近年来随着行业的发展和技术的进步，高强度高模量玻璃纤维在汽车制造、轨道交通、光缆通信等领域的应用也在不断扩展。目前中国巨石、泰山玻纤和重庆国际三大国内玻纤企业都拥有自己的高模量高强度玻纤产品。泰山玻纤在2010年成功推出了GMG玻璃纤维，主要面对风电和高性能玻璃钢市场，与E玻纤相比，拉伸强度提高10%，弹性模量提高15%，耐化学性能提高50%。后来又推出了自主研发的HMG高模高强玻纤和与美国AGY公司合作生产的S－1HM玻纤产品。

（2）**低介电玻璃纤维。**低介电玻璃纤维属于电子级玻璃纤维产品中的高端。近年来由于新一代信息技术的蓬勃发展，对玻璃纤维及电子布、覆铜板和印刷电路板提出了更为严苛的要求，一方面要求产品性能不断提升以满足信号高频传输、高保真和高保密的要求，另一方面还要求产品具有更多复杂的功能。这些都催生出了对低介电常数玻璃纤维的巨大需求。

中国的电子级玻纤产品属于短板，与日本和美国等发达国家的差距十分明显，产品集中在中低端，高端产品缺失，但是几年来投入了很大努力奋起直追，而山东省的企业在电子级玻纤制品方面处于强有力的竞争地位，泰山玻纤在邹城建有全国最大的电子布生产基地。为了应对5G时代更为激烈的市场竞争，泰山玻璃纤维公司开发了低介电玻璃纤维TLD－GLASS，10GHz频率条件下介电常数4.3的低介电常数玻璃纤维产品，远远低于10GHz频率条件下介电常数6.8的传统玻璃纤维产品。

（3）**耐腐蚀玻璃纤维。**山东省主要生产的耐腐蚀玻璃纤维是耐碱玻璃纤维。耐碱玻璃纤维是增强混凝土、干混砂浆的增强材料，也是应用于高性能增强（水泥）混凝土的新型绿色环保增强材料。特点是耐碱性好，能有效抵抗水泥中高碱物质的侵蚀，握裹力强，弹性模量、抗冲击、抗拉、抗弯强度极高，不燃、抗冻、耐温度、湿度变化能力强，抗裂、抗渗性能卓越，具有可设计性强，易成型等特点。

在进入21世纪之后，随着国内玻璃纤维行业的快速成长，各大厂商也先后推出了高强度耐腐蚀的环保型玻璃纤维制品。泰山玻纤与美国OC集团合资建设了AR耐碱玻璃纤维生产线，泰山玻纤成为世界最大的耐碱玻璃生产商。

3. 山东省玻璃纤维产业面临的问题

（1）**产能过剩问题日益突出。**山东省玻璃纤维企业近几年在技术、装备、自动化、智能化水平上不断提高，制品深加工也得到了发展，但应该清醒地认识到，随着行业内外对玻纤产业关注度越来越高，外部资本也不断涌入。目前，玻纤产能过剩导致的企业利润下降已显现，市场销售价格大幅下跌。不遵循市场规律，盲目扩张，无论多么先进的工艺和产品都会造成产能过剩。现阶段我国复材行业的市场需求还不足以消化玻纤新增的产能，新一轮的价格战已经爆发，随着未来新建产能的不断释放，全国性的产能过剩将对我省玻璃纤维工业产生越来越大的冲击。

（2）**企业技术创新能力依然不足。**虽然山东省玻璃纤维行业有良好的产业基础和龙头企业带动，但是应该看到，山东玻纤行业整体的技术开发能力依然无法满足需求，大多数企业都没有建立起有效的研发能力。即使在行业处于领导地位企业的研发能力也依然落后于国际领先企业，需要谋求国际技术合作。在高端高性能纤维和制品领域，差距更加明显。

（3）**国际国内市场形势严峻。**由于美国发起贸易战，欧洲国家也对中国玻纤制品提起新一轮反倾销调查（2018 年 1—12 月），我国纤维复合材料行业企业，尤其是玻纤企业外贸出口，将面临诸多不确定因素。加之企业为规避关税提前向欧美发运货物，透支市场需求，未来出口形势将更加严峻。与此同时，未来一段时间我国经济整体仍然面临较大的下行压力，风电、汽车、石化、电力等纤维复合材料制品下游市场进入持续调整期，未来需求难觅亮点，行业需要做好迎接市场严冬的准备。

4. 山东省玻纤行业的发展建议

山东省玻璃纤维行业的未来发展，除了继续按照既有技术路线继续开发新产品新工艺，逐步提升企业资源利用水平和智能制造水平之外，还应该积极探索新领域新模式。

（1）**加快热塑性复合材料发展。**近几年，热塑性复合材料产业链快速发展，热塑玻纤纱及热塑性复合材料制品产量增长迅速，一批有远见的企业提早布局，引进、研发热塑性复合材料设备，提升工艺及装备水平，相关产品逐步被应用在汽车、船舶、智能化托盘、建筑、装饰、畜牧等新的纤维复合材料应用领域。目前，山东省玻璃纤维企业已经积极打入热塑性复合材料相关市场，未来要继续研发和完善热塑性复合材料生产工艺，积极引进、消化吸收、创新发展各热塑性复合材料生产工艺与装备。

（2）**开发循环经济新技术新模式。**热固性复合材料因其固化成型不可逆的材料特性，短时间内难以完成固体废弃物的循环利用，加之我国以前不够重视环保问题，大量复合材料产品废料只做了简单填埋的处理，对土壤造成了严重危害。如何攻克这一难关，目前已经成为制约行业可持续发展的难题之一。因此，迫切需要找到可回收和循环利用的解决办法，形成一整套的循环系统产业链。山东省玻璃纤维企业应该投入资源，力争率先实现复合材料的可回收和循环利用。

（3）**提升大型池窑企业的要素保障水平。**玻璃纤维池窑拉丝生产线属于资本密集、技术密集、能源密集型企业，而且由于玻璃纤维池窑本身的技术特点，必须要有稳定可靠的燃料供给和连续生产环境。在国内外市场竞争日益激烈的环境下，包括天然气在内的燃料稳定供给可能是一家企业生死存亡的关键。我省主要玻璃纤维生产企业都属于国有制，其社会责任和遵纪守法意识已经过多年的验证，建议政府在各种工作过程中能够考虑到行业和企业的特殊性，尊重市场规律，对大型玻璃纤维生产企业的要素予以优先保障，减少对企业正常生产造成不必要的干扰。

（4）**将山东建设为玻璃纤维产业人才高地。**山东省玻璃纤维行业以泰山玻纤为核心已经形成了设备水平先进，行业地位稳固的新材料产业集群。但是作为相对新兴的产业，未来发展最大的难关还是人才，特别是对实用型技术人才和顶尖研发人才的培养。建议由政府发起，以泰山玻纤为龙头，建立全省玻璃纤维行业企业和相关院校与研究机构共同参与的人才培养平台。将我省玻璃纤维行业的产业优势发展成技术优势、创新优势、人才优势。为山东省玻璃纤维产业乃至新材料产业提供源源不断的发展动能。

（六）高性能玄武岩纤维

高性能玄武岩纤维一般是指具有较高性能的连续玄武岩纤维，以火山石（玄武岩）为原料，经熔融、熔体流道输送、漏板拉丝、浸润剂表面处理后，机械卷绕得到的连续玄武岩纤维，其生产流程短，过程简单，大部分以物理加工为主，是一种原料丰富、绿色环保、性能优异、应用广阔的无机非金属材料。连续玄武岩纤维生产工艺经过近百年的发展，实现了从军工到民用的转变，形成了包括纯电、电—燃气工艺路线，单体炉、组合炉和小池窑、大池窑等多种装备技术路线。

1. **产业现状**

目前世界上连续玄武岩纤维的年产量在6万吨左右，主要集中在俄罗斯、乌克兰、日本和中国等国家。玄武岩纤维的发展受到国家高度重视，是关键战略材料的重要组成部分，经过“国家863计划”、重大专项等重大研发计划、技术和智力的引进、交流和改进，从国产产品开始形成供应到现在约有15年历史，产品一直在产业指导目录中处于鼓励类，技术和装备水平在国际上整体处于先进水平，某些技术处于国际领先。目前玄武岩纤维技术已取得较大进展，形成了以短纤、织物、玄武岩纤维复合材料等为主的各类产品，从主要应用于民用基础设施逐步发展到高端装备、军工、航空航天等领域。目前，我国连续玄武岩纤维及复合材料生产企业有20余家，其中产能在3000吨/年以上的企业有12家。2018年，我国连续玄武岩纤维产能约6万吨/年，总产量在2万吨左右。

山东省连续玄武岩产业形成了以本省特有的火山岩原料为基础，以济南章丘为中心的研发、生产、建设示范和应用体系，具有了接近万吨的生产能力。但由于订单和市场问题，目前总体开工率不高。连续玄武岩纤维在建筑、桥梁、道路、轨道交通、汽车、海工装备中显示出巨大的应用潜力。

2. **连续玄武岩纤维面临的形势**

山东省玄武岩纤维的应用首先从民用开始，目前正面临着如何从民用领域向国防军工、航空航天、重大装备领域转变。

（1）**产品性能不稳定。**玄武岩纤维的各项性能直接决定于玄武岩原材料的性质，原料直接影响玄武岩熔体的制备条件、流变性、可纺性等各项纤维性能。此外，不同地区玄武岩的化学组成和结构不同，原料均质化技术目前也尚未掌握，这都导致连续玄武岩纤维产品稳定性差，并限制了进一步应用。

（2）**缺乏高质量玄武岩熔体的制备工艺。**玄武岩熔体具有导热性差、析出晶体速度快、加工窗口窄等特点，对制备高质量熔体的工艺和设备要求极高。目前国内单体炉多，采用大池窑工艺的企业较少，小批量式的加工很难将原料加工均匀，少数企业虽有池窑工艺，但是工艺优化进展缓慢，难以制备高质量的玄武岩熔体，成本持续高企，产品性能升级难度较大。

（3）**装备的先进程度和自动化程度偏低**。目前，玄武岩纤维拉丝装备基本是直接采用玻璃纤维坩埚法拉丝的装备，纤维卷较小，需要二次络筒，导致强度显著降低；自动化程度较低，成本高企且产品质量难以保障。

（4）**浸润剂种类太少**。玄武岩纤维浸润剂是以乳液形式包裹在玄武岩纤维表面的高分子材料，起到了保护、黏结偶联的重要作用，是玄武岩产品重要的组成部分，直接决定了产品整体的性能。目前，玄武岩纤维的浸润剂开发一直是短板，难以匹配不同环境下玄武岩纤维的应用要求，成为制约产品整体性能的短板。

（5）**连续玄武岩纤维定位尴尬**。由于其自身性价比不高，不可替代性不强，因此缺少“大杀手锏级”应用。目前国内连续玄武岩纤维的产品质量较差，其模量和伸长比与玻璃纤维接近，但价格却是玻纤的2～3倍，市场定位与玻纤重叠，在民用领域难以实现差别化竞争；玄武岩纤维对人工的依赖性较强、能耗较高、设备投资较大，自身独特的优点没能得到充分发挥应用。此外，玄武岩的成分多样，产品性能差异大。如材料的导热性差、析晶速度快，若对某个位置进行加热，热量过度集中反而使整体耐热性能不如玻纤，导致无法完全发挥其重要的耐热性好的优势。

（6）**基础研究有待加强**。在熔体热传导性、析晶性、流变性能等重要方面都没有取得技术突破，结构设计和配套施工方面缺乏系统研究和基础数据。由于材料自身缺陷，短期内难以生产出高性能、合理性价格比的玄武岩纤维产品。产品标准少、规范少，整体认知度、认可度不足，在产品推广和接受度方面尚有较大差距。

3. 山东省发展连续玄武岩纤维产业的建议

（1）**重点突破关键共性技术**。要立足山东省火山岩资源特点，重点突破生产制备、应用配套、浸润料、后制件、标准化建设等全产业链一系列关键技术。要研究不同产地不同形成时间的玄武岩组成，多地优选、合理搭配、均质化复配，尽快掌握原料均质化和优选化核心技术；重点聚焦玄武岩纤维原料熔体导热性、析晶性、流变性和可纺性难题；加强浸润料种类的研发，力争实现一用一剂，解决浸润剂短板限制应用的问题；解决后制件应用中纤维易碎断问题，相对成熟的复合材料要寻求合作，加快示范工程步伐和对设计案例的宣传，精细化定制标准和设计规范；建立健全玄武岩纤维生产和应用数据系统，逐步提升产品知名度。

（2）**避免过度产业化**。连续玄武岩纤维行业尚处于产业化初期，各项技术和示范都有待突破，要把重点放在研发和项目示范上：一方面，政府要继续鼓励和支持对连续玄武岩纤维的研发，鼓励少数有实力的企业进行试点和布局，支持开拓和创新；另一方面，也要坚决避免盲目和过度投资，对抵御市场风险能力差、产品单一的企业要严格控制，避免形成无效、低效投资，确保实现行业高质量健康发展。

（3）**把握新的发展机遇**。限制玄武岩纤维走向市场的重要因素是成本高昂问题，山东省正在大规模推广核电、风电设施建设，页岩气的开发技术也逐步走向成熟，要准确定位技术路线的优势和不足，推动纯电工艺和电—燃气工艺升级改造，利用好闲电余气，同时应推广应用自动化装置和先进装备，提高自动化装备水平，有效降低生产成本；城镇化进程尚未结束，应积极挖掘在道路、轨道交通、桥梁、汽车、轮船等领域的市场潜力。此外，我国化纤产能占全球的70%，玻纤产能占全世界的65%，玄武岩纤维和玻璃纤维性能相近，可替代空间巨大，这些都是我省将来玄武岩纤维产业重要的发展方向。

（七）其他种类纤维

山东省还有聚四氟乙烯纤维、生物法石墨烯纤维等产品存在，未来一段时间尼龙66纤维和聚酰亚胺纤维等产品也具备了一定的产业规模，以上游树脂产业为基础，可作为提升产品竞争力，实现产业链价值的重要前进方向，具体情况如表1所示。

表1　其他纤维情况介绍

种类	代表企业	产业发展阶段	面临难题
聚四氟乙烯纤维	东岳集团、荣森新材料	拥有国内最大产量的聚四氟乙烯合成材料，拥有大量下游产品（质子膜和离子膜成型简便不纳入研究范围）	目前纤维应用于烟道除尘布的制作，由于比聚苯硫醚成本高，仅主要应用于高端市场

续表

种类	代表企业	产业发展阶段	面临难题
生物法石墨烯纤维	圣泉集团	成功生产了生物法石墨烯纤维产品，目前正在市场摸索阶段	目前材料功能单一，仅可以应用在服装领域，价格昂贵，替代产品种类较多
尼龙66纤维	齐翔腾达	目前已规划20万吨/年己二腈生产项目，建成之后将打破该核心原料的国际垄断	虽然市场空间大，但原料己二腈/己二胺生产技术破解难度大，成本和产品品质之间有差距
聚酰亚胺纤维	山东冠森	目前有国内最大产能的聚酰亚胺单体生产装置	虽然我省聚酰亚胺单体产能较大，但单合成材料尚未有企业进行实质性投资

三、对山东省高性能纤维及复材行业整体判断

目前，山东省高性能纤维及复材产品覆盖碳纤维、间位芳纶纤维、对位芳纶纤维、超高分子量聚乙烯纤维、玄武岩纤维、聚苯硫醚纤维等诸多领域。除聚苯硫醚纤维外，在其他子行业均为国内领先，部分重点企业代表了国内相关领域的发展前沿和方向。要做大做强高性能纤维及复材行业，山东省需立足市场需求增长及现有产业基础，深挖发展潜力，健全行业链条，聚焦“卡脖子”技术，做到“一业一策”，全面提升我省高性能纤维及复材行业核心竞争力。

（一）政策与市场应有机衔接，相互尊重

要发展好山东省高性能纤维与复材产业，一方面离不开政府的高度重视和科研领域的大量投入，另一方面要认识到政府在参与管控的时候应给行业留足发展空间。山东省经历了多轮高性能纤维及复材行业的布局，经历十多年的科研进步和资金投入，行业发展初现成果，配套带动了山东省多个高端产业的同步发展。然而，市场力量“胡作非为”的情况仍屡屡发生，莱芜爱地超高分子量聚乙烯纤维项目、荣成康德碳谷碳纤维项目的发展情况远不如预期，我们可以发现，仅依靠市场力量解决问题还远远不够，作为新兴的高技术门槛、复杂技术产业尤其需要政府方面的适当引导和评判。此外，要给市场留足发展余地。政策往往是人定的，某个人或某个组织的认知能力往往

是有限的，不能充分认识到行业未来的变化与变革。高性能纤维及复材行业作为一个技术密集度高、行业整合程度高的产业，知识变革速度和市场变化速度均较快，如2015年发生的碳纤维国际垄断巨头价格战事件、2017年碳纤维风电巨头订单利好、芳纶产业2017年贸易战导致国内部分产品断供事件、芳纶原料因安全问题产生供应紧张等突发变化，加之新兴产业的技术进展日新月异，很难靠认识来规划和把握市场力量，尤其不能人为地划定行业高端、低端的区分标准，必须给行业和企业留足发展空间。

（二）当立足现有基础，分阶段进行技术研发和项目布局

高性能纤维及复材产业是典型的复杂技术产业，即行业的发展不是一蹴而就的，发展不仅决定于某个或某几个环节的技术创新，而且背后需要系统化技术的革新。高性能纤维及复材项目的成功，需要在“化学生产工艺研发、装备配套改良、预浸料配方开发、成型工艺、纺丝工艺研发、工程应用创新、检验检测”等多个环节协同创新、缺一不可，需要建立“学术、技术、工程和商业应用、配套产业”体系的概念，单靠投资方某项技术或工艺的突破是远远不够的。而且，产品走向成熟需要经历多领域反复的认证和投入，需要经过数年或数十年的持续开发才有希望初步形成某个系列的产品。新进入行业的投资企业应当充分认识到问题和难度，立足自身实力，分阶段布局，有序发展。已经形成稳定供应的企业应当认清企业当前的优势，看清企业技术进展的步伐，在做好本业的基础上再有序布局高端产品，切不可操之过急。高性能纤维及复材行业的发展途径，往往是经历了国际巨头率先开发、我们跟进的过程，目前我们的产业大多数是模仿发达国家先进技术而来，虽然科研投入不菲，但迄今为止并未产生引领国际发展的成果。国际巨头企业在高端产品市场利润丰厚，基础建立在企业几十年的稳定供应、技术积累和资金储备等优势之上，差距不可不谓巨大。立足山东省高性能纤维及复材产业特点，找准市场突破口极为重要。

（三）加强交流合作，实现错位竞争

一方面，高性能纤维及复材行业的打造往往面临着共性难题，即如何打造整个产业链条的价值，实现上下游有机衔接，实现整个链条的共同进步。任何一个国际领先的公司，都经历了数十年合作研发和改进的经历，才实现

了项目的盈利。目前，国际巨头虽以采购并购整合的方式联合上下游资源，但在其发展阶段没有一家能够实现全盘驾驭、面面俱到。高性能纤维及复材行业的各个环节技术都有较高门槛，在一个车间完成所有的产业配套难度巨大且并不现实。山东省的高性能纤维及复材行业应当重视合作研发和上下游工艺协同调整的方式，密切合作，实现山东省产业的特色发展，打造适合自己的产业链条和发展模式。另一方面，山东省的相关行业可以结合山东省发展特点，发展自身特色产业，实现与其他企业的错位竞争。山东省的工业产值巨大，以轨道交通、机场建设为代表的基础设施建设不断提速，拥有全球闻名的轮胎聚集区、耐磨材料生产企业和轨道交通产业。未来一段时间，核电项目建设正在积极推进，安全环保改造面临进一步的升级，风电、锂电、氢能源电动车等新能源发展趋势明显，海洋产业布局不断提速。山东省高性能纤维及复材行业可根据具体应用做出具有山东省特色的差别化、功能化产品，如“风电纤维、保护服装、高铁地铁轻量化结构件、线缆包皮、耐磨材料、芳丝帘线、纤维缠绕压力容器、耐腐蚀过滤材料、功能膜材料、海洋船舶装备和抽提油杆”等，形成具有山东省特色的高性能纤维及复材产品，支撑山东省新旧动能转换发展。

（四）更加注重配套创新和应用端创新

高性能纤维及复材行业是典型的复杂技术领域，需要从上到下一连串的全产业链协同发展和体系创新，尤其在配套端和应用端创新的鼓励成为山东省短板。过去的20年山东省工业领域取得了举世瞩目的成就，尤其是山东省的化工产业蓬勃发展，在一定程度上依赖的是产业的“规模效应”和技术的“后发优势”，在基础产品供应和完善工业产品门类方面发挥了积极的作用。然而，随着山东省工业升级换代、新旧动能转换发展，工业领域尤其是化工领域对深加工、高效益、高附加值发展的日趋重视，过去依赖“某项或某几项工艺技术创新”和“单单依靠产能简单合并的规模效应”引领发展的模式需要改变，“全产业链价值打造”和“产业链综合资源高效整合”变得尤为重要。另外，山东省在高性能纤维及复材领域的生产工艺创新和实现主要产品供给方面投入了大量精力，实现了山东省从无到有，再到多的重大转变，目前在多个分行业形成了较为雄厚的制造支撑体系。同时必须认识到，高性能纤维及复材产品的品类完善和效益提升，同时也决定于下游配套水平和应用端的创新，这些领域同样具有较高的技术含量和实现难度，需要背后许多专业领域高水平发展的支撑。山东省高性能纤维及复材行业虽然取得一系列成就，但是目前来讲，与世界垄断巨头差距仍然较大，其中在配套和应用端方面的差距尤为明显，需要日后在主要产品生产的基础上，外延发展出具有山东省特色的配套和应用端创新体系，实现全价值链收益。

四、行业存在的问题和政策建议

通过总结分析前面各行业的情况，山东省在高性能纤维和复材行业主要存在以下问题：产品种类较少，产品结构需进一步优化；部分高端产品关键工艺有待突破，基础研发技术和装备配套能力有待加强；行业缺少行业规划指导；市场应用端政策支持力度有待加强；节能环保技术有待提高。针对以上问题，我们提出以下建议。

（一）出台高性能纤维及复材领域的分行业规划

山东省新材料领域根据行业发展情况，择机出台高性能纤维及复材领域的分行业规划，以点带面引领我省新材料行业发展。山东省新材料产业是传统行业转型发展的重要方向，是实现新旧动能转换的重要支柱产业，目前体量近万亿且目标是2022年实现1.5万亿元产值的巨大产业。其中，高性能纤维及复材一直是我省新材料领域分行业中的强项，涌现出一系列技术领先、效益显著的龙头企业，是山东省新旧动能转换的重要引领。国家历来高度重视该行业发展，陆续出台了一系列政策和规范，对高性能纤维及复材领域进行重点指导和管理。但是山东省高性能纤维及复材行业尚缺乏规划，不同地区的不同企业发展具有不同特点，行业和集群总体缺少统筹，产业链上下游发展不均衡，装备配套能力受严重制约，市场应用端研发力量不足，部分子行业和小产品投入的力量和产出效益不成正比，未能充分发挥我省在高性能纤维及复材行业的优势。因此，急需出台相关规划和规范行业发展（相关规划见附件2）。

（二）明确和细化产品标准

我省高性能纤维及复材领域发展时间较长，且取得了一系列辉煌成就，发展框架和体系初步建立，形成具有一定实力的产业基础。但是，随着新材料技术不断创新，市场和需求规模急剧膨胀，各种新兴产品和功能型、复合型的应用方案层出不穷。虽然山东省高性能纤维及复材企业不断成长、产品应用范围不断扩大，但部分领域产品、应用方案和示范工程建设仍然没有较为细致的标准出台，导致在市场层面上对山东省高性能纤维及复材企业产品质量和层次缺少衡量的尺度。尤其是在国产材料自主替代方面，高性能纤维及复材大量应用于结构部件和防护部件等对安全性、稳定性要求较高的领域，许多有需求的企业由于信息不对称缺少对我国新材料产品的认识，选择材料的过程中偏向于采用过去合作多年的外企合作，严重制约了我省高性能纤维及复材企业市场开发进程。此外，山东省的高性能纤维及复材企业在发展过程中突破国外技术封锁，在工艺技术上发展了一系列有别于其他传统企业、独到的技术体系，明确和规范标准也有助于山东省高性能纤维及复材企业能发挥自身产品优势，实现差异化市场竞争。

（三）区分不同子行业情况，一业一策分类施策

高性能纤维及复材行业包含多个子行业，且发展情况不均衡，成熟产业产品量大面广，种类较多，应用广泛。新兴产业的基础往往是材料，高性能纤维及复材部分领域的发展具有重要的战略意义，市场竞争参与国际化竞争的程度较高，企业集约化、集群化发展趋势明显，引导企业加快进行研发模式转变，交叉融合创新十分关键。同时，高性能纤维及复材领域不同的子行业发展具有不同的特点。经过多年发展和进步，部分产业和产品已经逐步实现了国产化替代初步实现“并跑”，但是更多的产业正在力求实现“跟跑”，一些产业甚至处于技术及配套不成熟、定位不清晰、产品缺乏“大杀手锏级”应用的阶段，这就要求我们区分对待不同产业，对不同的产业提出不同的发展思路。

（四）重点突出，聚焦“卡脖子”环节持续用力

新材料功能多样且性能优劣明显，产业生产研发和发展模式更迭迅速。该领域一直是上下游链条集约程度较高、技术整合程度较高的领域。一代材料就需要整个体系技术进行支撑，相应需要整个链条的发展进行支撑。高性能纤维及复材领域材料各项性能的发挥，不仅决定于核心材料本身，更加决

定于配套材料的开发和应用的工艺革新和设计水平创新。一个高性能纤维从实现生产到走向市场，往往需要进行一连串的技术设计和工艺创新，从上到下全链条的配套创新尤为重要，某个环节某个点上的技术成熟与否直接决定着整个材料系统的成败。因此，“卡脖子”技术的研发尤其关键和重要。用好我省“卡脖子”技术研发应用清单对高性能纤维及复材领域整体的发展格外重要，梳理出需要重点投入精力的领域，分上下游环节在研发端、企业端、应用端、配套端区别用力。

（五）更加注重环保、绿色发展

低耗工艺、热塑性树脂开发、资源回收利用降成本。全生命周期绿色化，资源能源高效利用。高度重视从生产到全寿命周期，再到回收利用的产业链处理，从而降低经济成本和环境成本。目前，我国纤维复材回收等技术长期空缺，许多新材料造价高昂，难以回收造成污染和浪费。强化绿色低碳发展理念，重视新材料研发、生产和使用全过程，以环境友好性、安全性，以园区化、基地化、专业化、循环化为导向，提高资源利用率，进一步降低污染，促进新材料全生命周期绿色发展、安全发展。

（六）科学集中优势资源，进行系统化产业整合

山东省过去的产业整合，更多的是从产能上占据优势并进行简单合并，发挥产能规模效应，在整合的质量效益上与国外先进企业仍有巨大差距，在核心科研和产业链体系层面的资源整合力度相对不足。交叉融合创新加速，研发模式加快转变，从上到下全链条的配套创新尤其重要。新兴行业更新换代首先依赖的就是材料进步，一代技术就要有一代装备，也需求一代材料更新，更需要一代配套产业的支撑，如“华为”的发展在网络建设优势的基础上，还需要一系列系统作为支撑，一代技术往往需要配套整个创新系统的整体发展，依赖多专业的协同创新。目前，中美贸易摩擦会持续影响新材料行业关键领域的技术突破、创新成果转化和装备水平提高。尤其是对我国“卡脖子”技术的研发形成巨大挑战，如目前“碳纤维”行业发展已经取得巨大发展，但以高温碳化炉、自动铺带机等为代表的工艺核心设备主要依赖进口，高端预浸料等核心配套产品依然受制于人。山东省高性能纤维及复材领域企业要突破封锁困境，

实现技术引领，必须要走自主研发、上下游全面高效整合发展的路子。

表1　各国新材料战略规划情况

国家	概况	相关企业	新材料的相关发展计划
美国	凭借其强大的科技实力，新材料产业全面发展，全球领先，产业布局分布在五大湖区和太平洋沿岸	陶氏、杜邦、PPG、英威达、奥升德、3M、霍尼韦尔、亨斯曼、通用材料	先进制造业国家战略计划、重整美国制造业政策框架、先进制造伙伴计划（AMP）、纳米技术签名倡议、“智慧地球”计划、国家生物经济蓝图、电动汽车国家创新计划（EV Everywhere）、下一代照明计划（NGLI）、低成本宽带半导体晶体发展战略计划、新能源材料、生物与医药材料、环保材料、纳米材料、先进制造、新一代信息与网络技术和电动车相关材料、材料基因组、宽带半导体材料等
欧盟	新材料整体发展水平较高，主要分布在德国、英国、法国等发达国家，拥有一批实力雄厚的新材料跨国企业	巴斯夫、瓦克化学、朗盛、道达尔、山特维克、赢创、索尔	欧盟能源技术战略计划、能源2020战略、物联网战略研究路线图、欧洲2020战略、可持续增长创新、欧洲生物经济、“地平线2020”计划、彩虹计划、OLED100. EU计划、期间计划、低碳产业相关材料、信息技术（物联网）相关材料、生物材料、石墨烯等； 英国：低碳转型计划、英国可再生能源发展路线图、技术与创新中心计划、海洋产业增长战略、合成生物学路线图、英国工业2050； 德国能源战略2050：清洁可靠和经济的能源系统、高科技战略行动计划、2020高科技战略、生物经济2030国家战略研究、国家电动汽车发展规划、工业4.0、可再生能源材料、生物材料、电动汽车相关材料等； 法国：环保改革路线图、未来十年投资计划、互联网：展望2030年、可再生能源材料、环保材料、信息材料、环保汽车相关材料等
日本	材料科技战略目标保持产品的国际竞争力，注重实用性，在尖端领域赶超欧美。重点开发出纳米玻璃、纳米金属、纳米涂料等用于信息通信、新能源、生物技术、医疗领域的新材料，在电子材料、陶瓷材料、碳纤维、氟硅材料等领域属于国际领先	东丽、帝人、三井化学、旭化成、旭硝子、东邦化学、三菱化学、大金、信越、TDK、NSG、AGC、住友金属	新增长战略、信息技术发展计划新国家能源战略、能源基本计划、创建顶尖IT国家宣言、下一代汽车计划、海洋基本计划、新能源材料、节能环保材料、信息材料、新型汽车相关材料等

续表

国家	概况	相关企业	新材料的相关发展计划
韩国	材料科技作为确保2025年国家核心竞争力的6项核心技术之一，韩国在2025年构想中列出了未来建立产业竞争力开发必备材料价格清单，包括下一代高密度存储材料、生态材料、生物材料等	三星、LG化学、SK集团、KEP塑料	新增长动力规划及发展战略、核能振兴综合计划、IT韩国未来战略、国家融合技术发展基本计划、第三次科学技术基本计划、可再生能源材料、信息材料、纳米材料等
俄罗斯	新材料产业战略一方面力求持续保持某些领域在世界的领先地位，如航天材料、能源材料、化工材料等；另外一方面大力发展促进国民经济发展和提高国防实力有重要影响力的材料		2030年前能源战略、2020年前科技发展、国家能源发展规划、到2020年生物技术发展综合计划、2018年前信息技术产业发展规划、2025年前国家电子及无线电电子工业发展专项计划、2030年前科学技术发展优先方向、高科技产业发展国家报告、新能源材料、节能环保材料、纳米材料、生物材料、医疗和健康材料、信息材料等

表2　相关规划

发布时间	政策	主要内容
2015年5月	《中国制造2025》	重点发展高档数控机床和机器人、航空航天装备、海洋工程装备及高技术船舶、先进轨道交通装备、节能与新能源汽车、电力装备、农机装备等、生物医药及高性能医疗器械等10个高性能纤维均有不同应用的领域
2016年8月	《“十三五”国家科技创新规划》	强化重点领域关键环节的重大技术开发，发展高性能纤维及复合材料等先进结构材料
2016年9月	《中国科学院“十三五”发展规划纲要》	“科技创新2030—重大项目”中提出要重点新材料研发及应用，重点研制碳纤维及其复合材料等，突破制备、评价、应用等核心关键技术
2016年9月	《石化和化学工业发展规划(2016—2020年)》	将高性能纤维作为化工新材料创新发展工程之一
2016年11月	《化纤工业“十三五”发展指导意见》	进一步提升与突破高性能纤维重点品种关键生产和应用技术，拓展高性能纤维作为战略性新兴材料在先进轨道交通、新能源汽车、航天装备、海洋工程和电力等领域的应用

续表

发布时间	政策	主要内容
2016 年 11 月	《"十三五"国家战略性新兴产业发展规划》	面向航空航天、轨道交通、电力电子、新能源汽车等产业发展需求，扩大高性能纤维规模化应用范围；加强新材料产业上下游协作配套，在碳纤维复合材料等领域开展协同应用试点示范，搭建协同应用平台
2016 年 12 月	《新材料产业发展指南》	以高性能碳纤维、芳纶纤维等高性能纤维及复合材料等为重点，突破技术关、市场关，实现产业化和规模应用
2017 年 1 月	《产业关键共性技术发展指南(2017 年)》	在原材料工业、装备制造业、消费品工业和节能环保与资源综合利用四个领域，提升碳纤维应用的关键技术
2017 年 4 月	《"十三五"材料领域科技创新专项规划》	以包括高性能碳纤维、芳纶纤维、超高分子量聚乙烯纤维等在内的高性能纤维及复合材料等为核心，解决材料设计与结构调控的重大科学问题
2018 年 2 月	《2017 年石化化工行业经济运营情况》	指导碳纤维及复合材料产业发展联盟开展工作，推动碳纤维等在下游领域的应用推广，推动碳纤维复合材料在汽车工业的应用
2018 年 9 月	《重点新材料首批次应用示范指导目录》	关键战略材料中包括高性能碳纤维、芳纶纤维制品等纤维材料
2019 年 3 月	《2019 年政府工作报告》	培育新一代信息技术、高端装备、生物医药、新能源汽车、新材料等新兴产业集群

参考文献

[1]罗益锋．新形势下高性能纤维与复合材料的主攻方向与新进展[J]．高科技纤维与应用,2019,44(5):1－22.

[2]SIVA Chidambaram R,PANKAJ Agarwal．高性能纤维增强水泥基复合材料钢筋混凝土梁的抗弯性能(英文)[J]．Journal of Central South University,2019,26(9):2609－2622.

[3]孙晓霞．我国高性能纤维发展整体向好:访中国化学纤维工业协会副秘书长吕佳滨[J]．新材料产业,2019(7):2－5.

[4]王文才,田明,张立群．高性能纤维增强橡胶复合材料及其环保处理方法的研究[C]//中国化工学会橡塑绿色制造专业委员会,中国橡胶工业协会骨

架材料专业委员会. 中国化工学会橡塑绿色制造专业委员会新型绿色浸渍材料和环保新技术发展大会资料汇编. 中国化工学会橡塑绿色制造专业委员会、中国橡胶工业协会骨架材料专业委员会:中国化工学会,2019:156.

[5]R N TURUKMANE,S S GULHANE,A M DABERAO,等. 民用玄武岩纤维[J]. 国际纺织导报,2019,47(2):6 +8 -9 +53.

[6]明越科,段玉岗,王奔,等. 高性能纤维增强树脂基复合材料3D打印[J]. 航空制造技术,2019,62(4):34 -38 +46.

[7]商龚平,马琳. 对我国高性能纤维产业发展的思考[J]. 新材料产业,2019(1):2 -4.

[8]贾明印,陈轲,薛平. 高性能纤维增强热塑性复合材料成型技术与装备的研究[C]//中国化工学会化工新材料专业委员会,北京化工大学,天津工业大学. 第二届全国先进复合材料科学与应用学术研讨会摘要集. 中国化工学会化工新材料专业委员会,北京化工大学,天津工业大学:中科能和工程技术研究院(北京)有限公司,2018:38.

课题组成员简介

李晓峰，工程师，山东省工业和信息化研究院。

王樊伟，工程师，山东省工业和信息化研究院。

国栋，经济师，山东省工业和信息化研究院。

李玉奎，室主任，山东省工业和信息化研究院。

潘劲松，高级工程师，山东省工业和信息化研究院。

7

山东省阿胶行业发展状况及趋势分析

刘际宁

摘　要　山东阿胶是我国历史长河中孕育出的一颗璀璨明珠，是中华民族中医药行业历史沉淀的智慧结晶，是中医药先辈传承下来的文化瑰宝，带有深度的历史印记和民族特色，是当代社会宝贵的物质和文化遗产。山东省阿胶行业具有丰富的文化底蕴和成熟的经验，在全国阿胶行业中处于龙头地位，是山东的骄傲。我们对其进行系统而有深度的研究，总结其发展的经验教训，对推动中医药产业的现代化进程有着重要的意义。同时，山东省阿胶行业蕴藏的巨大思想价值对其他工业行业也有着非常高的借鉴作用。

关键词　阿胶；中华老字号；专利；驴皮

一、山东阿胶的历史溯源

阿胶，又名“傅致胶”“贡胶”“驴皮胶”，是传统的滋补上品、补血圣药，与人参、鹿茸都为名贵中药，并称“中药三宝”。据《本草纲目》记载，阿胶出东阿，故名阿胶。中国药典规定，阿胶的原材料为驴皮，经煎煮、浓缩制成的固体胶，含有丰富的蛋白质、氨基酸、钙、铁、锌等多种微量元素、维生素及相应的生物，其补血补气的功效几千年来一直被人们称道。

阿胶最早的历史源于黄帝时期，自黄帝及其女儿发现并煎制而成阿胶以来，已有5000多年的历史。至今，在位于东阿镇的狮耳山上，仍有黄帝之女当时用于晾胶的胶台及取水遗址，分别为柯台及柯井，柯井即最早的阿井原形。

我国现存最早的药物学论著《神农本草经》将其列为“上品”；东汉医圣张仲景的传世巨著《伤寒杂病论》中，有3.2%的处方用到阿胶，至今仍被医家作为经典处方；唐朝著名医学家孙思邈的《千金翼方》记载着阿胶类方剂有50多种；明朝著名医学家李时珍的《本草纲目》将阿胶称为“圣药”。阿胶是我国医药宝库中的珍品，味甘平，入肺、肝、肾经，具有补血止血、滋阴润燥等功效，药食两用。2002年，在国家列入药食同用品种目录中，阿胶被列入“既是食品又是药品的品种名单”中。长期服用可美白养颜、补血养血、抗疲劳衰老、提高免疫力，适用人群广泛。如今，人们的保健意识越来越强，积极深入地研发阿胶保健食品，将会有更广阔的市场前景。

目前，阿胶已遍布全世界，产品多元化发展，不再局限于单一的固体胶，而是研发出几十个不同的品种，其功效得到了多领域发展，药用范围广泛；其规模业已形成了我国医药的一大行业，并为人类的健康发展做出了巨大贡献。

二、山东阿胶的市场份额现状

阿胶是山东医药产业的璀璨明珠，在全国市场占据较高的市场份额。据山东阿胶行业协会统计，山东是阿胶的道地产区，产量占全国的70%左右。

整个行业的产量约 6000 吨，山东省阿胶产量约 4800 吨，东阿阿胶产量约 1600 吨，国胶堂阿胶产量约 500 吨。

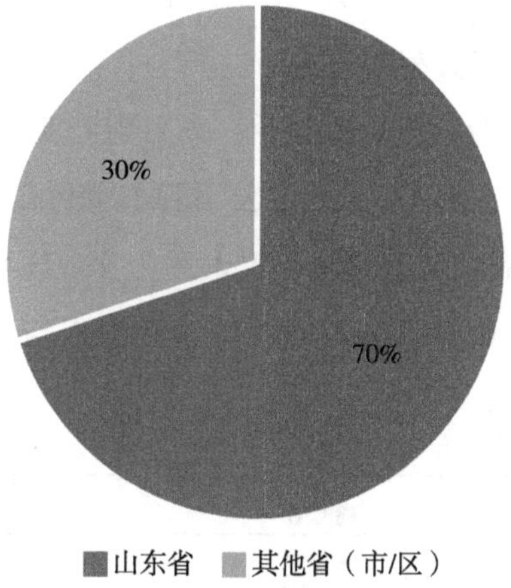

图 1　中国阿胶产量结构图

阿胶销售方面，华东地区具有冬季食用阿胶膏方的习俗，逢冬令进补的时节，华东地区阿胶产品销售火爆，其阿胶消费占全国比重的 33%；华中地区和华北地区受到节气与风俗影响，同时也有着一定的阿胶消费基础，其消费分别占全国的 18% 和 20%；华南地区消费占比为 14%，西部地区消费占比为 9%，东北地区消费占比为 6%。

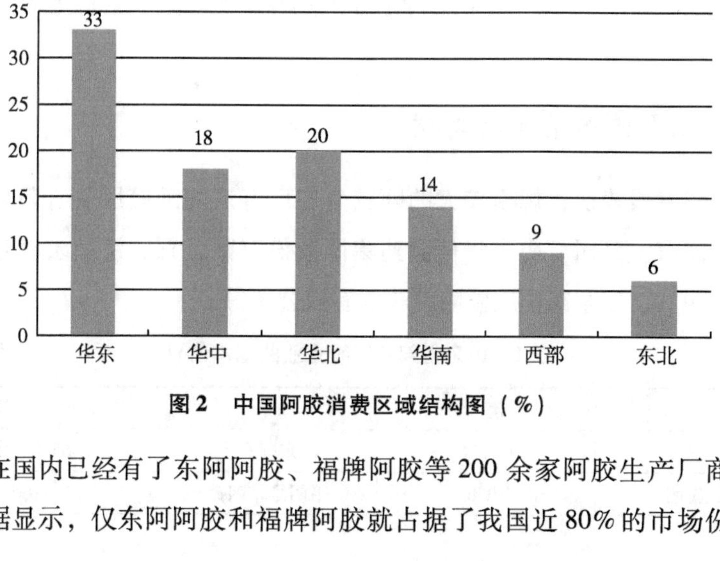

图 2　中国阿胶消费区域结构图（%）

现在国内已经有了东阿阿胶、福牌阿胶等 200 余家阿胶生产厂商。根据相关数据显示，仅东阿阿胶和福牌阿胶就占据了我国近 80% 的市场份额，前者占比41%，后者占比32%，同为阿胶行业领先品牌的福牌阿胶市场占比虽然相对稍逊一筹，但是市场发展势头强劲。2019年，在中国实体药店畅销品牌TOP20榜单中，福牌阿胶以31.1%的增长率稳居行业榜首。由此可以看出，阿胶产业是一种双寡头垄断的格局。

2017年，据东阿阿胶财报数据显示，东阿阿胶实现营业收入73.72亿元，较上年同期增长16.70%；归属于上市公司股东净利润20.44亿元，同比增长10.36%。据此推算，福牌阿胶的营业收入约为22.03亿元。即使东阿阿胶已经是阿胶行业的龙头企业，但东阿阿胶的营业收入与中医药行业著名的同仁堂相比也有很大的差距。

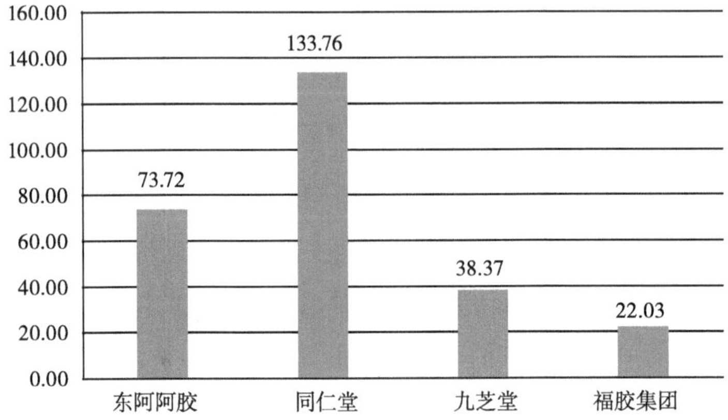

图3　2017年阿胶上市企业及福胶集团营业收入对比图（单位：亿元）

三、山东阿胶的发展现状

山东省发展较快、规模较大的阿胶生产厂有东阿阿胶股份有限公司、山东福胶集团有限公司、山东华信制药集团股份有限公司、济南宏济堂制药有限责任公司、山东东阿国胶堂阿胶药业有限公司等。

表1　山东省部分阿胶企业的基本信息

企业名称	创建年份	地点	注册资金/万元
东阿阿胶	1952	东阿县	65402.15
福胶集团	1950	平阴县东阿镇	1100

续表

企业名称	创建年份	地点	注册资金/万元
华信制药	2002	定陶县	5912.95
宏济堂制药	1991	历下区	12182.87
东阿国胶堂阿胶	2002	东阿县	1500

自古以来，阿胶在中国就是一种传统中药材。近年来，国家加强对中医药的重视，随着医药工业技术水平的逐年提升，阿胶技术也得到了迅猛的发展，与其相关的专利数量更是显著提高。

根据数据显示，由利好政策发布，2013—2018 年，我国阿胶专利申请量和专利公开数量累计分别达到了 6474 件、6668 件。2018 年，我国经济下行的压力增大，阿胶专利申请和公开数量均略有下滑，分别拥有 592 件和 1069 件。

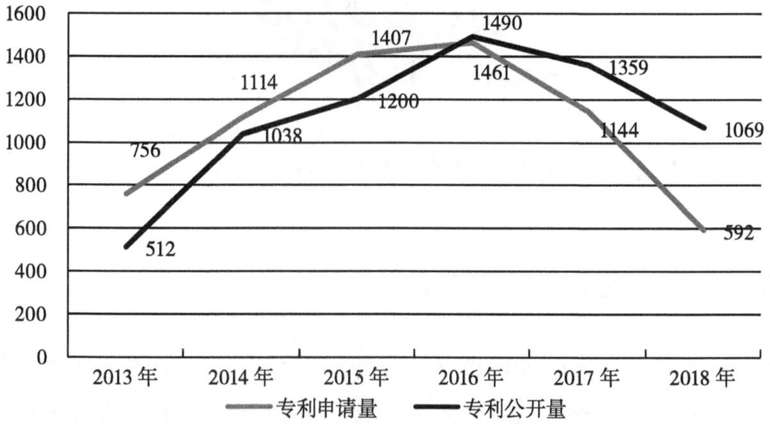

图 4　2013—2018 年全国阿胶行业专利申请量和专利公开量对比图（单位：件）

在阿胶行业的专利数量上，虽然徽、粤、浙等地也有阿胶生产，但山东省拥有独特的优势资源及得天独厚的阿胶生产条件，其阿胶生产技术水平更是位于全国前列。目前，全国阿胶专利共计 8878 件，山东省已经累计 3270 件，稳居全国首位，占比达到全国专利数量的 36.83%；安徽、江苏分别拥有 1129 件、598 件，全国专利占比分别为 12.72%、6.74%，居全国第二和第三位，与山东省差距明显（见图 5）。

东阿阿胶每年投入数亿元资金进行科学研发，先后承担国家“重大新药创制”科技重大专项等国家级、省部级项目40余件。通过对这些项目的承担和组织实施，获得发明专利121件、实用新型专利207件、PCT国际发明专利5件。山东福胶集团以生产、经营福牌阿胶及系列产品为主，根据行业发展趋势和企业自身特点，加快促进产业技术升级，提升自主创新能力，已获得国家专利110件，并建有国内最大的阿胶生产基地，年产能4000吨/年；建有国内最大的阿胶系列产品生产基地，年产能6000吨/年。东阿国胶堂发明专利1件，实用新型专利20件，外观专利5件，共26件。

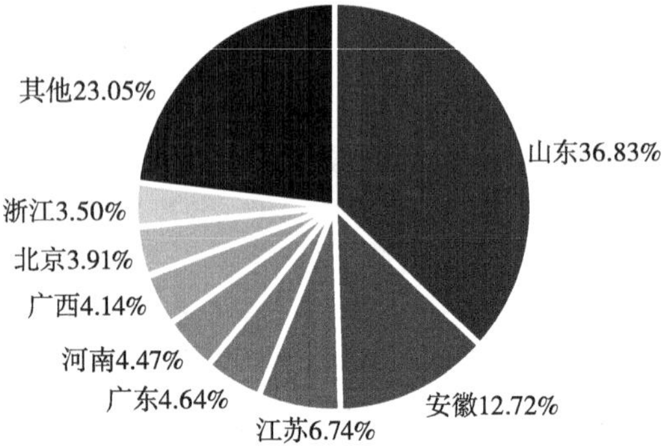

图5　中国阿胶专利区域分布情况

四、全国阿胶行业发展现状

中国自古就有不少的补血产品，其中阿胶补血效果卓越的概念更是深入人心，在国家政策引导、创新技术发展以及业内企业竞争结构等多种因素驱动下，我国阿胶行业正飞速发展着。随着中国高龄人口数量的增多，国内消费端市场变化升级，阿胶在药用和保健食品等方面的需求量也逐渐增加，而且毛驴产量的下降导致了驴皮价格的上升，这也使得阿胶产品价格仍在不断提高。根据相关数据显示，2006—2018年，我国阿胶价格上涨超过30倍。目前由于定位不同，东阿阿胶的红标阿胶售价达到1499元/250g，针对中低端产品的福牌阿胶售价约为790元/250g。

据山东阿胶行业协会统计资料显示，我国阿胶行业总产能从2013年7500吨/年增长至2018年15000吨/年；因原材料驴皮供应紧张，以及受国家为保证行业健康发展打击假冒伪劣产品的影响，行业产能利用率相对较低，年产量从 2013 年的 3000 吨增长至 2018 年的 6000 吨（图 6）；从市场规模上看，受到行业产销量以及阿胶价格上升的影响，市场规模从 2013 年的 196 亿元增长至 2018 年的 440 亿元（图 7）。

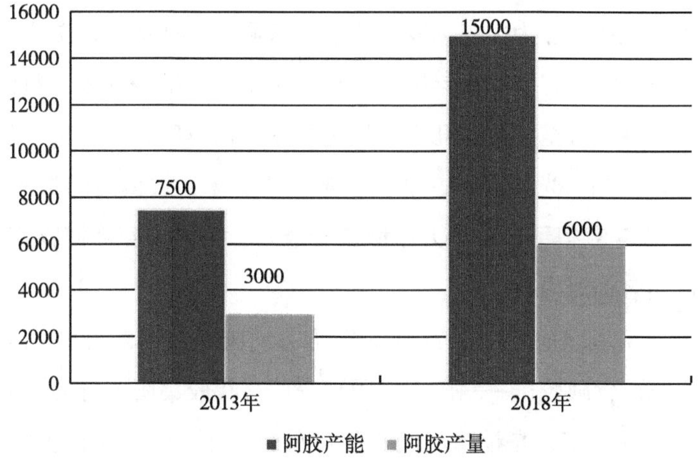

图 6　2013—2018 年中国阿胶产能与产量对比图（单位：吨）

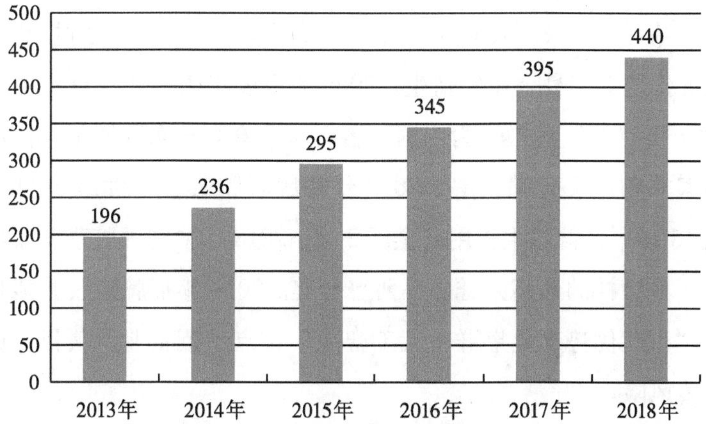

图 7　2013—2018 年中国阿胶行业市场规模图（单位：亿元）

五、解读山东阿胶“老字号”品牌

阿胶行业经过历史漫长的发展，在明末清初时达到了鼎盛，有邓氏树德堂、涂氏怀德堂、于氏天德堂等几十家规模较大的制胶作坊。如今，邓氏树德堂第五代传人邓世祥为山东福胶集团东阿镇阿胶有限公司的技术顾问。

邓氏树德堂距今有300多年历史，重视质量，严格按泡皮、打沫、沉淀、出胶、晾胶、擦胶直至包装等几十道规定程序操作熬胶，制胶工艺炉火纯青，所产阿胶色如琥珀，光如翳漆，达到了形、色、味、效俱纯的标准。分别于1915年、1916年获得了巴拿马万国博览会金牌、我国农商部博物产品评比一等奖，其产品名扬海内外。

1950年，党和政府将东阿镇众家作坊的制胶工艺、配方文化实现统一，建立了第一家国营阿胶厂——山东平阴阿胶厂（福胶集团前身）。清朝咸丰皇帝曾亲笔赐“福”字，是福牌阿胶贡胶传承的见证，成为由福胶集团独家使用的商标，受法律保护。

自中华人民共和国成立以来，东阿镇福牌阿胶是传统阿胶的继承者、现代阿胶的奠基者、未来阿胶的开拓者、国际阿胶的领航者。通过70年的改革发展，见证传统老字号企业的新生。2006年福胶集团被评为首批中华老字号企业，2007年“福”牌被评为中国驰名商标，2008年东阿镇福牌阿胶制作工艺入选国家非物质文化遗产等。2017年福牌阿胶荣登“健康中国品牌榜”，位列全国16强，补益养生类用药全国2强。2018年福牌阿胶荣获象征“责任与担当”产业精神的最高荣誉——西普金奖。2019年福牌阿胶智能化生产项目被评为“现代优势产业集群＋人工智能”试点示范企业及项目，让千年非遗永无失传风险。

济南宏济堂制药有限责任公司始创于1907年，已有100多年的历史，是中国21个重点中药企业之一，是闻名全国的大型中药制药企业集团。“宏济堂”被评定为首批中华老字号，“宏济堂”商标被认定为中国驰名商标，“宏济堂中医药文化”被列入山东省非物质文化遗产名录，宏济堂制药被列入山东省百年品牌重点培育企业名单、制造业百家高端品牌培育企业名单。

东阿阿胶股份有限公司（东阿牌）入选商务部第二批保护与促进的“中华老字号”名录；“东阿”“吉祥云”和“桃花姬”3个商标均为中国驰名商标；率先在全国同行业通过GMP、ISO9001质量体系、ISO14001国际环境体系三认证，跨入全国医药百强、全国科技百强、全国中医药行业效益十佳企业；中国最具生命力的企业百强；连续7次入围“中国最具发展力上市公司50强”；连续六届蝉联中国药品品牌榜补益类第一名；连续四届入围中国最具竞争力医药上市公司20强；最具价值医药上市公司10强；12次入围世界品牌实验室发布的“中国500最具价值品牌”。

东阿国胶堂是中国阿胶生产示范基地，国家级高新技术企业，中华中医药学会胶类中药合理使用继续教育基地。

表2　山东省阿胶企业的中药保护品种及中华老字号

企业名称	中药保护品种	中华老字号
东阿阿胶	复方阿胶颗粒	东阿牌
福胶集团	福字阿胶	福牌阿胶
宏济堂制药	麝香心痛宁片、复方西羚解读片	宏济堂制药

表3　山东省阿胶企业获得的非物质文化遗产称号

企业名称	国家级非物质文化遗产	山东省非物质文化遗产
东阿阿胶	东阿阿胶制作技艺	—
福胶集团	东阿镇牌、福牌阿胶制作技艺	—
宏济堂制药	—	宏济堂中医药文化

表4　山东省阿胶企业的商标

企业名称	注册商标	中国驰名商标	山东省著名商标
东阿阿胶	484	东阿、吉祥云、桃花姬	—
福胶集团	135	福牌阿胶	福牌
华信制药	66	—	阿谷停云
宏济堂制药	227	宏济堂	—
东方阿胶	26	—	伊甸园
古胶阿胶	31	—	阿辉

根据十大品牌网发布的2019年阿胶十大品牌榜显示，山东有6家企业的

品牌上榜，其中东阿阿胶的品牌“东阿阿胶 DEEJ”“桃花姬”牌阿胶分别居榜单第一位和第八位，是唯一拥有两个上榜品牌的企业。福牌阿胶紧随其后，居第二位。

表 5　2019 年中国阿胶十大品牌

名次	品牌	企业
1	东阿阿胶 DEEJ	东阿阿胶股份有限公司
2	福牌阿胶	山东福牌阿胶股份有限公司
4	宏济堂	山东宏济堂制药集团股份有限公司
8	桃花姬	东阿阿胶股份有限公司
9	东阿国胶堂	山东东阿国胶堂药业有限公司
10	贡禧堂	山东东阿东方阿胶股份有限公司

2019 年度中国医药工业百强系列榜单之中国中药企业 TOP100 排行榜发布，山东有 5 家企业上榜，其中东阿阿胶、福牌阿胶、宏济堂制药等 3 家阿胶企业荣登榜单。

表 6　2019 年度中国中药企业 100 强名单（山东省）

序号	名次	企业名称
1	2	山东步长制药有限公司
2	22	东阿阿胶股份有限公司
3	35	山东福牌阿胶股份有限公司
4	61	山东宏济堂制药集团股份有限公司
5	80	翔宇药业股份有限公司

在西普会 2020 中国药品品牌榜价值排行榜单中，东阿阿胶荣登榜首，福牌阿胶居第 29 位，山东省阿胶企业独占滋补双巨头，在 50 大品牌占 2 席，这是在全国各种行业都没有的，可见山东阿胶的市场价值。

表 7　2020 年中国药品品牌榜·价值排行榜（中国市场）

序号	名次	品牌	品牌价值/亿元	备注
1	1	东阿阿胶	155.98	滋补药
2	29	福牌阿胶	30.63	滋补药

六、山东阿胶的质量管理标准

1985 年，国家颁布实施《中华人民共和国药品管理法》，将阿胶的生产经营纳入了法制化管理。1988 年开始推行《药品生产质量管理规范》，1995 年开始实施 GMP 认证制度。2001 年国家规定了药品的生产过程必须符合 GMP 要求，并将上述要求纳入了于 2001 年 12 月 1 日颁布实施的新版《中华人民共和国药品管理法》，从此阿胶的生产过程也要符合国家药品管理的要求。阿胶的生产经营不仅产品质量指标要符合《中华人民共和国药典》的规定，生产过程还要符合 GMP 有关规定和药品管理法的要求。

东阿阿胶自 1952 年建厂以来，先后获得重要技术、质量奖项（荣誉）30 余项，其中 3 次荣获国家质量奖金奖、获传统药“长城”国际金奖、中国质量奖、3 次中国质量奖提名奖、全国质量奖、医药行业全国质量奖和杰出质量人奖、山东省首届省长质量奖和个人奖、亚洲最高质量奖“石川馨—狩野奖”、全球卓越绩效奖最高奖。

福牌阿胶在继承 5000 年东阿镇熬胶技艺的基础上，用大数据、AI 人工智能等新技术对阿胶生产进行智能化、智慧化改造，提高生产效率，使质量控制更稳定。于 1986 年荣获全国阿胶质量评比总分第一名，1988 年荣获福牌、东阿镇牌国家金质奖。

七、山东阿胶产品创新现状

传统阿胶块因功效神奇备受消费者喜爱，但服用不便利，阿胶企业对阿胶的制备工艺及剂型进行不断的改进。如今，在科技高速发展的当下，阿胶的产品开发方面已硕果累累。据初步统计，山东省阿胶及阿胶制品生产企业约有 256 家。其中，药品阿胶生产企业有 9 家，保健食品阿胶生产企业有 21 家，以阿胶为原料的药品生产企业有 5 家，以阿胶为原料的保健食品生产企业和食品生产企业分别有 24 家、197 家。全省食品阿胶企业均取得生产许可证和卫生许可证，其中 90% 以上通过 GMP 认证。

东阿阿胶产品储备丰富，现有药品文号 45 个、保健品文号 27 个、食品文号41个，目前在售产品56个。其中，东阿阿胶定位“滋补国宝”，2018年山东所产的东阿阿胶块占市场份额63.6%，居阿胶块品类第一位，是OTC第一大单品；复方阿胶浆定位“气血双补”，是唯一没有防腐剂和蔗糖的口服液，享有“中国最长寿口服液”口碑，具有40年品质保障，2018年占市场份额54.4%，居补气血品类第一位，是OTC第三大单品；桃花姬和真颜阿胶糕定位“高端养颜零食”，是阿胶糕类产品引领者。目前，东阿阿胶已经在与国内外多所知名高校、院所开展合作，以便研发出更符合消费者需求的阿胶产品。

福胶集团产品集群拥有七大剂型三大系列100余个品种，拥有5个国家中药保护品种、20个全国独家品种、近百项自主知识产权、19个国药准字号产品，主持制定19项国家产品标准，是同行业产品剂型最全、品种最多的企业、产品品类及质量位居行业领先地位。

东阿国胶堂每年投入巨大财力、人力进行产品研发、销售模式创新，满足市场发展需要，自2015年与山东省农科院共建“胶类中药源性DNA分子鉴定基地”，在全国率先将DNA分子质控技术引入阿胶生产管理，确保每一盒阿胶都是纯驴皮生产，同时出身道地阿胶发源地东阿，保留传统熬胶技艺，胶质更纯正。凭此，3年时间便成功跻身行业前三名，满足了连锁对品质的追求。

八、山东阿胶上游供应情况及下游应用领域现状

传统阿胶是由驴皮熬制加工而成。驴皮是整个阿胶产业的基础原材料。近年来，由于驴的养殖周期长、饲养成本高、繁殖率低等原因，使驴皮收购价格不断攀升、直接推动了阿胶价格的上涨。2013—2018年，我国毛驴存栏量由400万头左右，连续下降至250万头左右，年均减少约8%。未来几年，预计我国毛驴存栏量仍将继续下降。驴皮资源紧缺依然是制约阿胶行业发展的主要问题。

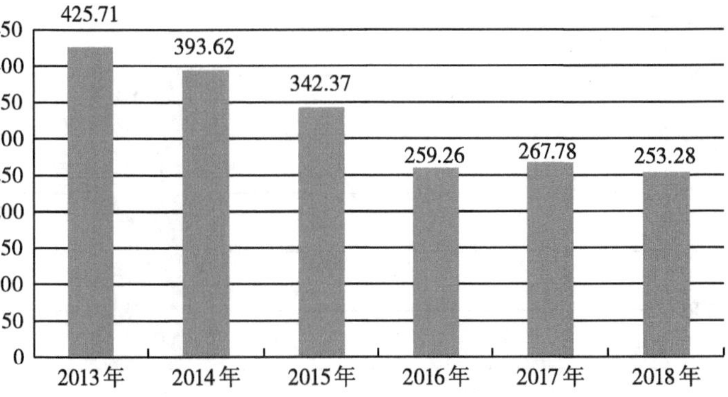

图8　2013—2018 年中国毛驴存栏量（单位：万头）

毛驴数量的减少和阿胶需求的增长，直接导致我国驴皮收购价格不断攀升。2000 年，我国驴皮收购价格约为 20 元/张，2013 年上涨到 1000 元/张左右，2018 年达到 3500 元/张，不到 20 年时间上涨近 175 倍。

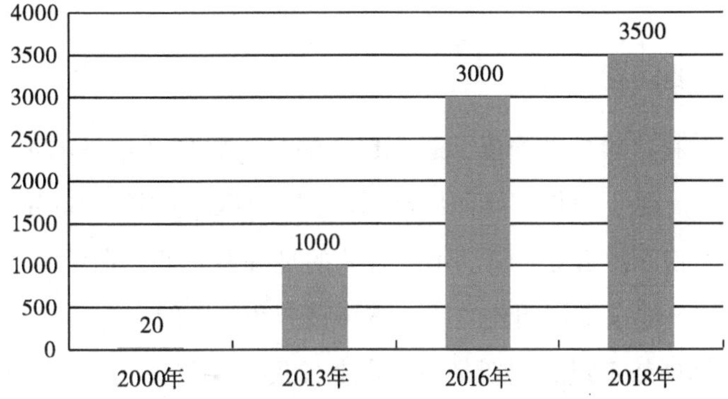

图9　2000—2018 年中国驴皮收购价格（单位：元/张）

因原材料驴皮紧俏引发的价格上涨，导致阿胶价格也随之上升。行业龙头东阿阿胶的主打产品，阿胶块自 2006 年以来 18 次提价，每 500 克的价格由 80 元涨至 2018 年的 2600 元，上涨超过 30 倍。

阿胶行业拥有自己的产业链，上游供应原材料，中间的产品生产商和渠道经销商，以及下游的 OTC 终端、商超、医院、自建连锁等，形成了完整的框架。而阿胶行业的渠道营销模式是和多数酒类产品的营销模式一样的，阿胶产品流向下游终端主要依靠直销和代销两种传统上的经销模式，不过随着

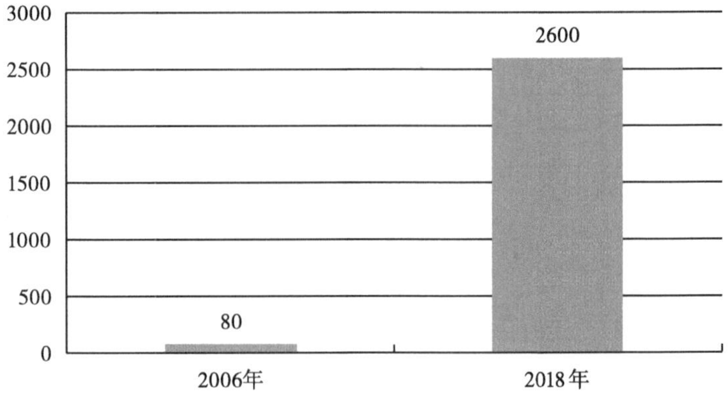

图10　2006—2018年东阿阿胶价格（单位：元/500克）

电商的崛起，阿胶产品现在也开始逐渐依靠线上渠道销售，但占比不大。

九、山东阿胶行业发展面临的主要问题、建议及发展趋势

（一）主要问题

（1）原材料产量持续降低问题突出。随着人民生活水平的不断提高，阿胶制品的产销量逐年增长，然而原材料驴皮的产量却逐年大幅走低，这一矛盾现象使得阿胶产品备受争议。不可否认的是确有企业以假乱真、以次充好，使用假驴皮甚至掺杂食用明胶熬胶，破坏整个产业链的生态系统。

（2）产品创新不足。创新是医药产业发展的关键。阿胶作为传统中医药产业的一个品类，同样需要不断升级创新。目前，我国阿胶企业低水平竞争问题突出，产品同质化严重，创新驱动力不足，具有创新能力的阿胶企业较少，产品附加值低。不解决低端产品产能过剩的问题，将给整个阿胶行业带来危机。

（3）行业高端人才需求紧俏。阿胶行业存在大量人才缺口，高精尖人才更是一将难求，招聘渠道和途径成为限制企业寻求高端人才的重要因素，企业通过猎头招聘进行，成本高且风险大、稳定性也比较差，影响了企业的长期稳定发展。

（4）国际认可度低。作为传统的药食两用滋补品的阿胶，在我国广受群

众认可，在国际上却基本不被海外消费者接受，真正被外国人接受的阿胶产品很少，海外市场亟须精准对路的产品和营销手段进行开发。

（二）建议措施

（1）**出台毛驴养殖扶持政策**。与牛、羊等畜牧业相比，毛驴产业目前尚处于起步阶段，且存栏量仍以每年3.5%的速率下降，供需矛盾日趋加剧。政府部门应出台统一的补贴政策，将草畜范围由牛羊等扩大至毛驴，提高毛驴养殖积极性，促进驴产业发展，保障驴皮原材料供应。

（2）**加强传统制胶技艺与现代技术融合创新**。充分运用新一代信息技术与传统制造业跨界融合，引导企业开展新技术、新营销方式的创新，将移动互联网思维融入企业战略，开发阿胶新产品、新业务、新模式。进而推动阿胶工业数字化、网络化、智能化建设，加强技术集成和工艺创新，提升阿胶制品整体装备水平，加速阿胶及系列产品生产工艺、流程的标准化、现代化，促进产业转型升级，逐步形成大型阿胶企业集团和产业集群，扩大阿胶产业规模，促进阿胶全产业链三产融合发展。

（3）**健全质量标准体系**。阿胶具有药食同源特性，既可作药品，也可作保健品和食品，各地审查备案标准不一，生产准入门槛低。随着阿胶市场需求的逐年增加，阿胶生产企业爆发式增长，假劣阿胶流入市场，“劣币驱逐良币”。当前造假掺杂马皮问题突出，但阿胶标准出台涉及地方政府、相关企业等多方利益，导致标准出台进展较慢，马皮源检验方法至今尚未发布。只有健全阿胶生产技术规范和质量控制标准，完善产业链管理体系，才能确保阿胶产品质量，提升阿胶产业整体水平。

（4）**高度重视山东阿胶品牌建设**。阿胶是山东道地药材，产品地域特色鲜明，是山东最有影响力、单品种效益和产销量最大的品种，已成为山东名牌。阿胶行业是山东资源丰富、市场广阔的重要产业，在山东省中医药产业中具有重要的地位。因此，山东应像云南对三七、吉林对人参、贵州对太子参、福建对片仔癀等一样高度重视阿胶行业发展工作，出台扶持阿胶行业高质量发展政策，落实保护阿胶就是保护山东制造。

（5）**集中优势打造产业集群建设**。积极扶持阿胶行业骨干企业做好品牌建设规划，加强质量管理体系认证，提高阿胶产品质量标准，培育若干个在国内具有较高知名度和美誉度的品牌，使其充分发挥行业龙头示范作用，做好山东阿胶产业集群建设，做强阿胶产业集群品牌，提升山东阿胶产业知名度和影响力，持续增强产业品牌价值。

（6）**优化行业电商经营环境。**随着电子商务平台服务的方便快捷，消费者在家就能享受到消费的乐趣。电子商务这种消费趋势快速得到了众多品牌企业及广大消费者的喜爱，并且带动产业蓬勃发展。阿胶行业也应与时俱进，抢滩登陆电子商务平台。阿胶电子商务作为一种新的营销渠道，对企业的发展、扩大品牌知名度、降低企业营销成本、增加经济效益起到了积极的作用。但少数阿胶产品经营公司也存在投机取巧、罔顾法律和诚信底线，侵害消费者利益，敛取不义之财，透支阿胶行业信任度。因此，要加强阿胶行业电商经营者的法律意识，规范秩序，提升依法经营和公平竞争的能力，严厉打击违法经营电商，优化电商销售市场，保障阿胶行业蓬勃发展。

（三）发展趋势

未来，随着中国老龄化进程的不断加快，且消费升级使人们对健康服务的需求日益凸显，补血养血产品发展前景依然广阔。国家和地方也相继出台一系列政策发展大健康产业，在《山东省医养健康产业发展规划（2018—2022 年)》中，明确提出做大阿胶、鱼油等保健品市场，这将进一步推动山东省阿胶行业的发展。随着人们生活水平提高和生活层次追求的提升，阿胶文化向着多元化、差异化方向发展，如阿胶文化主题酒店、阿胶主题餐厅、阿胶养生体验游、制作工艺体验基地等，以大数据对消费群体进行精准快速的匹配，不断改进和优化产品与服务，使产品结构、服务方式、消费体验、购买方式等满足消费者的养生需求，使品牌从内而外地焕发出新的生命力。由于阿胶块等传统产品竞争越来越激烈、驴皮资源供应越来越紧张，阿胶的特色化、个性化将是阿胶行业未来产品趋势，阿胶品系从单一型滋补品转向多样型滋补品。未来，“80 后”将成长为新时代消费主力军，千禧一代、Z 世代逐渐成为不容小觑的消费引擎，他们将影响着阿胶行业创新发展及消费走向。

参考文献：

[1]王树华,胡友利,马春晓,等．山东省阿胶企业工业产权状况调查[J]. 亚太传统医药．2017,13(13). 154 -157.

[2]杨福安,王京娥. 阿胶的研究现状与展望[J]. 中国中医药信息杂志. 2004(5). 467 -468.

课题组成员简介

刘际宁，高级经济师，山东省工业和信息化研究院。

第二部分

信息化篇

1

区块链发展动态跟踪研究

张宇翔　牛宗宝　王娟　张永君

摘　要　本文通过跟踪和分析国内外区块链技术的最新发展动态和研究成果，对区块链发展现状进行了系统性论述，对其发展趋势进行探索性研究，并重点结合山东省的实际情况和相关工作推进进度，针对区块链的相关问题提出了发展策略和政策建议。

关键词　区块链；对等网络；智能合约；发展政策

一、区块链技术现状概述

（一）综述

2019年10月24日，中共中央政治局就区块链技术发展现状和趋势进行第十八次集体学习。习近平总书记在主持学习时强调，区块链技术的集成应用在新的技术革新和产业变革中起着重要作用。我们要把区块链作为核心技术自主创新的重要突破口，明确主攻方向，加大投入力度，着力攻克一批关键核心技术，加快推动区块链技术和产业创新发展。要强化基础研究，提升原始创新能力，努力让我国在区块链这个新兴领域走在理论最前沿、占据创新制高点、取得产业新优势。要推动区块链和实体经济深度融合，为加快新旧动能接续转换、推动经济高质量发展提供支撑。要加强区块链标准化研究，提升国际话语权和规则制定权。要加强对区块链技术的引导和规范，把依法治网落实到区块链管理中。习近平总书记指出，要注意区块链技术发展现状和趋势，提高运用和管理区块链技术能力，使区块链技术在建设网络强国、发展数字经济、助力经济社会发展等方面发挥更大作用。

区块链技术及其应用的持续创新被各方给予了极大的期待，有望成为推动经济体系实现技术、组织和效率变革的重要力量。目前，区块链应用正从金融领域的尝试扩展到实体和服务领域。随着区块链得到资本的更多关注，创业者的热情高涨，各类区块链企业迅速增加，区块链产业正在形成。区块链技术为促进实体经济提效率、降成本，加快产业转型升级，助推传统产业高质量发展，提供重要的技术手段。区块链技术带动产生出的新业态，将作为经济发展的新动能，推动新一轮的产业模式变革，有望成为打造诚信社会体系的重要支撑。

1. 区块链的起因：网络信任传递的需求

社会商业行为主要依赖三个方面：等价交换物、交易双方的信任和被证实的身份。交易双方的信任关系通常依赖正直、诚信的个人，中介机构或者其他组织才能建立起来。如今，大多数商业交易行为已经转移到网络进行。互联网的交易更加依赖政府、银行或其他组织等第三方机构对交易双方的身份验证和确信。

但是第三方机构存在一些问题如下。

（1）第三方机构的效率、成本问题。

（2）数据信息的集中存储容易遭受攻击，数据的安全和用户隐私很难得到绝对保障。

（3）第三方机构存在道德风险问题，比如：对用户隐私信息的滥用，对重要数据和信息的篡改。

（4）互联网巨头的影响力巨大，已经形成了新的网络霸权。

所以，需要一种支持网络交易和简化业务流程的新技术，通过该技术的手段和规则的建立，解决在互联网上建立对现代商业至关重要的信任、问责制、透明度等问题。

区块链技术应需求而产生。区块链针对网络信任交易的几个核心问题，构建了一整套全新、完整、严密运行的模式以操作分布式数据库，也成为区块链最核心的技术，分别是“区块＋链”（分布式记账）、共识机制和非对称加密算法。此外，为实现区块链的可进化性与可扩展性，区块链系统还引入了“分布式的程序脚本”（也称智能合约）的概念来实现数据库的可编程性。这些构成了区块链的“区块＋链”（分布式记账）、共识机制、非对称加密算法、智能合约四大核心技术。

真正实用化的区块链技术应用起源于比特币，是一种综合技术的简称。从技术来讲，在经历了多年技术发展和演化后，已经远超出它最初的范畴。

2. 区块链概念定义

工业和信息化部指导发布的《中国区块链技术和应用发展白皮书2016》解释：广义来讲，区块链技术是利用块链式数据结构来验证与存储数据，利用分布式节点共识算法来生成和更新数据，利用密码学的方式保证数据传输和访问的安全，利用由自动化脚本代码组成的智能合约来编程和操作数据的一种全新的分布式基础架构与计算方式。

简单地说，就是围绕数据的验证与存储、生成和更新、传输和访问、编程和操作等的一种全新的机制。

这个定义对应着区块链的“四大核心技术”。

3. 区块链“四大核心技术”

（1）“区块＋链”，也称为“分布式账本”，我们认为还是称为“区块＋链”更准确。数据库存在的形态不是关键，“块链式数据结构”才是区块链创新的核心，其他几个机制都是为“块链式数据”的生成、维护和使用服务的。

“区块”就是数据块、信息块，它由信息的所有者通过私人密钥高度加密。每条记录都有一个时间戳和唯一的密码签名。每个区块都包含着一个确保区块信息不被篡改的哈希值，这个哈希值是由当前区块的信息和前一个区块中保存的哈希值计算得来的，这就形成了一条密码学的安全锁链。也就是说，区块链上每个区块，都是包含了它前面所有区块的校验信息的。这就形成了一条以密码学作为安全保障的“链”，所有工作都是围绕这条“数据链”开展的。

（2）共识机制，就是网络上所有工作节点达成共识的过程，既是记录有效性认定的手段，也是防止信息被篡改的机制。

区块链技术是采用数学算法由机器按照规则自动达成共识的，建立各节点的信任关系，实现以技术为支撑而非中心化验证机构来验证的全新信用确认模式。

目前区块链采用的共识机制可分为四大类：股份授权证明机制、权益证明机制、工作量证明机制和 Pool 验证池。

（3）非对称加密算法，是区块链数据传输、存储和访问的安全保障。密码学是区块链安全的基础。

区块链上存储的数据是公开可验证的，用户身份和其他敏感信息是高强度加密的，只有得到数据所有者的授权才能访问，从根本上保证了个人隐私和数据安全。

（4）智能合约，利用自动化脚本编程和操作数据，可以在没有第三方参与的情况下自动进行可信交易，操作结果虽可以验证，但一般情况下不可追踪、不可逆转。

（二）区块链发展历程

区块链是一种以加密算法为安全保障的全网信息同步对等的网络（P2P）

软件应用，区块链技术并不是凭空产生的新技术，如而是把已有的多项互联网技术，将对等网络（P2P）、路由器全网同步、电子加密签名等技术进行组合而产生的。

1. **对区块链有重大影响的互联网技术**

互联网诞生已近50年，从最早在军事和科研领域应用，已经扩展到人类生活的方方面面，其中对区块链影响重大的互联网技术如下。

（1）**TCP/IP 协议**。TCP/IP 协议形成了统一的信息传播机制，进行跨网络的通信和交互。实现了不同计算机、不同类型的网络间信息的互通。区块链不是对硬件底层和网络协议层等互联网基础架构的改变，而是互联网顶层—应用层的一种新技术，它没有从根本上影响互联网底层的通信协议基础结构，仍然是按照 TCP/IP 运行的软件技术。这一点决定了区块链在互联网中的基本位置。

（2）**思科路由器技术**。1984 年 12 月，思科公司设计出了“多协议路由器”，每台路由器都保存了完整的互联网设备地址表，理论上路由器发生的所有变化，都会同步到其他路由器上。部分设备的损坏或者受到攻击，不会影响整个网络的安全运行。这种形式也是区块链一个重要的特点，区块链数据信息的传播在很大程度上模仿了思科路由器技术中设备地址表传播的工作模式。

（3）**对等网络（P2P）**。对等网络（P2P）又被称作分布式对等网络，是运行于网络上的所有计算机之间都处于对等地位的一种运行模式，这些计算机在功能上都是对等的，每台计算机既是服务器又是客户端。区块链就是一种对等网络架构的软件应用，是对等网络的标杆性应用，对等网络则是区块链的技术基础。

（4）**非对称加密算法**。非对称加密算法是保证区块链安全的核心技术，被用作区块链的数字签名和数据加密。数据加密的核心是密码学，实质是对以符号为基础的数据进行移位和置换的变换过程。通过数据加密对文件进行处理可以有效阻止文件被非法查阅和非法窃取。

非对称加密算法包含公钥和私钥两个密钥，仅有公钥是可以被公开的，接收方需要使用自己持有的私钥进行解密，这样就可以很好地避免密钥在传输过程中产生的安全问题。公钥的生成过程不可逆，现有的技术条件无法通过公钥计算出私钥，从根本上保障了区块链的信息安全。

区块链项目中常用的加密算法有四种：哈希算法、Base58 编码、椭圆曲线算法、零知识证明。

（5）B/S（C/S）**架构**。万维网通常的架构是 B/S（C/S）架构，也就是工作分为客户端和服务器端。客户端计算机一般不保留数据，或者只保留极少部分数据，绝大部分数据是在访问服务器时才获得的。这种中心型架构是当前互联网运行的最主要架构，客户端计算机依赖服务器进行工作。区块链把数据分散到互联网的每台计算机上，也就是将数据同步到全部的计算机里，构建了一个无中心数据库服务的运行网络，以降低互联网巨头的影响力，提高对个体数据信息安全的保护。所以说，区块链目标是颠覆随着万维网诞生的 B/S（C/S）架构。

2. 区块链技术演进过程

1982 年，拜占庭将军问题。莱斯利・兰伯特等人提出的点对点通信中容错性分散式系统建立问题，模拟了现实世界中在网络中断和拥塞、硬件错误或遭到恶意攻击情况下，使多个基于零信任基础的节点达成共识，这是一种在不可信的网络中有效保障信息传递一致性的机制。

1985 年，椭圆曲线密码学（ECC）。由维克多・米勒（Victor Miller）和尼尔・科布利茨（Neal Koblitz）分别独立提出，是基于椭圆曲线数学的一种公钥加密方法。

1990 年，Paxos 算法。由莱斯利・兰伯特（Leslie Lamport）提出的一种基于消息传递的一致性算法。这种算法解决了分布式系统怎样就某个结论达成一致的问题，是具备高容错的一致性演算法。

1991 年，时间戳技术。斯图尔特・哈伯（Stuart Haber）与斯科特・斯托内塔（Scott Stornetta）提出了用时间戳的方法保证数字文件安全的协议。通过给文件增加时间戳来认定文件创建是否准确，时间戳不能被改动。

1992 年，椭圆曲线数位签章演算法。斯科特・凡斯通（Scott Vanstone）等人提出椭圆曲线数位签章演算法，使用椭圆曲线数字签名对数据文件进行签名授权以防止交易中的抵赖发生。

1997 年，哈希现金（Hashcash）技术。作为一种工作量证明演算法，亚当·贝克（Adam Back）发明的哈希现金依靠成本函数的不可逆特性，具有易验证、难破解的特性。哈希现金是比特币采用的一项重要技术。

1998 年，分散式电子现金系统 B - money。该系统强调点对点交易和不可篡改特性，使用了工作量证明机制。

2005 年，可重复使用的工作量证明机制（RPOW）。哈·芬尼（Hal Finney）提出可重复使用的工作量证明机制，结合 B - money 与 Hashcash 演算法来创造密码学货币。

2008 年，区块链 1.0：比特币白皮书发布。中本聪（Satoshi Nakamoto，化名）在密码学邮件组发表一篇关于比特币的论文《比特币：一种点对点的电子现金系统》，描述一个点对点电子现金系统，能在不具备信任的基础上，建立一套去中心化的电子交易体系。

2009 年初，比特币系统开始运行。

2012 年，区块链 2.0：与区块链 1.0 相比其最大的特点在于智能合约的出现，智能合约使区块链的应用具有更大的灵活性。

2016 年，区块链 3.0：区块链技术的发展已经远这超出金融领域，开始为各领域提供去中心化解决方案，其应用领域扩展到人们社会活动的许多方面。通过区块链技术人们可以不通过第三方机构建立或者获取信任，实现数据信息资源的共享，以全新的运行方式提高各系统的运转效率。

（三）区块链技术分析和预测

1. 区块链技术价值

区块链的价值主要体现在以下几个方面。

（1）**安全**：基于去中心化点对点网络技术，所有工作结点都参加数据的维护、存储，能有效避免中心化数据系统的安全防线被攻破时大规模数据泄露的风险。密码学技术为数据的传输和存储提供了可靠保障。同时破解、攻击和修改网络上超过半数的节点，这在理论和实践上都是不可能的，因此在根本上保障了区块链上信息的安全。

事情都有两面性，过度的去中心化使得交易信息不可被追踪，区块链经常被黑色利益链条利用，就像赌博、贩毒、洗钱。

（2）**信任：**区块链系统的去中心化，使得没有人可以拥有对数据库操作的绝对权限，数据账本平等的存储在各工作节点上，信息公开可验证，使数据可信。共识机制要求各节点严格遵从算法规则进行区块信息更新，确保增加数据记录过程的可信性，在机器自动建立信任的基础上，完成多节点的可信沟通。

（3）**确权：**区块链的价值体现在对数据资产所有权的保护上。区块链上的数据和其所有者有严格的对应关系，且所有的数据操作都会被忠实记录，不可被篡改，这样可对数据资产进行有效保护，防止他人窃取、恶意篡改和非法利用。

（4）**自动化智能合约：**通过可编程化的数字协议，合约满足条件即触发自动执行，从而为许多流程复杂烦琐、效率低下领域的控成本、提效率发挥巨大作用。

（5）**价值共享：**基于规则的信息共享和共识机制，使得区块链避免了中心化系统多环节、多中介、流程复杂、成本较高等问题。区块链系统中各节点的数据资产可进行点对点自由流动，没有中间环节，大大降低了成本，实现全网的价值共享。

2. **区块链的技术缺陷**

区块链在每个节点都保留一份完整的数据库，发生每笔交易都同步给其他用户，这使得传输和存储的数据量大大增加，使其无法应用在数据量大的项目上，甚至一些小的项目使用区块链运行也会比较吃力。为了解决容量问题区块链进行了许多改进，如向 B/S 模式进行学习，建立闪电节点和中继节点。使用数据服务器中心作为区块链的中继节点，利用类浏览器的终端访问成为区块链的闪电节点。这种方式在一定程度上缓解了区块链的上述技术缺陷，但同时让区块链又开始趋向中心化。

此外，归纳起来区块链还存在着其他痛点如下。

（1）**当前区块链技术的性能制约。**区块链的性能问题一直是制约其高速发展的瓶颈，影响区块链性能的主要指标可概括为四点。

出块时间：区块产生的时间间隔过大直接影响了区块链交易的响应时间。

区块大小：每个区块的实际存储容量有限。

事务执行速度：单个请求的处理时间和并发处理能力存在短板，智能合约的执行时间也存在问题。

事务大小：区块链里存储事务数据的实际大小也影响了其应用。

（2）**智能合约的痛点**。虽然智能合约可以构建丰富多彩的价值网络，但基于单链架构的通用智能合约系统，由于合约之间没有隔离能力，性能也差强人意，还缺乏实用的编程库支持，因此无法与主流编程语言相提并论。

（3）**共识机制的痛点**。在当前的技术背景下，功能全面的共识算法并没有实现。现存的共识机制在应用层面比较专注特定场景。在新一代区块链共识机制中，需要对去中心化、安全和效率进行一定取舍，以提升整个系统的运行效果。可组合的共识机制可能是未来发展的方向，通过兼容多种共识算法，让整个网络具备开发者自定义共识机制的能力，以便在实际项目实施中选择最合适的共识机制。

（4）**计算和存储的痛点**。存在单机的存储和计算瓶颈，需要消除整体性能和扩展性的局限。区块链技术必须解决存储和计算的弹性扩展问题。

（5）**网络建设的痛点**。平台化技术的难点：区块链公链平台网络构建、实施的技术门槛高，在一定程度上限制了其快速发展。

区块链建设的难度：由于区块链涉及对整个工作流程的变革和再造，必然影响到各方利益，因此利益纠纷明显，这会给区块链建设造成很大阻力。

监管难度大：区块链技术去中心化的运行方式避免了传统中心化结构体系中的很多问题，但去中心化也意味着责任主体不明确，难以进行有效监管。

3. 区块链在互联网未来的地位

互联网出现以来，人们从不同领域和角度对互联网进行创新，随着移动互联、物联网、云计算、大数据、人工智能、工业互联网等技术的发展，互联网整体架构和运行模式脉络已越来越明晰，互联网已经进化成类神经元网络的结构。依托万维网的中心化服务结构，互联网设备特别是个人电脑和移动终端，通过设备上的各种软件在网络的中心数据库上映射出个人数据和功能空间开展社交活动，传递交流数据和信息。互联网中心服务器集群为数十亿台终端提供计算和存储服务，形成了事实上的中枢神经结构。

区块链的运作是另一种神经元模式。每台终端包括个人电脑和手机保持独立的数据空间，相互进行信息同步，成为独立的神经元节点，构成了神经学体系中多神经节点的分布式神经网络结构。这是一种没有中心的网络，和低等生物中存在的类区块链的神经结构很相似，并且同样具有很强的生命力。

对区块链的认知：

区块链并不是凭空产生的颠覆性技术，而是已有成熟技术（P2P 网络、密码学、分布式记账等）的集成创新。互联网实现了信息的广泛传播，区块链实现了信任的传递和价值的转移，区块链可以解决链上所有节点的信任机制建立问题。区块链将是连接现实世界和网络空间的桥梁。

区块链有特定的用途，很多场景并不适合使用区块链技术。但是，在一些特定的场景，并且有可能是某些重要的场景，区块链会有不可替代的作用。

区块链是采取了对等网络架构的互联网顶层—应用层的一种新软件和运行模式，它的运行依然要靠 TCP/IP 协议的架构体系。区块链通过把数据分散到互联网每台计算机上，试图降低互联网巨头的不良影响。

无论是从资源消耗和数据信息传递效率的角度，还是从神经系统进化的角度看，区块链目前还无法成为互联网的主流架构。区块链技术虽然会和互联网现有的B/S（C/S）结构互相借鉴，实现功能的扩展，但总体依然属于互联网已有技术的补充。它虽然不会成为未来互联网的颠覆者和革命者，但是区块链所带来的创新思想和思路上的启发，将对现有互联网的运行方式产生重大影响，其思想价值更多地影响到工业互联网体系的构建。

4. 对区块链基于技术成熟度曲线的预测

根据 Gartner 发布的 2019 年区块链业务技术成熟度曲线，可将区块链技术的发展划分为以下几个阶段。

2009—2016 年：技术萌芽期。第一代加密货币平台“比特币”诞生，区块链作为比特币的底层技术开始逐步受到各方关注。

2016—2018 年初：期望膨胀期。第二代加密货币平台及其区块链技术获得业界认同，虽然除了比特币外并没有产生任何一项真正有价值的大规模应用，但区块链技术在全球各地依然得到热捧。

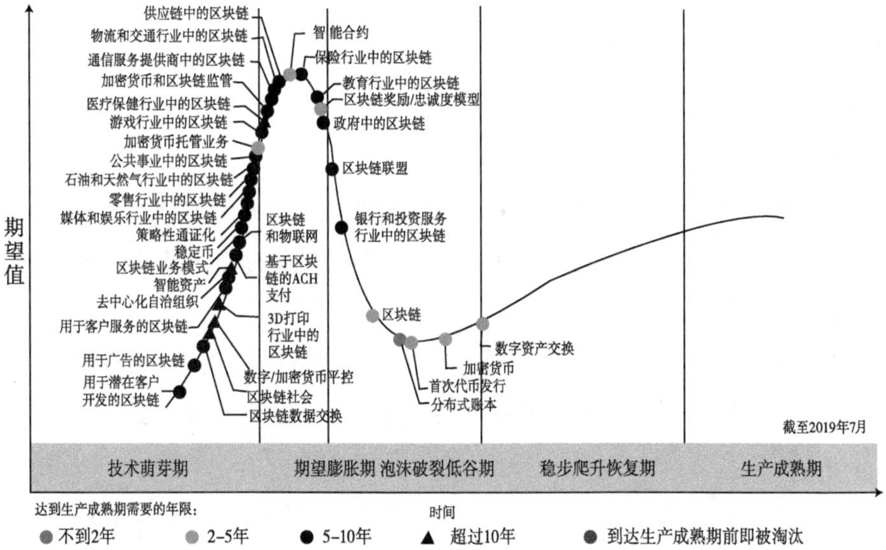

图 1 2019 年区块链业务技术成熟度曲线（来源：Gartner）

2018—2019 年初：泡沫化的谷底期。由于前期虽然热炒但一直未产生实际价值，因此大众的热情度大大降低。目前，多个第三代区块链基础平台产品将发布，随着这些底层基础技术平台产品的不断创新和发布，支撑区块链大规模商用化的能力大大提升。

2019—2021 年：稳步攀升的光明期。除了作为底层基础支撑技术的区块链操作系统日趋成熟外，大量自我标识为行业或领域内首个 DAPPs（基于区块链的应用软件）将从开发阶段步入正式的上线应用。

2021—未来：实际生产的高峰期。各行各业开始普及化应用区块链，各行各业的商业模式、组织形态、治理机制大规模出现颠覆式变革。

可以预见，在今后 3 ~5 年内，区块链技术将整体上趋于成熟，更多实用化的应用将出现，基于区块链技术的应用将在某些领域产生重大影响。

二、区块链应用场景

（一）应用概述

自区块链实用化应用出现以来，与区块链技术相关的各领域，尤其是底层技术取得了很大的进展。基于底层平台，各领域不断推陈出新，进行用户端、商业端的场景落地尝试。

根据去中心化程度、应用场景的不同，可划分区块链为三类：公有链、联盟链、私有链。不同区块链平台在共识算法、准入机制等诸多方面均存在差异。

公有链，此类区块链平台允许节点自由加入网络，且所有节点均有权限查看账本信息，常被形象化为“区块链世界的操作系统”。然而，受交易处理速度、可扩展性等的制约，公有链平台难以进行大规模商业应用落地。公有链底层技术正在寻求新的突破，探索构建更加普适、稳定的公有链平台，人们将该类平台定义为区块链 3.0。目前，区块链 3.0 平台仍处于探索阶段，大部分主网暂未上线。

联盟链，用于政府机构、商业机构及公司之间的应用，节点通过准入机制得到授权后方可加入，不同节点所拥有的信息查看权限不同。多用于推动联盟成员间协同合作、共建开放共享、简化业务流程。

（二）主要应用场景

1. 数字货币

目前，区块链技术最广泛、最成功的运用是以比特币为代表的所谓“数字货币”。但是从实质上来说只是一个基于对等网络架构（P2P）的猜数小游戏，通过高明的金融和舆论运作，试图成为不受政府监管的“世界性货币”。自 2018 年比特币和区块链概念大热后，国内投机分子借此制造了一些所谓虚拟货币，也就是空气币。央行把代币发行融资明确为：“本质上是一种未经批准非法公开融资的行为。”由于这些代币对监管和主权货币构成挑战，可以预见其将面临越来越严格的监管。

目前，央行正在积极推进研究数字货币的发行。央行研究中的数字货币，准确地说应该是数字现金，不是为了替代纸币，而是对现有货币体系的一个补充。随着区块链技术有效地解决了双重支付（也称“双付”“双花”double - spending）问题，更需要为应对“数字现金”的出现做好准备。Facebook 发行的天秤币有强烈的美元背景，一旦正式推出将会对我们造成重大影响。因此，央行推出数字货币势在必行，只是目前推出的时机尚待观察。

2. 金融应用

区块链在金融领域有着独特的优势，因为区块链技术的诞生和金融交易密切相关。金融机构需要新的技术来提高运营效率，以降低成本来适应整个经济发展的现状。另外，金融行业有巨大市场空间，技术的进步能够带来可观的经济利益。金融是对安全性、稳定性要求极高的行业，区块链在安全性上使其在金融领域迅速得到认可。在金融领域，除去数字货币应用外，区块链也逐渐在保险业务、资产证券化、数字票据、跨境支付、供应链金融、征信管理等领域体现出价值。

（1）**保险业务**：区块链共享的透明特点降低了信息不对称风险，同时降低了逆向选择风险；其历史可追踪的特点，则有利于减少道德风险，进而降低保险的管理难度和管理成本。保险公司可以更加准确、及时地获得参保客户的风险信息，以便提升效率、降低核保成本。

（2）**资产证券化**：通过区块链去中心化、共识机制、不可篡改的特点，解决这一领域底层资产的真实性无法保证、操作环节多、参与主体多、交易透明度低、出现信息不对称等问题，从而实现交易链条中各方机构对底层资产数据的真实性和准确性的信任及准确把握。增加数据流转效率，减少成本，实时监控资产的真实情况，保证交易链条各方机构对底层资产的信任问题，以实现对资产风险的把控。

（3）**数字票据**：该领域的痛点在于操作风险、市场风险、道德风险。特别是对于票据市场上存在的“一票多卖”、虚假商业汇票等情况，区块链能进行有效的防范。

（4）**跨境支付**：不依赖第三方支付机构，缩短了支付周期、降低了费用、增加了交易透明度。区块链实质上是在不依赖中心化服务的同时完成了交易、记账和结算，可实现跨境支付的准实时进行。

（5）**征信管理**：征信领域的数据缺乏共享；用户与征信机构信息不对称；数据源耗费成本大，数据采集渠道有限；隐私保护问题突出。区块链具有去中心化、去信任、时间戳、非对称加密和智能合约等特征，在技术层面保证了隐私数据有限度、可管控的信用数据共享和验证。

（6）**供应链金融**：区块链不需要第三方机构增信鉴定供应链上各种相关凭证的真实性，可大大降低融资成本、减少融资的周期。

3. 区块链＋行业应用

随着区块链技术在金融领域应用的不断验证，基于其技术特点和优势在其他行业领域也逐渐体现出价值。目前，医疗健康、物联网、IP 版权、教育、文化娱乐、通信、慈善公益、社会管理、共享经济、物联网等领域都在逐渐落地区块链应用，“区块链＋”涉及的领域在逐渐扩大。

（1）**区块链＋医疗**：区块链能利用自己的去中心化、匿名性等特征保护病人隐私，防止个人生物信息被滥用。电子健康病例（EHR）、药品防伪、DNA 钱包等都是区块链技术可能的应用领域。

（2）**区块链＋物联网**：区块链和物联网两种技术的结合，在很多应用场景和业务领域都产生可持续性的竞争优势。物联网终端设备的分散化适合区块链中心的应用，区块链带来的全新思维方式为解决物联网发展的瓶颈提供了新的思路，区块链在物联网领域的应用正处在爆发阶段。在物联网平台、通信、能源管理、供应链管理、共享经济、智能制造、车联网、农业、供应链等诸多领域，将发挥重要作用。

（3）**区块链＋知识产权和文化娱乐**：区块链的确权、可追溯、不可篡改的特性决定了在这一领域的应用前景。例如著作权，数字化作品通过使用区块链进行加密登记，使作品具有永久的身份信息，可以充分保障作者的权益。在商标权、专利权、著作权等方面，区块链技术对在之前使用的证明方面可以发挥巨大作用。在知识产权确权上，区块链有明显的优势和实用性。

利用区块链技术，能将文化娱乐价值链的各个环节进行有效整合、加速流通，缩短价值创造周期；同时，可实现数字内容的价值转移，并保证转移过程的可信、可审计和透明，有效预防盗版等行为。

（4）**区块链 + 公共服务和教育：**区块链技术在公共服务范围的共享信息、透明政府、身份（资质）验证以及鉴证确权等方面有着较为成熟的解决方案。区块链应用于教育领域可以构建可信学习数据和教育信任体系，优化教育业务流程，实现精细化、高效率、高质量的学习服务。

（三）“区块链 +”行业应用案例

1. 区块链 + 疾控冷链监测

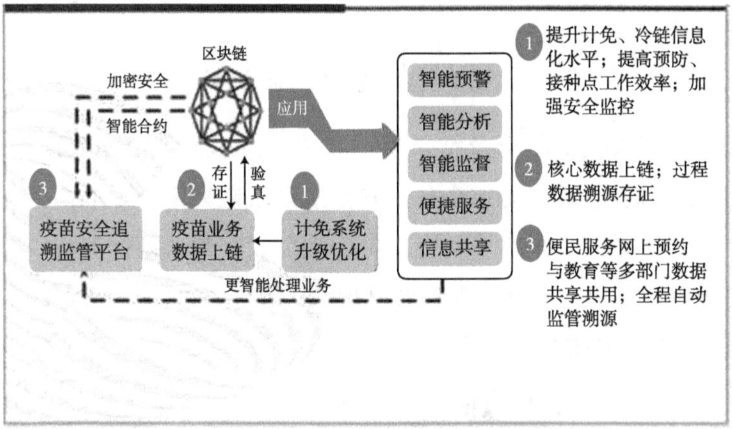

图 2　区块链 + 疾控冷链监测

疫苗的冷链物流不仅是专业技术问题，更是关系人民健康的重大安全问题。在实际运行中，由于冷链物流装备不足，存在虽有管理制度但缺少监管手段等问题，疫苗的储藏和运输经常由于监测不善而出现“冷链不成链”或“断链”现象，严重威胁疫苗质量和公众的用苗安全，全流程、全链条的运输是保证疫苗质量的关键。

基于区块链、物联网、数据挖掘、窄带物联网（NB－IoT）技术，在运输、储藏各环节指定位置安装温度、湿度的监测点，将采集的温湿度数据通过无线方式自动发送给云平台，利用区块链技术使数据自动上链，减少和降低人为干扰因素。应用基于“物联网 + 防伪技术”的区块链溯源系统，可有效解决数据源真实性与产品防造假的痛点。

2. 区块链+惠农金融

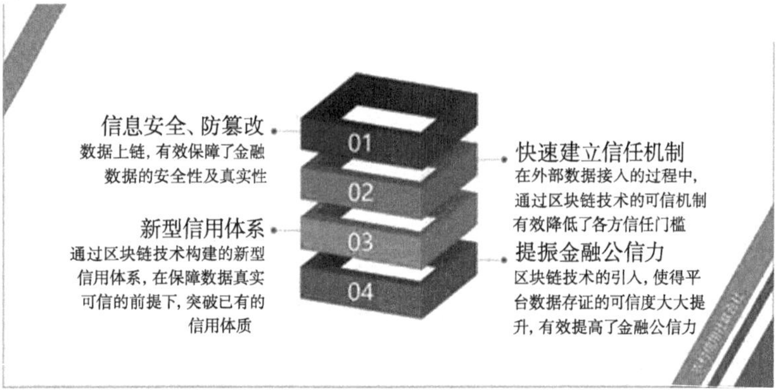

图3 区块链+惠农金融

将惠农金融关爱流程以及结果通过区块链技术实现全程数据记录上链，便于后续的跟踪及管理。为每个贫困户生成区块链数字身份联络卡，支持二维码等快速服务模式，同时平台提供打印功能。将帮扶筹措流程以及结果全程记录于平台内，便于后续的跟踪及管理。

3. 区块链+可信数字政府

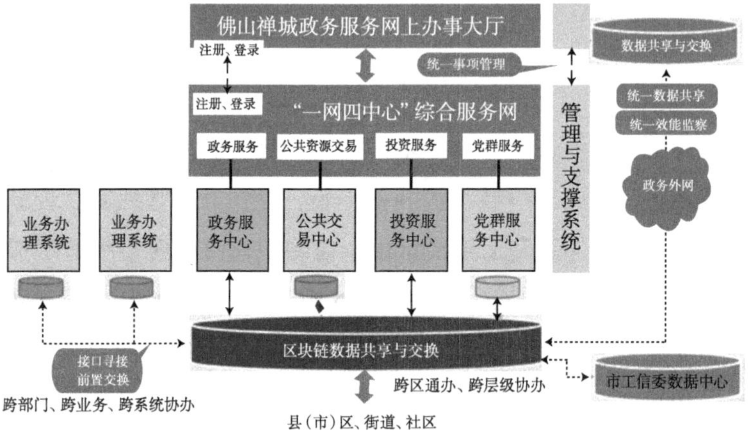

图4 区块链+可信数字政府

广东佛山禅城通过改革组织管理体系，推行"运管分离"核心理念，在管理体制、运行机制、建设运维模式等方面进行了全面改革。"可信区块链数字政府服务”建设成果显著，被广东省列为区块链应用促进示范工程。

4. **区块链 + 农产品溯源**

图5　区块链 + 农产品溯源

农产品供应链有着极为复杂的生产运输加工流程，这个流程包括了生产、运输、仓储、批发和零售商等众多环节。传统的溯源虽然有着一定效果，但其成本较高，并且数据很容易造假。区块链技术的运用不但可以有效地降低溯源的成本，更重要的是，能够借助区块链技术实现各参与机构的信息和信任共享，对农产品的原料来源、生产加工、物流、销售渠道的信息进行区块链数据保存，实现对每件农产品的全流程追踪溯源。

5. **区块链 + 旅游生态**

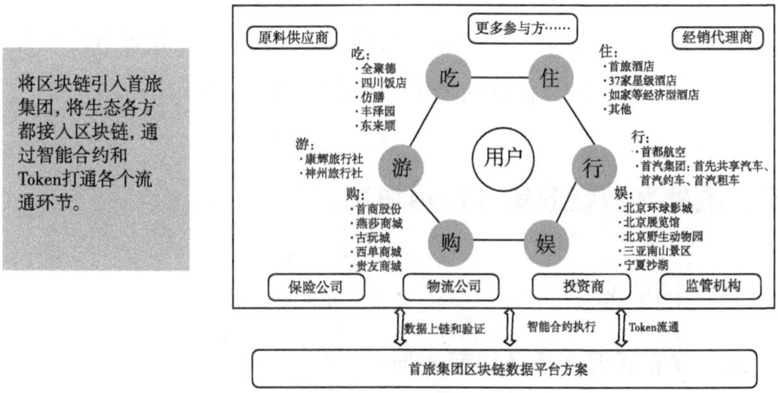

图6　区块链 + 旅游生态

旅游业与区块链技术相结合可以更高效地打造透明的旅游生态体系。区块链上的每个用户都可以实时上传和获取旅游数据，且数据不会被篡改。所有发生的预订和支付交易都会被区块链固定记录存证，能有效防止超售，避免经营道德风险。这将很好地规范交易双方的信息和交易条件，推动旅游市场诚信经营环境的形成。

6. 区块链 + 社区矫正

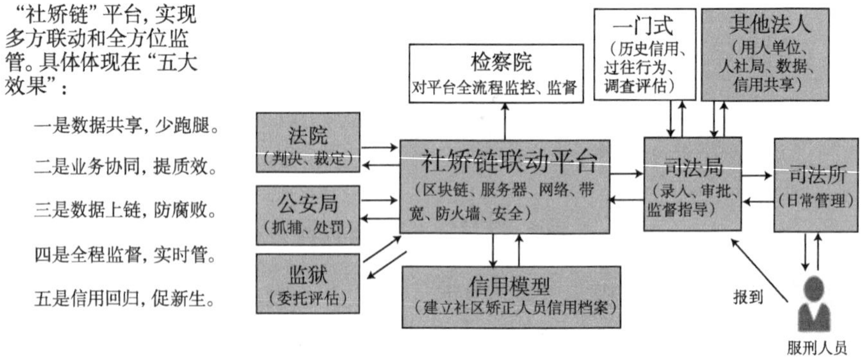

图 7　区块链 + 社区矫正

广东佛山禅城的区块链社区矫正联动平台纵向对接禅城区自然人数据库，以身份认证平台为支撑，横向打通公、检、法、司等部门信息壁垒，把社区矫正工作通过"社矫链"平台实现。该平台有信息互通、信息查询、实时监管、预防脱管漏管、信用评价等功能。建立纵横联动的共享工作机制，以安全有效的方式畅通沟通渠道。通过"社矫链"中的轨迹跟踪、行为监控、信用评价模型等进行精准分析，减少和预防犯罪，促进社区服刑人员重新融入社会。

三、国外区块链政策及应用情况

（一）美国情况

1. 美国政府高度重视区块链发展

美国政府各层面对此都有相关的研究进展。

2018 年，美国国会、商务部国家标准与技术研究院（NIST）等部门先后发布了多份区块链报告，在认可区块链技术潜力的同时，也指出了在监管等方面的挑战。在美国颁布的《2018年国防授权法案》中，要求国防部长牵头对区块链技术进行安全评估。美国参众两院委员会于2019年7月发起了对Facebook提出的加密货币Libra的审查。美国证监会（SEC）、国税局（IRS）、商品期货委员会（CFTC）纷纷对区块链与数字货币产业密集性采取了豁免注册申请、发放无异议函、发放牌照等多种监管举措。2019年7月，美国国会批准《区块链促进法案》，美国认识到需要为区块链技术制定监管框架，并研究政府如何能从其应用中获益。

美国多个州对区块链技术的相关问题进行了立法，包括认可区块链作为合法的电子记录的地位，允许私营部门使用区块链技术来管理股票发行等。华盛顿州参议院提出了编号为SB5638的《关于承认分布式分类账技术有效性》法案，旨在对《华盛顿州电子认证法案》进行修改和补充，以对区块链和分布式账本技术进行定义，明确相关交易的法律有效性。纽约州为数字货币监管新设置了牌照并已发出近20张，这点与所有的联邦机构和州不同，其他机构则把数字货币生态纳入现有的监管体系。

2. 美国区块链应用已全面展开

美国产业界早已认识到区块链技术能够带来的巨大价值和颠覆性影响，传统的互联网巨头以及新兴的区块链企业从技术、底层平台到行业应用都进行了深入探索和研究。

在政府应用层面，美国的食品和药物管理局（FDA）计划推出一个区块链试点项目，旨在增强对进入美国的药物的溯源和追踪。美国卫生与公众服务部也投资了价值700万美元的“智能采购”（BUYSMARTER）人工智能和区块链计划，以响应美国行政管理和预算局备忘录中对政府机构提高效率的要求。

在企业应用层面，2019年6月，Facebook联合数十家机构发布了加密货币项目Libra白皮书，拟于2020年正式推出基于区块链的加密货币——天秤币（Libra）。摩根大通宣布推出用于支付的区块链数字货币JPMCoin，JPM-Coin与美元1∶1兑换，目前仅供企业使用。沃尔玛联合IBM推出了基于区块链技术的食品安全解决方案，用于提升食品供应链的透明度，从而保障食品安全。美国的保险业巨头州立农业保险公司（StateFarm）和USAA保险公司是保险区块链联盟 RiskBlock 的成员，它们基于 Quorum 区块链平台进行了保险应用的测试，旨在减少汽车保险索赔过程中涉及的成本高昂、耗时的文书工作，以提高自动化水平，并利用了 Quorum 许可型区块链的特性实现了对隐私的保护。

3. 美国区块链人才需求旺盛

领英发布的《2018 年美国新兴职业报告》中指出，“区块链开发”已经成为美国最热门的新兴职位，其需求较以前增长了 33 倍。就业领域分布在信息技术服务、计算机软件、互联网产业。美国的教育机构也在积极跟进区块链的课程及相关研究。美国多家知名大学已开设了与区块链相关的课程。纽约大学作为最早开设区块链相关课程的学校之一，在 2014 年就开设了“数字货币、区块链和金融服务的未来”课程。加州大学伯克利分校开设了“区块链，加密经济学，技术、商业和法律的未来”课程，同时学生还自发形成了伯克利区块链社区，为空中客车、高通等公司提供咨询服务。麻省理工学院斯隆商学院的“区块链和货币”以及哈佛大学的“创业与创新”“区块链和比特币概论”等课程，在学术界也有相当的知名度。

（二）欧洲情况

1. 欧盟对区块链技术的应用持积极态度

2018 年 4 月，22 个欧盟国家签署了建立欧洲区块链联盟的协议，该联盟的目标是成为区块链技术和监管经验等交流的专业平台，为启动欧盟范围内的区块链技术应用做好准备。

2018 年 12 月，欧盟通过了《区块链：前瞻性贸易政策》决议，称区块链可以改善供应链中的透明度、简化贸易流程、降低成本、防止腐败、监控偷税行为，并能够提高数据的安全性。欧盟议会认为欧盟有机会成为区块链的领军者，所以需要制定全球互操作性标准来促进跨区块链的贸易，从而实现更流畅的供应链流程，并呼吁欧盟委员会追踪全球的区块链试点项目，起草相关应用的规则草案，并应在欧盟委员会贸易总司内设立区块链咨询委员会。

2019 年 4 月，欧盟宣布将成立国际可信区块链应用协会，用于推动区块链技术的广泛采用。该协会的创始成员包括了 IBM、埃森哲等知名企业。该协会旨在联合初创企业、中小型企业、监管机构及标准制定机构的力量，促进公共和私营部门的合作，推动区块链技术的广泛采用。

2. 欧盟 GDPR 条例与区块链的冲突

2018 年 5 月 25 日，欧盟发布了 GDPR 条例（《通用数据保护条例》），对个人数据的隐私保护提出了史无前例的严格要求。该条例规定了所谓的被遗忘权，即数据主体有权要求数据的控制者及时删除个人数据，而控制者在数据主体根据特定条款规定撤回同意、个人数据被非法处理以及遵守特定辖区法律法规要求等情况下，有义务及时删除个人数据。显而易见，这样的要求，是与传统区块链技术主张的“数据一旦上链难以删除或篡改”的特性相冲突的。一些区块链项目因担忧违反 GDPR 可能导致的巨额罚款，开始考虑不再为欧盟居民提供服务。

3. 欧洲部分国家区块链发展较为迅速

瑞士政府早在 2016 年就宣布允许市民使用虚拟货币支付政府服务，区块链在瑞士的应用范围不断扩大。瑞士城市楚格于 2018 年 6 月 25 日至 7 月 1 日进行基于公民身份认证系统的“区块链投票测试项目”。2018 年 6 月，瑞士信贷银行伦斯堡银行成为瑞士第一家向区块链和加密货币公司提供商业账户的银行。瑞士私人银行冯托贝尔银行（Falcon）和安勤银行（Vontobel）也纷纷选择加密货币市场。瑞士对数字货币充满热情，非常赞赏 Libra 这种想法，从而吸引 Facebook 将 Libra 总部开在瑞士。

2018 年，法国政府修改了相应的证券法，允许使用区块链技术交易特定传统证券。法国政府从法律上打开了大门，允许金融科技公司和银行机构开始在区块链技术平台上进行非上市的证券交易。

2019 年 5 月，德国北莱茵—威斯特法伦州政府（NRW）经济部长表示，欧洲区块链研究所将在多特蒙德市成立，具体位于弗劳恩霍夫物流研究院（IML）内。此举旨在加快欧洲在区块链领域的进展。

2019 年，俄罗斯颁布《实施去中心化登记和合法证书中技术应用管理的监管法案》，以明确对区块链技术的监管。目前，俄罗斯境内的区块链已形成了包括电子钱包、区块链基金、行业监管、媒体论坛、行情工具等一系列的区块链业态。俄罗斯已有莫斯科国立大学、圣彼得堡国立经济大学、国家科技大学、莫斯科物理和技术学院等多所高校开设密码学和区块链技术的新课程。

（三）亚洲情况

1. 亚洲区块链项目数量全球领先

亚洲的主要国家对区块链技术的应用持积极态度，以日本、韩国、新加坡为代表的国家在合规监管的前提下，积极发展数字货币应用，中国更加注重区块链技术与实体经济、社会治理的结合与应用，同时也开展了数字货币研究与移动支付创新。据链塔智库统计，截至2019年5月底，其数据平台共收录8000多项区块链项目，其中亚洲项目占比超过60%，遥遥领先于北美（22%）、欧洲（12%）、大洋洲（2%）、非洲（1%），亚洲区块链发展优势明显。

2. 亚洲31所高校开设区块链课程

据统计，目前亚洲共有31所高校开设了区块链课程，其中中国最多，共有15所。值得注意的是，作为“世界办公室”的印度软件产业培育了大量区块链人才。数据显示，印度是亚太地区最大的区块链开发人员储备国，占全球总数量的7%。在2018年6月，印度国家技术促进学习项目与美国IT巨头IBM合作，推出了与区块链相关的在线课程。

3. 亚洲多国开展区块链服务应用

印度和马来西亚使用区块链认证学位证书。马来西亚教育部与6所大学组成的新联盟推出了名为e－Scroll的教育认证区块链系统，用于发放和核实大学学位，以应对该国越来越多的伪造学位证书案例。印度政府从2019年开始，也在区块链上颁发防篡改的数字学位证书。

2019年3月，日本内阁批准了日本金融工具和支付服务法律的修正案草案，将加密货币保证金交易的杠杆率限制在初始存款的2～4倍。另外，日本政府正在推进房地产区块链登记的大规模项目，会统一将城镇、农田和森林地区所有房地产登记信息整合到单一区块链账本中，将包括大约2.3亿地块和5000万建筑的详细信息。

2019年5月，新加坡宣布推出结合区块链技术的学位认证系统，自2019年起，当地中学、中学后教育学府、公立大学等教育机构的毕业生将获得数字形式的毕业证书，雇主可直接通过 OpenCerts 网站确认证书真伪。

2019 年 5 月，韩国首尔市市长表示，将使用区块链收集城市和行政数据，以实现新的服务，如公民卡的综合认证系统，以及便于访问各种管理服务的工具。首尔市已经提供了支持区块链的行政服务，包括移动电子投票和汽车销售。

印度总理莫迪的内阁宣布批准印度进出口银行与“金砖国家”合作，共同研究分布式总账和区块链技术。印度政府在区块链技术领域的主要监管策略是，将区块链技术在各行业中的应用与数字货币分离开来。

马来西亚国际贸易和工业部下属的国家应用研究中心与发展中心和甲骨文公司合作，探索用区块链简化工作流程，以便提高马来西亚营商便利程度。

在 2019 年的博鳌亚洲论坛上，泰国央行行长维拉泰·桑蒂拉霍透露，该行正在推进数字货币项目。

四、国内和山东省区块链发展状况及政策建议

中国区块链产业正处于蓬勃发展期，从中央到地方有关区块链发展的指导意见和扶持政策不断发布，多省市把区块链纳入发展数字经济的规划中，大力推进区块链应用落地，促进区块链与实体经济的融合，同时也对利用区块链进行非法活动的人群进行了严格监管。

（一）国家层面的区块链政策情况

中国政府积极鼓励区块链技术与经济建设和社会治理相结合，从中央层面到各主管机构均开展了政策引导，大力支持区块链技术的落地应用。

2019 年 2 月，国家网信办发布《区块链信息服务管理规定》，规范区块链信息服务活动，促进区块链技术及相关服务的健康发展。随后，根据规定开展了区块链信息服务备案审核工作，分别于 3 月和 10 月发布了两批共 506 个境内区块链信息服务名称及备案编号。2019 年 8 月，国家互联网信息办公室关于《区块链信息服务管理规定》中涉及安全评估条款说明的公告，对该规定做了进一步的解读。

2019 年 2 月，商务部等 12 个部门发布了《关于推进商品交易市场发展平台经济的指导意见》，提出依法合规创新区块链等信息技术的应用，进而“构

建平台生态，激发市场活力”。

2019 年 5 月，中共中央、国务院发布《关于深化改革加强食品安全工作的意见》和国务院食品安全委员会发布的《2019 年食品安全重点工作安排》，均提出推进运用云计算、物联网、大数据、人工智能、区块链技术，加强食品安全监管和追溯协作。

2019 年 7 月，中国银保监会发布了《推动供应链金融服务实体经济的指导意见》，指出鼓励银行业金融机构在依法合规、信息交互充分、风险有效管控的基础上，运用生物识别、人工智能、区块链等技术搭建服务上下游链条企业的供应链金融服务平台。

2019 年 8 月，中国人民银行印发《金融科技发展规划（2019—2021 年)》。该规划指出，要综合运用数字签名技术、共识机制等手段，强化金融交易报文规范管理，保障金融交易过程的可追溯性和不可抵赖性，提升金融交易信息的真实性、保密性和完整性。积极探索新兴技术在优化金融交易可信环境方面的应用，稳妥推进分布式账本等技术验证试点和研发运用。

2019 年 8 月，中共中央、国务院发布的《关于支持深圳建设中国特色社会主义先行示范区的意见》提到，“支持在深圳开展数字货币研究与移动支付等创新应用”。央行深圳市中心支行行长邢毓静表示，央行贸易金融区块链平台已接入深圳市 28 家银行、483 家网点业务上链运行，对外付汇业务量已超 300 亿元。

2019 年 8 月 10 日，中国人民银行支付结算司副司长穆长春表示，从 2014 年到现在，央行数字货币 DC/EP 的研究已经进行了 5 年，央行数字货币呼之欲出。

（二）地方政府支持引导区块链创新发展

近年来，国内许多省市积极支持、引导区块链的创新发展，发布了与区块链相关的政策和措施。

2018 年 8 月，深圳开展全国区块链电子发票的试点。自 2019 年 3 月起，深圳部分机场大巴、地铁、出租车等采用区块链电子发票。

2018 年 9 月，海南省设立“海南自贸区（港）区块链试验区”。

2018 年 10 月，海南生态软件园和牛津大学区块链研究中心在伦敦签署战略合作，建设研发中心、搭建产业平台和培育区块链人才。

2019 年 1 月，北京市面向全社会征集基于区块链技术的大数据目录管理系统方案，对解决方案中相关原型系统或者产品要求基于区块链技术，利用共识机制及进行授权管理，实现对委办局库表密钥的管理，在保障安全的情况下，利用库表密钥完成数据汇聚和更新。

2019 年 4 月，天津口岸区块链验证试点项目正式上线试运行。在天津空港口岸和东疆港区海运口岸成功实施了区块链技术在跨境贸易中的验证应用。这标志着在全国首次实现了区块链技术与跨境贸易中的交易、金融、物流、监管等各环节的深度融合，初步建立了区块链跨境贸易生态体系。

2019 年 5 月，福州市出台《关于加快福州市区块链产业发展的三条措施》。计划在 3 年内，通过资金补助等方式鼓励区块链企业落地福州，鼓励传统企业开展区块链应用落地，推动区块链应用示范工程建设和发展。

2019 年 6 月，上海不断深化金融与科技联动，多部门和县区出台了区块链专项支持、发展政策引导以及优化产业发展环境，大力推动区块链技术研究与应用创新。

2019 年 6 月，重庆市利用区块链和人脸识别技术建设的重庆市企业网上服务平台正式上线运行。

（三）区块链技术在各领域的应用持续深化

区块链技术的诞生为数字货币的实现和发行奠定了基础，为金融领域支付、清结算等创新应用提供了技术支撑。基于区块链的数字货币成为全球关注的热点，吸引了政府机构、企业等共同探索。在政务领域，区块链这种互信机制可以解决跨部门、跨业务领域的政务数据可信度问题，从而有助于消除数据烟囱和联通信息孤岛，做到数据的全量归集和检索，形成基于区块链的政务信息共享平台。其他在如食药品安全、供应链管理、数字版权、社会公益等各个行业领域的区块链都能够解决行业痛点，带来新的应用模式。

随着区块链技术的不断发展与进化，真正面向消除全行业信任痛点的区块链技术方案陆续出现。受国家政策与行业需求引导，产业界将区块链技术与经济发展和社会治理相融合，开展了面向行业领域的落地应用，部分领域的应用成效十分显著。总体来看，2019 年中国区块链企业数量同比增加相对放缓，区块链专利申请增量减少，截至 2019 年 8 月底，中国区块链专利申请量 1888 件，仅为 2018 年 7171 件的 26.3%。

区块链概念热度下降，实际应用案例不断增多，在金融服务、食品安全、政务、供应链等多个领域涌现出大批应用成果，为相关行业领域的创新发展提供了良好的范例。在金融服务方面，众安保险联合多家单位建设的基于区块链的再保险交易系统取得了良好应用效果。2018 年 8 月 10 日，国家税务总局深圳市税务局与腾讯联合开出全国首张区块链电子发票。仅一年时间里，区块链电子发票就已覆盖 100 多个行业，接入企业超过 5300 家，开具区块链电子发票累计超过 600 万张，总开票金额达 40 亿元。食品安全领域基于区块链打造的农产品追溯与营销平台，在全国 58 个肉菜流通追溯试点城市试点。

在政务领域，重庆推出了区块链政务服务平台。杭州互联网法院司法区块链通过区块链技术进行网络取证以及保存，大大减少涉网审判的纠纷及成本，成为全球首家用区块链审判的法院。北京互联网法院、广州互联网法院等均开展了司法区块链研究与应用。

（四）山东区块链的发展现状

1. 从区块链信息服务备案项目数量分析

2019 年 2 月 15 日，国家网信办发布了《区块链信息服务管理规定》，要求区块链服务提供者通过区块链信息服务备案管理系统提交、填报备案相关信息。

3 月 30 日，国家网信办发布了第一批境内区块链信息服务备案编号，共有来自全国 18 个省市 197 个区块链信息服务在列。从地域来看，此次获得备案的 197 个区块链信息服务主要来自 18 个省市，其中北京、广东、浙江、上海、江苏列前五位。其他省市有山东、福建、湖南、重庆、海南、陕西、湖北、四川、天津、江西、贵州、宁夏、广西。山东省的浪潮质量链、山大地纬、海尔软件 3 家公司共 5 个项目产品获登记备案。

表1　第一批区块链信息服务备案——山东企业及项目名单

序号	公司	地区	项目	备案号
123	厦门艾欧特科技有限公司	福建省—厦门市—集美区	基于RFID、AI和区块链技术的价值管理生态平台	闽网信备35021119388158950019号
124	共青城数洞区块链科技服务有限责任公司	江西省—九江市—共青城市	红链	赣网信备36048219928292440017号
125	山东浪潮质量链科技有限公司	山东省—济南市—历城区	质量链	鲁网信备37011219308162210019号
126	山大地纬软件股份有限公司	山东省—济南市—历城区	大纬链	鲁网信备37011219175278990014号
127	山大地纬软件股份有限公司	山东省—济南市—历城区	大纬链数字证照公共服务平台	鲁网信备37011219175278990022号
128	山大地纬软件股份有限公司	山东省—济南市—历城区	大纬链公共服务平台	鲁网信备37011219175278990030号
129	青岛海尔软件发展有限公司	山东省—济南市—崂 山区	海链	鲁网信备37021219268335900017号
130	湖北邮电规划设计有限公司	湖北省—武汉市—江汉区	数据上链演示系统	鄂网信备42010319613058240019号
131	卓尔购电子商务（武汉）有限公司	湖北省—武汉市—黄陂区	卓链联盟	鄂网信备42011619918175000019号
132	湖南大家家济健康服务有限公司	湖北省—长沙市—岳麓区	健康链	湘网信备43010419317886800014号
133	湖南铭泽数据技术有限公司	湖北省—长沙市—岳麓区	通证数据	湘网信备43010419924047150019号
134	阳光易购（湖南）科技有限公司	湖北省—长沙市—长沙县	优选链	湘网信备43012119395424410010号
135	湖南智慧政务区块链科技有限公司	湖北省—娄底市—娄星区	不动产区块链信息共享平台	湘网信备43130119953671570016号
136	阿尔山智慧供应链科技广东有限公司	广东省—广州市—荔湾区	企业级区块链联盟云平台	粤网信备44010319454961900019号

10月18日，国家网信办发布第二批共309个备案项目，全国17个省市309个区块链信息服务在列。从地域来看，此次获得备案的309个区块链信息服务主要来自18个省市，其中北京、广东、浙江、上海、江苏列前五位，排名与第一批发布时一致。其他获得备案的省市有福建、四川、天津、河北、山东、湖北、重庆、安徽、贵州、海南、辽宁、陕西、江西。其中，河北、辽宁、安徽为首次有项目进入备案清单，之前有项目进入备案的湖南、广西、宁夏此次未有新的项目进入。山东省有4家公司的4个项目产品获登记备案。

表2　第二批区块链信息服务备案——山东企业及项目名单

序号	公司	地区	项目	备案号
214	山东爱城市网信息技术有限公司	山东省—济南市—历下区	电子证照	鲁网信备37010219582680250011号
215	山东公链信息科技有限公司	山东省—济南市—历下区	山东公链区块链底层操作系统	鲁网信备37010219459759300014号
216	山东凤岐创业服务有限公司	山东省—济南市—长清区	凤岐链	鲁网信备37011319281600790016号
217	青岛闪收付信息技术有限公司	山东省—青岛市—崂山区	链赢金科联盟链	鲁网信备37021119961466220017号
218	天仁九州金融服务（武汉）有限公司	湖北省—武汉市—洪山区	聚萤链	鄂网信备42011119789955140017号
219	天逸财金科技服务（武汉）有限公司	湖北省—武汉市—洪山区	VBaas	鄂网信备42011119396627990015号
220	天逸财金科技服务（武汉）有限公司	湖北省—武汉市—洪山区	AR链	鄂网信备42011119396627990023号
221	武汉趣块科技有限责任公司	湖北省—武汉市—洪山区	蜜蜂矿池	鄂网信备42011119315790430010号
222	广州八斗金链科技有限公司	广东省—广州市—越秀区	金链区块链BaaS平台	粤网信备44010119835341610015号
223	广州互联网法院	广东省—广州市—海珠区	网通法链	粤网信备44010119847472590011号

两批共公布备案项目 506 个。从发布的备案信息项目数量按省市统计来看，北京（150 个）、广东（119 个）明显领先其他省市，浙江（77 个）、上海（54 个）、江苏（26 个）是第二梯队且增加势头明显，福建（12 个）、四川（9 个）、山东（9 个）等省市是第三梯队，尚处在起步阶段。

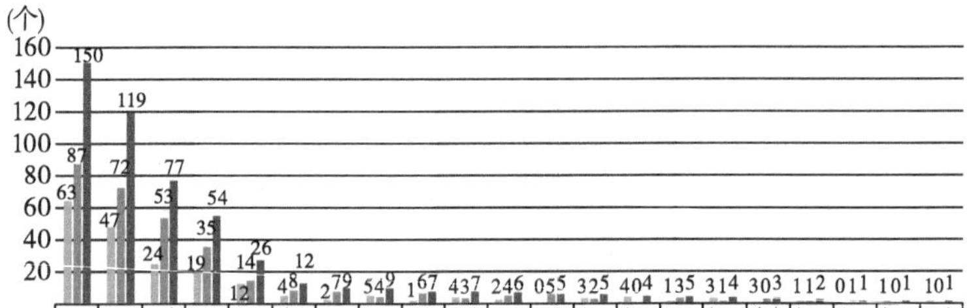

	北京	广东	浙江	上海	江苏	福建	四川	山东	天津	重庆	湖北	河北	海南	湖南	贵州	陕西	安徽	江西	辽宁	广西	宁夏
第一批	68	47	24	19	12	4	2	5	1	4	2	0	3	4	1	3	0	1	0	1	1
第二批	87	72	53	35	14	8	7	4	6	3	4	5	2	0	3	1	3	1	1	0	0
总数	150	119	77	54	26	12	9	9	7	7	6	5	5	4	4	4	3	2	3	3	3

图 8　各省市区块链信息服务备案项目数量统计

另外，国家网信办在发布备案信息的同时还强调，备案仅是对主体区块链信息服务相关情况的登记，不代表对其机构、产品和服务的认可，已备案主体后续将接受网信办及有关部门的监督和检查。区块链信息服务提供者应当在其对外提供服务的互联网站、应用程序等显著位置标明其备案编号。可以看出，国家对区块链加强监管的态度。

2. 从区块链专利地域分布分析

据国家知识产权局统计，截至 2018 年 10 月 17 日，我国公开的区块链专利书为 2538 件。2018 年，中国区块链专利公开数量为 1551 件，远超 2017 年的 860 件。

区块链专利地域分布呈现出明显的集聚效应，东部地区区块链专利数量远高于中西部地区。根据亿欧智库统计，中国区块链专利分布在 26 个省市，北京、广东、上海共占比 65%。

据统计，中国区块链专利数量最多的十个省市为：北京（594）、广东（402）、上海（193）、浙江（176）、江苏（88）、四川（86）、湖北（63）、山东（40）、福建（23）、安徽（21）。

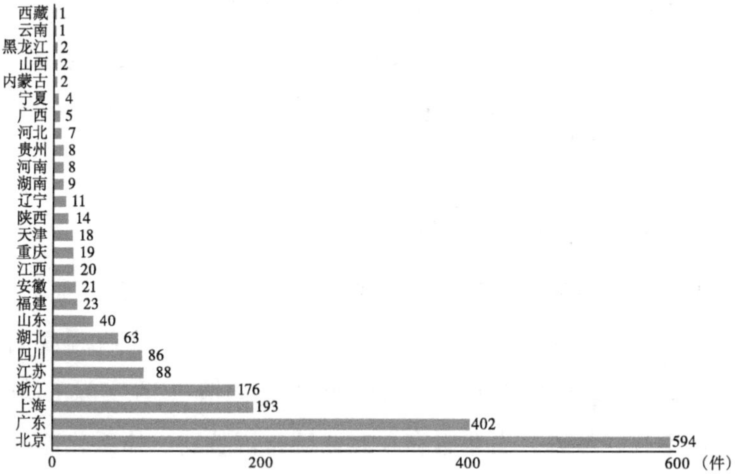

图 9 区块链专利地域分布

来源：亿欧智库。

从专利总量来看，中国区块链专利数 TOP10 企业呈现出传统龙头企业与区块链企业齐头并进的态势。其中，阿里巴巴以 80 件专利高居第一位，中国联通以 47 件专利居第二位，复杂美以 37 件专利居第三位。2018 年，区块链专利公开数 TOP5 企业为：阿里巴巴、轱辘车联、中国联通、欧链科技、浪潮质量链。

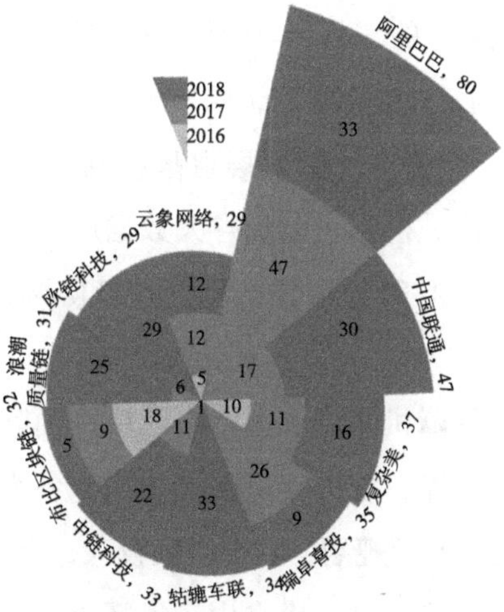

图 10 区块链公开专利企业前十位

来源：亿欧智库。

从区块链专利公开数量的区域分布来看，山东省在全国的位次与各省市区块链信息服务备案项目数量统计排名基本相符。可喜的是，我省企业浪潮质量链在2018年区块链专利公开数排名中居第五位，可以看出企业在加紧布局进行相关技术储备。

（五）对山东发展区块链的建议

山东省主要领导对区块链技术非常重视，对我省区块链产业的发展进行过多次部署。但在实际推进中，基层还存在认识水平和重视程度低的问题，一部分人认为“区块链的去中心化，不符合中国国情”，在实际工作中的积极性和主动性不高。另外，山东省存在互联网基因偏弱、体系化建设速度慢、规模小，人才技术储备不足等短板，区块链综合排名与经济大省地位不符。我们要把对区块链的认识提升至中央政治局第十八次集体学习和习近平总书记的指示上来，要提高站位，树立大局观，研究好、应用好、管理好区块链这一新技术，让区块链为山东经济和社会发展服务，为此建议如下。

1. 感知全球趋势，增强走在前列的决心和信心

尽快制定我省区块链专项发展规划。对标先进，借鉴先进地区的发展经验，发挥实体经济规模大的优势，以“抢滩登陆”的勇气，占领行业制高点。同时，要脱去“炒概念、赌未来”的“虚”，落到“重应用、看效果”的“实”上，解决蹭热点、骗政策问题，让能干事、干成事的企业在山东得到快速发展。

2. 协同顶层布局，构建区块链发展保障机制

（1）建立顶层协调推进机制。以我省大数据局、国家健康医疗大数据北方中心、国家超算济南中心等为依托，建立省级协调机构，统筹解决人才、技术、产业等关键问题。

（2）建立政策技术保障机制。成立省级区块链国际学术委员会，作为我省在区块链领域的专业智库，着力解决多点出击、各自为战的问题。在现有政策基础上，制定区块链专项规划，真金白银投入，真心实意招引。

（3）建立实体对接促进机制。成立山东省区块链产业技术研究院，开展区块链行业前沿及共性关键技术与设备研究开发；开展区块链领域的技术咨询服务、成果转化、科技孵化、对外交流合作与技术培训；承担各级政府部门、企业及其他机构和社会团体的专项课题与科研项目等。实施政府科技专项引导、市场化基金主导，打造国际一流的公共研发服务平台，全面融入我省“十强”产业体系，助力山东区块链迎头赶上、裂变发展。

3. 推进具体措施，构筑未来区块链新高地

（1）聚集区块链人才，开展系统化专业人才培养。依托我省“双一流”高校信息安全专业，启动对区块链方向硕士、博士等高端人才的培养；依托省属高校信息安全专业，开展大规模普适化专业人才培养；鼓励有条件的高校开设区块链交叉融合专业。

（2）进行前瞻性关键技术攻关。针对区块链计算芯片、技术装备、软件基础设施等核心技术，开展协同攻关。

（3）加快上下游企业一体化培育。区块链产业涉及芯片、软件、互联网等技术应用，具备规模化带动效应。要树立“一盘棋”思想，通过打造区块链集聚区形成完备的产业链条，推动区块链核心业态、关联业态和衍生业态发展。

（4）实施特色化本地化产业融合。立足我省产业门类齐全，以及制造业、海洋经济和农业的大省优势，针对新旧动能转换需求，构建“智造链”“质量链”“海洋链”，探索区块链技术与各产业融合创新模式，加快区块链技术在政府管理、社会服务、跨境贸易等关键领域的转化应用。

（5）打造国际交流协作平台。以省区块链技术应用创新中心、青岛“链湾”为龙头，汇集全球区块链高水平科研院所、优势企业、领军人才、投资基金等资源，开展全球化合作，使山东省通过区块链这项新技术链接奔向更强更美的未来。

（6）开展先行先试，提升行业的内在动力。选择已经实际落地并持续运营的区块链应用解决方案给予支持，力求先试先行，边试边改，直至成熟推广。在先试先行的过程中，政府进行政策创新，建立监管沙盒，控制试点范围，对试点成本进行合理分摊与资金支持。试点工作主要包含行业研究所的成果转化设置、创新公司的孵化过程、业务推广中的问题和办法、盈利和税收情况。政府相关部门应给予试点政策放行、审批加速、资金帮扶、税收减免等。试点企业应主动报备各类数据，及时与主管部门沟通，并汇报进展。

政府、企业、科研三者紧密配合、共同推进，并体现在区块链领域创新的新优势，培育区块链创新创业生态体系，推动技术、管理和模式创新，赋能实体经济，开创全省区块链发展的新格局。

参考文献

[1]中国区块链技术和产业发展论坛．中国区块链技术和应用发展白皮书2016，2016－10.

[2]中国区块链技术和产业发展论坛．中国区块链技术和应用发展研究报告2018,2018－12.

[3]复旦大学等．上海区块链技术与应用白皮书(2019)．2018年12月．

[4]百度搜索公司,百度区块链实验室,百度营销研究院．百度区块链白皮书V1.0,2018－8.

[5]工业和信息化部信息中心．2018年中国区块链产业发展白皮书,2018－5.

[6]简书．关于区块链,你该知道的事[EB/OL].https://www.jianshu.com/p/f56926588572.

[7]HiBlock的博客．区块链的技术简史与未来前景[EB/OL].http://www.sohu.com/a/241398745_99968898,2018－7－16.

[8]魏志强,张宇翔．以“抢滩登陆”的态势实现区块链发展后来居上[N].大众日报,2019－2－16(3).

课题组成员简介

张宇翔，高级工程师，山东省工业和信息化研究院。

牛宗宝，工程师，山东省工业和信息化研究院。

王娟，高级经济师，山东省工业和信息化研究院。

张永君，研究员，室主任，山东省工业和信息化研究院。

2

5G 技术在边缘计算中的应用研究

刘明伟 张永君 牛宗宝 王娟

摘 要 随着5G的普及，如何有效利用5G技术优势，并结合边缘计算业务的应用特点，充分收集利用网络边缘测数据提高传输速度，保障数据安全，以便真正实现万物互联。

关键词 5G；边缘计算；移动边缘计算

4G技术的普及，让大部分人都离不开智能手机，我们可以与远方的朋友视频，看高清直播，获取各种资讯，随时随地办公、处理文件。随着物联网概念的提出，我们的智能终端越来越多，甚至家中的每个电器都可以连上Wi-Fi成为智能设备，那么有两个问题就迫在眉睫了：第一，我们需要更高的带宽，需要更快的处理；第二，面对海量的数据，我们该如何筛选，如何处理。所以，大家都在期待5G时代的到来。

5G无线技术，将带来更快、更密集的数据流，随着网络服务提供商和超大规模运营商开始部署下一代网络设备，所有的商家都开始为5G服务做准备，这意味着移动数据将呈几何级数增长，这就引出两个概念：云计算和边缘计算。

边缘计算是指在网络的边缘处理数据，如果云端是将所有数据汇总形成“大数据”，那么边缘端计算处理的是“小数据”。随着未来5G的普及，“万物互联”集合产生的数据量是我们难以想象的，因此数据在边缘端就近处理，是非常重要的；筛选之后，将海量的数据由“大”变“小”，这也是未来的发展方向。

如何有效利用5G技术优势，结合边缘业务平台特点，将网络化存储、数据筛选与计算、网络带宽加速作为目标，并将部分网络计算业务由网络边缘端独立完成计算，从而减少数据网络传输，节约传输带宽，降低多层转发处理带来的时延，是我们研究的主要方向。

一、5G与边缘计算的概念

（一）5G技术

20世纪80年代诞生移动通信以来，经过30多年的技术积累和发展，已演变成现代文明社会的基础信息联系网络。移动通信的飞速发展不仅深刻改变了人们的生活方式，还正在改变人们的思考方式，成为推动国民经济发展、提升社会信息化水平的重要引擎。

随着社会经济的发展和人们生活水平的提高，数字移动通信技术已经深深地融入人们的生活中，但人们对生活质量要求的提高和对更快、更稳定的移动连接的追求从未停止。随着4G进入规模商用阶段，为了满足未来可预期的移动数据流量快速增长、海量移动终端设备连接需求、新应用场景带来的新技术需求，第五代移动通信（5G）已成为全球研发热点。第一代移动通信主要解决移动语音通信，第二代到第四代增加和强化了移动数据通信，不管是语音还是数据通信，都强调的是交换速度和交换稳定性。随着移动通信应用场景的丰富，从个人消费到物联终端，5G的能力评价指标也是多维的，不再像以前单纯地提高移动终端的交换传输速度，而是结合应用场景综合考虑数据传输速率、数据传输稳定性、频谱利用效率、区域连接密度等8项综合技术指标。其中，应用场景最关心的3个指标是时延大小、数据传输速率及区域连接数量。2015年，国际电信联盟（ITU）正式确定了5G的法定名称是"IMT－2020"，并确定了5G的八大关键能力指标及其对应的三大应用场景：

eMBB（enhanced mobile broadband）：增强型移动宽带。

mMTC（massive Machine－Type Communications）：海量机器类通信。

uRLLC（ultra－Reliable Low－Latency Communications）：超可靠、低时延通信。

但5G并不是完美的，因为移动通信经过前面四代的发展，已经占用了低频带宽，5G可用频率更高，使用的是波长更短的毫米波。毫米波的优点虽是高速率和高带宽，但也存在着传输损耗大，传输距离短的缺点。因为这一特性，5G网络的基站会更密集，带来了基站间干扰和投资成本的加大。

5G技术的发展动力主要来源于两个方面。一方面，第四代移动通信系统4G已全面商用，对下一代移动通信技术的讨论需要提上日程；另一方面，随着4G技术的全面商用，移动应用带来的移动数据的需求呈现几何级倍增，现有移动通信系统难以满足可预期的海量移动数据交互需求，需要研发新一代移动通信系统来满足未来移动数据需求。

（二）边缘计算

物联网技术的快速发展和大数据、云服务的推动，使得云计算集中处理模型已经不能很好地解决高速度、低时延的问题。于是，一种新型的计算模型——边缘计算被提出。边缘计算行业应用平台通过在数据生成侧提前对数据进行分类处理来减少中心服务处理负担，降低网络通信负载，提高数据请求的响应时间，降低安全数据泄露风险。

边缘计算是一种预处理的分散式运算架构，不同于云计算的集中式处理。在这种架构下，把应用程序的安装卸载、数据资料的采集处理和服务请求的运算响应，由网络中心节点集中处理变成交由网络边缘分散节点处理。通俗地讲，边缘计算就是将原本完全由中心节点处理的大量数据任务提前进行筛选分解，把数据分类并按照优先级分散到网络边缘节点去处理。因为边缘节点更靠近数据采集终端设备，更贴近用户端，这样可以加快数据的传送速度，减少网络延迟，降低网络拥塞。

二、5G与边缘计算技术特点

（一）5G无线网络技术

1. 大规模天线（Massive MIMO）

多天线（MIMO）技术早在20世纪90年代就被贝尔实验室提出，并被引入3G移动通信中，后来也是4G的关键技术之一。随着移动通信技术的发展，传统的MIMO技术已不能满足爆炸性增长的无线数据传输需求。2010年底，贝尔实验室针对新一代移动通信的大数据传输和大容量接入特点，又提出了大规模MIMO的概念。大规模天线技术是指数目庞大的基站天线，移动终端采用单天线接收的通信方式，通过对基站的改造来提高系统的频谱利用率，以实现移动通信系统的平滑过渡。

面对4G向5G发展存在的数据传输速率和接入系统容量等方面存在的挑战，天线数目增加将是MIMO继续演进的方向。根据概率统计学原理，当基站侧天线数量远大于用户天线数量时，基站各个用户的信道将趋于正交。这种情况下用户间干扰将趋于消失，而且巨大的阵列增益能够有效提升每个用户的信噪比，从而能够在相同的时频资源上支持更多的用户。

2. 超密集组网技术（UDN）

随着移动通信的不断发展，物联网技术的不断进步，移动终端数量会呈几何数量增多，现有的基站在人流集中的地方，如大型商场和办公楼、小区和学校等场景中将会出现数据流量的集中传输需求；智能抄表、智慧城市、无人驾驶、AR 等物联网技术也会产生大量数据传输需求。同时，5G 通信频率的升高也表明新建站对应蜂窝尺寸的降低和密度的提升。超密集组网通过增加单位面积内小基站的密度，并通过在异构网络中引入超大规模低功率节点，实现热点增强、消除盲点、改善网络覆盖、提高系统容量。

异构网络将是应对未来数据流量陡增，满足容量增长需求的主要途径。在宏蜂窝网络层中，运营商可以通过布放大量低功率的微蜂窝、微微蜂窝、毫微微蜂窝等非标准六边形蜂窝接入点形成低功率节点层，对已有的频谱资源加以复用，增强总的等效功率资源，并根据需求就近接入、按需求部署。

3. **终端直连技术**（D2D）

根据物联网中机械间互联技术，移动通信的终端互联技术也可以实现短距离内通信设备点对点通信，减少上行数据以降低基站的负荷。终端直连技术因为能有效降低基站负载，所以能有效提升单位区域内接入用户数量。首先，数据直接在终端设备间点对点传输，减少了对网络中转传输线路的占用；其次，在与终端直连的终端之间以及终端与蜂窝之间的资源可以复用，由此可以产生资源复用增益；最后，通过链路增益和资源复用增益可提高无线频谱资源的效率，进而提高网络吞吐量。

在物联网的终端直连场景中，低成本、低功耗的单元终端直连模式能够代替物联网蜂窝通信，从而实现对物联网终端可管、可控、可计费以及安全需求，从而满足物联网超标、可穿戴等应用的普及推广。

4. **网络切片技术**

传统蜂窝网采用“一刀切”的网络架构，明确面向移动手机用户。5G 时代单一物理网络似乎难以满足不同用户的要求，网络侧网络切片技术将不同业务划分在不同通道，优化了任务的开展实施，为典型的业务场景分配独立的网络切片。网络切片基于网络功能虚拟化（NFV）展开，面向不同的业务提供不同的服务。通过切片技术，云端和终端形成了分业务的直连通路，业务效率实现了最优化。不同分片的网络功能、拥塞、过载、配置调整都不对其他分片形成影响。

（二）边缘计算

计算模型的创新带来的是技术的升级换代，而边缘计算的迅速发展也得益于技术的进步。根据边缘计算与5G结合的特点，主要介绍推动边缘计算发展的几项核心技术，包括数据网络、隔离技术、边缘操作系统。

1. 数据网络

边缘计算顾名思义，就是数据计算处理由数据中心处理变为网络边缘处理，使数据产生更靠近边缘侧设备。从数据产生源设备到计算处理中心的传输设备，都可以作为边缘计算的数据处理单元，这样的计算网络配置对现有网络提出了新的问题：①如何发现请求并作出响应？在边缘计算中，因为服务请求者的分散性和不确定性，边缘数据处理单元如何快速识别服务请求，并对请求做出正确反应将是边缘计算在计算底层应该解决的核心问题。②如何有效进行服务快速配置？在边缘计算中，服务请求者的移动性和多变性增加，如智能驾驶的环境感知，移动终端的动态上线，如何快速有效地进行服务迁移和配置将是边缘计算应用层应该解决的问题。③如何实现全网络的服务分配和负载均衡？在边缘计算中，网络边缘侧设备产生和收集大量的数据和服务请求。在传输路径中，边缘数据服务器将对数据进行预处理，对服务请求做初步响应。如何根据服务请求和网络服务部署，快速高效地对这些数据和服务进行合理调度和分配，将是边缘计算中核心层应该解决的问题。

2. 隔离技术

边缘计算面对的是种类繁多的边缘终端和服务类型，如何分辨服务优先级，并根据优先级保证不同的可靠性和服务质量。边缘计算的隔离技术需要从下面几个方面进行考虑：①应用程序间隔离，也就是应用程序在响应终端服务请求时不能相互影响。②数据访问授权，即针对不同的数据敏感度对应用程序分类授权访问。③服务优先级分类，即对数据处理根据反馈时延或服务质量等赋予不同的优先级。

在中心节点结构的云计算中，某一个应用程序的不稳定会给整个系统带来连锁性波动，甚至带来灾难性后果。在边缘计算中，因为参与数据处理的节点增多，所以整个系统的稳定性就更加重要。比如，在无人驾驶场景中，行驶车辆既需要满足乘客的舒适性需求（如车载娱乐系统、温度灯光控制系统等），更需要满足车辆行驶的安全性要求。如果在车辆行驶过程中不同系统互相干扰或者服务请求反馈不及时都会带来严重后果，给财产甚至生命带来威胁。在数据访问授权方面，要考虑通用程序对用户隐私数据（如身份认证、支付信息等）的访问限制。

3. 边缘操作系统

每种数据处理模型都需要与之相匹配的操作处理系统。边缘计算这种分散式、多种类数据处理模式，需要边缘数据处理系统向下接入多种服务应用，并且需要通过调度处理大量异构数据，甚至根据服务请求的优先级进行数据迁移。边缘操作系统除了要保证数据处理的快速性和可靠性外，也需要保证计算资源利用的最大化。边缘操作系统相对于物联网设备上的实时处理系统，更侧重资源调配、数据分类和任务分配。

三、5G 与边缘计算的发展

（一）世界各国5G发展历史和现状

1. 中国5G发展

2013年4月19日，由工业和信息化部、国家发展改革委和科技部共同支持的IMT－2020（5G）推进组在北京成立，并在2015年5月针对5G愿景、概念和架构等发布了五本白皮书。

2015年9月28日，马凯副总理提出中国力争在2020年实现5G商用。

2017年8月，国务院印发《关于进一步扩大和升级信息消费持续释放内需潜力的指导意见》，要求中国力争在2020年启动5G商用。

2018年12月初，我国完成5G频谱分配，包括3.5GHz和2.6GHz。

2018年12月，中央经济工作会议要求加快5G商用的步伐。

2019年6月6日，工业和信息化部向中国电信、中国移动、中国联通和中国广电发放4张5G商用牌照。

2019年以来，中国三大运营商密集推动5G各项测试。

2. **美国5G发展**

2016年7月，美国FCC正式划分28GHz和10.85GHz用于5G网络建设。

2018年9月，特朗普首席经济顾问拉里·库德罗表示，特朗普政府将采取“美国优先，5G第一”的方式鼓励私营部门尽快部署5G。

2018年10月1日，Verizon正式商用5G无线宽带业务。

2018年12月21日，AT&T在全美12个城市率先推出移动5G服务，2019年第一季度计划在其他7个城市部署移动5G网络。

2019年4月5日，Verizon宣布5G移动服务商用。

2019年4月12日，特朗普总统发表5G重要演讲，声称美国要成为5G时代的引领者，美国计划投入2750亿美元建设5G网络。

3. **欧洲5G发展**

2018年11月，欧洲6个国家已经完成5G频谱拍卖，10个国家已经确定在2019年左右拍卖5G频谱。

2019年5月，英国沃达丰宣布于7月初在7个城市开通5G网络服务，在12月底开通另外12个城市的5G服务。

2019年5月，英国运营商EE在英国6个城市开通5G网络服务。

4. **日韩5G发展**

2018年冬季奥运会，韩国在奥运会场展示了5G技术。

2018年6月15日，韩国政府向SK电讯、KT电信和LG U+拍卖5G频谱。

2018年12月1日，韩国三大运营商宣布5G商用，初期面向企业用户。

2019年4月5日，韩国三大运营商宣布5G移动网络商用。

2019年4月10日，日本发布了5G频谱，预计2020年规模商用。

（二）我国5G发展计划

由我国工业和信息化部、科技部和国家发展改革委成立的IMT-2020（5G）推进组在2016年的“5G技术研发试验”启动会上已明确表示，为保证我国5G通信技术的有序推进，增加我国通信技术在国际的竞争力，我国的5G试验验证阶段分两步：第一步为5G技术研发试验（2016—2018），主要目标是支撑5G国际标准研制；第二步为5G产品研发试验（2018—2020），主要目标是基于3GPP标准的第一版本，开展5G预商用测试。

1. **我国5G技术研究**

早在2009年，华为就已经展开了相关技术的早期研究，并在之后的几年里向外界展示了5G原型机基站。华为在2013年11月6日宣布将在2018年前投资6亿美元对5G的技术进行研发与创新，并预言在2020年用户会享受到20Gbps的商用5G移动网络。

2016年3月，工业和信息化部副部长陈肇雄表示：5G是新一代移动通信技术发展的主要方向，是未来新一代信息基础设施的重要组成部分。与4G相比，不仅将进一步提升用户的网络体验，同时还将满足未来万物互联的应用需求。我国5G技术研发试验将在2016—2018年进行，分为5G关键技术试验、5G技术方案验证和5G系统验证3个阶段实施。

2. **5G商业化时间表**

工业和信息化部、中国IMT－2020（5G）推进组于2016年11月公布了5G网络时间表，中国将于2017年展开5G网络第二阶段测试，2018年进行大规模试验组网，并在此基础上于2019年启动5G网络建设，最快2020年正式商用5G网络。

2015年6月，在国际电信同盟（ITU）WP5D第22次会议上，确定了IMT的名称、愿景和时间表等关键内容。在国际电信同盟的IMT家族中，第三代移动通信（3G）称作IMT－2000，第四代移动通信（4G）称作IMT－Advanced。现在，第五代被正式命名为IMT－2020。

5G的目标是实现全球标准的统一，标准由ITU负责制定。作为非技术组织，ITU将委托3GPP等技术组织制定5G标准。3GPP主要由设备商、终端商和运营商进行多方谈判，最后确定技术标准和路线图。

根据3GPP的时间表，最早于2017年底将推出早期移动5G规范，2018年下半年将推出5G标准第一版本。国内方面，按照工业和信息化部的计划，2017年开展5G技术研发试验第二阶段测试，并针对各厂商面向5G移动互联网和物联网各应用场景进行验证。完成第二阶段测试后，2018年将进行大规模网络技术研发和测试。等正式公布5G标准后，我国将进入网络建设阶段，最快于2020年正式商用5G网络。

3. 5G 测试阶段划分

第一阶段，5G关键技术可行性验证。基于4G网络基础设施，联合产业开展5G候选技术的可行性验证，包括大规模天线、以用户为中心的网络、新型编码、新型调制等技术，并于2016年完成该阶段工作。

第二阶段，5G系统概念验证。结合3GPP标准进展，联合产业链上下游，突破硬件平台和架构的产业瓶颈，推动具备实现5G基础设施的硬件能力。通过系统样机的实验室和外场测试，全面推动5G端到端产品的设计和优化，以及测试仪器仪表的成熟。

第三阶段，2018—2019年，将面向预商用产品和成熟的3GPP标准开展“规模试验及预商用试验”，确保在2020年实现5G有效商用。通过硬件平台的优化迭代以及面向3GPP标准的软件迭代，推出预商用的5G产品。通过多厂商、多网络的互联互通，以及4G与5G的互通等试验测试，推进5G端到端的成熟，并力争在2019年下半年提供友好用户体验。

4. 5G 应用推进

工业和信息化部2019年11月19日印发《“5G+工业互联网”512工程推进方案》，明确到2022年将突破一批面向工业互联网特定需求的5G关键技术，“5G+工业互联网”的产业支撑能力显著提升；打造5个产业公共服务平台，构建创新载体和公共服务能力；加快垂直领域“5G+工业互联网”的先导应用，内网建设改造覆盖10个重点行业；打造一批“5G+工业互联网”内网建设改造标杆、样板工程，形成至少20大典型工业应用场景；培育形成5G与工业互联网融合叠加、互促共进、倍增发展的创新态势，促进制造业数字化、网络化、智能化升级，推动经济高质量发展。

同时，各省市也在不断推进5G产业的发展应用。上海市在2019年上半年出台的《上海市人民政府关于推进本市5G网络建设和应用的实施意见》中，从发展目标到任务分工，从指定计划到应用推广，都做了详细的部署。2019年7月，广州黄埔区、广州开发区官网发布了《广州市黄埔区广州开发区促进5G产业化发展办法》。该办法将全方位支持5G技术、应用、产业、平台发展，推动构建以5G为核心的下一代信息技术产业生态，打造高质量发展新动能。2019 年 11 月 28 日，山东省工业和信息化厅制定了《山东省推进 5G 产业发展实施方案》，从网络建设到行业应用，从产业创新试点示范到政策优惠落实，都给出了详细的试行办法。

（三）边缘计算的发展历程

每个事务都有其发展的必然路径，每项新技术的发展也都要经历 3 个阶段：技术储备期、快速增长期和稳定发展期。

在知网上以边缘计算为关键词进行搜索，可以搜到 1733 条结果。在 2015 年之前，边缘计算处于技术的积累阶段，这一阶段的文字著作相对较少；2015—2017 年，边缘计算概念被各行业提起并逐渐熟知，相应的有关文章的发表也多起来；从 2018 年开始，边缘计算进入稳定发展期，同时边缘计算研究相关文章爆发性增多。

1. 技术储备期

边缘计算概念起源于 1998 年 Akamai 公司提出的内容分发网络（Content Delivery Network，CDN）。内容分发网络主要依赖各地的缓存服务器来实现中心负载的均衡，通过内容分发和调度等功能模块将用户的访问需求引导到就近的缓存服务器上，以提高用户的访问响应速度，降低网络拥塞。边缘计算强调的是功能缓存，通过把相应的功能模块部署在网络边缘侧来节省带宽，降低网络延时。

随着物联网概念的发展，边缘数据技术也因此快速发展。在行业应用中为解决物联网的大数据传输速度、数据计算处理和存储问题，开始研究在靠近应用终端，即数据产生源增加数据预处理功能。这其中代表技术有移动边缘计算、雾计算和海云计算。

2. 快速增长期

因为边缘计算的技术特点能满足物联网万物互联的需求，所以边缘计算技术得到国内外学术界和产业界的密切关注，2015—2017 年边缘计算概念得以快速发展。

2015 年 9 月，欧洲电信标准化协会发布了关于移动边缘计算的白皮书，并在 2017 年 3 月把移动边缘计算规范工作组更名为多接入边缘计算。2015 年

11 月，思科、ARM、戴尔、英特尔、微软和普林斯顿大学联合成立了 OpenFog 联盟，主要致力于 Fog Reference Architecture 的编写。为了推进和应用场景在边缘的结合，该组织于 2018 年 12 月并入了工业互联网联盟。

随着国家智能制造战略的提出，我国边缘计算的发展速度也是日新月异。2016 年 11 月，华为技术有限公司、中国科学院沈阳自动化研究所、中国信息通信研究院、英特尔、ARM 等在北京成立了边缘计算产业联盟，致力推动“政产学研用”各方产业资源合作，引领边缘计算产业的健康可持续发展。2017 年 5 月，首届中国边缘计算技术研讨会在合肥开幕。同年 8 月，中国自动化学会边缘计算专委会成立，标志着边缘计算的发展已经得到了专业学会的认可和推动。

3. **稳定发展期**

随着边缘计算研究和推广的参与者越来越多，行业覆盖越来越广，云计算、大数据公司、芯片硬件厂商、CDN 公司、移动通信运营商、科研机构和产业联盟/开源社区也参与进来。进入 2018 年后，边缘计算被推向前台，并被广大消费者熟知。

边缘计算在稳健发展期主要有 4 个重要事件：第一，2018 年 1 月，全球首部边缘计算专业书籍《边缘计算》出版，从边缘计算的需求与意义、系统、应用、平台等多个角度对边缘计算进行了阐述。第二，2018 年 9 月 17 日，在上海召开世界人工智能大会，以“边缘计算，智能未来”为主题举办了边缘智能主题论坛，这是中国从政府层面对边缘计算的发展进行了支持和探讨。第三，2018 年 8 月，两年一度的全国计算机体系结构学术年会以“由云到端的智能架构”为主题。由此可见，学术界的研究焦点已经由云计算逐渐转向边缘计算。第四，2018 年 10 月，CNCF（云原生计算基金会）和 Eclipse 基金会展开合作，将简单高效部署云平台多主机容器化应用的 Kubernetes 带入多应用平台的物联网、边缘计算场景中。新成立的 Kubernetes 物联网边缘工作组将采用运行容器的理念，扩展系统应用到边缘计算应用，以提高 Kubernetes 在复杂多变的边缘计算中的适应性。

四、5G 在边缘计算中的应用

边缘计算与 5G 的关系是互为补充。边缘计算应用场景的多样性、传输处理需求的高可靠性和数据处理的安全性，都对 5G 移动网络建设提出了更高的要求，并推动 5G 网络的部署。从 5G 发展的角度来看，5G 技术的高速度、低时延、高稳定性和高并发特性，适合边缘计算的多场景部署，从而促进边缘计算平台应用的多样性、稳定性和安全性发展。

（一）边缘计算使 5G 成为可能

随着 4G 移动通信的普及，光纤通信入户、Wi－Fi 6 技术应用，消费者可以随时随地快速通过移动终端获取海量资讯、处理办公业务。随着 5G、物联网技术的快速发展，信息处理和传输不仅是人与人或者人与终端之间，终端与终端、终端与服务器之间的信息处理传输也将更智能。5G 新技术的应用推广将带领我们进入万物互联的时代。

5G 根据技术特点在诞生之初便定义了三大应用场景：eMBB（增强移动宽带）、mMTC（海量机器类通信）和 uRLLC（超可靠低时延通信）。这三大应用场景在高清视频数据传输（直播）、城市边缘计算（智慧城市）、物（车）联网等业务需求上提供技术支持。但就发展的角度看，每个应用场景在技术上都有其局限性和挑战性。例如，eMBB 将需要更高的网络传输带宽，单纯增加设备或者提高设备性能将带来巨大的投资压力；uRLLC 需要端到端 1ms 级甚至更短的超低时延支撑，单纯通过在物理介质和传输控制技术上改进，已无法满足应用对时延需求的提升；mMTC 将产生海量数据，如果这些海量数据都由数据处理中心处理，会给传输网络和数据中心带来巨大压力和挑战，数据丢失或者网络传输的不稳定都会给应用带来灾难性后果。

边缘计算的特点恰好为解决这些问题提供了可能。第一，边缘计算设备能提供可靠的连接和稳定的保护，为边缘计算稳定数据处理和安全数据传输提供保障。第二，5G 的低时延特性可以为基于云计算的应用提供可能性，但海量数据的处理和存储又带来新的问题。“边缘计算＋5G”的数据处理方式将降低运营成本，提高应用程序的反应速度和稳定性。第三，边缘计算可以在数据产生侧部署更多的数据处理程序，把数据本地化分类处理，降低对传输系统带宽要求和时延要求，同时也降低了对数据处理中心的资源浪费。

（二）5G推动边缘计算发展

5G与边缘计算因为其技术特点和应用场景，在需求及应用上是相得益彰的。5G技术的普及以及5G网络建设的推进，将加快网络边缘侧应用的推广，从而推动边缘计算的发展。而边缘计算应用的不断丰富，新应用的不断出现，也会对5G发展提出新的要求，进而推动5G建设新发展。

5G的发展虽然仍然存在不确定的挑战，但边缘计算能够通过应用发现问题并解决这些问题。因此，目前5G正处于推广应用阶段，运营商会加速5G支撑网络建设，相关移动通信企业也会对5G支撑技术投入更多精力与资源，软件应用企业也会加大程序的研发和推广，边缘计算可以借着5G的发展便车得到快速发展。

5G技术的发展与推广也促进了物联网技术的进一步发展。5G技术的新特性，在智能家居、智慧城市、车联网、工业互联网等领域都有新的应用。在这些应用领域中，海量的终端设备也会产生海量的数据。海量的数据传输和海量的数据分类处理对数据处理技术又提出了新的技术要求，即数据处理的及时性和安全性。据IDC估计，2020年将有超过500亿的终端与设备联网，其中有50%的物联网网络将面临网络带宽的限制，40%的数据需要在网络边缘分析、处理与储存。随着5G技术的推广，终端数量也会出现爆发性的增长，如何提高网络传输速度，保证数据传输稳定性，海量数据如何分类、就近处理，这些问题解决后边缘计算将会和云计算一样成为新兴市场。

（三）5G与边缘计算衍生移动边缘计算

随着4G的普及和5G技术的推广，各应用场景对移动数据采集的需求越来越多，移动端产生的数据也越来越大，边缘计算领域又衍生出移动边缘计算概念。移动边缘计算（MEC）通过在移动网络边缘侧采取硬件处理和软件分析等手段，减少对移动骨干网数据传输负载和响应要求。移动边缘计算对技术的要求主要集中在低时延、大容量、位置感知和近邻互通上。

5G、物联网、SDN等多因素推动移动边缘计算加速发展，5G技术的高速度、高容量和低时延技术特点，决定了5G技术的应用推广不应是在核心网或者骨干网上，而是根据其技术特性在终端或者网络边缘侧发力。物联网的万物互联愿景意味着海量数据的产生、处理和传输，移动边缘计算可以借着5G技术春风，满足物联网在安全性（控制）、稳定性（交互）、快速性（传感）等方面的要求。

五、5G在边缘计算应用存在的问题及对策

（一）存在的问题与挑战

移动通信和边缘计算经过多年的技术迭代和应用推广，在社会各行业、各领域有了不同的应用场景。但是在发展过程中，同样也发现面临诸多问题和挑战。通过研究其技术特点和发展路径，我们发现主要存在以下问题和挑战。

1. 适用于5G频谱资源受限

由于在移动频谱资源前期分配的不科学性和低频资源的低成本特性，导致这类频谱资源主要应用于早期的广播、电视、寻呼等视听广播系统。而高频谱资源因为其技术特性（频率越高、传输距离越短、能量损耗越大），开发部署成本高。

移动通信经过多年发展，可用频谱资源所剩不多。我国虽然已经为5G预留了一部分频谱资源，但仍不够优质和丰富。此次中国联通获得的3500～3600MHz和中国电信获得的3400～3500MHz都是国际主流的5G频段，产品技术相对比较成熟，国际协同性更好，但频段较窄，限制了接入多样性的发展。中国移动获得2.6+4.9GHz组合频谱，2.6G频段是重新利用移动现有的TD－LTE4G频段，虽然覆盖面广，成本较低，但产业成熟度较差。4.9GHz的100M带宽虽然可以支持的用户数和流量更多，但是所需基站的密度更大，需要巨大的设备投资。

2. 标准碎片化行业需求模糊

统一的标准既是产业规模化的基础，同时也是产业生态完善的保障。在目前各种5G会议中，垂直行业参与度较低。在3GPP等组织的标准制定中，

国外企业如西门子、通用、特斯拉等积极加入，为标准的制定提供行业数据，让标准更好地为行业企业服务。一方面，针对5G提出的三大应用场景，相对应的技术标准难以统一；另一方面，各国的5G频段高低频跨度太大，导致各通信厂家针对5G设备研发需有侧重点。

虽然根据5G技术的高速度、高并发和低时延三大技术特点，各个厂家运营商提出了不同的应用场景，但这些认为在5G时代大有发展的行业应用场景，并没有随着5G概念的热度热起来。这其中固然有运营商基站接入数量不足的原因，但诸多行业对5G能给自己带来多大改善，自己需要什么样的解决方案并不明确。虽然现在5G技术第一版本已经冻结，但是由于行业参与度低，现有标准能否满足行业应用场景，需要运营商与各应用行业更深入地探讨和挖掘。

3. 运营商缺乏建网动力

目前4G网络建设刚刚完成，正处于运营红利阶段，此时再启动5G建设特别是5G SA（独立组网），运营商将面临巨大的硬件设备投资压力。另外，5G的高速度技术优势，使移动数据流量将加速贬值，移动互联网业务对运营商传统业务的冲击也会进一步加大，如果没有新的应用业务营收增长，将直接影响运营商的运营收入。所以，从企业发展角度，国内三大运营商在没有看到应用增长点前，推动5G发展会缺乏动力。

4. 如何处理和优化海量数据

网络是物联网的神经系统，随着5G技术的推广，IPV6的部署，终端接入设备的激增，海量数据的产生、处理和传输都会给网络的管理简便性、部署灵活性和可靠安全性带来巨大挑战。而且，原来的工业互联网因为各生产厂家的私有协议而导致大量异构总线。只有实现OT间的兼容互通，OT与IT的互联互通，才能充分利用生产数据提高生产效率。5G技术的快速灵活部署，加速了OT与IT的融合，工业数据采集和处理将会爆发性增长。数据接口的开放和统一，采集设备的灵活部署和高效采集，采集数据的优化与分类将会促进物联网的万物互联愿景实现。

5. 边缘设备采集数据安全性差

网络安全包括物理安全和逻辑安全。物理安全又包括采集设备、传输设备和处理设备安全。网络边缘数据采集设备由于更接近终端消费者，应用场景更开放，因此物理安全保障更显重要。网络的逻辑安全是指数据信息的完整性、保密性和可用性。要保证在数据采集过程和传输中数据不被篡改、不泄露，保证数据未经授权不能使用，尤其在工业互联网领域，要有工业数据采集完整性和可靠性保障；在消费互联网领域，消费者的个人信息要有安全保护。

（二）解决对策与建议

1. 加快5G基站建设，推进5G行业标准制定

为进一步加快5G推进的步伐，除了由工业和信息化部、国家发展改革委和科技部共同成立的IMT－2020（5G）推进组牵头组织运营商进行5G试验，推动5G相关技术从技术到标准的转化，验证和提升5G技术方案，组织推动科研规划、频谱规划、国际合作和跨产业合作外，通信厂商、运营商和行业龙头企业也应该参与进来，发现5G应用新场景，加速5G产业新发展。

各省市应出台5G相关政策，从终端到设备端，从应用到网络，要从政策上鼓励各行业参与到5G建设、研发应用中。同时，各地政府也可以从政府公共服务角度助力5G的推广，如加快5G建设行政审批手续、政府项目优先使用5G技术、5G建设电力优惠等政策。

联通、电信、移动和新的广电网络，为减轻5G网络前期巨大的设备成本投入，应探讨共建共享5G网络建设。因为联通和电信分配的5G频谱非常接近，两家合起来共200MHz连续频谱，可以使网络容量更大，承载用户更多。目前，联通和电信已根据各自在南北方城市的网络优势确定了共享合作模式。移动和广电网络因为频谱的特殊性，可以考虑物联网和消费终端网的优势互补。

2. 构建完整产业生态，与云计算协同发展

边缘计算因其应用的广泛性，横跨OT、IT、CT多个领域，从网络的物理层到网络的应用层都有涉及，涵盖了传输协议、数据采集、芯片处理、系统传感等多个方面，边缘计算不仅是一种数据处理技术或者技术架构系统，更是一个以边缘计算技术为基础的面向各垂直行业和社会服务的生态，需要整

合社会相关行业的深度参与。

边缘计算因其技术特点和应用场景，并不是云计算的替代。未来万物互联，数据的收集和处理都是海量的，如果这些海量数据都交由中心节点处理，网络的传输和稳定性都将面临巨大考验。充分发挥边缘计算的多点计算和数据筛选特点，协同云计算的中心处理作用，从而保证物联网的低时延反馈、数据传输可靠、数据安全利用等要求。

数据是智能的基础，边缘计算所收集的海量数据是未来万物智能互联的基础。边缘计算产生大量的应用数据，随着人工智能技术的发展将会带动边缘计算的智能化提升，提高数据采集的智能化。

3. 充分利用5G安全协议保障数据安全

在MEC服务中，用户与MEC服务器之间的通信会涉及许多通信协议，如TCP/IP协议、802.11系列协议、5G协议等。这些协议都包含对用户的接入认证、数据传输安全等相关的安全协议和机制。3GPP于2018年3月发布了R15版本的5G安全协议。在MEC服务框架下，可以充分利用上述安全协议的特点，解决MEC服务中认证鉴权、数据传输、隐私保护等安全问题。

同时，5G的网络切片技术能够根据业务和用户的动态需求进行资源的按需调整，提升网络的灵活性。不同切片间的隔离和区分，能够在保证当前业务质量的前提下，增强整体网络的安全性和强健性。网络切片与虚拟化技术息息相关。网络功能虚拟化（Network Function Virtualization，NFV）与软件定义网络（Software Defined Networking，SDN）作为实现核心网中网络切片的主要技术支撑，受到了广泛的关注和研究。作为网络切片的使能技术之一，SDN技术帮助实现网络的控制/数据平面分离及软件可编程，并在两者之间定义开放接口，以实现对网络切片中不同功能的灵活定义。除SDN技术以外，网络切片借助NFV技术实现软硬件解耦，将物理资源抽象成虚拟资源，同时实现功能抽象，使网络设备功能不再依赖专用硬件，实现灵活的资源共享以提高资源利用率。

4. 加快产学研用推广，构建复合型人才培养体系

随着5G移动通信技术的逐渐推广，“5G+”概念将为行业生产转型或者数字化提升创造更多机会。我们不能再用传统移动通信的眼光看待5G，从5G

的八大技术指标来看，它不再是单纯服务移动通信，它将结合各行业应用和丰富的用户体验，带来社会全生态的蓬勃发展。

5G 与边缘计算的结合发展将催生各种行业的互联网平台，各大行业平台或跨行业平台将为行业发展带来便利与快捷体验，同时也需要既懂行业专业知识，又懂大数据分析和人工智能算法的复合型人才。

学校教育、院所培养的多是专业高层次人才，经过多年学习储备了丰富的理论知识，完善的知识体系。但在工作实践中，更多需要的是复合型人才。5G 时代开启了万物互联的进程，边缘计算为未来智能网络计算打下基础。“5G + 边缘计算 + X” 会产生多个交叉学科知识的应用。

六、结束语

可见，在 5G 和边缘计算的发展初期，运营商更需要突出产业生态培育者和使能者的角色，不能贪图市场营收的绝对值，而应以共同做大市场蛋糕为目的，以尊重和理解行业伙伴为前提，保持足够的战略耐心。唯有如此，才能推动 5G 与边缘计算市场的可持续发展，使边缘计算真正成为 5G 的好搭档。政府也应优化管理环境，做好政策服务，加强标准制定、应用推广、行业管理、资源配置方面的政策支持，健全网络治理，深入推进产业合作，培育 5G 和边缘计算高端人才和应用型创新人才，促进创新链、产业链、资金链、政策链、人才链的深入融通，使 5G 与边缘计算共同构成未来互联社会的基石。

参考文献：

[1] 黄相铭,祝嘉辉,高岩,等. 基于边缘计算的道路行程时间预测[J]. 软件工程,2020(7):11 - 13.

[2] 李子姝,谢人超,孙礼,等. 移动边缘计算综述[J]. 电信科学. 2018(1):15 - 17.

[3] 施巍松,孙辉,曹杰,等. 边缘计算:万物互联时代新型计算模型[J]. 计算机研究与发展. 2017(5):23 - 25.

[4]卢科学,互留军,等. 在 LTE 蜂窝通信系统中实现设备到设备通信[J]. 现代电信科技,2013(5):11 - 25.

[5]陈琪. 5G 移动通信的发展及新特征概述[J]. 中国新通信,2016(6):

23 –25.

[6]亿欧. 互为犄角? 看5G与边缘计算如何相爱相杀[EB/OL]. https://www. iyiou. com/p/96003. html,2019 –03 –28.

[7]正逸. 边缘计算启程5G之后的又一风口? [EB/OL]. http://stock. eastmoney. com/a/201903131067581965. html,2019 –03 –13.

[8]IMT –2020(5G)推进组. 5G概念白皮书[Z]. 北京:IMT –2020(5G)推进组,2015.

[9]工业和信息化部. "5G +工业互联网"512工程推进方案[Z]. 北京:工业和信息化部,2019.

[10]工业和信息化部. 工业和信息化部关于推动5G加快发展的通知[Z]. 北京:工业和信息化部,2019.

课题组成员简介

刘明伟，高级工程师，山东省工业和信息化研究院。

张永君，研究员，室主任，山东省工业和信息化研究院。

牛宗宝，工程师，山东省工业和信息化研究院。

王娟，高级经济师，山东省工业和信息化研究院。

3

数字经济与实体经济融合发展路径跟踪研究

数字经济与实体经济融合发展研究课题组

摘　要　数字经济已经成为经济增长的新动力。山东省作为全国工业大省，可借鉴广东、浙江等部分省份的做法，对管理机制进行改革，构建“管运分离”的“数字政府”，发挥好引领作用，促使市场、企业做好适应数字化的准备。发挥我省在产业基础设施、信息经济规模等方面的优势，从省里优势大的工业领域开始，在机械设备、纺织服装、轮胎、化工、冶金等传统产业领域进行数字化智能升级，突破产业核心关键技术，培育一批创新能力强、带动作用大的行业龙头企业。同时，加强农业、旅游、金融等方面的数字应用，实现数字经济发展与实体经济的深度融合，逐步加快新旧动能转换，促进我省经济又好又快的发展。

关键词　数字经济；实体经济；融合发展

数字经济已经成为当前信息化浪潮下催生出的新经济形态，世界经济正在逐步向数字化转型。山东省作为传统的工业大省，目前正在推动新旧动能转换，数字经济可作为经济发展的重要引擎，通过大力推动数字经济的发展，为我省经济的快速发展注入强大推动力。

一、数字经济概念的起源

数字经济是伴随着计算机等互联网技术发展而产生的新经济形态。数字经济的首部专著为1995年出版的《数字经济》，作者唐·塔普斯科特在书中重点阐述了互联网等新兴信息技术对国民经济社会的影响。随后《数字化生存》《信息时代：经济、社会与文化》等数字经济著作先后问世，这些著作对数字经济进行了阐述，探讨数字化这一新经济现象。20世纪90年代后半期，美国出现了硅谷新经济，美国政府开始研究这一经济现象。1998年，美国商务部正式发布了《新兴数字经济》报告，随后又陆续发布了《新兴数字经济Ⅱ》和《数字经济2000》等报告。这些报告主要研判数字经济对国民宏观经济的影响，从政府统计经济的角度出发，提出了数字经济的测量指标、搜集数据。此后，美国政府在日常的官方统计中加入了数字经济，并多次以数字经济为主题发布了多个年度研究成果。自此，随着信息通信技术的大力发展，数字经济这一概念逐渐被各国政府和学者接受，各国纷纷成立专门机构研究数字经济，并制定了针对自身发展的数字经济战略，以加快发展数字经济。一些国际组织也开始发布数字经济报告。自2002年起，世界经济论坛每年都发布《全球信息技术报告》，在报告中明确提出了“Digital Economy”（数字经济）。2016年，在报告的副标题中明确使用“数字经济”。世界经济合作与发展组织（OECD）也着力研究并测量数字经济，连续多年发布了数字经济报告。此后多个国际组织，包括联合国、G20、经济合作与发展组织、世界银行（WB）、亚太经合组织（APEC）等国际组织也先后针对数字经济展开研究，并通过各种措施大力推动数字经济的发展。

由于我国工业发展较晚，信息通信技术于20世纪90年代才被引入，数字经济发展起步落后，与数字经济相关的配套贸易规制并不系统、完善。关于数字经济的相关研究，我国也主要依靠引进国外的文献资料，并没有形成自己的理论观点。但近年来，随着我国数字产业的发展，阿里巴巴、京东等一大批核心企业崛起，国内关于数字经济的关注度显著提升。从政府到民间、从企业到个人，都在有意识或无意识地参与到该项经济模式的变革中。

二、什么是数字经济

目前，数字经济这一概念随处可见，不管是政府报告，还是新闻媒体都在使用。我们用百度搜索“数字经济”，可以找到2820万多个结果（截至2019年12月2日）。各级政府、各类研究机构等分别从各自角度出发针对数字经济的不同特点，对数字经济的内涵进行了研究，并根据自身的理解提出了各种不同的见解。这些研究都有一个共同认识，即认同数字经济是信息互联网技术、信息化带来的经济形态。部分研究机构从如何测量数字经济的角度，针对数字经济产出、就业、劳动生产率等多个维度展开了研究，描述了数字经济的内涵。政府及各大研究机构主要从要素、路径、条件、目标等方面定义数字经济，研究数字经济的发展。部分学者采用非定义的方式描述了数字经济，指出其显著特征，如数字化、创新、虚拟化、集成/互联工作、知识驱动、聚合、全球化、不一致性。

目前我国常见的数字经济概念主要来自《二十国集团数字经济发展与合作倡议》和中国信通研究院。

2016年，二十国集团（G20）峰会上共同发起了《二十国集团数字经济发展与合作倡议》。在倡议中明确指出，数字经济是指以使用数字化的知识和信息作为关键生产要素、以现代信息网络作为重要载体、以信息通信技术的有效使用作为效率提升和经济结构优化的重要推动力的一系列经济活动。

中国信息通信研究院发布了2017年《中国数字经济发展白皮书》，该报告指出数字经济是以数字化的知识和信息为关键生产要素，以数字技术创新为核心驱动力，以现代信息网络为重要载体，通过数字技术与实体经济深度融合，不断提高传统产业数字化、智能化水平，加速重构经济发展与政府治理模式的新型经济形态。

三、发达经济体的数字经济发展政策

美国和欧盟等主要经济发达国家和地区工业技术完善，信息技术发展较早，是数字经济的主要倡导者。各国为了大力发展数字经济，抢占制高点，针对各国工业结构等自身情况，先后出台各种各样的政策以推动数字经济发展。主要国家近些年的数字经济战略及政策梳理如表所示。

国家/地区	时间	数字经济战略及政策梳理
美国	2015 年 11 月	《数字经济议程》
	2016 年 12 月	《加强国家网络安全——促进数字经济的安全与发展》
	2018 年 6 月	《数字科学战略计划》
	2018 年 9 月	《美国国家网络战略》
欧盟	2010 年 5 月	《欧洲数字议程》
	2015 年 5 月	《数字单一市场战略产业数字化规划》
	2018 年 4 月	《欧盟人工智能战略》
	2018 年 5 月	《通用数据保护条例》
	2018 年 10 月	《非个人数据在欧盟境内自由流动框架条例》
	2018 年 12 月	《促进人工智能在欧洲发展和应用的协调行动计划》
	2018 年 12 月	《可信赖的人工智能道德准则草案》
英国	2009 年 6 月	《数字英国》
	2013 年 6 月	《信息经济战略》
	2015 年 2 月	《英国 2015—2018 年数字经济战略》
	2017 年 3 月	《数字化战略》
	2017 年 5 月	《数字经济法案》
	2018 年 1 月	《数字宪章》
	2018 年 4 月	《产业战略：人工智能领域行动》
	2018 年 6 月	《国家计量战略实施计划》
德国	2010 年 11 月	《数字德国 2015》
	2014 年 8 月	《数字议程（2014—2017）》
	2016 年 3 月	《数字战略 2025》
	2018 年 7 月	《联邦政府人工智能战略要点》
	2018 年 9 月	《高技术战略 2025》
	2018 年 11 月	《人工智能德国制造》

续表

国家/地区	时间	数字经济战略及政策梳理
法国	2008 年 10 月	《2012 数字法国计划》
	2011 年 12 月	《数字法国 2020》
	2013 年 2 月	《数字化路线图》
	2018 年 3 月	《法国人工智能发展战略》
	2018 年 7 月	《5G 发展路线图》
	2018 年 9 月	《利用数字技术促进工业转型的方案》
俄罗斯	2017 年 7 月	《俄罗斯联邦数字经济规划》
	2018 年 3 月	《国情咨文》并签署了《2024 年前俄联邦发展国家目标和战略任务》总统令
日本	2018 年 6 月	《日本制造业白皮书》
	2018 年 6 月	《综合创新战略》
	2018 年 6 月	《集成创新战略》
	2018 年 7 月	《第 2 期战略性创新推进计划（SIP)》
韩国	2018 年 6 月	《第四期科学技术基本计划（2018—2022)》
	2018 年 6 月	《创新增长引擎》五年计划
	2018 年 6 月	《人工智能研发战略》
印度	2015 年 7 月	《数字印度》

四、我国数字经济的历史演进

早在 20 世纪 90 年代，我国就开始大力推行信息化技术。先后从国家层面启动了金卡、金桥、金关等“金子工程”，加强了网络基础设施，有效支持了中国电子商务的开展。总体指导思想为以信息化带动工业化，以工业化推动产业发展。各级部门在具体推进信息化技术工作过程中，文件中先后使用了信息化、两化融合、“互联网 +” 等多个概念。

2014 年 2 月 27 日，成立中央网络安全和信息化领导小组，提出了信息经济的概念。在 2014 年 2 月中央网络安全和信息化领导小组第一次会议上，在 2016 年 4 月中央网络安全和信息化工作座谈会上，习近平总书记在讲话中都采用了信息经济这一提法；2016 年，在中央网信办“小三定”方案中，信息化发展局下设信息经济处，职责为主抓数字经济推进工作，主推“国家信息经济示范区”。

目前，我国经济转型、积极培育新动能，党和国家领导人非常重视数字经济，数字经济成为统领网络信息技术相关领域各项工作的总称，更加重视从经济视角研究数字化问题。在2016年9月G20杭州峰会上，习近平总书记在讲话中对数字经济进行了着重阐述，明确从信息经济提法转为数字经济提法。从此官方文件和重大场合都采用数字经济的提法。在中央政治局集体学习、党的十九大等中央重要会议中，习近平总书记多次对数字经济予以强调，并做出重要指示。随后，我国各级部门在后续的各种文件通知中，均采用了数字经济的提法。

在国际重大会议中也有数字经济相关提法。在世界经济论坛2017年年会、“金砖国家”领导人分会、G20汉堡峰会、“一带一路”国际合作高峰论坛等国际重要会议中均提到了数字经济。2018年9月，国家发展改革委、科技部、工业和信息化部等部门联合印发了《关于发展数字经济稳定并扩大就业的指导意见》，提出要加快培育数字经济，加快推动公共就业创业服务数字化转型，做大做强数字经济创新创业服务孵化平台，持续提升劳动者数字技能，大力推进就业创业服务化转型等方面，以支持数字经济发展。

从信息经济提法到数字经济提法的转变，既有其特定的历史原因，也是顺应时代的发展。早期，我国推行信息化国家战略，采用信息经济的提法符合当时的发展阶段，毕竟中国刚推进信息技术，这也有利于各级部门推进具体工作。与信息经济这一传统概念相比，数字经济概念则更科学，更能反映当前新经济形态的时代特征。随着信息技术的快速发展，知识和信息呈爆发式增长，这些信息最终都被数字化储存、使用，从而带来新的产出，这也成为推动经济发展的关键生产要素。另外，国际通用叫法已采用“数字经济”，我国也采用这一叫法，有利于加强国际交流合作，有利于融入国际秩序中。

五、我国数字经济的发展现状

我国推行两化融合近20年，信息基础设施建设已取得突飞猛进，信息化能力显著提升。基本通信网络快速发展，目前我国网民、移动客户端使用数量居于世界第一位，电子信息产品工业制造规模、淘宝等网络交易量等均居全球首位。这些已经成为经济发展的重要引擎，数字经济占 GDP 的比重逐年提高，贡献率也显著提升，有力地推动了经济发展。

（一）数字经济规模逐步扩大。

近年来，我国数字经济发展迅速。根据阿里研究院发布的《2018 全球数字经济发展指数》报告显示，我国数字经济总量全球排名第二位，数字经济发展指数达到 0.718。根据报告测算数据显示，2018 年我国数字经济占 GDP 的比重达到 34.8%，同比提升 1.9 个百分点，总量约 31.3 万亿元。数字产业化发展良好，阿里巴巴、淘宝、京东等一大批新兴数字产业迅速崛起。新兴数字技术特别是智能化仪器仪表、人工智能、机器人等技术又推动了传统产业的发展，各类企业不断提升智能化改造。2018 年，我国数字经济对 GDP 增长的贡献率达到 67.9%，同比提升 12.9 个百分点。数字经济已成为推动国民经济发展的关键核心力量。

数字经济持续稳定的快速发展，成为稳定经济增长的重要途径。根据阿里研究院发布的报告显示，2003—2018 年，我国数字经济增速显著高于同期 GDP 增速，并且数字经济与 GDP 增速的差距逐步扩大。按照可比口径，2018 年我国数字经济名义增长 20.9%，高于同期 GDP 名义增速约 11.2 个百分点。未来，随着数字技术创新，各种新技术将加速向传统产业融合渗透，必将推动传统产业的智能化改造，数字经济对经济增长的拉动作用将越发凸显。

（二）数字经济结构持续优化。

数字经济主要包含数字产业化和产业数字化。从我国数字经济内部结构看，信息通信产业实力不断增强，新生数字产业蓬勃发展，并为各行各业提供充足的数字技术、产品和服务支持，奠定了数字经济发展的坚实基础。随着数字产业化的不断发展，各类新型技术不断加深与各领域融合渗透，也加速了原有产业的升级改造。数字产业与传统产业不断融合发展，齐头并进，使经济结构不断优化。根据《中国数字经济发展与就业白皮书》的数据显示，2018 年我国数字产业化规模为 6.4 万亿元，在 GDP 中占比达到 7.1 个百分点，在数字经济中占比为 20.5%。

产业数字化在数字经济中继续占据主导位置。2018 年产业数字化部分规模为 24.9 万亿元，对数字经济增长的贡献度高达 86.4%。产业数字化部分占 GDP 的比重由 2005 年的 7% 提升至 2018 年的 27.6%，占数字经济的比重由 2005 年的 49% 提升至 2018 年的 79.5%。在具体数据中，产业数字化占比已经超过数字产业化部分。这表明新一代数字技术及其相关产品和服务正在与传统行业融合，增强传统产业的产出效率。产业数字化与数字产业化不断融合渗透、相互促进，数字经济结构不断优化，产业数字化成为数字经济增长主引擎，数字经济内部结构优化。

六、各省市数字经济政策支持情况

近年来，各省市政府先后出台了一系列与数字经济相关的政策，据不完全统计如表 1 所示。

表 1　各省（市）政府数字经济相关政策

地区	时间	政策
山东	2019 年 7 月	《山东省支持数字经济发展的意见》
	2019 年 3 月	《数字山东 2019 行动方案》
	2019 年 3 月	《山东省数字政府建设实施方案（2019—2022 年）》
	2019 年 2 月	《数字山东发展规划（2018—2022 年）》
广东	2019 年 8 月	《广东省数字经济发展规划（2018—2025 年）》
	2018 年 4 月	《广东省数字经济发展规划（2018—2025 年）》（征求意见稿）
浙江	2018 年 9 月	《浙江省数字经济五年倍增计划》
	2016 年 11 月	《浙江省信息化发展“十三五”规划（“数字浙江 2.0”发展规划）》
福建	2019 年 1 月	《新时代数字福建发展纲要》 《关于推进设区市政务数据中心整合的指导意见》 《关于整合省直事业单位数据中心的实施方案》
	2018 年 9 月	《福建省数字经济发展专项资金管理办法》
	2018 年 4 月	《2018 年数字福建工作要点》
	2018 年 2 月	《关于加快全省工业数字经济创新发展的意见》
	2017 年 8 月	《关于启动数字福建物联网领域首批重点实验室的通知》
	2016 年 5 月	《福建省“十三五”数字福建专项规划》
	2015 年 9 月	《关于印发数字福建公共平台开展政府和社会资本合作建设运营管理暂行办法》

续表

地区	时间	政策
四川	2019 年 8 月	《关于加快推进数字经济发展的指导意见》
	2018 年 11 月	《四川省人民政府关于加快推进四川省数字经济与实体经济深度融合发展的实施意见》
广西	2018 年 9 月	《广西数字经济发展三年行动计划（2018—2020 年）》
	2018 年 8 月	《广西数字经济发展规划（2018—2025 年）》
	2018 年 8 月	《数字广西“广电云”村村通、户户用工程三年攻坚会战实施方案（2018—2020 年）》
	2018 年 8 月	《数字广西信息通信基础设施会战三年行动计划（2018—2020 年）》
	2018 年 8 月	《关于加快数字广西建设的若干措施》
贵州	2018 年 6 月	《省人民政府关于促进大数据云计算人工智能创新发展加快建设数字贵州的意见》
	2018 年 2 月	《省人民政府关于印发贵州省实施“万企融合”大行动打好“数字经济”攻坚战方案的通知》
	2017 年 3 月	《中共贵州省委 贵州省人民政府关于推动数字经济加快发展的意见》
	2017 年 2 月	《贵州省数字经济发展规划（2017—2020 年）》
安徽	2019 年 3 月	《支持数字经济发展若干政策实施细则》
	2018 年 10 月	《安徽省人民政府关于印发支持数字经济发展若干政策的通知》
	2018 年 9 月	《关于加快建设“数字江淮”的指导意见》
云南	2019 年 2 月	《云南省人民政府办公厅关于成立建设“数字云南”领导小组的通知》
江西	2019 年 2 月	《江西省实施数字经济发展战略的意见》
吉林	2018 年 7 月	《关于以数字吉林建设为引领加快新旧动能转换推动高质量发展的意见》
甘肃	2018 年 6 月	《甘肃省数据信息产业发展专项行动计划》
内蒙古	2019 年 1 月	《数字内蒙古建设发展规划（2018—2025 年）》（征求意见稿）
青海	2018 年 10 月	《青海省人民政府办公厅关于成立青海省数字经济协调推进领导小组的通知》
济南	2019 年 1 月	《关于印发济南市促进先进制造业和数字经济发展的若干政策措施的通知》
杭州	2018 年 10 月	《杭州市全面推进“三化融合”打造全国数字经济第一城行动计划（2018—2022 年）》
长春	2018 年 7 月	《关于加快数字长春建设推动老工业基地全面振兴发展的意见》

续表

地区	时间	政策
南宁	2018 年 11 月	《南宁市数字经济发展三年行动计划（2018—2020 年）》
福州	2018 年 7 月	《关于加快数字经济发展的七条措施》
	2018 年 6 月	《关于加快工业数字经济创新发展的实施方案》
	2017 年 5 月	《关于印发数字福州“十三五”发展规划的通知》
	2017 年 3 月	《关于印发 2017 年数字福州工作要点的通知》

七、部分省市的数字经济与实体经济融合发展的经验

（一）广东省：聚焦新业态，培育创新要素，促进数字经济融合发展

数字经济已成为广东省经济发展的重要支撑。根据《中国互联网发展报告》资料显示，2017 年、2018 年广东省数字经济发展指数均居全国第一位。2018 年，广东省规模以上计算机、通信和其他电子设备制造业增加值 8754.7 亿元，占规模以上工业的 27.1%，软件和信息服务业实现收入 10454.2 亿元，居全国第一位。“2019 年中国电子信息百强企业榜单”广东入选 28 家，居全国第一位。“2018 年中国软件业务收入前百家企业名单”中，华为、中兴、金山等 18 家广东企业入选，仅次于北京居全国第二位。广东省通过评定的国家级两化融合贯标试点企业有 74 家，占全国两化融合贯标总数的 10%。主要经验做法如下。

统筹布局，强化顶层设计，合理规划数字经济发展。广东省把数字经济的发展提升到战略地位，为了推动数字经济的发展，先后研究制定了《广东省数字经济发展规划（2018—2025 年）》等多项政策。该规划中明确提出要争取用 5 ~ 8 年时间，将广东省建设成为全球数字经济创新中心、国家数字经济发展先导区和数字丝绸之路战略枢纽。在具体推动中，强化“双核一廊双区”的辐射引领和带动示范作用，其中“双核”为数字经济发展的核心城市广州和深圳，“一廊”即广深科技创新走廊，“两区”即“中国制造 2025 国家级示范区”和“珠江三角洲国家大数据综合试验区”，并通过区域局部融合工程，在广州和深圳周边城市打造若干个具有数字化的特色小镇，如华为欧洲

小镇等。

紧盯世界技术前沿，培育创新要素，促进数字经济协同创新。广东省计算机、通信和其他电子设备制造业居全国第一位。在发挥原有产业优势的基础上，广东积极培育新一代信息技术产业，包括5G通信技术、IAB、NEM、基础软件、人工智能、集成电路、区块链、智能网联和新能源汽车、轨道交通、高端装备、新型显示等，打造引领数字经济发展的优势产业，形成数字产业的重要支柱。同时，围绕这些支柱产业大力发展周边上下游产业，积极建设先进制造科学与技术、再生医学与健康、材料科学与技术、网络空间科学与技术等数字产业领域重点实验室，为数字经济发展提供有效支撑。广东围绕创新驱动发展战略、人才强省战略，先后出台一系列政策举措着力培养和引进高层次和高技能人才，大力引进数字经济高层次紧缺人才。其中包括《广东省深化人才发展体制机制改革的实施意见》《广东省培养高层次人才特殊支持计划》《关于加快新时代博士和博士后人才创新发展的若干意见》《广东省人才优粤卡实施办法》《进一步加强高技能人才队伍建设若干意见》等，这些政策的出台为数字产业提供了坚实的人才保障。同时，紧紧抓住国家粤港澳大湾区战略，大力推进粤港澳大湾区国际科技创新中心建设，补齐科技创新短板，在更高水平参与国际科技合作和竞争、抢占全球创新高地。构建科技成果转移转化服务体系，实施数字经济领域关键核心技术攻关行动，实现数字经济可持续发展。

新兴数字产业与传统产业融合发展，放大数字经济杠杆作用。工业互联网平台是面向制造数字化、网络化、智能化需求，构建基于海量数据采集、汇聚、分析的服务体系，支持制造业资源泛在连接、弹性供给、高效配置的载体，从而实现工业经济全要素、全产业链和全价值链的资源优化配置，把设备、生产线、员工、工厂、仓库、供应商和客户紧密地联系起来，真正实现企业跨厂区、跨系统、跨设备互联互通，把各供应链上下游数据全部打通，消除数据孤岛，实现企业间各种资源的有效协同，实现价值创造从传统价值链向价值网络拓展。广东积极推广工业互联网平台体系，降低企业的公有云资源使用及网络费用，调动各实体“企业上云”、加入工业互联网平台体系的积极性。同时，积极运用财政服务券补助等方式，推动企业智能化改造。积极建设行业性平台和企业级平台，积极推动发展个性化私人定制、服务化转型、协同办公等制造业新模式。政府积极推动服务供应商与制造企业对接，为企业提供精准服务，打造“广东省工业互联网产业生态供给资源池”。

推进职能转变，提升服务定位，建设数字政府。为了打破各级政府信息孤岛的现象，提高用户体验，减少服务层级，广东省出台《广东省“数字政府”建设总体规划（2018—2020 年）》，采用互联网思维方式，通过集约设计、跨界迭代的思路，打造一体化高效运行的数字式“整体政府”。在具体实施过程中，打破原有大政府的概念，推进政企合作，推动政务体制改革，构建“管运分离”的数字政府建设管理新体制，由腾讯与移动、联通、电信等运营商共同成立“数字广东”网络建设有限公司，承担广东省“数字政府”的系统开发和日常运营维护等具体工作。各级政府公务实行“互联网 + 监管”“信用 +”应用等方式，营造良好的数字经济发展环境。同时，为了推动数据流动，广东积极探索数据资产化，以珠江三角洲国家大数据综合试验区建设为契机，开展大数据交易流通试点。

（二）浙江：推进数字经济“一号工程”，全面加快产业数字化转型

2018 年，浙江省数字产业化增加值 5548 亿元，对全省 GDP 的贡献率达到 17.5%，同比增长 13.1%。产业数字化转型竞争力明显提升，产业创新发展和辐射带动作用明显增强。2018 年，浙江电子信息制造业综合发展指数上升 2 位，排在广东、江苏之后，居全国第三位。浙江省规上电子信息制造业完成增加值 1700.1 亿元，高出全省规上工业 4.5 个百分点，同比增长 11.8%，数字经济成为推动浙江经济高质量发展的新动能。

将以智能制造为切入点，大力推进“互联网 +”制造。浙江作为全国民营经济发展最活跃的省份，各种民营企业众多。为了推动这些传统民营企业的发展，浙江深入推进“企业上云”“大数据 +”“人工智能 +”工程，推动企业建立大规模个性化私人定制、云制造、协同制造等新型制造模式。同时实现以点带面，建成一批行业智能转换示范线，包括机器换人示范生产线、示范企业和“智能工厂”“数字车间”等。通过行业内的龙头企业，如阿里云、中控等浙江省内优势产业力量，推进各级工业互联网平台建设。打造智

慧园区、小微园、特色小镇等数字化转型模式以促进产业集群高端化发展；积极培育基于“互联网+”的新兴业态，构建各种“互联网+”支撑体系。推广应用“园区大脑”，打造智慧集群、数字园区和数字化示范小镇。

eWTP布局重构跨境电商的全球化体系，打造“数字丝绸之路”新枢纽。浙江利用电商优势开辟全球电子商务新市场，与“一带一路”沿线国家拓展数字经济领域合作，推动大数据、云计算、智慧城市建设，加快完善以“一带一路”大数据中心、航运大数据中心、应对技术性贸易壁垒信息服务平台、“全球园区”平台等为支撑的数据服务体系，带动各国共同发展，共享数字经济的发展红利，为全球增长注入中国动力。支持阿里eWTP平台建设，加强杭州、宁波、温州、绍兴、义乌跨境电商综合试验区联动发展，打造“数字丝绸之路”核心区。同时，世界电子贸易平台（eWTP）已在“一带一路”沿线4个国家布局，积极推进国别合作园建设，中捷（宁波）国际产业合作园、北欧工业园、中东欧物流园等一批沿线国家境内园区也在加快推进。

推广移动支付，发展数字普惠金融。浙江大力推广数字普惠金融，将杭州国际金融科技中心建设作为浙江省全面实施数字经济“一号工程”的重要建设内容，全面拓展在流通行业、餐饮旅游、交通出行、医疗、政务等领域深度应用移动支付的方式。利用浙江省杭州金融科技产业的先发优势，挺“一超”、助“多强”，支持“蚂蚁金服”等金融科技领先企业创新发展，助推一批金融科技优势企业快速成长。准确把握金融科技产业发展方向，积极引导、集中力量，重点推动支付技术的创新，包括密码、指纹、脸部、虹膜验证等技术的创新。积极推进全球化移动支付体系建设，加快实现移动支付、跨境支付的广领域渗透和全球化覆盖。支持支付宝的全球应用与推广，向更多“一带一路”沿线国家和地区输出移动支付的最新技术和商业模式。

推广人工智能技术，打造“智慧城市”。浙江是全国率先开展智慧城市建设的省份之一，全面推广“智慧城市”模式。从2011年开始，浙江在本省分批推进智慧城市，前后分了三批共20个智慧城市示范试点。目前，智慧城市建设试点顺利。涌现出一批示范试点，如杭州智慧安监、温州智慧旅游、宁波智慧健康、绍兴智慧安居等。这些示范试点重视城市资源共享，依托云平台的建设将政府服务、市政、执法等各项城市管理职能上云，实现线上线下融合，大幅提升了城市管理水平。聚焦教育、健康、创业、交通、低碳、建筑、服务和治理等九大场景数字化应用，将居民常用的场景数字化，并提升服务水平，打造新型数字化社区。以智慧城市、数字家庭、信息消费等为方向，以提升居民便捷、智能化生活体验为目标，构建面向全体居民的移动化、一体化、智能化在线公共服务体系。

加快5G网络商用普及，大力推进新基建体系建设。5G，因具有更高带宽、更低时延和更大容量的特点，被视为下一个万亿级经济增长点。为争取率先实现试商用，自2018年以来，浙江便开始布局5G技术发展。2018年，由中国移动浙江公司牵头26家产业链合作伙伴共同发起的浙江省5G产业联盟正式成立。该联盟旨在政府的指导下，面向“信息共享、协同创新、产业推动、产业交流、联合推广”五大方向开展工作，构建合作共赢的5G生态圈。浙江大学、阿里巴巴、华为、海康、吉利、浙一、浙二、邵逸夫医院等国内外知名企事业单位和科研院所均在该联盟中。通过联盟进一步加快推进5G产业端到端的成熟，培育和推广垂直行业的5G应用，从而助力“数字浙江”建设。通过加快5G网络商用普及水平和普及力度，逐步规划应用场景，有序推动互联网向IPv6演进升级。推进重点行业和区域物联网络建设，加大物联网技术在城乡基础设施领域的应用力度。

八、山东省数字经济与实体经济融合的基础和差距

山东省作为全国工业大省，在数字经济方面也走在全国前列。2018年，电子信息制造业主营收入9061亿元，同比增长8.11%；软件与主营收入5028.1亿元，同比增长14.9%；合计主营收入14089.1亿元，同比增长10.4%；截至2018年底全省有7.5万家企业上云。海尔集团、海信集团、浪潮集团、歌尔股份有限公司等4家企业入选全国电子信息百强企业；海尔集团、浪潮集团、海信集团、东方电子集团、山东中创软件工程股份有限公司等5家企业入选全国软件百强企业。在数据资源方面，山东省不断推进各种数据信息系统的整合共享工作。目前，已经构建涵盖省、市、县三级信息资源目录体系，共计收录31万余条；建成省市公共数据开放网，各种开放数据

约3.12亿条，数据开放总量在全国领先。在网络基础设施方面，信息通信基础设施支撑能力较强。目前，我省实现光纤全覆盖，城乡家庭互联网接入基本达到百兆以上，网络宽带接入用户数超过2500万户，基础教育学校网络接入率达到98%。拥有国家超级计算济南中心。在数字技术方面，主要有两个应用层面。总体来说，山东省数字经济进步很大，但与部分先进省市相比还有一定差距。主要体现在以下几个方面。

（一）基础工作存在一定差距

各地各部门信息化发展水平不平衡，东西部地区、城乡间差距较大；法规标准存在缺项，制度体系还不健全；信息孤岛、数据烟囱还没有被完全根除，公共服务领域的数字化应用还不够广泛，云、网等基础设施建设统管力度有待进一步加大；对数据资源价值的挖掘不够，深入分析应用偏少，信息惠民水平不够高，百姓的获得感不是很强；数据安全保障机制有待健全，宣传力度不够大，大数据发展和应用的社会氛围不够浓等。

（二）数字产业规模相对较小

据公开数据显示，北京、上海、广东数字经济规模占GDP的比重居全国前三位，分别为49.7%、48.9%、40.8%。山东省为35%，居全国第八位，差距十分明显。比如，信息基础设施支撑能力比较弱。移动宽带用户、固定宽带家庭普及率等指标低于全国平均水平。2018年，山东软件业务收入5028.1亿元，增长14.9%；软件业务出口17.8亿美元，增长11.3%，而广东、江苏、北京三省市软件业务收入均已突破或马上突破万亿元。从龙头企业来说，山东除浪潮集团、海尔集团、海信集团等个别企业在国际、国内具有较强影响力和市场占有率外，在云计算、大数据方面具有行业带动作用的龙头企业较少。龙头企业缺少，尤其缺少具有全国影响力的领头羊企业。

（三）数字产业人才缺乏

虽然数字产业发展迅速，但我省相关信息技术人才数量不足，特别是具有行业经验的高层次复合型人才，在影响力、带动力方面尚不够强。从新一代信息技术产业大数据与云计算、集成电路、虚拟现实3个子领域来看看，全国新一代信息技术产业TOP1000人才主要分布在北京、江苏、上海三地，占全国37.1%，而我省仅有7人。同时，数字创新驱动力不强，产业创新能力不足，绝大部分企业研发投入低于5%，缺少数字领域高端人才和复合型人才，新业态、新模式发展滞后，复合型人才和产业领军大师级人物急缺。从人才分布现状看，真正需要数字产业人才的企业较少，大部分数字产业人才分布于高校院所和各大研究机构中。同时，还存在企业数字经济高技能人才严重短缺、行业分布不均衡、人才总量和结构与产业规模不相称、人才队伍建设亟待加强等问题。

（四）与应用层面的融合度有待进一步提高

山东省数字产业化和产业数字化具备了一定的发展基础，以浪潮集团、海尔集团、海信集团为代表的一批软件和信息技术服务企业已经在向云计算、大数据等业务创新转型，但应用方数据开放度较低，软件开发企业与应用需求方存在信息不对称、融合度不高等问题，导致数据提取不够、分析挖掘不深，影响了大数据在行业的深度应用。

（五）产业支撑体系尚不完善

在信息安全、开放共享等方面没有统一的标准规范。基本上还没建立起兼顾安全与发展的数据开放、管理和信息安全保障体系。与之相配套的各种政策法规不健全，包括数据所有权、隐私权等法律法规。由于这些支撑体系的不健全，虽然我省数据资源开放程度逐步扩大，但数据资源共享程度相对较低。数据质量不高，有效利用不够，数据资源流通不畅，数据管理能力相对较弱，数据价值难以被有效挖掘利用。

九、山东省数字经济发展与实体经济融合路径的建议

发展数字经济刻不容缓，同时也要看到，任何经济形态的发展都有其规律性，短时间内抹平和先进地区的差距是不现实的。可以考虑从山东省内优势较大的领域开始，由易到难，让数字经济和实体经济相互融合、逐步发展，从而实现新旧发展动能的转换。

（一）积极建设“数字政府”

可以借鉴广东省、浙江省的做法，构建“管运分离”的“数字政府”建设管理新体制。企业和百姓迫切需要解决“办事难”，政府应在该方面多做工作，多进行技术创新，开展“放管服”改革、“一次办好”改革，提供良好的公共服务环境。政府应仔细筹划，通盘兼顾，充分发挥引导作用，推动数字化工程的快速发展。开展政务信息系统整合共享，破除各部门的信息孤岛，建设政务云平台、数据资源整合和大数据平台，让互联网与公共服务融合，打造线上、线下一体化政务服务平台。同时，政府应发挥好引领作用，注重对信息化基础建设的投入，加速推广各类信息化系统，建立数据资源交易流通的流程和场所，并加强市场监管，促使市场、企业做好适应数字化的准备。

（二）提前建设网络基础设施

5G时代即将到来，IPv6网络也将被广泛应用，应提前布局下一代基础设施，加快工业互联网、空间互联网等新型网络设施建设，保证现有网络能够顺利向未来网络迁移。山东省国家超级计算济南中心、国家健康医疗大数据北方中心等在全国较为领先，可以拓展它们的功能，既能够服务政府，也能够服务企业和百姓，最终形成大型的平台。国外和国内很多省都开展了数据资源交易，可以考虑建设交易中心，开展评估、融资等业务。

（三）传统产业智能化升级

我国提出智能制造2025，很多都是以数字经济带动的。山东在机械设备、纺织服装、轮胎、化工、冶金等领域发展了很多年，在全国都比较有优势，可以首先进行数字化升级，在生产环节实现智能化。在研发设计、货物运输、经营管理等方面，信息技术也能够发挥作用，可以鼓励企业建设“智慧中心”。山东的化工企业较多，安全生产的压力较大，可以鼓励企业建设安全智慧中枢，实现科学管控。现在，山东正在实施乡村振兴战略，在农产品生产、加工、销售等环节都能够开展数字化提升，发展成智慧农业，实现装备智能化、管理数据化。

（四）增强数字产品的制造能力

作为全国工业大省，山东目前拥有海尔集团、海信集团、歌尔股份有限公司等众多白色家电领先企业。我们的工业优势应基于传统优势企业，加速智能家电、智能可穿戴设备以及其他数字终端产品的发展。同时，借助下一代信息技术，大力推进工业4.0建设，推进智能服务器生产线等项目的建设。同时，凭借浪潮软件和硬件的工业优势，大力推动山东省物联网的建设，加强对云计算、边缘计算、大数据等技术的研发，加快工业设备等领域的芯片设计和制造能力，推动消费电子通信设备的迭代升级。通过海尔集团、海信集团、浪潮集团、歌尔股份有限公司等龙头企业逐步向上、下游延伸，构建产业集群，从而带动上、下游产业的发展。

（五）加强关键核心技术研发

数字经济发展最终要向前沿看齐，需要突破关键核心技术。作为工业大省，既然有产业优势，就应该加强产学研结合，实现技术转化。加强原创性研发和创新，努力掌握前沿性、颠覆性技术。目前，我省有济南大数据中心、量子技术研究院、青岛（崂山）国家虚拟现实高新技术产业化基地等。这些机构都具有了一定的规模，有较为先进的技术。政府应调动更多的资源开展技术攻关，加大对其支持力度，实现相关技术的核心研发。最近的中美贸易战提示我们，在一些关键基础领域，如集成电路、基础电子、高端软件等领域，我们还有很长的路要走，政府应在资金、环境上多给予支持，特别是多引进和培养人才，形成自己的核心竞争力，使数字经济不断发展壮大。

（六）大力发展数字农业

山东省是农业大省，特别是潍坊寿光，形成了有龙头企业带领的产业发展模式。根据统计资料显示，从产值来看，农林牧渔业总产值每年接近万亿元。其中，农业总产值，农业增加值，农业出口总值，蛋、奶、蔬菜、水果、肉、水产品产量，农业机械总动力等指标均居全国首位。山东省应进一步促进信息技术在农业中的应用，推进农业的数字化和智能化，加强自动化，智能和数字技术及设备的应用，加快生产设备和农业机械设备的智能化转型。

在育种、水和科学施肥、灌溉、动植物疫情监测、标准化农场方面强化智能设备的应用。在加工方面，对于农产品质量安全追溯可以应用最新的区块链技术等数字化应用智能技术。

（七）推进智慧旅游服务

山东省是旅游大省，有泰山、曲阜孔庙以及济南的趵突泉，青岛、枣庄等丰富的旅游资源。应该立足旅游大省的实际，创新智慧数字旅游模式，建立智慧旅游服务体系，借助虚拟现实等新兴技术探索推动其与自然景观的融合，以提高重点旅游区的智能化、数字化水平，通过个性化的服务推进智慧旅游精准化，以提高体验服务水平，构建互动的智慧旅游平台。

（八）大力推进数字金融的发展

金融是工业的血液，直接影响区域经济的发展。山东应大力推进数字金融的发展，可以借鉴区块链技术实现线上、线下相融合，创造普惠金融。数据流应该在金融领域各个行业开放。政府应努力促进当地财政、税务、工商等主要部门数据协同作用，实现金融数据流，减少多渠道申报；金融业应加快网络聚合优势的形成，为政府提供服务，为个人和企业提供便捷的资金、信息和其他金融服务。同时，着力解决实体经济融资难的问题，增加在线信贷、众筹等新兴融资方式，对困难问题的解决为企业和个人提供了便利。同时，政府应大力发展农村网络金融服务，为广大农民提供支付便利，这有利于我省淘宝网在农村的发展，促进农产品出口。

（九）大力推进教育数字化、智能化的应用

山东省是人口大省，根据统计资料显示，常住人口超过 1 亿人，目前拥有普通高校 146 所，全国排名第三；在校生 210 多万人，全国排名第一。我省应该充分利用新型的信息化技术，整合现有各类优质教育教学资源，在教育领域推行教育信息化，建立教育管理政策平台，推动教育教学、教育科研和教育管理数字化。大力推进教育行业智能化的开发与应用，推动各大院校、研究机构的教育资源共享，推动全省网络化教学等新型教育形式，推广智慧校园、互动教学、在线课堂、网上标准化考试等应用，将学校、家长、学生

纳入平台管理，实现各层级的良性互动，从而为学生提供更有针对性，更具个性化的教育。

参考文献

[1]刘金旺,王娟．山东省数字经济与实体经济融合发展浅析[J].山东工业技术,2020(2).

[2]韩晓峰．数字经济对山东培育经济发展新功能的思考[J].科技视界,2017,(24).

[3]阎逸,夏谊,姚海滨．广东数字经济发展的经验及启示[J].浙江经济,2019.

[4]闫德利．数字经济的由来[J].中国信息化,2017.

[5]李长江．关于数字经济内涵的初步探讨[J].电子政务,

[6]方申国．数字经济时代浙江发展的数字化蝶变[J].浙江经济,2019.

[7]贾映辉．浅谈我国数字经济发展[J].互联网经济,2019(4):64－67.

[8]丛楷力．从"碎片化"到"整体性":地方政府数据开放治理研究[D].济南:山东师范大学,2019.

[9]阿里研究院、毕马威.2018 全球数字经济发展指数[J/OL].https://www.sciping.com/wp－content/uploads/2018/09/2018%E5%85%A8%E7%90%83%E6%95%B0%E5%AD%97%E7%BB%8F%E6%B5%8E%E5%8F%91%E5%B1%95%E6%8C%87%E6%95%B0.pdf.

[10]中国信息通信研究院.G20 国家数字经济发展研究报告(2018)[J/OL].http://www.caict.ac.cn/kxyj/qwfb/bps/201812/t20181218_190857.htm.

[11]中国信息通信研究院．中国工业发展研究报告(2018)[J/OL].http://www.caict.ac.cn/kxyj/qwfb/bps/201811/t20181119_188992.htm.

[12]中国信息通信研究院．中国数字经济发展与就业白皮书(2019)[J/OL].http://www.caict.ac.cn/kxyj/qwfb/bps/201904/t20190417_197904.htm.

[13]刘雅晴．美国数字经济发展对中国的启示[D].吉林:吉林财经大学,

[14]张璞．数字时代城市产业布局优化[J].太原城市职业技术学院学报,2020

[15]许文静,谷静怡,许盼盼. 数字经济时代会计面临的挑战、机遇与人才培养创新[J]. 商业会计,2020(4).

课题组成员简介

刘金旺，高级经济师，山东省工业和信息化研究院。

王　娟，高级经济师，山东省工业和信息化研究院。

张宇翔，高级工程师，山东省工业和信息化研究院。

刘明伟，高级工程师，山东省工业和信息化研究院。

宋　玮，工程师，山东省工业和信息化研究院。

牛宗宝，工程师，山东省工业和信息化研究院。

张永君，研究员，室主任，山东省工业和信息化研究院。

4

新媒体时代基于政务新媒体平台建设服务型政府的实践与探索

刘伟伟　闫霄

摘　要　随着信息技术的不断发展，政府政务管理工作也逐渐进入新媒体时代，政务新媒体主要以政务微信、政务微博、政务 App 等为主要载体，在政府信息公开、加强民意沟通、网络舆论引导、政府形象塑造等方面具有重要的影响力，有效提升了政府服务管理工作的精细化水平。

但是，新媒体的传播也给政府形象建设带来了极大挑战。新媒体是各种意识形态集结和交流的重要场所，信息发布不严谨，舆论危机不断出现，政务新媒体政务服务不完善等问题亟待解决。如何做好新媒体时代的政府信息公开、网络舆情引导、政务服务工作，成为摆在各级政府面前的重要课题。

课题以山东省工信系统政务新媒体为研究对象，在对其发展现状和存在问题研究的基础上，结合工业和信息化部门职能及山东工信政务新媒体的特点，提出基于山东工信政务新媒体平台建设服务型政府的建议，对提高山东工信政府服务水平具有指导意义。

关键词　山东；工信；政务新媒体；服务型政府

一、政务新媒体的发展现状

（一）政务新媒体的概念及特征

新媒体是相对传统媒体而言，又被称为“第五媒体”，主要包括网络媒体、手机媒体、网络电视等。新媒体具有传播范围广、文本碎片化、社会舆论易聚集等特点。

政务新媒体指的是各级行政机关、单位在承担行政职能的过程中，在微博、微信、论坛等领域上开设的公共政务账号或应用，通过行政部门的开发建设，搭建一条联系群众的桥梁。目前的政务新媒体主要包括政务微信、政务微博、政务 App、各类自媒体网站发布平台等。

第 44 次《中国互联网络发展状况统计报告》指出，截至 2019 年 6 月，我国已有 297 个地级行政区政府开通了“两微一端”等媒体传播渠道，总体覆盖率达 88.9%。截至 2019 年 6 月，我国 31 个省（区、市）已全部开通微信城市服务，其中广东省微信城市服务累计用户数为 1.89 亿人，居全国首位。我国 31 个省（区、市）均已开通政务机构微博，其中河南省各级政府共开通政务机构微博 10256 个，居全国首位；其次为广东省，共开通政务机构微博 9842 个。我国 31 个省（区、市）均已开通政务头条号。其中，开通政务头条号数量最多的省份为山东，共开通 8241 个。各级政府加快办事大厅线上、线下融合发展，“一网通办”“一站对外”等逐步实现。

随着政务新媒体的广泛发展，其在权威信息发布、社会民生服务、网络舆论引导、政民互动沟通、政府形象塑造等方面发挥着越来越重要的作用，已成为新媒体时代政府提升治理能力的必然选择。

（二）山东省工信系统政务新媒体发展现状

1. 开通运维情况

山东省工业和信息化厅于 2013 年 9 月开通政务微博，账号名称 sdeic@ sina. com，访问二维码。截至 2020 年 8 月，发布微博 6000 余篇，粉丝数 67886 个。2015 年 10 月，开通政务微信，账号名称 shandonggongxin，访问二维码。截至 2020 年 8 月，发布微信 5000 余条，总用户数 19879 个（见图 1）。

政务微信下设 3 个子菜单，分别为门户网站、模范机关和督查，可分别链接至我省工业和信息化厅门户网站、创建模范机关和国务院互联网 + 督查平台（见图 2）。

图 1　“山东工信”政务微博主页面

图 2　"山东工信"政务微信菜单

从粉丝结构看，"山东工信"政务微信的粉丝结构以本省网友为主，主要来自全省工信系统、企业、高校院所等人员，希望通过"山东工信"了解我省工信系统的工作动态、政策文件、文件解读等；"山东工信"政务微博的粉丝结构更广泛一些，除了包括全省工信系统、企业和高校院所人员以外，还包括一些对工业和信息化感兴趣的其他领域的专家、学者等。

2. 地市新媒体情况

从各地市情况看，通过对我省 16 地市工信系统政务新媒体（政务微信、政务微博）调研发现，存在以下缺点：一是覆盖范围不全面。截至 2019 年 8 月 26 日，我省 16 地市中有 14 个市局开通了官方微信，10 个市局开通了官方微博。二是信息更新不及时。监测时间自 2019 年 8 月 26 日至 9 月 6 日两周时间，14 个市局中仅有 6 个市局更新过微信，更新频次为 1～2 次；10 个市局中仅有 5 个市局更新过微博，更新频次为 1～8 次。三是功能定位不清晰。个别市局政务新媒体推送的内容以转发信息为主，原创信息少，反映工信工作的信息更少。有的市局官方微博甚至发布与工作无关的信息。四是队伍力量薄弱。几乎全部的新媒体工作均由内部职工兼职负责，普遍存在新闻素养不高、技术能力不强等问题。

3. 信息发布情况

从功能定位看，“山东工信”政务微博和微信的定位是一脉相承的，都是山东省工业和信息化厅新闻宣传、信息公开、联系群众的重要平台，主要发布工作动态、通知公告、政策文件、文件解读、宣传报道等信息，成为公众了解工信工作、获取政策信息、反映社情民意的重要渠道。

从发布形式看，能做到图文并茂，但文案编辑还需进一步加强，如“上海发布”已经尝试通过图解、数说、视频等形式，更清晰、生动地阐述政务资讯。

在发布频率上，每个工作日日均发文 4～5 篇，发文 2～3 次（新冠肺炎疫情暴发后，“山东工信”微信公众号获增推权限，每日发文次数由 1 次增加到 6 次），月均发文 50～70 次，发文 80～100 篇，基本做到频率适当、间隔稳定。但全国排名前 100 位的政务微信公众号月均发文 147 篇，发文 65 次，山东工信在发文数量上还需加强力度。

4. 互动服务情况

从互动功能看，虽然通过留言咨询等功能广泛接受公众监督，解答网友提问，但互动实效不显著，尚未成为公众提问答疑、咨询投诉的重要渠道。

从办事功能看，山东工信政务新媒体的办事功能还处在开发建设阶段。

5. 阅读量情况

截至 2019 年 11 月，“山东工信”微信公众号共推送 5000 余篇文章，阅读量排名前 15 位的文章如表 1 所示。

表1 “山东工信”微信公众号阅读量排名前15名

序号	标题	日期	阅读量
1	山东省第一批拟公布化工园区和专业化工园区公示	2018年5月16日	79559
2	山东省第二批拟认定化工园区和专业化工园区公示	2018年7月25日	30757
3	中共山东省委 山东省人民政府关于深入推进供给侧结构性改革的实施意见	2016年5月19日	28757
4	关于组织推荐第四批国家级制造业单项冠军企业（产品）和山东省第三批制造业单项冠军企业的通知	2019年5月8日	12914
5	山东省委、省政府重大政策举措解读/山东省45条政策措施支持实体经济高质量发展	2019年2月21日	9718
6	省工业和信息化厅连夜召开《问政山东》反映问题整改工作部署会议	2019年6月20日	6492
7	山东省工业和信息化厅举行揭牌仪式	2018年10月31日	6062
8	关于公布2016年度山东省100强企业的通知	2017年7月19日	5813
9	张榜！2019年山东民营企业品牌价值百强公布	2019年5月10日	5605
10	山东省汽车产业中长期发展规划（2018—2025年）	2018年6月29日	5381
11	山东省人民政府办公厅关于印发山东省节能奖励办法的通知	2018年1月15日	4796
12	山东省人民政府关于印发山东省“互联网+”行动计划（2016—2018年）的通知	2016年8月15日	1924
13	关于公布2018年度山东省绿色制造项目库（第一批）入库项目名单的通知	2018年7月13日	3693
14	山东省第一批拟认定化工重点监控点公示	2019年5月7日	3623
15	山东省第一批化工园区和专业化工园区名单公布	2018年6月29日	5381

阅读量整体反映了微信网友的关注点。从阅读量较高的文章看，微信网民关注的是与我省工信系统职责相关的公示公告、政策文件、政策解读、通知公告等，具体包括化工园区、供给侧结构性改革、制造业单项冠军、实体经济高质量发展、100强企业、汽车产业、“互联网+”等，文章来源以原创为主。

截至2019年11月，“山东工信”微博共推送5400余篇文章，阅读量排名前二十位的文章如表2所示。

表2 “山东工信”微博阅读量排名前20名

序号	标题	日期	阅读量
1	《无线电频率使用率要求及核查管理暂行规定》印发	2018年1月2日	110000
2	国务院关于深化“互联网+先进制造业”发展工业互联网的指导意见	2017年12月28日	107000
3	山东好人——刘树国	2018年1月22日	106000
4	山东要求2020年单位地区生产总值二氧化碳排放比2015年下降20.5%	2018年1月8日	106000
5	工业和信息化部近日公布第二批工业节能与绿色发展评价中心名单	2018年1月3日	106000
6	国务院关于深化“互联网+先进制造业”发展工业互联网的指导意见	2017年12月28日	106000
7	工业和信息化部近日公布2017年消费品工业“三品”战略示范城市名单	2017年12月28日	106000
8	李克强主持召开国务院常务会议	2018年2月8日	100000
9	2017年山东省智能制造试点示范项目公示	2018年2月9日	80000
10	2019年山东民营企业百强发布首次实现16地市全覆盖	2019年7月12日	64000
11	工业互联网布局进入关键阶段山东“下半场”或将率先突围	2019年10月22日	50000
12	《“中国制造2025”国家级示范区评估指南（暂行）》印发	2018年2月11日	37000
13	亮出“金刚钻”拿出真功夫——全省新旧动能转换项目推进会暨“双招双引”工作表彰大会采访札记（下）	2019年5月21日	36000
14	山东加快推动高端装备制造业高质量发展出举措谋新篇	2019年4月18日	36000
15	首批山东省制造业单项冠军企业名单公示	2017年12月8日	36000
16	山东省铸造行业错峰生产企业名单公告	2017年12月7日	34000
17	工业和信息化部日前公布《2017年工业品牌培育示范企业名单》	2017年12月7日	34000
18	山东推介133个重点装备项目 总投资2355亿元	2017年12月8日	33000
19	山东规范提升化工园区建设	2017年12月8日	33000
20	国务院办公厅印发关于推动国防科技工业军民融合深度发展的意见	2017年12月6日	33000

从阅读量较高的文章看，微博网民关注的是与工业和信息化部及我省发布的关于工业和互联网方面的政策文件、通知公告等，内容涉及无线电管理、“互联网+先进制造业”、智能制造、化工园区建设、军民融合等，文章来源

以转发工信微报、山东发布、中国政府网、大众日报等为主。可见微博网友感兴趣的点不限于我省工信系统的相关动态，对国家工信领域甚至一些社会热点都表现出浓厚的兴趣。

（三）优秀案例

1.“上海发布”政务微信

“上海发布”是全国政务新媒体的翘楚，以“上海发布”为代表的城市政务微信在平台关注人数、发文数量、文章平均阅读量等方面均处于政务微信公众号的前列，具有很强的代表性。在内容方面，“上海发布”长期秉持权威、及时、服务的理念发布资讯，在用户中形成了良好的口碑；在互动方面，将其视为内容生产的一部分，极大地提高了用户黏性；在内容协同生产方面，通过新媒体矩阵形成了相对稳定的内容生产协同机制；在服务方面，根据上海推进“一网通办”政务服务的统一部署，不断接入“市民使用率较高”的公共服务功能，提高移动端为人民服务的能力。从发展模式来讲，“上海发布”不仅对上海，还对整个中国的政务新媒体发展具有借鉴意义。

（1）**“上海发布”的界面。**

“上海发布”于2013年6月8日正式上线，经过6年多的发展形成了微信矩阵，包括市政大厅和政务微信矩阵。其中，“市政大厅”栏目可方便用户快速进入公交实时到站、交通违法、路况查询、入学信息查询等23个子栏目服务平台（见图4），大大提高了政府办事效率，也为上海市民的日常生活带来了极大便利。“政务微信矩阵”包括各区、委办局、重要机构三类。此外，“上海发布”在微信对话界面还设置了“随申办”“I♥SH”的菜单栏（见图3）。“随申办”是政务服务小程序，集成事项办理、电子亮证、在线预约、指南查询、智能客服等服务功能，汇聚三金记录、健康档案、学历学位、交通违法等个人档案信息，涵盖社会保障、道路交通、出境入境、医疗卫生、婚姻登记以及公共事业等多个主题办事领域。“I♥SH”是与上海生活相关的展示，展示形式不仅丰富多样，还有中英文双语介绍等。

图 3 “上海发布”政务微信主页面

图 4 “上海发布”市政大厅界面

(2)“上海发布”的推送内容。

从推送频次看，“上海发布”保持每日规律推送。从推送数量看，“上海发布”每日推送量都在 10 条以上，远远超过其他大量政务微信。从推送内容看，文章议题分为新闻和资讯两大类，内容发布形式包括纯文字、“文字 + 图片”“文字 + 图片 + 视频”。其中，以“文字 + 图片”为发布形式的文章占比 69%，可见“上海发布”重视内容发布形式的多元化，如在诸多政策介绍、办事流程的文章中都采用了图片，方便受众的阅读、理解和记忆。信息来源分为：原创、转载、综合整理。

2. “山东发布”政务微博

“山东发布”是山东省政府新闻办的官方微博，截至 2016 年底，全省 17 个地市均已开通政务微博。山东政务微博年发布量达到 293 万条，转发评论量达 1378 万条，包括了全省各市级政府部门以及公共服务行业部门。目前，“山东发布”的粉丝数近 400 万，融汇了 45 个部门及各地官方微博（见图 5）。

图 5　“山东发布”政务微博界面

（1）“山东发布”的互动性。

“山东发布”的互动性栏目种类繁多，包括微调查、感动山东、新观察、零距离等固定设置栏目。政务微博的互动表现在 3 个维度：互动性沟通、公众评论以及私信交流。网民发表评论框内“山东发布”会及时回应网民的评论，使双方有紧密的互动交流。

(2)“山东发布”的更新速率。

“山东发布”主要以时政热点发布为主，每天发布的信息在微博数中平均占 50%。“山东发布”信息的更新频率较高，如果有突发事件可以在半小时之内发布 3 条左右的信息，以确保信息的真实有效性。

3. “工信微报”政务微信

“工信微报”是工业和信息化部的官方微信，是新闻宣传和政务公开的重要平台，及时发布权威信息，解读重大政策，为公众提供实用知识和服务。在微信对话界面还设置了“政务服务”“我要举报”“政民互动”3 个栏目（见图 6）。“政务服务”栏目下设信息公开、手机真伪查询、历史消息、访客预约、车辆预约 5 个子菜单；“我要举报”栏目下设垃圾短信、骚扰电话、诈骗电话、不良网站、手机应用 5 个子菜单；“政民互动”栏目下设我向总理说句话和工信矩阵 2 个子菜单（见图 7）。其中，我向总理说句话是网民建言征集栏目，关于精准脱贫、营商环境、就业、教育、养老、收入等话题，网民对建设人民满意的服务型政府有什么好点子，对政府工作报告有什么新期待等都可以在此反映。新媒体矩阵涵盖各省、直辖市工业和信息化部门的政务微信和政务微博，方便网民快捷找到对应的政府部门。

图 6 “工信微报”政务微信界面

图 7　“工信微报”政务微信政民互动界面

二、当前政务新媒体发展中存在的主要问题研究

（一）新媒体时代的政务公开

1. 政务公开的概念及发展历程

政务公开是行政机关全面推进决策、执行、管理、服务、结果全过程公开，加强政策解读、回应关切、平台建设、数据开放，保障公众知情权、参与权、表达权和监督权，增强政府公信力和执行力，提升政府治理能力的制度安排。

政务公开与政府施政相伴相生。近年来，规范化、法治化的政务公开成为世界各国政治法律制度的重要内容。我国从 20 世纪 80 年代开始逐步推行现代政务公开制度，并在改革发展历史进程中不断完善。2013—2016 年，国办牵头制定了 16 个政务公开相关文件，至此政务公开顶层设计基本完成。2016 年 11 月，国办发布《〈关于全面推进政务公开工作的意见〉实施细则》，对政务公开的内涵从官方层面进行了首次界定，统一了理论界和实务界的认识，描绘了未来推进政务公开工作的宏伟蓝图，政务公开制度化体系得以建立。今年 4 月，国务院总理李克强签署国务院令，公布修订后的《中华人民共和国政府信息公开条例》，表明政务公开工作重心将转向制度的实施效果。

全面推进政务公开，畅通的不只是政府与群众之间的交流互动，更是为了以公开的方式推动理念转变与流程再造，建设人民满意的服务型政府。李克强总理多次强调“要深入推进政务公开，公开是惯例，不公开是例外。尤其是涉及公众利益的措施、财政预算收支情况等，都应该加大公开力度，让群众像扫描二维码一样，清清楚楚、一览无余”。

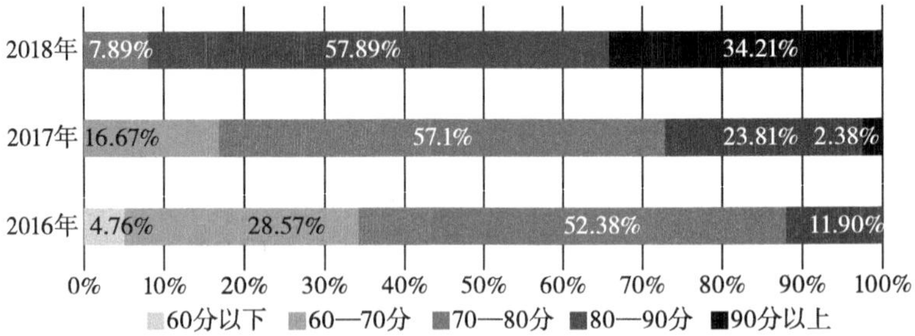

图8　山东省政府部门2016—2018年评估得分分布情况对比

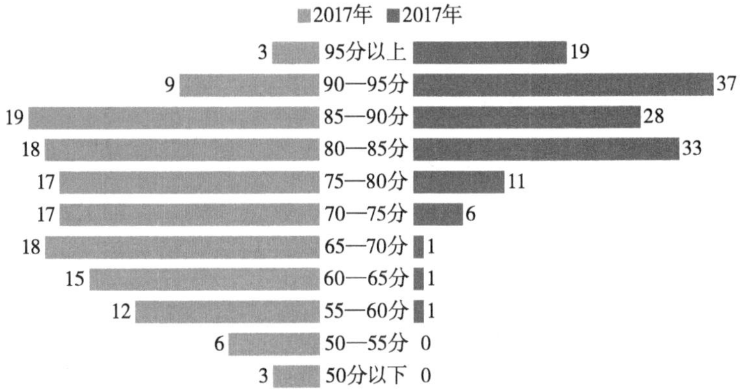

图9　近两年山东省县级政府第三方评估得分分布情况对比

从图8、图9中可以看出，2016—2018年山东省各级政府部门不断加大政务公开工作推进、协调力度，整体呈现出均衡发展的良好态势，政务公开水平取得了突破性的进步。

2. 新媒体时代政务公开面临的挑战

据调查，截至2019年6月，我国网民规模达8.54亿人，手机网民规模达8.47亿人。截至2018年6月30日，各级行政机关和承担行政职能的事业单位开设政务新媒体 17. 87 万个，其中微博 5. 49 万个、微信 10. 47 万个、移动客户端 5055 个、抖音 1736 个、其他平台 1. 26 万个。地方开设的新媒体 17. 52 万个，国务院组成部门 1320 个，其他国务院部门 2195 个。

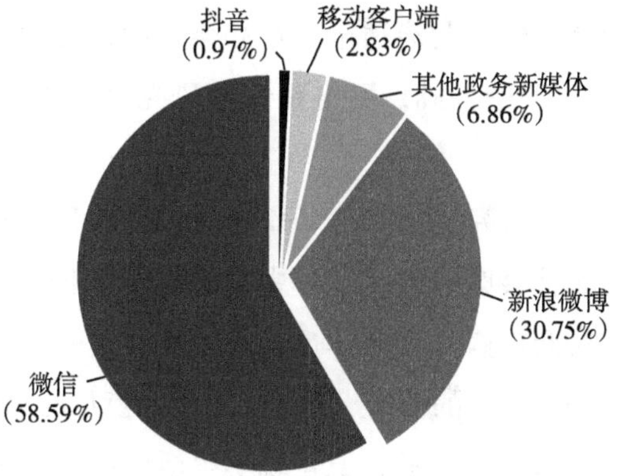

图 10　政府部门在各个平台开设政务新媒体占比情况

在互联网快速发展、新媒体广泛传播的时代，政务公开工作面临了许多新的挑战。

一是传统观念和行为习惯的影响，“夫圣人之治……常使民无知无欲……”“防民之口，甚于防川，川壅而溃，伤人必多，民亦如之。是故为川者，决之使导；为民者，宣之使言”“焚书坑儒”与历史上的多次“文字狱”，几千年的传统观念和行为习惯让很多政府部门不愿公开、不敢公开，信息公开意识不够。

二是信息公开能力低和缺乏手段。主要领导干部重视不足，缺乏必要的制度支撑和科学的考核监督机制与落实。习惯宏大叙事，缺少内容和细节；习惯简单说教，缺少受众心理分析；习惯空发议论，缺少办法和措施；喜欢概念描述，缺少故事与情感。

三是一些政务新媒体还存在功能定位不清晰、信息发布不严谨、建设运维不规范、监督管理不到位等突出问题，“僵尸”“睡眠”“雷人雷语”“不互动无服务”等现象时有发生，对政府形象和公信力造成不良影响。

（二）新媒体时代的舆情管理

1. 舆情管理相关概念

舆情理论在我国有着悠久的研究历史，网络的出现改变了舆情的生态环境，网络舆情的影响已经深刻渗透至当今社会人们生活的每个方面。舆情理论是网络舆情研究的理论基础，网络舆情的研究又拓展了舆情理论的研究范围。

上海交通大学舆情研究实验室在2012年10月15日发布的《让舆情研究跟上时代的步伐——社会舆情的界定》中对“舆情”做了这样的界定：“舆情，是作为主体的民众以媒介为载体反映现实社会这一客体的动态过程，是个人以及公众关于公共事务的情绪、意愿、态度和意见的总和。”

网络舆情是以互联网为介质，源自现实生活中的某一事件，引发了公众的情绪或意见表达，是具有一定影响力和主观倾向的、通过网络发布的意见或言论。

舆情会在自然或外界干预的条件下产生集聚，进而形成舆论，主导或控制整个社会的话语权。互联网开放、自由的特点，使舆情集聚为舆论的进程更为迅速，对社会产生的影响也更大、更广。因此，对网络舆情进行及时有效的管理在舆论管理中显得尤为重要。我国古代的“采诗观风”“朝议”“吏民上书”“官员巡察”等手段就是统治者最早重视舆情管理的体现。在新形势下，网络舆情管理也是收集舆情的手段之一。我国对网络舆情的管理实行“双轨统一分级管理制”，即党委部门和政府部门同时参与，形成多头负责、齐抓共管的局面。通过各部门合作的方式对部分政务流程进行重组，实行舆情信息资源共享，进而推动了网络舆情管理。

综上所述，网络舆情管理是以政府部门为管理主体，对互联网上代表一部分民众意见的有影响力的言论或意见进行控制、引导和制约，以促成正向舆论的形成，防止逆向舆论对社会造成危害。

表3　2019年上半年山东十大政务机构微博

排名	微博	谁信息	传播力	服务力	互动力	认同度	总分
1	山东环境	山东省生态环境厅官方微博	73.60	88.54	77.82	66.18	81.17
2	青岛发布	青岛市人民政府新闻办公室官方躯干	83.97	78.04	75.48	71.72	78.64
3	济南生态环境	济南市生态环境局	61.85	86.69	75.55	68.21	77.65
4	山东共青团	共青团山东省委员会官方策博	80.31	77.58	75.44	76.22	77.37
5	山东高法	山东省高级人民法院官方微博	81.57	85.11	73.04	65.57	77.37
6	德州环境	山东省德州市环境保护官方微博	61.96	88.07	67.62	63.80	76.33
7	青岛交警	青岛市公安局交通警察支队官方微博	77.63	87.69	72.45	63.63	75.80
8	文旅山东	山东省文化和旅游厅官方微博	71.89	85.52	60.87	58.67	75.18
9	济南交警	济南市公安局交通警察支队官方微博	75.81	84.79	71.22	67.51	75.03
10	菏泽巨野县法院	山东省巨野县人民法院官方微博	72.07	86.03	76.80	67.65	74.92

2. 政务新媒体舆情管理的现状和问题

山东省网民、网站规模体量都位居全国前列，各类新媒体爆炸式增长，经济领域的新旧动能转换、乡村振兴，民生领域的生态环境、教育医疗等舆情频发已成常态，舆情工作形势依然十分严峻。但一些地方和部门仍存在工作理念不适应、工作机制不完善、舆情回应不到位、回应效果不理想等问题。一是反应慢，处置拖沓。《国务院办公厅关于在政务公开工作中进一步做好政务舆情回应的通知》要求：对涉及特别重大、重大突发事件的政务舆情，要快速反应、及时发声，最迟应在24小时内举行新闻发布会，对其他政务舆情应在48小时内予以回应，并根据工作进展情况持续发布权威信息。二是处置失当，事实不清楚，司法界定不准确，如“邓玉娇事件”。三是处理避重就轻，企图为违法违纪的官员开脱，如四川宜宾县国税局官员嫖宿幼女案。四是讳疾忌医、涂脂抹粉、文过饰非，结果是欲盖弥彰，如2014年浙江宁波楼房倒塌事故。

2018年4月，国务院办公厅印发了《2018年政务公开工作要点》，首次提出对政务新媒体运营管理实行“关停整合”机制。新浪微博根据网友举报、主动巡查等方式，对12.9万余条微博采取了屏蔽、删除等处置措施，其中涉及不少政务微博。同月，环保部官网发布《关于环保系统官方微博、微信公众号存在“零发稿”或久未更新情况的通报》。这是自2013年以来，中央部委级别发出的聚焦政务新媒体运营管理和整顿的第一份正式通报，剑指政务新媒体运行中“只建不管”的问题。

（三）新媒体时代的互联网政务服务

1. 我国互联网政务服务发展现状

习近平总书记指出，随着互联网特别是移动互联网发展，社会治理模式正从单向管理转向双向互动，从线下转向线上线下融合，从单纯的政府监管向更加注重社会协同治理转变。为顺应这一趋势，中国各级政府积极加强政务新媒体建设，提出“让信息多跑路，让群众少跑腿”。2015年3月，李克强总理正式提出“互联网+”行动计划。2016年3月，李克强总理在政府工作报告中指出，要大力推进“互联网+政务服务”，实现部门间数据共享，让居民和企业少跑腿、好办事、不添堵。2017年1月，国办印发《“互联网+政务服务”技术体系建设指南》，提出线上政务服务平台建设四项原则。为此，各省市政府积极推进“互联网+政务服务”改革，使更多事项能在网上在线办理，从而提高政府工作效率，增强社会公众对政府服务的满意度。

2. 我国互联网政务服务发展存在的问题

作为全面深化改革的一种全新模式，“互联网+政务服务”在建设高效、便民、廉洁、法治政府方面具有重要的意义，然而其在运行过程中也存在一些问题。

一是信息共享程度不够。政务服务改革的进程及政务服务数据安全高效共享的程度，对于我国“互联网+政务服务”改革的整体推进具有重要影响。然而，政府数据共享还没有在政策层面与应用实践中得到充足的体现。一些职能部门之间信息共享和业务协调不畅，导致数据难以互联互通，出现“信息孤岛”。二是政务服务不便民。一方面，部分政府部门对“互联网+政务服务”的概念理解不清，侧重对技术水平的追求，忽略其具体应用。另一方面，信息更新滞后、群众沟通渠道受阻、回复信息不及时等问题也在不同程度上影响政务服务水平。

三、对山东省工信系统政务新媒体建设的建议

在以上研究的基础上，将政务新媒体的发展概括为四个阶段，分别为发布型、互动型、问政型、服务型。发布型政务新媒体主要以发布政府政务信息为主，民众处于被动接受阶段；互动型政务新媒体是在发布信息的基础上，增加了与网民的互动，如积极回应网友留言、主动设置话题讨论、及时规范舆论引导等；问政型政务新媒体是指通过意见征集、问卷调查、留言咨询等功能，广泛征求企业诉求，接受公众监督等，为相关职能部门制定政策提供决策依据；服务型政务新媒体是指加快政务新媒体互联融通，形成上下联动、部门协同的政务新媒体矩阵服务格局。

通过对山东省工信系统政务新媒体发展现状研究发现，山东省工信系统政务新媒体处在发布型—问政型阶段，即从发布型向问政型过渡阶段。针对山东省工业和信息化部门的职责和政务新媒体发展现状、存在问题等，提出以下四个方面建议。

（一）严格审核发布，完善“发布型”政务新媒体

1. 立足部门特点，加强信息公开

工业和信息化部门主要职责为拟订实施行业规划、产业政策和标准；监测工业行业日常运行；推动重大技术装备发展和自主创新；指导推进信息化建设等。作为行业管理部门，主要是管规划、管政策、管标准，指导行业发展，但不干预企业生产经营活动。

工业和信息化部门政务新媒体与其他民生类政务新媒体（如交通、教育、人社等）存在一定区别，应立足工业和信息化部门特点，发布与工信工作相关的工作动态、通知公告、政策文件、文件解读、宣传报道等信息，为公众了解工信工作、获取政策信息、反映社情民意提供重要渠道。

针对政务微信和政务微博受众不同的特点，政务微信应多发布与我省工信系统职责相关的公示公告、政策文件、政策解读、通知公告等原创信息，具体包括化工园区、供给侧结构性改革、制造业单项冠军、实体经济高质量发展、100 强企业、汽车产业、“互联网 +” 等；政务微博除发布以上原创信

息外，还可以多转发工信微报、山东发布、中国政府网、大众日报等与工信工作有关的信息，如无线电管理、“互联网＋先进制造业”、智能制造、化工园区建设、军民融合等。

内容发布形式要尽量减少纯文字形式，多采用“文字＋图片”“文字＋图片＋视频”等形式，比如在政策介绍、办事流程等文章中采用图片、视频等，从而方便受众的阅读、理解和记忆，同时也适应了新媒体时代受众碎片化的阅读需求。信息来源除原创和转载外，还应增加综合整理类信息。

2. 严把发布关口，严格审核程序

山东省工业和信息化厅要切实履行政务新媒体的管理职责，建立内容审核发布机制，明确专门部门和专职人员负责，严格执行“分级审核、先审后发、授权发布”的程序，坚持“谁审查谁负责”的原则，未按程序进行审核的信息一律不得发布。

要充分发挥专业运营机构的作用，因其运营意识和运营能力较强，所以能有效提升工信系统政务新媒体的服务能力、沟通能力和信息传播、舆论引导能力。充分发挥第三方督查作用，政务公开工作本身是监督权力公开运行的手段。社会公众和第三方评测机构自然是政务公开监督的重要主体，社会中的非政府组织、非营利组织也可以对各地各部门的政务公开实施情况进行评估，评估结果可以通过媒体和网络公开发布，以便进一步促进政务公开工作的社会影响和实际效果。

（二）加强政民互动，发展“互动型”政务新媒体

1. 加强平台联动，提升互动水平

依托各个平台的自身优势，有针对性地发布信息。比如，微博的互动性较强、引导范围广泛，可以增加和粉丝之间的互动频率，提高粉丝的忠诚度和认可度。同时，可以接受群众的监督，有效披露网络谣言，引导正确舆论导向；政务微信覆盖范围小，每天发布次数受限，但信息传播精准，保证真实的信息可以及时推送给关注的用户。在一些重大突发事件和公共事件中，可以结合各政务新媒体自身优势，在信息发布、舆情监测和舆论引导等方面全方位展开工作，以便达到第一时间发布信息、引导舆论的效果。

2. 建立应急机制，规范舆论引导

山东省工业和信息化厅的职能范围可能引起舆情的信息点包括：化工企业进区入园，村庄、企业搬迁，清理民营企业欠款、淘汰落后产能等，建议建立负面舆情监测预警机制，结合政务微信、政务微博、问政山东栏目里网友的咨询问题、意见建议等，建立数据库和案例库，加强舆情监测与分析的技术手段，对舆情热点进行重点监测，充分吸收以往处理突发舆情事件的经验，有效研判、提前预警。出现舆情后，第一时间发布权威信息，掌握话语权，确保舆论的正确导向。

（三）提升问政水平，建立“问政型”政务新媒体

网络问政对政府改进政务服务质量、提高政务绩效、增进政民沟通，搭建互动桥梁具有重要意义。一方面，党政机关可以利用网络平台收集民意、联系群众、树立服务型政府的良好形象。另一方面，民众可以反馈意见和建议，行使参政议政的权利。

政府网站是网络问政的主流阵地。山东工信官网可充分运用在线咨询、厅长信箱、监督举报、意见征集等模式与公众进行交流和互动，从而实现政民对话；山东工信政务微博除了可以通过私信、留言、话题等方式与网民进行交流互动，还可以通过微博舆情收集网络民意，对网民关注的热点进行跟踪、调查和反馈。如建立“关于《关于加快5G产业发展的实施意见》的起草说明及征求意见稿”话题，网民可点击进入参与讨论；针对山东工信政务微信，用户可运用对关键字发送的模式或者“问题＋提问”的模式获得回复，也可通过点击进入政务微信的相关模块填写个人信息，提交意见建议。例如，开通“我对工信有话说——网民建言征集活动”以及“关于减轻企业负担情况的调查”等。

（四）聚焦政务服务，打造“服务型”政务新媒体

政务新媒体矩阵式协同发展是大势所趋，以政府门户网站为主体，政务微博立足舆论引导，政务微信主推本地解读，利用大数据与云技术打通资源共享，打造智慧型统筹协调指挥中心。政务新媒体矩阵不仅能节省问政的时间成本，还能有效加强各问政平台之间的信息互通、平台共建、资源共享，

从而实现网络问政的高质量发展。

矩阵协同式政务新媒体已在部分国家级、省级政务新媒体成功实践。例如，国务院系列政务新媒体矩阵，集结了包括网站、微信、微博、客户端、小程序在内的国务院各部门、省级地方政府官方政务新媒体的所有信息，网民可以根据自己的问政需求，方便快捷地找到对应的政府部门网络问政渠道。

山东工信应加快建立山东省工信系统政务新媒体矩阵，集聚各市工业和信息化部门网站、微信、微博，公共服务机构、媒体单位等，更好地发挥新媒体集群优势。目前，我省正在开展“爱山东”移动政务服务建设，加快推进政务服务事项“掌上办”“掌上查”，推出一批掌上“秒批”“秒办”事项。建议以“爱山东”App建设为契机，梳理工业和信息化部门“掌上办”政务服务事项清单，推进山东工信政务新媒体与网上政务服务平台、政务服务中心的业务联动、数据共享，进一步优化办事流程、精简办事环节。

参考文献

[1]肖卫兵. 政务公开热点问题[R]. 2019-04-17.

[2]中国互联网络信息中心(CNNIC). 第44次中国互联网络发展现状统计报告[R]. 2019-08-30.

[3]杜杨沁. 政务微博舆情管理研究[M]. 上海:上海大学出版社,2017:41-42.

[4] 王兆丰. 新媒体时代基于政务微博新平台建设服务型政府浅析[J]. 信息化论坛,2014(5):40-48.

[5] 李川. 政务微博和政务微信的联动研究[J]. 媒介融合,2018(6):49-50.

课题组成员简介

刘伟伟，工程师，山东省工业和信息化研究院。

闫霄，高级工程师，山东省工业和信息化研究院。

5

工信系统新时代电子政务应用模式及建设重点、难点研究

魏磊 谭径元 宋国训 郑奇

摘 要 电子政务系统是政府转变职能，提高办事效率，建立公开、透明、科学、廉洁、高效的行政机构的重要手段。党的十八大以来，国家高度重视以信息化推进国家治理体系和治理能力现代化，强调要加快推动电子政务，打通信息壁垒，构建全流程一体化在线服务平台，助力建设人民满意的服务型政府。电子政务的建设和应用，已成为创新政府服务模式，优化营商环境，提升政府科学决策能力和管理水平的重要途径。

本文立足山东省工业和信息化系统电子政务建设的现状，通过调查研究、学习研讨等方式，分析了新的历史时期电子政务发展的趋势和要求，剖析了当前电子政务建设的现状和存在的不足，同时明确了下一步电子政务建设的重点和方向。文章首先梳理了近年来国家和我省出台的电子政务建设的相关文件和要求，从党和国家对电子政务建设的有关文件、我省电子政务建设的有关要求、新时代电子政务建设的趋势和变化等三个方面分析了新时代电子政务的发展趋势和要求。其次，从基础环境、网络系统、业务应用和业务数据等方面，对我省工信系统电子政务建设的现状进行了阐述，然后针对发现的问题和不足进行了剖析。文章最后对我省工信系统下一步电子政务建设的重点提出了意见建议，包括加强网络安全保障体系建设、构建规范统一的网上政务服务平台、探索工业大数据应用模式、强化内部管理等。

关键词 电子政务；网络安全；政务服务；大数据

电子政务，是指各级行政机关运用信息技术，优化内部管理，向社会提供优质、高效、透明的公共管理和服务的活动。电子政务系统是政府转变职能，提高办事效率，建立公开、透明、科学、廉洁、高效的行政机构的重要手段。

一、新时代电子政务发展的趋势和要求

党的十八大以来，以习近平同志为核心的党中央高度重视以信息化推进国家治理体系和治理能力现代化，强调要加快推动电子政务，打通信息壁垒，构建全流程一体化在线服务平台，助力建设人民满意的服务型政府。国务院将“互联网+政务服务”作为深化“放管服”改革的关键环节，专门印发文件并作出全面部署。电子政务的建设和应用，已成为创新政府服务模式，优化营商环境，提升政府科学决策能力和管理水平的重要途径。为此，我们梳理了近年来国家和我省出台的与电子政务建设相关的文件和要求。

（一）党和国家对电子政务建设的有关文件

2016年9月29日，《国务院关于加快推进“互联网+政务服务”工作的指导意见》提出2017年底前建成一体化网上政务服务平台，全面公开政务服务事项，政务服务标准化、网络水平显著提升；2020年底前，实现互联网与政务服务深度融合，建成覆盖全国的整体联动、部门协同、省级统筹、一网办理的“互联网+政务服务”体系，大幅提升政务服务智慧化水平，让政务服务更聪明，让企业和群众办事更方便、更快捷、更有效率。

2018年6月10日，《进一步深化“互联网+政务服务”推进政务服务“一网、一门、一次”改革实施方案》明确提出进一步深化“互联网+政务服务”，充分运用信息化手段解决企业和群众反映强烈的办事难、办事慢、办事繁的问题，加快推进政务服务“一网通办”和企业群众办事“只进一扇门”“最多跑一次”。

（二）山东省电子政务建设的有关要求

2017年10月22日，《山东省人民政府办公厅关于印发山东省政务信息系

统整合共享实施方案的通知》（鲁政办发〔2017〕75 号）提出按照“先联通，后提高”的原则，通过“统筹一片云，规范两张网，建成三大体系，强化四个支撑，落实五项保障”，形成设施集约统一、资源有效共享、业务有机协同、工作有力推进的“12345”发展格局，全省政务信息系统整合基本完成，满足政府治理和公共服务改革需要，最大限度利企便民，让企业和群众少跑腿、好办事、不添堵。

2018 年 10 月 22 日，省政府出台了《山东省加快推进一体化在线政务服务平台建设实施方案》（鲁政发〔2018〕23 号），提出深入推进“互联网 + 政务服务”，加快构建权威、便捷的一体化网上政务服务平台，提升政务服务网上供给能力，促进政务服务规范化、便利化，让人民群众有更多获得感。

2019 年 3 月 13 日，《山东省数字政府建设实施方案（2019—2022 年）》提出促进经济调节数字化。2019 年底前，建立山东经济运行监测分析体系，加强全省经济动态监测、趋势研判，实现主要经济指标智能化分析、可视化应用。2020 年底前，构建全省宏观经济、数字经济、区域经济、行业经济等领域数字化分析系统，为各级、各部门提供宏观经济调控决策支持和风险预警。2022 年底前，全省经济运行调节数字化水平显著提升，宏观调控能力和决策水平进一步增强。

（三）新时代电子政务建设的趋势和变化

在党和国家对电子政务建设、应用的要求日益提高的同时，我省电子政务建设发展的环境、建设的模式和应用的重点也发生了很大的变化。

第一，电子政务建设模式和应用重点发生了变化。建设模式从各级各部门各自为战向集约化发展转变，应用重点从部门内部的信息宣传、统计分析、公文流转等简单应用向以互联互通和信息资源共享为基础的跨层级、跨地域、跨系统、跨部门、跨业务的协同管理、政务服务、政务监督和大数据分析等转变。

第二，电子政务建设管理机制发生了变化。自 2017 年起，我省电子政务管理职能由原省经信委转到了省政府办公厅，机构改革后又调整到省大数据局，省政府办公厅保留政务服务监督管理职能。为适应电子政务集约化发展和政务信息系统整合共享工作需要，在信息项目立项审批中提出了“不共享、不审批、不拨款”的“三不原则”，建立了省级电子政务建设和运维全口径备案制度，实行项目归口管理，从源头上杜绝“边整合共享、边新建孤岛”现象。

第三，网络安全环境日益严峻。党和国家高度重视网络安全问题，保障网络安全在我国已经上升为国家战略。但是，随着信息技术应用日益广泛、深入，我们面临的网络安全风险也日益增大。近年来，工信行业部分业务系统仍存在弱口令、SQL 注入漏洞等网络安全隐患，且已发生网站、业务系统被篡改、攻击事件。

二、山东省工信系统电子政务建设的现状

自机构改革后我省组建新的工业和信息化主管部门以来，在党组领导下，工信系统各部门积极贯彻落实数字山东发展规划，着力推进机关信息化建设及电子政务综合服务平台的建设工作，在提高行政效能、增强公共服务能力等方面取得了一定的成效，有关具体情况如下。

（一）基础环境

在机房基础环境方面，随着近年来网络安全升级改造工作的持续推进，目前我省工信系统各部门、单位基本建设完成了符合等级保护标准的网络接入机房，并且配备完善了 UPS 供电系统、精密空调系统、自动气体灭火装置、视频监控和环境监控设备等，仅有个别单位仍使用家用空调或者未配置完善动环监测设备，在机房整体的基础物理环境方面已经有了明显的提高。

（二）网络系统

在网络系统方面，目前我省工信系统已经建成了电子政务外网公共服务域、电子政务外网行政服务域和电子政务内网的局域网络，并完成上联接入，配置完善了包括网络防火墙、日志审计系统、堡垒机、接入控制系统等在内的网络安全设备，其中大部分部门、单位还配置了入侵检测防御设备和安全审计设备等。

（三）业务应用

在行政审批服务方面，依托各级政府部门统一的政务服务平台，实现了全部行政审批事项及部分政务服务事项的网上办理。在门户网站安全防护方面，各部门单位的门户网站系统和用户管理系统基本完成了向省统一技术平台的迁移，大部分的部门单位还采取了网页防篡改措施并进行不定期的漏洞扫描。

三、山东省工信系统电子政务建设存在的不足

从总体上看，近年来我省工信系统的电子政务建设取得了长足的进步，基本涵盖了政务公开、行政许可、协同办公、重要业务管理、新媒体等各方面的应用，在保障关键信息基础设施的安全稳定运行方面有了明显提升，但在部分领域仍然存在着一定的不足，具体表现在以下几个方面。

（一）在电子政务体系建设上的不足

一是存在观念上的误区。很多人认为 OA 就是电子政务，电子政务只是政府信息化部门的职责，是传统政务管理的一个补充，不愿利用网络和信息系统，而是习惯于传统公务文书形式；此外“轻调研重设备”“轻计划重实施”也是电子政务建设中一个带有普遍性的问题，项目主要用于建设系统、购买设备，但是对调研、规划、培训等的基础性工作重视不足。电子政务绝不是简单的政府上网或办公自动化，所需要的也不仅仅是建立网站系统、电子邮件、无纸化办公等，而是指政府机构利用现代信息技术手段，实现高效、透明、规范的电子化内部办公、协同办公、对外政务服务和辅助决策的过程。

二是存在发展不均衡和短期效应的问题。个别地区和部分基层部门受经济发展水平和财政资金所限，在电子政务建设上投入不足，关键信息基础设施建设薄弱，网上政务服务水平参差不齐，部分网站和信息系统不仅功能少、质量低，而且实用性和互动性不强。此外个别还存在忽视整合、急功近利的现象，在没有对现有网络系统进行有效整合的情况下，急于建设新的信息化项目，容易造成人、财、物等资源的浪费。

三是体制机制不完善。在工作制度方面，当前各部门、单位都已经建立了日常运行维护制度、重要岗位网络案例责任制度、重要信息系统数据备份制度等日常管理制度，但部分业务部门在系统建设上还存在各自为战的情况，没有形成统一的建设需求审批制度和系统上线准入管理，由此容易造成“信息孤岛”，不利于网络互通和信息资源共享。另外在人员保障方面，还存在着“重建设不重维护”，专业的信息化人员不足的问题。很多部门在进行电子政务规划时，重视工程建设投入而忽视系统运行维护，对于系统建成后的安全运营和长期维护缺乏人、财、物的相关投入和制度保障，特别是随着机构改革过程中信息化部门的职能和人员调整，当前存在明显的专业技术人员流失、技术力量不足、职责边界模糊等突出问题。

（二）在规范网上政务服务平台、提升政务服务供给能力上的不足

一是项目评优遴选事项的网上办理率低。当前电子政务综合服务平台主要用于调度企业数据报送、对数据汇总分析等，而且各业务处室的项目评优遴选事项从项目申报、材料审核到专家评审等环节仍以线下报送纸质材料、线下会评的方式为主，网上办理的覆盖率较低。

二是网上业务办理系统的流程不够规范统一。随着机构改革中新业务部门的迁入，部分处室还存在着自建系统或者委托第三方建设系统的情况，各个系统之间平台不一致、受理门户不一致、流程不一致，无法有效共享复用。

三是在响应企业诉求、畅通企业网上沟通渠道方面还存在着明显不足。当前我们对工业领域的相关产业政策、行业动态的发布仍以官方网站的单方向发布为主，在搭建政企之间、企业之间的在线对接平台，倾听企业诉求、做好精准服务方面还需要进一步加强。

（三）在挖掘工业行业大数据、服务领导决策上的不足

中央和省市地方都高度重视大数据产业发展，党的十八届五中全会将大数据上升为国家战略，国务院通过了《关于促进大数据发展行动纲要》，省政府也出台了《关于促进大数据发展的意见》。利用大数据分析辅助政府领导决策，改造传统产业、培育新的动力，符合我省经济发展客观需要，对推动工业运行综合服务实现高质量发展的意义重大，但是当前我们在挖掘工业行业

大数据、服务领导决策方面还存在着一定的不足。

一方面，数据来源渠道单一，目前掌握的工业领域的数据资源不足。当前的行业数据主要依靠调度企业报送，但是所涵盖的企业范围数量有限，同时企业报送数据的准确性也存在一定的差异；通过省统计局共享交换的数据又无法满足我们对行业指标精细化的力度要求，同时还存在着较长的延时性。

另一方面，部分业务部门对行业数据进行功能挖掘的需求不明确，对数据的应用方式不清晰，对建立网上决策分析系统的重视程度不够，在加快主题信息资源建设、推动数据共享、挖掘大数据应用上需要进一步加强。

四、下一步山东省工信系统电子政务建设的重点

电子政务建设不是“毕其功于一役”的事情，而是需要循尾渐进、长期不懈的努力。下一步，我们将根据省委、省政府的部署要求以及数字山东发展规划，紧紧围绕全省工信行业工作重点，以加强网络安全保障体系建设为基础，构建规范统一的网上政务服务平台，探索工业大数据应用模式，切实提升网络安全水平、提高政务公开水平、加强政务服务网上供给能力。

（一）加强网络安全保障体系建设

一要加强网络基础设施建设。持续推进完成网络安全设备的升级改造工作，通过部署防火墙、入侵防御以及防病毒网关等安全设备，防御来自互联网的攻击，同时提供网络隔离，保证网络边界的安全；通过提供数据隔离、数据加密、剩余信息销毁等功能，保证用户数据的安全；通过部署堡垒机，对管理员的所有操作行为均进行限制、监控以及记录，以便保证运维的安全。

二要加强制度建设，健全网络安全保障制度体系。强化集约化建议要求，及时建立信息化建设的需求审批制度，统一安全标准、统一建设实施、统一运维管理；同时加强信息系统准入管理，所有新建设的网络及业务信息系统未经安全测评不得上线运行。

三要加强队伍建设，强化网络安全保障力量。一方面，要加大培训力度，认真做好全体人员的培训工作，提高整体的网络安全保障意识及防护能力；另一方面，要加强专业技术队伍的建设，补充新鲜血液、强化专业技术队伍，

同时落实“国家推进网络安全社会化服务体系建设”的要求，充分利用供应商及社会力量强化网络安全保障力量。

（二）构建规范统一的网上政务服务平台，提升政务服务网上供给能力

充分利用厅现有的电子政务综合服务平台，新建综合项目管理系统、事项库管理系统、企业在线对接系统，同时全面对接全省统一的身份认证平台、省政务信息资源共享交换平台，将厅电子政务综合服务系统扩展升级为一体化的网上政务服务平台，提升政务服务网上供给能力。

一是建设涵盖项目评优遴选的综合项目管理系统。根据山东省《关于深化“一次办好”改革深入推进审批服务便民化实施方案》的有关要求，结合电子政务综合服务系统应用现状，在现有平台上新增综合项目管理模块，全面覆盖厅机关所承担的工信领域相关项目的申报及评优遴选事项，实现综合服务门户、业务办理、项目申报、专家遴选、项目评审、证照打印、数据查询统计等功能。

二是建设流程规范可控的事项库管理系统。根据山东省《关于实施流程再造推进“一窗受理・一次办好”改革的十条意见》等有关要求，全面梳理机关办理事项工作流程和项目评优遴选流程，通过事项库管理系统实现各类服务事项的流程管理、环节管理、模板管理、业务管理等功能，实现从用户报送数据、项目申报、部门审批、专家评审、结果发布和统计分析等所有业务流程的规范化、一体化管理。

三是建设企业在线对接系统。在政企对接方面实现企业帮扶功能，面向工业企业提供网上咨询服务功能，提供咨询电话信息和网上咨询入口，为企业提供互动交流的桥梁。在企业供需对接方面，基于在线调研系统、在线申报系统采集并更新全省工业企业动态信息，包括企业规模、主要产品、产能、工艺等供给侧信息，物料采购、委托加工、产业招商、信贷融资等需求侧信息，搭建产业链上下游对接平台，把技术需求、项目需求、人才需求等精准推送给相关企业，完成供需的智能匹配。

（三）拓宽数据来源渠道，探索工业大数据应用模式

工业大数据是对工业领域产品全生命周期各个环节产生的数据及相关技术和应用的总称。充分利用大数据分析来辅助领导决策、改造传统产业、培育新的动能，符合我省经济发展客观需要，对提升政务服务水平、推动工业运行实现高质量发展意义重大，下一步要重点拓宽行业数据来源的渠道，探索创新工业大数据的应用模式，为服务领导决策做好有力支撑。

一是建设工业行业数据集成与交换系统，拓宽数据来源渠道。一方面，基于现有平台中的数据报送系统，进一步拓展行业分类、规范数据标准、优化报送流程，形成稳定、可靠的行业数据来源。另一方面，加强对接省政务信息资源共享交换平台，按照数据采集标准以及数据质量和安全控制的要求，共享交换工商、质检、国土、电力、环保、税务、统计等部门的数据。

二是加强数据中心建设。将数据报送系统和共享交换平台所采集的信息资源进行归集汇总，形成基础数据库，包括工业企业的基础数据、产品数据、经济指标数据等内容；同时，根据不同的业务功能建设主题库，包括专家库、企业库、办件库、项目库、企业经济效益主题库、质量评价主题库等。

三是探索建立工业行业大数据应用系统。根据《山东省数字政府建设实施方案（2019—2022 年）》中提出的有关要求，探索建立工业企业运行质量评价体系，明确评价指标，设立数据模型，实现工业企业运行情况分析、亩产效益分析、企业运行情况智能化展示等功能，加强对企业的运行监管和综合评价，提高经济形势分析工作的准确性、预见性和针对性，为支持企业发展和服务领导决策提供强有力的数据支撑。

（四）强化内部管理，规范协同办公平台和门户网站的应用

一是完善机关协同办公平台的功能，充分利用省统一的“山东通”移动办公平台，加快已有的公文流转、档案查询、即时通信等业务向平台的改造迁移，实现政务工作的无纸化、移动化、全天候办理。

二是规范门户网站的应用。按照政府网站集约化建设要求，厅机关门户网站已完成向省政府统一技术平台的整合迁移，按照集约规范、标准统一、信息共享、业务协同、权责明晰的政府网站管理模式要求，进一步优化版面

设计和栏目设置，改善政府信息上网发布的可视性，增强网站的吸引力、亲和力。

参考文献

[1]国务院．国务院关于加快推进“互联网+政务服务”工作的指导意见(国发〔2016〕55号)[Z]. 2016-09-29.

[2]国务院办公厅．进一步深化“互联网+政务服务”推进政务服务“一网、一门、一次”改革实施方案(国办发〔2018〕45号)[Z]. 2018-06-22.

[3]山东省人民政府办公厅．山东省人民政府办公厅关于印发山东省政务信息系统整合共享实施方案的通知(鲁政办发〔2017〕75号)[Z]. 2017-10-25.

[4]山东省人民政府．山东省加快推进一体化在线政务服务平台建设实施方案(鲁政发〔2018〕23号)[Z]. 2018-10-24.

[5]山东省人民政府办公厅．山东省数字政府建设实施方案(2019—2022年)(鲁政办发〔2019〕8号)[Z]. 2019-04-02.

课题组成员简介

魏磊，高级工程师，山东省工业和信息化研究院。

谭径元，高级工程师，副主任，山东省工业和信息化厅机关服务中心。

宋国训，高级工程师，山东省大数据中心。

郑奇，工程师，山东省大数据中心。

第三部分

综合篇

1

先进制造业高端复合型人才培养研究

先进制造业高端复合型人才培养研究课题组

摘　要　本课题首先分析了先进制造业高端复合型人才培养研究的背景，即发展先进制造业是我国制造业应对激烈国际竞争的战略选择，培养高端复合型人才支撑先进制造业的必然要求。其次，研究了解决课题的首要问题，即所研究的“先进制造业”“高端复合型人才”“先进制造业高端复合型人才”的定义，“先进制造业高端复合型人才培养”的内涵与特征。在明确了相关概念之后，结合我国先进制造业发展需求和制造业人才培养的现状，分析了我国先进制造业高端复合型人才培养面临的主要问题。在梳理归纳美国、德国、日本三个国家先进制造业高端复合型人才培养的国际经验基础上，总结了美、日、德分别具有市场主导、政府引导和“双元制”不同经验的启示。进而研究了人才培养模式，在分析“人才培养”及其“培养模式”内涵的基础上，明确了三种先进制造业高端复合型人才的培养模式，即专业复合培养模式、产学研联合培养模式、自我导向发展培养模式。最后，为解决我国先进制造业高端复合型人才培养面临的主要问题，结合美国、德国、日本等制造业强国的经验做法，提出了促进我国先进制造业高端复合型人才培养的政策措施和相关保障建议。

关键词　先进制造业；高端复合型人才；人才培养

第一章　先进制造业高端复合型人才培养研究的背景

一、发展先进制造业是应对激烈国际竞争的战略选择

全球新一轮科技革命和工业变革正在孕育，这与我国新旧动能转化、加速转变经济发展方式的历史时期恰好交汇。新形势下，国家之间综合国力竞争日趋激烈，制造业是国家综合国力的基石，而人才是国与国之间竞争的根本。谁拥有更多更优秀的制造业人才，谁就执掌了经济社会发展的主动权，谁就能够在激烈的国际竞争中抢得先机。

现阶段中国制造业的发展受到发达国家“再工业化”战略和新兴国家抢占全球产业链的双层挤压，特别是美国总统特朗普上台以后，全球贸易保护主义和贸易战抬头，全球贸易环境恶化，全球产业链面临着冲击与重构，中国制造业面临着前所未有的严峻挑战。

一方面，美、德、日等传统制造业强国纷纷把发展先进制造业作为增强本国战略实力的重要抓手，不断实施“再工业化”战略，重塑先进制造业产业链竞争优势，占据国际分工体系的高端，获取顶端超高利润，走高科技、高利润道路。美、德、日等传统制造业强国相继出台了一系列关于振兴和发展本国先进制造业的政策和规划。其中，美国先后出台的一系列如《先进制造业国家战略计划》《确保美国先进制造业的领先地位》等相关政策，试图保持美国在全球先进制造业的竞争优势；德国推出了以“智能制造”为核心的“工业 4.0”，旨在提升制造业的智能化水平，建立具有适应性、资源效率及人因工程学的智慧工厂；日本提出了以智能机器人为核心的先进制造业发展战略，希望通过“机器人新战略”提升日本先进制造业的国际竞争力，获取大数据时代的全球化竞争优势。

另一方面，近年来土耳其、马来西亚、印度、墨西哥、越南、印度尼西

亚等制造业新兴国家正处于制造业产业链上升阶段。以廉价劳动力等成本优势积极承接产业转移，参与全球产业再分工，抢占制造业中低端。根据第一财经研究院发布的《中国与全球制造业竞争力》报告，2016 年土耳其、马来西亚、印度在基于单位劳动力成本（ULC）的全球主要经济体制造业的竞争力排名中居前三位。德勤（Deloitte）发布的全球制造业竞争力指数显示，印度、马来西亚、越南、印度尼西亚四国在 2016 年全球国家/地区制造业竞争力指数排名中分别列第 11 名、第 17 名、第 18 名、第 19 名，预计 2020 年将分别列第 5 名、第 13 名、第 12 名、第 15 名，成为进步最快的国家。

在这种情形下，我国迫切需要发展先进制造业，走高质量发展的道路，并推动制造业由中低端向中高端发展，由中低质量向高质量发展，尽快将我国由制造业大国建设成为制造业强国，这是应对先进制造业激烈国际竞争的战略选择。

二、培养高端复合型人才是支撑先进制造业的必然要求

当前，我国经济发展已经进入了新的历史时期，以往主要依靠资源要素投入、规模简单扩张的粗放型发展模式受资源、环境、劳动力成本等因素的约束和影响，已经难以为继了。要实现经济高质量发展，形成新的增长动能，就必须从要素驱动向创新驱动转变，把发展的重点放在先进制造业上，占领全球制造业产业链的中高端，重塑国际竞争新优势。在我国经济面临较大下行压力的背景下，先进制造业不仅是经济发展的重要驱动力，还是实现经济高质量发展的重要支撑。

根据国家统计局发布的数据显示，2019 年上半年，高技术制造业增加值同比增长 9.0%，高于规模以上工业 3.0 个百分点，占全部规模以上工业比重为 13.8%，比上年同期提高 0.8 个百分点。2019 年 1—7 月，高技术制造业投资增长 11.1%，增速比上半年提高 0.7 个百分点，高于全部制造业投资 7.8 个百分点。由此可见，以高技术制造业为代表的先进制造业已成为制造业发展的领跑者。新一代信息产业、高端装备制造业等战略新兴产业发展迅速，传统产业转型步伐进一步加快，产业转型升级伴随技术进步和生产力水平提

高，对人才各方面能力提出了更高要求。

发展先进制造业，实现制造业强国的战略目标离不开高端复合型人才的重要支撑和保障。随着先进制造业的发展，制造业的生产方式和产业结构都将发生前所未有的变化，人才需求的结构也发生了重大变化，对人才的需求由中低端转向高端，由单一型转向复合型。先进制造业不再是简单的制造流程，而是实现了设计、制造、服务等多个流程的纵向集成，这就要求先进制造业高端复合型人才具备多个流程的知识和能力，对跨学科的复合能力要求越来越高。

发展先进制造业、实现制造业强国的战略目标，最为迫切的就是培养制造业人才，而先进制造业发展需要的主要人才是高端复合型人才。

在先进制造业发展的重点领域完善人才培养体系，强化对人才的复合能力培养及其综合素质提高，培养一批高端复合型人才，是优化我国先进制造业人才结构、完善我国先进制造业人才培养体系、支撑先进制造业发展的必然要求。

第二章　先进制造业高端复合型人才培养概念界定

一、先进制造业

先进制造业的定义由两部分构成，一部分为“先进”，另一部分为“制造业”。显然，它既具备“制造业”的传统含义，又以其“先进”性区别于传统制造业。要研究其内涵与特征，加深对其定义的理解，就离不开对“制造业”和“先进”的充分了解与阐释。只有掌握了它们的内涵与特征，才能抓住“先进制造业”与“高端复合型人才”的关系。

（一）制造业的内涵与分类

1. 制造业的内涵

狭义的制造业指的是对原材料或作为原材料的半成品进行加工，产出制成品的活动。从广义上看，把制造业从“行业”上升到“产业”，还应包括其狭义定义所需的土地、资本、人力资源、技术；设计、生产、销售等过程所涉及的上下游全产业链所包含的整个产业。

2. **制造业的分类**

（1）按发展阶段分类

根据产业发展、企业发展所处的阶段，可以将制造业划分成“工业 1.0”阶段、“工业 2.0”阶段、“工业 3.0”阶段、和“工业 4.0”四个阶段，分别对应手工化、机械化、自动化和智能化四种不同生产方式。

（2）按产业环节分类

目前，“两业融合”逐渐进入研究视野，从产业环节出发可将广义的制造业分为生产性制造业和服务性制造业，或称为制造业与生产性服务业。随着新兴产业的不断发展、产业融合的不断加深，按产业环节分类的情况将会越来越多。

（3）按产品分类

按照工业和信息化部的统计分类和国民经济行业有关分类和说明，工业产业结构可分为原材料工业、装备工业，消费品工业、电子信息业四大类。其中，制造业应包含装备工业消费品工业、电子信息业三大类。装备工业，包含机械、汽车、民用船舶等，消费品工业包含轻工、纺织、食品、医药、家电等，电子信息业即电子信息制造业。

（二）“先进”的三大特征

先进制造业是新时代背景下制造业发展的必然趋势，“先进”作为区分“先进制造业”与“制造业”的关键定语，需要确定它在制造业语境中的特定内涵。

1. **“先进”的发展阶段超前性**

结合制造业的分类，先进制造业具有发展阶段的超前性。先进制造业也是产业，体现先进制造业的时代性特性即产业革命。按“工业 4.0”划分，当前制造业革命在特点上体现为具有可接入性的技术基础平台、与工业实际联系紧密、具有整体社会效益。在技术上体现社会化的智能设备物联、全球化的物联生产、供给侧所有产品的智能化、虚拟生产环境的实现、智能服务的全方位跟随。

2. “先进”的产业环节新兴性

先进性是一个动态过程。过去的“先进性”在新兴背景下会被新兴“先进性”替代。在生产性制造业和服务性制造业的不同产业环节中，都会集中体现先进制造业的“先进性”。当前，先进制造业的动态性体现在通过发展新技术、新材料、新模式带动我国经济走高质量发展之路。

3. “先进”的产品技术创新性

先进制造业的发展是催化科学技术发展的实体部分，其产出是先进的新产品或新装备。发展先进制造业是增强本国战略能力的重要抓手。西方发达国家纷纷出台一系列发展先进制造业的政策和规划，就是把先进制造业与科技实力、综合国力视同化。例如，美国的《先进制造业国家战略计划》、英国的“英国工业 2050 战略”、德国的“工业 4.0”、法国的《新工业法国计划》、日韩的“制造业创新 3.0 战略”等。

（三）先进制造业的定义

既具备“制造业”的传统含义，又以其“先进”性区别于传统制造业，具有“发展阶段超前性”“产业环节新兴性”“产品技术创新性”三大特征。传统制造业与先进制造业是相互依托相互作用的关系，先进制造业的发展离不开传统制造业的基础支撑，而传统制造业的高级化发展正是先进制造业形成的主要路径之一。

综上，先进制造业的定义应该为在传统制造业的基础上，具有“发展阶段超前性”“产业环节新兴性”“产品技术创新性”三大特征的制造业。

二、先进制造业高端复合型人才

（一）人才的内涵与衡量标准

理解高端复合型人才概念，首先要厘清人才概念，即人才的内涵及人才培养质量的考核标准。

1. **人才的内涵**

通常，人们可以粗略地分为人才、普通人等。人才仅是一部分人，是人与才的统一，是为人与做事的统一。为人即作为人、是人或具有人的存在方式，具有人类的特殊属性（主要指人类的优秀性）；做事，就要有才，即具有做事所需的知识、技能、能力，具有创造性的劳动，并为社会、国家甚至全人类做出积极有益的贡献。

2. **人才的衡量标准**

"人才"是"人"与"才"的统一，或者具有知识，或者具有技能，能够为社会创造出价值，为社会做出积极的贡献，这种人称为"人才"。品德、知识、能力（尤其是工作实力）和业绩（尤其是工作实绩）是衡量人才的标准。人才具有能动性、创造性、增值性、再生性等特性。

（二）复合型人才的内涵、理想类型、层次类型与衡量标准

1. **复合型人才的内涵**

复合型人才是具有复合型特点的人才。"复合"，顾名思义叠加、融合，相对"单一"来说应该是由两个或多个成分融合而成，是"两个或两个以上的事物联系在一起，产生出具有新的含义的事物"。复合型人才是在知识、技能、能力和业绩方面具有复合型特点的人才。

2. **复合型人才的理想类型**

从人才具有综合素质的意义上说，人才都应该是复合型人才。人才是普通人群中比较文明、适应性较强、劳动更具创造性和贡献力的人。这种人往往具有综合素质，理想的复合型人才就是人们通常所言的通才。其知识基础宽厚，智能结构比较合理，看待问题的视野开阔，发散思维能力较强，善于从多角度考虑问题，适应性、灵活性、创新性较强，善于凝聚团队力量和解决复杂问题。

3. **复合型人才的层次类型**

复合型人才可以大致分为一般复合型人才和高层次复合型人才。具有两个或多个通识认知常识知识、一般技能和一般能力以及相应的创造性劳动业绩的人，可以称作一般复合型人才。

高层次复合型人才不但具有一般复合型人才的知识、技能、能力、创造性劳动业绩的复合性特点，而且具有专业知识、专业技能和专业能力以及相应的专业创造性劳动业绩的复合性特点。

4. **复合型人才的衡量标准**

具有两个或两个以上领域中的知识、技能、能力和创造性劳动业绩，被公认为知识面比较宽广、多角度分析研究问题、多方式多途径解决问题的能力突出，具有较强的综合性，可以称为“复合型人才”。

（三）先进制造业高端复合型人才的内涵、衡量标准与定义

高端复合型人才是先进制造业高端复合型人才培养和先进制造业高端复合型人才培养研究的基础概念，理解高端复合型人才概念是进行高端复合型人才培养研究和培养高端复合型人才的基础。

1. **高端复合型人才的内涵**

高端复合型人才既属于高层次人才，也属于高层次的复合型人才。高层次人才是具有高层次专业知识、专业技能、专业能力和专业创造性劳动业绩的人；高层次的复合型人才是在知识、技能、能力和业绩方面具有复合型特点的人才。

基于此，我们可以认为：高端复合型人才既是具有高层次的两个或两个以上专业的知识技能、能力和创造性劳动业绩的人才，也是具有专业理论、技术、方法与应用而且具有专业的理论与实践的贯通性、产学研结合性的人才。

2. **高端复合型人才的衡量标准**

依据高端复合型人才的内涵分析，我们不难得出如下结论：那些具有高层次专业复合性特点的高端或具有高端文化素质的人才，是高端复合型人才。

3. **先进制造业高端复合型人才的定义**

根据以上分析，把先进制造业的行业特性与高端复合型人才的特性相加，不难得出以下结论：先进制造业高端复合型人才，就是先进制造业领域内的高端复合型人才。

三、先进制造业高端复合型人才培养的内涵

先进制造业高端复合型人才培养是高层次人才分类培养的理念和制度，是人才发展成为先进制造业高端复合型人才的重要路径。

（一）“培养”的概念

培养的基本定义是为了得到符合预期目标的人才，用教育和训练使得接受教育者能够达到设定的预期目标。人才难以完全依赖自我导向发展成为先进制造业高端复合型人才，规模化、有组织的培养是先进制造业高端复合型人才质量的保障。培养涵盖整个人才培养复杂系统的诸多活动或工作环节，如人才来源、培养主体、资源配置，培养制度、培养条件、培养方案等。

（二）复合型人才培养的概念

由于先进制造业高端复合型人才培养概念刚刚提出，“先进制造业”“高端”“复合型人才”的具体定义多处于观念性的状态，加之先进制造业的不断发展变化，使很多定义只能是相对定义。因此，对先进制造业高端复合型人才培养的界定目前尚无定论，我们综合了以下要点。

先进制造业高端复合型人才培养是指制定培养制度并管理先进制造业高端复合型人才培养活动的过程，是以产学研、产业联盟、创新中心等典型模式为代表的培养过程，是在学校阶段跨专业类别、工作阶段跨岗位类别的培养模式。

四、先进制造业高端复合型人才培养的特征

先进制造业高端复合型人才培养过程是指在一定历史条件下，由制造业复合型人才培养主体把作为培养对象的制造业人才培养成为先进制造业高端复合型人才的过程，其过程目标明确、系统复杂、主体多元，应明确其逻辑起点、必要条件和基本要求。

（一）关注发展需求是根本动力

先进制造业的创新性特点决定了其对高端复合型人才的需求，它对成果

转化、技术推广等实践科研与实践能力要求均较高，科研人才为了增强就业竞争力，企业员工为了提高专业水平，分别有增强实践能力、继续培训学习的需求，加之企业岗位的交流轮换等需求，都是先进制造业高端复合型人才培养活动的根本动力。

（二）组织和制度是必要条件

跨学科培养复合型人才在学科制度下必然面临“学科组织目标之间的差异与冲突”“学科组织结构层面的障碍”“学科组织权力之间的冲突”和“教师角色与身份的冲突”，这意味着复合型人才培养需要有相应的合法组织和培养制度等条件作为支撑，这些组织与相配合的制度，共同构成了先进制造业高端复合型人才必要的培养条件。

（三）促进人才发展是最终目标

先进制造业高端复合型人才培养的目的是培养出能够支撑先进制造业发展的人才，作为人才需求方的企业以及作为教育方的培养主体，还有从事与制造业相关专业学习、工作的个体，都应自觉地、积极地、主动地参与到先进制造业高端复合型人才培养活动中。

第三章　中国先进制造业高端复合型人才培养的现状和问题

一、高等教育培养供需脱节

（一）学科专业设置不合理

当前，我国学科专业设置同质化和滞后性严重，先进制造业产业相关专业缺乏。一方面，高校学科专业设置重叠现象明显，在培养的层次上没有明显区分度，办学特色不够鲜明，缺乏多样性与选择性。另一方面，和先进制造业相关的专业严重缺乏，特别是在一些战略新兴产业领域，需要跨学科的复合型知识结构的人才，但现行的高校学科专业设置尚未根据产业发展趋势做出积极的调整，使得学科专业设置严重滞后于产业的发展，造成了高端复合型人才培养跟不上产业的发展和市场需求。

（二）“双师”型教师缺乏

高端复合型人才培养需要大量既有深厚的工科知识背景，又有丰富的工程实践经历的“双师”型教师，但从目前的实际情况来看，我国“双师”型教师严重缺乏。很多工科领域高校教师还是从学校到学校、从教室到实验室，偏重学术论文和科研成果，缺乏科研能力、创新能力和实践能力的培养和训练，缺乏先进制造业企业的技术研发、工程设计、项目管理等实践经验。在教学安排上往往重课堂教学、轻实践教学，普遍重视理论知识灌输，忽视实践能力训练。

（三）工程实践教学不足

在课程设计上，高等教育与行业、企业联系不紧密，工程实践教学不足。企业新技术、新工艺没有出现在实践教学中，教学内容远远落后于产业技术的发展。在与制造业相关的工科专业中，实践环节尤为重要，通过实验、设计、建模、仿真、实习等实践着重培训和提高学生的创新能力、应用能力、动手能力，但现行的课时结构中理论课所占的比例过大，实践课所占的比例过小，造成学生缺乏创新意识，动手能力差，毕业生远不能满足产业、企业发展对人才的需求。据不完全统计，国内高校工科专业本科实践类课程学分仅占学分总数的1/4左右，世界知名高校则达到1/3以上，可见还有不小的差距。

二、企业培养主体的作用尚未充分发挥

（一）企业人才培养主体意识淡薄

企业对人才培养特别是高端复合型人才培养的意识比较淡薄，重视程度

不够，普遍存在着重使用、轻培养的现象。有些企业为了盈利的短期目的，用到哪方面的人才就去人才市场寻找，到别的企业去挖，没有建立企业自己的人才培养体系。有些企业不注重企业培训，对职工培训投入不足。虽然政府重视职工培训工作，大力支持企业开展职工培训，财政部与税务总局于2018年联合发布了《关于企业职工教育经费税前扣除政策的通知》（财税〔2018〕51号），明确自2018年1月1日起，企业发生的职工教育经费支出不超过工资薪金总额8%的部分，准予在计算企业所得税应纳税所得额时扣除；超过部分，准予在以后纳税年度结转扣除。但在实际调研中发现，大多数企业并没有把职工教育经费用足。有些企业尚未意识到在高端复合型人才培养过程中的主体地位，而是停留在企业内部进行传统的老带“新学徒”制培养的思维中，产学研联合培养的意识不强，不主动对接高等院校、职业院校和各类培训机构积极开展职工培训与继续教育。

（二）企业人才培养的能力不足

企业对高端复合型人才的培养能力不足，培养的模式比较单一。对线上、线下相结合的混合式人才培养培训新模式不熟悉、不掌握。

不能够充分利用各级各类职工职业技能竞赛和岗位混合练兵活动提高职工技能水平；不积极开展引导帮助职工学习新知识、钻研新技术、使用新方法的培训活动。有些企业在实习设施、实践基地建设方面投入不足，在校企联合培养中难以提供学生实习、教师实践的岗位。

（三）企业人才培养缺乏系统性

当前，大多数企业在人才培养方面缺乏整体布局，没有形成系统性的培养制度。企业在人才的培养上宏观规划不足，在对高端复合型人才的培养中缺乏相应的引导和激励机制，没有建立系统性的制度去引导高端复合型人才在不同的部门、不同的岗位需要学习哪些知识，参加哪方面的培训；职工学习和培训的考核机制不完善，对如何把考核的结果和薪酬改变、职位升降、岗位调整等激励机制结合起来尚缺少制度性的安排。

（四）企业人才培养缺乏针对性

企业对高端复合型人才培养的针对性不强，目标定位不清晰，培训体系未能与企业发展战略相一致，未能与企业的行业特点、发展阶段、发展目标相适应，未能与高端复合型人才的岗位职能相匹配。一方面，一些以政府为主导的大众化外部培训时间短、内容宽泛，不能满足对不同类型的高端复合型人才培养的复合化、专业化、个性化的需求。另一方面，委托高校对高端复合型人才进行培训时，并没有根据企业所输送的高端复合型人才的类型设置课程，只是依据高校对在校学生的理论课程模式，对企业的高端复合型人才进行笼统化的培训，模式化地对高端复合型人才授课，课程内容也没有与企业对人才素质能力的实际需求相结合[3]。

三、联合培养机制不完善

（一）联合人才培养缺乏多部门协调合作

产学研合作联合人才培养的目的是打破原有的体制机制障碍，充分调动各方资源，改革培养模式，创新培养机制，为高端复合型人才培养提供各类实践平台，以多种形式、多种渠道联合培养高端复合型人才。但从目前产学研合作联合人才培养的工作来看，大多数产学研合作人才培养是为了解决企业技术难题的“短、平、快”项目，而真正围绕行业重大共性技术创新和高端复合型人才培养的中长期合作项目较少。高校与企业的合作形式也多为“点对点”合作，跨行业、跨学科的集群式合作较少，组织形式难以实现行业重大共性技术的集成创新和高端复合型人才的联合培养，因而需要解决产学研合作时组织松散、行为短期、发展不持续的问题。把高端复合型人才培养和行业重大共性技术创新紧密结合起来，开展跨行业、跨部门、跨地区的合作已经成为迫切的要求，需要在更高层次上加强教育、工业、科技、财政等部门之间的沟通和协作，为产学研合作人才培养提供强有力的保障。

（二）联合培养资源共享机制不完善

产学研合作人才培养是为适应国家发展先进制造业的需要而产生的新型高端人才培养模式，需要产学研合作各方主体以更加开放的理念和行动共同推动。但目前来看，一方面以“以学生为本”的开放型资源共享理念还未完全树立，产学研合作各方主体大多是有选择性的开放资源，如跨校或跨学院交叉学科联合培养，高校或学院出于对自己优质师资资源、课程资源的保护，一般只遴选一部分教师、拿出一部分课程参与联合培养实践活动；在校企联合培养中，企业对研发课题和研发成果保密，一般不希望联合培养的学生过多参与到研发进程之中等。这些理念从根本上限制了联合培养资源的共享程度以及联合培养学生的培养质量。另一方面，产学研交互的资源共享的网络不够完善，在联合培养活动中最常见的方式为“课程学习在高校、研究实践在科研院所或企业”的“两段式”培养方式。在此种方式下，高校以提供课程学习、理论教学为主，科研院所和企业以提供研发平台、科研课题为主，极易造成联合培养活动出现“学用两张皮”的现象，导致了科研院所和企业难以深入参与高校课程建设、产学研合作人才培养各方导师的合作度不高等突出问题[4]。

（三）联合培养的政策环境不完善

产学研联合培养所需的政策环境还不够完善，导致了联合培养的合力与优势没有得到较好体现。虽然政府、部分高校出台了一些鼓励开展产学研联合培养的政策措施，但在知识产权政策、财政政策、税收政策、人才政策等宏观政策层面没有形成体系，在联合培养经费、科研成果收益分配、联合培养协调、联合培养评价等微观层面也遇到诸多问题，也引起了不少纠纷。这些现实问题影响了产学研联合培养各参与主体合作的深入和效果，也进一步影响了各主体的参与动力。

第四章　先进制造业高端复合型人才培养的国际借鉴

一、美国制造业复合型人才培养模式

美国与我国的产业发展方式、市场体制机制存在明显的不同。美国制造业复合型培养人才的核心机制主要以企业为主体、以市场为主导，依托市场经济环境，积极进行教育改革和规划，而其中“工程教育中心”（EEC）模式是典型的复合型人才培养模式，简要介绍如下。

（一）培养模式及其机制

“工程教育中心”（EEC）模式，实际上是美国实施“2020 工程师（The Engineer of 2020）”计划的一部分，该计划的初步实施时间为 2004 年底。

在“工程教育中心”（EEC）模式的培养机制中，其核心内容是通过构建融合研究和教育的创新生态系统“工程教育中心”（EEC）。

该中心有三个机构，发挥着不同的作用。主要作用有以下三类：

一是构建了一个合作的复合型框架。主要开展技术转移和一些跨学科的教育开发活动。

二是实现工程教育的发展。这主要侧重于产教融合方面，开设一些工程教育实践课程，在工业实践中对复合型人才进行培养。

三是组建协同教育研究的生态系统，为学校师生提供制造业科学研究课题，促进理论学习与实践相结合。

（二）制造业复合型人才培养启示

以企业为主体，以市场为主导。企业充分表现出了对产学研合作人才培养模式的支持，包括人力资源的配置和充足的资金支持，并设立专业机构和组织运作模式管理复合型人才培养合作教育过程。此外，通过开展跨学科的研究开发活动和工程人才职业培训计划，从而为保障产业发展提供充足的智力基础[5]。

二、德国制造业复合型人才培养模式

德国的制造业复合型人才培养起源于职业教育，其培养机制主要体现于历史悠久的“双元制”。在德国制造业成为世界先进制造业代表的过程中，离不开双元制（产学研合作）制造业复合型人才培养模式的逐渐发展。

（一）培养模式及其机制

德国制造业复合型培养人才的核心机制主要以企业需求为中心，政府健全有关企业和大学制度法规，企业与大学根据国内制造业发展需求和占领全球先进制造业发展高地的需要，一致强调实践的重要性并共同培养人才。

德国政府注重产业工程人才的社会地位，打牢人才素质基础，为制造业人才发展的高端化与复合化提供了强有力的保障。在复合型人才培养方面，德国要求学生在企业有 1 年以上的工程训练经验，随着工程训练时间的保障，在校学生的实践能力得到了充分的发展。在校企合作的过程中，各方都对人才的实用性给予了关注，培养同时具有较高学业水平和实践能力，同时具有跨学科知识和跨岗位能力的实用性人才。通过理论与实践两方面的培养，产生了大量具有较高综合素质的工程技术人才，有力地支撑了德国先进制造业的发展。

德国政府重视整个国内教育环境的塑造，重视提高工程师的社会地位，全方位进行制造业人才的培养。在这种策略下，培养出了具有较强综合素质的制造业复合型人才。

（二）制造业复合型人才培养启示

德国制造业复合型人才的特点是营造了良好的培养环境，这需要依靠完善健全的制度和法规，体现了政府对制造业复合型人才培养机制的政策引导。引导的目的是完善制造业复合型人才培养的环境，明确社会实体不同的定位和职责，同时带来了制造业复合型人才培养制度的不断完善，使其进一步实现了法制化。德国政府颁布的 20 余项与企业和教育有关的法律法规都涉及了制造业复合型人才培养的内容。在这种环境下，德国企业参与制造业复合型人才培养的动力被充分激发，企业为了保持技术优势和市场竞争力投入大量的培训资源，在整个高技能复合型人才培养的过程中承担了大部分教育费用（企业承担 60%，政府承担 30%，学生个人承担 10%）。此外，德国企业和高校在制造业复合型人才培养上保持密切合作，在专业课程设置、师资力量、实习场地等方面相互给予支持。

三、日本制造业复合型人才培养模式

日本政府、高校和企业达成共识：大学教育、学术科研应该与企业界的生产活动紧密结合，其先进制造业复合型人才培养核心主要以政府引导为主。

（一）培养模式及其机制

日本制造业复合型人才培养主要依托由日本经济产业省和文部科学省负责的科技人才开发综合推进战略计划。定期向制造业实力雄厚企业派遣在校学生和科研机构的工作人员进行研修；高校也认识到，在对制造业相关专业的学生进行培养时，不能一味地提高其学术水平和能力，应当通过工程实践训练其具有较高的应用水平，能够解决实际工程问题。在能够从事科学课入研究的同时，还应具有在跨专业学科和具体制造业攻关项目中较高的适应能力。

由于日本复合型人才培养主要的推动力来自政府，而且政府往往具有同时推动各项政策措施，按层级、分层次开展工作的优势，所以能够在制造业复合型人才培养机制中做到成体系化的推动。在强效制造业复合型人才培养重点方面，个人单独创新的能力、完善复合的工程类知识能力和个人研究探索的精神是日本政府和日本先进制造业最需要的三个方面，并在这三方面采取了一系列的措施。例如，鼓励产学研合作，在联合开展研究与产业化的过程中，培养制造业复合型人才的个人创新能力。这种产学研培养已经涵盖了90多所大学170多个专业。同时，教育部门还给予学校充足的自主权力对专业进行调整，调整的目的是适应制造业发展，无论是扩充专业，还是扩充实践性专业都给予支持。

（二）制造业复合型人才培养启示

在政府强有力引导制造业复合型人才培养的宏观战略下，日本的先进制造业发展得到了有力支撑。政府突出其引导的主体地位，企业与高校科研院所只需要在政府的政策和制度下，开展所需的制造业复合型人才培养活动即可，甚至连咨询与中介机构都由政府出面设立。

政府在推进专项工作调节市场无法灵活配置的资源时具有无可比拟的作用，日本政府强有力的引导措施，使大学与企业都准确地找到了自身的定位，并在设计好的框架下各取所需，共享成果。

为了完成这种由政府主导的角色，日本政府用一系列的政策和规划来完善整个制造业复合型人才培养体系，如“产学研合作”“委托研究”“委托研究院”“流动培养”“实习制度”等制度与计划的建立与实施，都在完善整个先进制造业高端复合型人才培养体系，一旦体系建立就能够系统化的大量培养所需的复合型人才。

除了规章制度以外，日本还有法律法规的实行，一方面提高制造业复合型人才培养的高度，另一方面确保培养机制的发展，如1986年《研究交流促进法》的实行。

在日本政府全力主导制造业复合型人才培养的政策措施下，日本的高校充分认识到了制造业复合型人才培养的重要性。他们主动设立“研究中心”，在学校内部运转，作为开展产学研合作的平台枢纽，积极主动地承担沟通解决产业难题、实现成果转化、促进产学研合作的任务。目前已有40多个都县，近30所大学开设了“研究合作”课，为更好地发挥制造业复合型人才培养作用提供更多的资源。

在由政府主导的日本制造业复合型人才培养机制中，企业主要的促进作用是发展了一种新模式，这与德国制造业复合型人才培养的“双元制”有异曲同工之妙。在整个培养过程中，首先由大学招考录用学生，正常完成学业培养计划中的基本理论学习，后半段的培养方案则主要是到相关企业进行工程合作实践，实践地方和资金保障以及相关的研究课题，则由企业提供。有研究实力的企业还能反向为大学教师队伍补充专业技术人员与工程人员，促进制造业复合型人才的培养。在此合作过程中，到大学教师队伍工作的企业人员可以在学术前沿掌握行业研究的热点问题，从而提高适应市场、了解行业的能力。从2005年开始实施“制造业骨干人才培育事业”确定了以上培养机制，为工科学生提供了扎实的实习历练，增强了他们的工程实践能力。

四、国际高端复合型人才培养的经验总结

（一）重视加强政府的支持引导作用

政府在高端复合型人才培养中具有管理、组织、协调和推动促进的重要作用。政府可以制定相关政策法规，出台配套、合理、的有关办法，提高各方

合作的积极性，促进制造业高端复合型人才的培养。

例如，制定高端复合型人才培养的约束性或奖励性政策，实施联盟计划，主导创办中介服务机构，推进高校、高职、科研院所和企业的合作等。

（二）注重根本性的“双元制”培养

抓住“双元制”培养内在核心要素。在学校教育中，促进学生课堂学习的理论知识与工作所需的实践能力相结合；在企业实践中，促使学生在校认真学习理论知识解决工作实际问题。

促使制造业人才通过实践工作经验认清自己的优势和不足，更好地规划未来的职业方向；促使制造业人才通过与实际工作环境的融合，提高其人际交往等复合能力。

（三）发挥企业主体作用和市场主导作用

企业应充分认识并且主动发挥应有的主体作用。先进制造业企业往往是具有一定资源优势的企业，通过产学研合作建立科技园、科技城及其他人才培养基地等多种方式，为高端复合型人才的培养提供前沿的科技实践平台，自身培养高端复合型人才的能力和实际获得人才都会取得增长。

高校、高职、科研院所应当积极参与人才市场活动，了解先进制造业人力资源市场需求，培育制造业发展真正需要、市场真正需求的高端复合型人才。

第五章　先进制造业高端复合型人才培养模式探讨

一、先进制造业高端复合型人才培养模式的内涵

（一）构架意义上的先进制造业高端复合型人才培养模式

从构架上说，如果把先进制造业高端复合型人才培养模式确定为整个管理活动的组织建构方式，外延到整个管理活动，则外延过大；如果确定为教

学活动的组织建构方式，把人才培养模式等同于培养单位的教学模式，则外延过小。人才培养模式应该是整个教育教学过程的体现，位于办学模式之下和教学模式之上的区间概念，超出则与办学模式混淆不清；小于则可能降格为教学模式。

（二）特征意义上的先进制造业高端复合型人才培养模式

从特征上说，如果把先进制造业高端复合型人才培养模式确定为若干要素加以有机组合而成的一种系统结构，强调的是系统内诸要素之间相对稳定的组合关系或结构的稳定性和典范性，则失去环境与时代性；如果确定为采取的教育教学活动的组织样式和运行方式，强调的是人才培养活动随外界条件变化而变化的组织状态和运行状态，则失去其典范性与可复制性。人才培养模式应该是位于系统结构和组织、运行状态区间的概念，它同时具有稳定性与灵活性。

二、先进制造业高端复合型人才培养模式的构成要素

先进制造业高端复合型人才培养模式是对先进制造业高端复合型人才培养实践经验的总结，是人们在复合型人才培养实践经验的理性分析基础之上总结出来的，某种具有系统性与范型性的标准样式，包括培养目标、培养过程、培养制度、质量评价等相互联系、相互作用的基本构成要素。

（一）培养目标

培养目标以一定的人才培养理念为指导，基于一定的培养条件和社会需求而确定。无论哪种培养模式，复合型人才培养目标均需具体明确。

（二）培养过程

培养过程是培养模式的核心，涉及课程体系、师资队伍、培养方式等方面的工作内容。课程设置是致力培养目标，确定跨专业课程、交叉学科课程等。师资队伍，由不同学科背景的教师组成的队伍，应当具有工程复合型教育背景的导师。培养方式是指采取的方法与形式，如产学研联合式培养等。

（三）培养制度

培养制度是有关先进制造业高端复合型人才培养最为重要的内容，培养的根本依据是制度、程序以及在实施过程当中构成的全部体系，都围绕制度设置和开展，只有制度才能有力保障培养目标的达成，是基本性、根本性的要素。

（四）质量评价

先进制造业高端复合型人才培养质量评价是依据一定的标准培养质量作出的客观评价和科学判断。就目前阶段来说，先进制造业高端复合型人才的培养质量尚不具备定量评价的条件，不能够单独设置评价或等级体系，质量评价主要定性地反映在对先进制造业发展的支撑程度和人才供需情况上。

三、三种先进制造业高端复合型人才培养模式

按主要代表形式区分，可操作性比较高的先进制造业高端复合型人才培养模式主要有三种，分别为高校高职的专业复合培养模式、各方协同的产学研联合培养模式和人才自我培养的自我导向发展培养模式。

（一）学校专业复合培养模式

专业复合即由不同专业复合成为一个新专业，或在各专业人才培养方案中增设跨专业课程，即专业课程复合。专业是学科下的一级建制，是以学科为基础的专业或称学科中的专业，学科与专业互动发展，常被人们连在一起使用。不同专业既有同学科之内的不同专业，也有不同学科的不同专业。

1. 培养目标

培养具有专业能力的先进制造业高端复合型人才。这种人才既具有深厚的基础知识、扎实的专业知识、专业工作能力和科研能力，又具有跨专业知识、跨专业文化观念和跨专业工作能力。

2. 培养过程

考虑社会需求和制造业人才个性化发展需求及学科、师资、专业条件等

多种影响因素，确定先进制造业的确切需求和制造业人才个性化发展需求，增设跨专业、交叉性课程，开设综合性课程，学校教师在授课或指导中注重多学科专业交叉培养，自身也要不断提高教学与实践的复合素质。

3. 培养制度

在课程制度上增加弹性，为师生个性化选课提供条件，修改工科专业学生培养方案，减少必修课程，增加跨专业课程，采取由点到面的课程体系调整办法，首先在学院内已有专业培养方案中增设一级学科内跨专业课程或跨二级学科课程，其次成功经验的基础上逐渐开设跨学院、跨一级学科的课程和增设交叉课程，并不断完善。

（二）产学研联合培养模式

先进制造业高端复合型人才的产学研联合培养模式，是指制造业人才培养单位与企业合作培养先进制造业高端复合型人才的模式。各类高校、高职是培养制造业人才的主要机构，产学研联合培养模式主要是指由学校的教学、科研与企业生产实践相结合培养先进制造业高端复合型人才的模式，即“教学—科研—生产”模式。

1. 培养目标

培养具有专业的贯通性和产学研结合性的先进制造业高端复合型人才，具备用跨专业的理论、方法、技术与应用等知识和能力。具有专业的贯通性，表现在专业的理论学习与问题研究的贯通性，专业知识或技术应用研究与生产实践的贯通性或一体化等方面，对专业或跨专业工作的较强适应性，同时还具有产品的研发性和专业理论、专业技术的创新性。

2. 培养过程

教学科研、生产在培养制造业人才过程中的一体化。注重专业的贯通性、培养活动的多样性、培养场所的校内与校外结合性、培养主体的多元性和合作性、人才培养的专业理论与实践的贯通性和产学研结合性。

3. 培养制度

“产学研联合”或“产学研一体化”反映在培养制度上必然是学校与企业合作培养的制度。例如，学校与企业共同签订合作培养协议，共同商定培养计划和管理事宜，确定学校与企业联合培养的关系，规定学校与企业各自的培养义务和应承担的培养责任、权利。目前，主要可以从学校企业“双导师”制度和委托培养制度入手建立和完善。

（三）自我导向发展培养模式

先进制造业高端复合型人才的“自我导向发展”培养模式，是指制造业人才以先进制造业高端复合型人才为发展目标，通过自我导向和有利的培养条件发展成为先进制造业高端复合型人才的模式，主要表现在制造业人才的主体性特点、成人学习和发展的自我导向特点。

1. 培养目标

培养具有主体性和自我导向性的先进制造业高端复合型人才。制造业人才在选择参加的先进制造业高端复合型人才培养活动中，以及在自主创造的学习条件中进行大量的、重复性的自我学习培养活动，塑造成为先进制造业高端复合型人才。

2. 培养过程

重点在于激发制造业人才的自觉能动性，使制造业人才以先进制造业高端复合型人才为发展目标，并围绕发展目标设计个人学业或职业生涯阶段的发展规划，选择和组织不同的课程、培训与实践活动，不同的工作岗位，主动寻求教师资源和其他有利的培养条件，积极参与有利于发展目标实现的课程学习、科研活动、学术交流、论文写作、实习实践等活动。

3. 培养制度

相对学校专业复合培养制度、产学研联合培养制度而言，自我导向性培养制度只能是辅助制度，但在先进制造业高端复合型人才成为越来越多制造业人才的发展目标，社会有条件为制造业人才提供足够丰富的选修课程之时，它也有可能形成相对固定的培养制度。

第六章　中国先进制造业高端复合型人才培养的措施和保障

一、中国先进制造业高端复合型人才培养的具体措施

（一）全局层面上打通纵向和横向的培养脉络

1. 中小学教育

综合素质的培养和复合能力的养成需要从中小学做起。在中小学教学中，应改变传统的“文本灌输式”教育方式，更加注重“实践性”教育，在实践活动课程中应加强对先进制造业基础知识、能力和观念的启蒙和培养。要营造独立思考、自由探索、勇于实践的良好氛围，激发学生对未知世界的好奇心，培育学生广泛的兴趣爱好，培养学生的科学素养、创新精神和实践能力。要树立系统培养观念，推进中小学与大学的有机衔接。将大学复合型人才培养理念和方式向中小学延伸，将中小学简单地为大学输送生源提升到在教育的全局层面为国家培养先进制造业高端复合型人才，使得中小学教育和高等教育在教学、科研、实践等方面密切配合。加强学校之间、校企之间、学校与科研机构之间的合作以及中外合作等多种联合培养方式，形成体系开放、机制灵活、渠道互通、选择多样的人才培养体制。

2. 专业教育

在专业教育阶段，应当探索对以制造业相关专业为主的高校进行专门分类管理制度，在引导高校特色办学的同时，注重对复合型人才的培养。具备各方面条件的学校，应积极尝试实用型、复合型的发展模式，营造良好的发展氛围。

3. 实践教育

高端复合型人才的培养要突出实践教育，实践教育的教学活动涉及多个学科和专业，在完成实践教学过程中，不仅要充分理解多门学科的基本原理

和核心概念，还要掌握相关的理论和知识，更要综合运用相关学科的方法和技术克服困难、解决问题，进而完成实践项目。实践教学的完成有利于学生整合多学科的知识，形成更加全面、开放、合理的知识结构，是多学科知识、理论、方法和技术实质性交叉融合运用的过程，对高端复合型人才培养具有不可替代作用[6]。

4. 继续教育

在人才继续教育上，应加大对社会培养机构、高校高职、行业学会协会等在制造业高端复合型人才职业培养上的支持力度，使制造业管理人才、专业技术人才和技能人才都有准确、通畅的继续教育和复合教育的途径。

5. 高端复合化

在高端化、复合化方向上，应鼓励制造业的重点企业积极参与高校建设，尤其是世界一流大学建设，以及相关的制造业学科建设，使高端复合型人才培养在交叉融合的层次上不断提高，交叉融合的范围不断扩展。

（二）学校层面上促进学科专业设置与产业发展同步

1. 动态调整专业

考虑制造业发展的时代性、动态性、创新性和战略性，应当充分重视动态调整专业学科的机制，及时更新内容，避免过多倾向原理性的陈旧教学，应增设前沿和紧缺学科，着力解决专业设置不能有效跟随产业发展、不具有前瞻性的问题，减少学生实际工作后的适应时间。

2. 建设特色专业

鼓励高等院校、职业院校根据自身优势资源，重点突出特色专业的建设，淡化相关专业学术化特色属性，进一步突出特色专业的应用性，突出和相关产业对接。特色专业重点实验室要面向先进制造业发展趋势、面向市场需求，重点培养高端复合型人才以满足重点领域的人才需求。

3. 突出学科交叉培养

建立与制造业相关的多学科交叉培养体系。改变传统的教学模式，在教育资源上打破以学科和专业为基础的配置方式，充分激发学生的潜能从而促进学生全方位发展。在高端复合型人才培养模块下，明确培养的核心目标。

在核心目标指引下，破除传统的细化专业学科招生模式，用专业大方向或综合类专业学科进行招生。在此基础上，高等院校出台专门的多学科交叉融合培养方案，安排多学科交叉融合教学课程。高校要制定相应的政策制度，鼓励教师进行跨学科的科学研究，引导学生跨专业学习，为师生提供学科交叉融合的研究和学习的平台与机制[7]。

4. **完善教师指导体系**

以双一流高校、国家重点实验室、国家工程技术中心、先进制造业行业龙头企业为依托，建设一批高水平教师示范培训基地，大力培养兼具学术水平和工程背景的“双师型”教师，以创新示范实训平台为基础，大力提高教师的创新能力、工程实践能力，组织教师到重点企业挂职锻炼。大力实施导师制，鼓励教师主动承担导师任务，将多学科交叉渗透的教学思想融入科学研究，通过科研水平的提高来提升教学质量，培养学生理论联系实际的能力和创新创造的能力。邀请企业的高级管理人员、高级科研人员直接担任学生的毕业设计导师，建立专门的跨学科复合型人才培养机构，以导师为带头人成立项目团队，由导师协助学生安排学习计划，以高端复合型人才为目标加强对学生的引导与培养。

5. **注重专业集群建设**

在培养方式方法上，应在不同的区位上围绕区域内重点产业集群布局专业集群建设。高校要主动对接先进制造业产业集群，充分发挥先进制造业产业集群对专业集群建设的导向作用；要强化专业集群的学科关联性，形成大学科布局，产生集群优势，增强对先进制造业产业集群共性关键技术及重大技术问题的解决能力，为先进制造业产业集群的发展提供智力支撑。要打造深度合作的校企联合集群，以集群建设带动高端复合型人才培养，实现高端复合型人才培养与产业集群融合发展。

（三）政府层面上引导多机制培养与制度建设

1. **鼓励先进产业联盟建设**

政府引导、指导产业联盟建设，是培养先进制造业高端复合型人才的关键机制之一。产业联盟的建立应有明确的目的，政府、大学、科研院所、有关企业应在共同目标的指导下明确各自的权利和义务，在政府的指导下围绕某一先进制造业领域开展活动。产业联盟的运转将有力促进各类人才的交流协作、促进先进制造业高端复合型人才的培养。

2. 引导实验室与实践平台建设

引导各层次重点实验室和各类工程技术研究中心、实训基地等平台的协同作用，继续推进校企共建学科和共建产业。在重点实验室和工程技术中心的研发属性上，增加其人才培养的功能；在实训基地的实践属性上，增加其在解决工程问题、创新产业工艺技术上的研究功能。

3. 推进职业教育集团化建设

政府部门应鼓励支持行业协会、高校高职高专和重点企业共同建立职业教育集团，推进职业教育集团化不断走向深入，使职业教育体系化、常态化、动态化。集团中各个成员单位应立足自身优势，在办学培训、教学评价、实训实践中不断探索新模式，推进制造业人才的全链条融合培养。

4. 注重重大项目培养

制造业重大项目往往是先进性、高端性、复合型的项目。这些项目的建设是培养先进制造业高端复合型人才的重要环节。应通过推动企业和高校在完成制造业重大工程项目上的深度合作，在合作中有意识地对高端人才进行复合能力的培养，打造高端复合型人才。

5. 促进培养机制制度化

在吸收借鉴国外先进经验的基础上，根据我国制造业的特点和发展需求，建立健全我国制造业人才培养制度，积极探索建立适应我国先进制造业发展要求的高端复合型人才的培养制度，将其作为我国制造业人才培养制度的重要组成部分，促进制造业人才培养制度化、体系化。

（四）企业层面上强化主体意识积极参与培养

1. 企业强化人才培养主体意识

企业是先进制造业高端复合型人才的需求方，在应对激烈的市场竞争中，人才除了依靠吸收引进外，还要依靠自身培养。企业必须认识到自身在人才培养体系中的主动力和主体地位，认识到只有结合企业自身需求培养的人才，才是最适合自身发展的人才，积极主动地主导、参与对先进制造业高端复合型人才的培养。

2. **加大自身复合型人才培养力度**

企业应多方式、多途径培养先进制造业高端复合型人才，建立健全适合自身企业特色和行业特点的复合型人才培养体系，加大对复合型人才培养的投入，强化培养的力度，使企业人才不断实现高端化、复合化。

3. **按照培养人才类别分类培养**

对管理人才，应当加强其对研发、生产环节的了解，扩展其管理战略的视野，对接国内国际先进管理经验，增强内生竞争力；对专业技术人才，应加强其在生产、管理、销售、维修等方面的能力，培养其全产业链意识；对技能人才，应加强其信息技术的理解和应用能力，为智慧工厂建设、产业升级贮备基础能力。

4. **按照培养机制类型分类培养**

在产业联盟建设中积极对接合作方，发挥推动作用；在实验室与实践平台建设中发挥企业优势，为平台提供课题、资金与实验实践支持；在职业教育集团建设中，应根据企业自身优势率先牵头组建职业教育集团；在重大项目培养上与各方深度合作，在项目建设过程中提供实践学习岗位。

5. **注重在人才培养中发挥自身作用**

围绕制造业十大重点领域与高校积极对接，参与开发紧跟先进制造业发展的专业课程与教学资源；与高校共同建设实训基地，联合开发理论与实践相结合的实训实践项目；支持“双师型”教师队伍建设，积极参与对“双师型”教师培养对象的实训实践；更新传统学徒制，实行现代学徒制，增进与学校的教育融合；积极为学生实习和教师实践提供岗位，与学校共同制订实习和实践计划。

二、中国先进制造业高端复合型人才培养的主要保障

（一）加强统筹协调

政府充分发挥顶层设计、统筹安排、居中协调作用，做先进制造业高端

复合型人才培养体系的谋划者和建设者。各级政府和有关部门在制定相关规章制度时，应考虑高端复合型人才培养的内容；在先进制造业的行业主管部门、有关行业协会制定与实施本行业先进制造业发展规划、人才队伍建设规划时，应着重考虑高端复合型人才的培养任务与措施。

（二）加大投入力度

政府、学校、企业应统筹规划，加大对先进制造业高端复合型人才培养的投入力度。在实施相关重大建设项目和重点工程时，统筹安排高端复合型人才开发培训资金。开放人才培养培训市场，放宽准入门槛，允许社会、单位和个人投资先进制造业高端复合型人才培养项目。鼓励设立先进制造业高端复合型人才特色基金，用于支持相关人才的培养与奖励。

（三）强化宣传引导

动员组织全社会在先进制造业高端复合型人才的培养过程中发挥积极作用，引导全社会形成“发展先进制造业人才先行、先进制造业发展需要高端复合型人才支撑”的人才意识与培养合力。引导全社会形成高端复合型人才培养的成长理念，积极培育中国特色先进制造业高端复合型人才的培养文化。

参考文献

[1] 刘振元．先进制造业生成机理及演化成长动力研究[D]．武汉:武汉理工大学,2018:27.

[2] 刘振元．先进制造业生成机理及演化成长动力研究[D]．武汉:武汉理工大学,2018:28.

[3]杨喆,刘刚,孙健明．高新技术企业知识产权人才培养问题与发展途径[J]．企业技术开发,2017,36(4):120.

[4]李金龙．协同创新环境下的研究生联合培养机制改革研究[D]．合肥:中国科学技术大学,2015:82－85.

[5]陈浩．基于知识联盟的政产学协同人才培养模式与机制研究[D]．杭州:浙江大学,2015:36.

[6]林健．多学科交叉融合的新生工科专业建设[J]．高等工程教育研究,

2018(1):38.

[7]张存贵. 新工科建设背景下学科交叉融合人才培养模式的探索与思考[J]. 办学与管理,2019:17:19.

[8]程晓红,徐娟,等. 基于协同创新的复合型人才培养研究[J]. 合肥工业大学学报:社会科学版,2013,27(4):111.

课题组成员简介

范玉明,室主任,山东省工业和信息化研究院。

李燕芹,高级经济师,室主任,山东省工业和信息化研究院。

姚树利,工程师,山东省工业和信息化研究院。

党世博,工程师,山东省工业和信息化研究院。

潘劲松,高级工程师,山东省工业和信息化研究院。

徐兆伟,工程师,山东省工业和信息化研究院。

张伟,经济师,山东省工业和信息化研究院。

2

山东百强企业创新能力研究

王强　崔磊　陈露　赵彬

摘　要　本文基于山东百强企业调查问卷数据，通过对山东百强企业创新特征、趋势和能力进行深入研究，从企业规模、性质、地域、行业等多个维度，对山东百强企业的创新投入能力、创新管理能力、创新产出能力进行综合分析。探求山东企业的创新结构特征、创新驱动因素和创新发展规律，找出影响企业创新发展的关键因素，梳理山东百强企业在创新发展质量、效率和能力建设方面的优势和不足，并提出对策措施和建议。

关键词　百强企业；创新；研发

一、研究意义

随着全球科技革命、产业变革的不断演进，创新已经成为推动经济社会发展的关键力量。当前，山东经济正处于转型发展、动能转换的关键时期，经济发展面临着增长速度换挡期、新旧动能转换空窗期、高质量发展阵痛期三期叠加带来的巨大挑战。同时，新旧动能转换综合试验区、中国山东自由贸易试验区等一系列重大国家战略在山东落地，也为全省经济发展提供了重大的战略机遇。面对新时期新阶段的各种机遇和挑战，如何更好地顺应新一轮科技革命和产业变革新潮流，大力实施创新驱动发展战略，推动山东企业做强做优，实现经济高质量发展，成为当前面临的重大课题和紧要任务。

创新能力作为企业发展的核心竞争力，其价值和地位日益凸显。山东百强企业是推动全省经济高质量发展的领头羊和排头兵，在引领山东经济做大做强方面发挥着关键作用。本课题以山东百强企业创新能力研究为基础，积极探求全省大企业的创新结构特征，创新驱动因素和创新发展规律，为政府制定创新发展规划、创新支持政策提供决策依据，为引发更多的创新思索和创新实践提供分享和借鉴。

二、山东百强企业创新能力现状

（一）主要优势

1. 创新投入稳步提高，创新主体地位更加巩固

山东百强企业研发经费投入持续保持增长态势。据统计，2019 年山东百强企业中，有 91 家企业公布了研发费用数据，合计投入研发费用 926.56 亿元。与自身同口径相比，91 家企业的研发经费投入总额较上年增长 4.26%。其中，75.6% 的企业研发费用与上年相比有所增长。从历史数据看，2015—2019 年山东百强企业研发经费投入由 763.16 亿元增长到 926.56 亿元，年均增长 5%。

山东百强企业的创新主体地位日益突出。企业作为科技创新的主体，在

全社会创新中具有举足轻重的作用。国家统计局2018年统计数据显示，山东省研发费用总额为1643.3亿元，山东百强企业研发费用占全省研发费用总额的56.38%，百强企业已经成为山东省科技创新的主体力量和重要支柱。

2. 关键创新资源持续积累，创新能力获得有力保障

创新资源是推动企业技术创新的重要战略性资源。研发人员和研发机构作为企业创新资源的核心组成部分，在企业技术创新中发挥着关键作用。

从研发人员的规模看，2019年山东百强企业中的80家企业拥有研发人员共计106778人，占80家企业中员工总数的比重为8.99%，研发人员占比较上年增长1.51个百分点。

从研发机构的数量看，2019年山东百强企业拥有院士工作站48家，博士后工作站50家，分别占全省院士工作站（547家）、博士后工作站（322家）总数的8.8%和15.5%。山东百强企业拥有国家级研发中心、实验室共计83家。

3. 创新产出日益丰富，创新成果助推高质量发展

从企业专利情况看。一是专利数量逐年增长，2019年山东百强企业中86家企业（共计有86家企业填报了“专利数据”指标）共拥有专利90368件，比上年增长3.67%，专利数量连续4年稳步增长。二是专利质量持续改善，2019年山东百强企业的发明专利为36655件，发明专利占专利总量的比重由2015年的30.96%提高到2019年的40.6%。

从标准情况看。标准竞争日益成为市场竞争的新特征，也是企业建立核心竞争优势的重要途径。2019年，山东百强企业中有69家企业申报了参与标准制定的情况，共申报标准2449项，比上年增长12.4%。山东省大企业参与标准制定的积极性和持续性一直处于活跃状态。

4. 技术创新国际化程度不断提高，开放式创新深入推进

大力实施技术创新国际化战略是企业创新发展的重要途径。山东百强企业在研发机构、创新人才、标准制定三个方面共同发力，加速创新资源全球化布局。

（1）积极开展研发机构的国际化布局，构建全球创新网络。2019年山东百强企业在海外设立研发中心38家，分布于世界四大洲，14个国家。海外研发中心主要集中在北美、日韩和欧洲地区等经济发达国家。

（2）积极实施创新人才国际化战略，逐步建立拥有国际化背景的研发团队。山东百强企业积极吸引海外高层次创新人才，已有17家企业引进外籍研发人员246人，占山东百强企业全部研发人员总数的0.23%。

（3）积极参与国际权威技术创新组织和国际标准制定。2019年，山东百强企业参与制定国际标准90项。有效而又有深度地参与国际权威技术创新组织和国际标准的制定已经成为企业做强做优的必经之路。

（二）主要特征

1. 研发投入两极分化，优势企业的集中度较高

山东百强企业的创新投入呈现两极分化、强者恒强的特点。据统计数据显示，2019年山东百强企业中研发投入超过20亿元的8家企业的研发投入合计473.89亿元，占据山东百强企业研发投入总额的半壁江山，其中有7家企业近3年研发投入始终在20亿元以上。

2019年山东百强企业中研发投入超过10亿元的企业有22家，研发投入总额为668.76亿元，占山东百强企业研发投入总额的72.18%。另有22家企业的年度研发投入不足亿元。

2. 制造业企业研发投入保持领先，民营企业研发强度占优

基于制造业在山东省所处的突出地位，制造业企业在研发投入上同样处于领先水平。据统计数据显示，2019年山东百强企业中制造业平均研发强度为2.06%，高于山东百强企业平均研发强度0.37个百分点。其中，电子信息行业的平均研发强度最高，为9.26%。制造业企业的各项创新指标与其他行业相比处于绝对领先地位。

从企业所有制性质看，2019年山东百强企业中民营企业的平均研发强度为1.91%，同口径与上年相比降低0.17个百分点；国有企业的平均研发强度为1.35%，同口径与上年相比提高0.07个百分点。民营企业的平均研发强度高于国有企业。

3. 研发投入地区分布不平衡

从研发投入的地区分布看。2019年山东百强企业中，隶属济南（含莱芜，

下同）、青岛、东营、滨州的企业研发投入总额均超过100亿元，四市合计641.15亿元，占山东百强企业研发投入总额的69.2%。研发投入的增长有力地推动了企业经济效益的持续提升。

从研发强度的地区分布看，2019年山东百强企业分为三个梯队。滨州、东营、青岛、聊城、泰安五市作为第一梯队，入围企业的平均研发强度均超过2%；潍坊、日照、威海、济南、临沂、德州、烟台、济宁八市作为第二梯队，入围企业的平均研发强度为1%～2%；淄博和菏泽两市作为第三梯队，入围企业的平均研发强度低于1%。

4. 国有企业的创新资源集聚能力更强

国有企业在事关经济命脉的关键领域具有强大的控制力、影响力和抗风险能力。在创新人才、研发机构等关键创新资源配置方面，国有企业的优势更加突出。

从创新人才的数量情况看。2019年山东百强企业中国有企业和民营企业平均拥有的研发人员数量分别为2192人和967人，前者是后者的2.3倍。在中高端创新人才方面，国有企业平均拥有博士人数、硕士人数和高级职称人数分别是民营企业的3.8倍、5.5倍和21倍。数据表明，无论是创新人才总量方面还是中高端创新人才吸引力方面，国有企业的优势更强。

从研发机构的数量情况看。2019年山东百强企业中国有企业拥有国家级创新中心40家，省级创新中心156家，院士工作站24家，博士工作站28家。民营企业拥有国家级创新中心43家，省级创新中心131家，院士工作站23家，博士工作站24家。国有企业平均研发机构拥有数量高于民营企业。

三、山东百强企业与中国500强企业创新能力对比

（一）创新投入对比

1. 研发费用方面

研发费用比较。2019年山东百强企业平均研发费用为10.18亿元，中国500强企业平均研发费用为22.92亿元，山东百强企业平均研发费用不及中国500强研发费用的一半。山东百强企业研发资金投入规模与中国500强企业相

比还有很大差距。

头部公司比较。中国500强企业中研发投入最高的华为投资控股有限公司，2018年营业收入7212.02亿元，研发投入1105.09亿元，研发强度为15.32%。山东百强企业中研发费用最高的山东魏桥创业集团有限公司，2018年研发投入105.26亿元，研发强度为3.7%。华为公司的研发投入是魏桥集团的10倍，华为公司的研发强度是魏桥集团的4倍。

2. 研发强度方面

研发强度比较。2019年山东百强企业的平均研发强度为1.69%，高于中国500强企业的平均研发强度0.09个百分点。从近5年的数据对比看，山东百强企业的平均研发强度一直高于中国500强企业。从发展趋势看，中国500强企业的研发强度呈现稳步上升态势，而山东百强企业的研发强度呈现波动下降趋势，说明山东百强企业研发投入亟待加强。

头部企业比较。中国500强中研发强度最高的百度网络技术有限公司，2018年营业收入819.12亿元，研发投入157.72亿元，研发强度高达19.25%，公司近20%的营业收入投入了研发领域。山东百强企业中研发强度最高的浪潮集团有限公司，2018年营业收入1016亿元，研发投入97.12亿元，研发强度为9.56%。百度公司研发强度是浪潮集团的2倍。此外，在收入利润率、净资产收益率、人均利润等效益指标方面，浪潮集团与百度公司的也有很大差距。据了解，浪潮集团在基础研究领域主要采取技术跟随型创新战略，对于与企业发展有关的基础研究，一直进行关注和试探性研究，相关投入并不多。

（二）创新产出对比

创新成果数量方面。与中国500强企业相比，山东百强企业创新成果数量偏少。中国500强企业平均拥有专利和发明专利数量分别是山东百强企业的2.8倍和2.5倍。中国500强企业参加制定标准的数量是山东百强企业的4倍。山东百强企业对创新活动的参与度和积极性仍处于较低水平，亟待提高。

创新成果质量方面。山东百强企业专利申报质量优于中国500强企业。2019年山东百强企业拥有的发明专利占专利总量的比重为40.6%，中国500

强企业为36.61%，山东百强企业高于中国500强企业近4个百分点。从2016年至2019年发明专利占专利总量的比重变化看，山东百强企业发明专利占比均高于中国500强企业，说明山东企业对发明创造等创新活动比较重视。

四、山东百强企业创新发展中存在的问题

（一）创新投入力度有待进一步加强

2015—2019年，山东百强企业的研发强度分别为1.9%、2.15%、1.81%、2%、1.69%，研发强度整体波动较大，有下滑趋势。近几年，受经济下行压力影响，山东百强企业投资意愿下降，在降低投资的同时，也在逐步降低技术创新的投入。创新投入与创新产出之间存在一定的传导间隔期，前期投入的减少必定会影响后期的产出，由此造成的创新后劲不足正是我们需要重点关注的问题。

（二）缺乏对创新发展战略的系统安排和长远规划

创新是一项复杂的系统工程，需要找准方向、持续努力和长期积累，在持续迭代的发展中产生放大效应。对于一些重大、关键、核心技术，更需要长期跟踪和研究。山东百强企业在创新发展战略规划方面做得还远远不够。调查发现，只有2.5%的百强企业制定了创新战略长期规划，而制定创新战略中期规划的企业也只有20%，另有67.5%的企业制定了创新战略短期规划，其余10%的企业只有创新发展年度计划，没有创新发展战略规划。缺乏创新战略长期规划也是造成山东百强企业创新能力不足的重要原因。

（三）基于关键核心技术的自主创新能力有待提高

关键核心技术过度依赖外部资源是制约山东百强企业发展的重要原因。调查结果显示，山东百强企业中只有45.1%的企业选择以完全独立开发方式掌握关键核心技术，有22%的企业选择以与其他单位合作的方式掌握关键核心技术，有14.6%的企业选择购买关键核心技术，另有19.5%的企业选择采用多种方式掌握关键核心技术。关键核心技术是企业赖以生存和持续发展的

根本，关键核心技术过度依赖外部资源，将存在巨大的潜在风险。山东百强企业在关键核心技术自主可控方面还有待进一步提高。

（四）创新人才特别是高层次创新人才较为短缺

创新人才数量不足，质量不高已经成为阻碍山东百强企业创新发展的重要因素。针对“影响企业创新活动的主要因素”问题，有79%的企业选择“创新人才短缺”，有63%的企业选择“缺乏高层次创新带头人”。在实际调研的5家企业中有4家企业反映，“当前企业在创新发展方面的最大问题就是人才不足”。在给予创新人才的薪酬待遇等方面山东企业不如南方地区企业，而在地域文化、政商环境、发展机会等“软”实力方面山东与南方地区差距更大。如何吸引更多数量，更高质量的创新人才来山东省发展是亟待解决的问题。

五、培育和提升山东百强企业创新能力的对策建议

（一）树立创新驱动理念，强化引领发展的责任与担当

充分发挥自身资金、人才、资源整合等优势布局未来，引领相关产业领域的发展方向。百强企业普遍自身实力强、体量大、韧性足、抗风险能力强，应敢于攻坚克难，积极占领相关领域的技术制高点，不断强化自身技术优势和核心竞争力。

（二）加大创新投入，注重关键核心技术创新

提高创新投入的标准，对标广东、江苏、浙江等先进省份优秀企业的研发投入水平，确定更高标准研发费用的投入数量和比重，提高研发强度。加强基础创新，在应用研究的基础上，加强对基础研究的投入，为技术创新提供源源不断的动力。强化原始创新，加强关键技术攻关，在复杂多变的市场竞争中立于不败之地。

（三）加强企业创新战略管理，科学规划创新方向与路径

加强创新战略与企业总体战略的协同，推动创新战略有效对接总体战略，

提高创新战略的格局与视野。组建创新战略管理机构，强化创新战略的实施与监督，并根据环境变化适时调整创新战略。明确技术创新的方向与路径，根据不同期限创新战略中技术创新的目标与方向，深入研究确定实现创新目标的路径、方法和措施，运用创新战略有效指导和规范企业的创新活动。

（四）加强创新人才队伍建设，为创新发展提供强大智力支撑

加强人才培养，重点培养年轻骨干创新人才，为他们的培训学习和科研公关创造有利条件。加强人才激励，完善人才激励机制，建立重实绩、重贡献的薪酬激励机制，鼓励技术要素参与收益分配，充分激发科技创新人才的创造性。加强人才引进，充分利用国家、省市人才奖励扶持政策的叠加效应，围绕平台、待遇、服务等多个环节筑巢引凤，采用柔性引才等灵活方式延揽高层次创新人才。

（五）强化创新的开放水平和国际视野，充分利用外部创新资源

加强产学研合作，积极推进与高水平科研院所和高校的交流互动，利用专家智力资源帮助企业获取前沿技术与信息、规划技术路线、攻关科研难题。加强国际合作，通过在国外设立或并购研发机构的方式，及时了解国际科技创新及市场需求动向，充分利用国外创新环境、管理经验及人才等要素提升本地企业技术创新水平。

（六）发挥示范引领作用和集聚效应，以山东百强企业为中心建设创新集群

山东百强企业应积极发挥示范引领作用，带动产业链相关企业发展，形成产业集群，通过集群中企业间的互助与协同激发集聚效应，实现协同创新。培育和支持山东百强企业周围的中小企业发展，形成以大带小、共同创新发展的产业格局。

参考文献

[1]王忠禹,李德成,王基铭,等.2015 中国企业 500 强发展报告[R].北京:企业管理出版社,2015.

[2]王忠禹,李德成,王基铭,等.2016中国企业500强发展报告[R].北京:企业管理出版社,2016.

[3]王忠禹,朱宏任,王基铭,等.2017中国企业500强发展报告[R].北京:企业管理出版社,2017.

[4]王忠禹,朱宏任,王基铭,等.2018中国企业500强发展报告[R].北京:企业管理出版社,2018.

[5]王忠禹,朱宏任,王基铭,等.2019中国企业500强发展报告[R].北京:企业管理出版社,2019.

课题组成员简介

王强，经济师，山东省工业和信息化研究院。

崔磊，高级经济师，室主任，山东省工业和信息化研究院。

陈露，工程师，山东省工业和信息化研究院。

赵彬，经济师，山东省工业和信息化研究院。

3

山东国有企业机制创新推进新旧动能转换相关问题研究

戴昊　于政　魏涛

摘　要　国有企业是社会主义市场经济的顶梁柱，也是习近平新时代中国特色社会主义思想的忠实践行者。为进一步了解“新旧动能转换重大工程”实施两年来山东省国有企业机制创新水平，本课题组于2019年8月起在中央驻鲁企业，省、市（县）属国有独资企业中遴选了32家优秀代表，涵盖省、市、县三级商业类国有企业，通过资料文献研究、实地考察、单独访谈和集中座谈等形式开展深入调查，了解到国有企业创新工作中的“四个成绩”“四个问题”，同时提出了“五个创新”的问题解决路径。

关键词　新旧动能转换；国有企业；机制创新

一、国有企业创新驱动发展的背景

（一）建设创新型国家和创新型省份

党的十九大报告提出："加快建设创新型国家。创新是引领发展的第一动力，是建设现代化经济体系的战略支撑。"改革开放以来，我国创新竞争力从"落后"状态发展成为"全球十强"、高科技产品净出口跃居全球首位，专利授权升至全球前三，其中国有企业（尤其是创新能力强的中央企业和省属国资企业）的贡献功不可没。

国有企业的政策落实能力强，能第一时间抓住政策机会，管理层对企业体制机制创新的愿望强烈，对企业转型升级有需求、有经验，是全社会创新工作的"领跑者"。

2019 年 7 月 31 日，山东省政府下发了《山东省人民政府关于深化创新型省份建设若干措施的通知》（鲁政字〔2019〕142 号），对建设"创新强省"提出了量化指标：到 2020 年，全省全社会研发（R&D）经费支出占地区生产总值（GDP）的比重达到 2.6% 以上；高新技术企业达到 13000 家以上；50% 以上的设区市建成创新型城市；综合科技创新水平指数力争提升 3 ~4 个位次；具有山东特色的"创新体系"更加协同高效，将跻身全国创新型省份前列。

随着新一轮科技革命和产业变革孕育兴起，创新已经成为企业发展壮大、区域提升竞争力的主导力量。

（二）山东省国有企业发展现状

山东是国资大省，省、市、县三级国有企业资产总额超过 6 万亿元，国有企业（含中央驻鲁企业）的营业收入占全省企业营业收入总额的"半壁江山"。近年来，山东省国有企业立足实业、加快发展，在聚焦主业、产业转型升级等方面做了大量工作，总体规模和综合实力有了显著提升。例如，山东省管一级企业已经全部实现股权多元化，经理层契约化管理得到全面推行，国企在改革中呈现出新的活力和动力，改革红利效应集中加速显现。然而，与现代化经济体系要求相比，同建设制造强国目标相比，国有企业的发展速度还存在较大差距，尤其是市级、县级国有企业的问题较多，改革进度相对缓慢。

二、山东省国有企业创新工作取得成绩和存在问题

国有企业是新旧动能转换、创新驱动发展的主力军，也是以创新工作推动高端装备制造、高端化工、海洋经济等“十强”产业发展的中坚力量。“十三五”期间，国有企业积极实施混合所有制改革、现代公司治理改革和考核机制的变革。尤其近两年，全省推进建立国有企业与知名科研院所、高等院校、研发机构的合作对接常态化机制，参照国有科技型企业股权和分红激励办法，研究建立促进技术创新的激励分配机制，在创新方面取得了较大的进展。

（一）主要发展成绩

2017 年 7 月，山东省委、省政府印发了《关于加快推动国有企业改革的十条意见》，意见指出要坚持以“四新”促“四化”，“分级建立国有资本布局结构战略性调整重点项目库，加快推动国有资本向十大产业和对新旧动能转换具有支撑保障作用的重要基础设施、公共服务等领域集聚。”同时指出：“新增 3 家以上省属国有企业整体上市或主营业务上市，省属国有企业资产证券化率提高到 60% 以上。”

两年来，山东省国有企业改革坚持“一企一策”分类推进，通过资本证券化、引进战略投资者、入股非公企业、开展员工持股试点等多种形式，积极稳妥推进混合所有制改革。出台了《省属国有企业混合所有制改革发挥中小股东作用的指导意见》《关于加快实施新旧动能转换推进省属企业资产证券化工作的指导意见》，制定了员工持股实施细则，首批在全省选择了 10 户企业开展试点。

截至 2018 年底，山东省属企业混改 1806 户，占全部企业户数的 62%，高于全国省级混改 56% 的比例六个百分点，集团二级及以下企业的混改已全

面启动。2019 年 8 月，山东省国资委召开混改部署会，为在更高层次、更大范围上激发省属企业发展活力，省属一级企业的混合所有制改革正式开启。

两年来，山东省国有企业实施创新驱动战略，增强新旧动能转换动力，摸索出一套“山东经验”，总结为如下四个方面：

1. **推进技术创新取得成效**

围绕优势产业和高新技术产业发展关键领域，实施一批重大科技项目，突破和掌握一批关键核心技术，形成一批具备先发优势的引领型创新企业。全省国有企业深度参与国家“创新百强”工程和山东半岛国家自主创新示范区建设，推进科技资源优化整合，部分企业高度关注引领产业变革的颠覆性技术（例如新一代信息技术、新材料、海洋科学等领域），布局了新兴产业前沿技术研发。

2. **商业模式创新经验丰富**

不少企业坚持以市场为核心、用户为导向，实现由提供产品向提供产品及系统解决方案转变，由生产型向生产服务型转变（例如浪潮集团、潍柴集团等）。开展了“互联网 +”行动计划，利用云计算、大数据、物联网等新一代信息技术，实施从研发设计到生产制造、再到营销服务的全流程互联网转型（例如海尔集团建立的“智能制造云平台 COSMO”），形成了创新的叠加效应、聚合效应、倍增效应，不断激发新的动能。

3. **产学研创新合作成效卓著**

两年来，进一步深化与中科院等知名科研院所、高等院校、研发机构的交流合作，建立了常态化对接机制，中科惠鲁科技专项基金发挥着积极的作用。积极探索建立企业创新战略联盟，通过政策鼓励国有企业与各类所有制企业设立自主创新交流和协作平台，促进创新成果共享和产业化。部分企业按照市场化的方式设立了产业创投基金，或与大专院校、科研机构设立了专业化的众创空间。

4. **创新人才强企效果明显**

创新的关键是人才。抓住了人才，就抓住了机遇。按照山东省委、省政府“双招双引”的总体安排，国有企业也加大了对高端人才的引进力度，制定引进高端人才专项计划，建立高端人才引进工作目标责任制，力争在引进高端人才方面实现大的突破。

不少企业敢于打破常规，采用战略联盟、业务外包、项目合作、短期研究、技术咨询等柔性引才用才方式，突出“事业留人”和“待遇留人”，改进科技项目管理方式，赋予科技领军人才更大的人财物支配权、技术路线决定权，加大对核心高端人才在股权激励、薪酬待遇等方面的激励力度。与此同时，完善了人才管理体系，优化人才成长环境，建成了管理、技术、技能等多个序列并行的人才晋升通道和薪酬分配体系，畅通各类人才成长通道。

2018 年下半年以来，随着《关于做好人才支撑新旧动能转换工作的意见》《关于支持科技创新服务新旧动能转换重大工程财政政策的实施意见》《关于财政金融政策协同配合支持新旧动能转换重大工程的实施意见》等配套政策的颁布，较大程度解决了创新工作的动力、阻力问题，国有企业将创新视为推进新旧动能转换的关键所在，将创新工作摆在突出位置，成绩斐然。

（二）主要阻力和存在问题

山东省国有企业底子厚，但传统产业比重较大，如钢铁、煤炭、重化工等传统产业在山东省属国企资产布局中超过七成，企业向高端产业转型和升级的需求较大，各种制约性因素依然较多，尤其市级、县级国有企业更为明显。国有企业创新调查结果显示，国有企业创新存在活跃度和投入水平相对偏低、创新成效和层次相对不足等问题，应引起进一步关注。根据对 32 家调研对象反馈问题的梳理，创新工作的主要阻力和存在问题有以下四方面：

1. 创新活跃度相对不高

开展创新活动的企业占比是反映企业创新活跃程度的重要指标。根据调研情况，32 家受访企业中开展系统性创新活动的企业占比为 38%，明显低于外资企业（48%）和规模以上民营企业（41%）的平均水平。单从技术创新来看，国有企业中开展技术创新活动的企业占比为 16%，低于规模以上民营企业平均水平（26%），与外资企业平均水平（40%）差距较大。

2. 创新投入水平相对不足

企业研发投入强度（研发经费支出与主营业务收入之比）是反映创新投入的核心指标。在参加调查的工业企业中，国有企业的平均研发投入强度仅为3%，与民营企业和外资企业的平均研发投入强度相比均有明显差距。另外，在企业创新费用中研发经费占比可在一定程度上反映企业自主创新投入水平，32家国有工业企业中，研发经费占创新费用比重亦不及民营企业，自主创新投入水平相对偏低。

3. **创新层次相对较低**

新产品的新颖度水平可在一定程度上反映创新层次。在调研企业中，仅有18%的国有企业推出了代表较高层次的国际水平新产品，这一比例低于外资企业的新颖度水平（约33%），也低于同等规模民营企业的新颖度水平（约22%）。国有企业的新技术、新产品、新管理制度依然服务于传统产业、传统市场和旧有的体制，“靠资源吃饭”的烙印清晰可见。

企业创新模式可更为全面地反映创新层次。根据企业创新的自主程度、难易程度、新颖程度及连贯程度等因素，可将创新企业按层次由高到低分为战略创新、间歇创新、改进创新和采纳创新等4种模式。在走访的企业中，战略创新企业占比为5.5%，间歇创新企业占比为20%，改进创新企业占比为32.5%，采纳创新企业占比为42%；与其他所有制类型企业相比，在国有企业中体现较高层次的战略创新和间歇创新企业占比相对较小，表明其创新层次相对较低。

4. **创新成效并不突出**

“四新”产品销售收入占主营业务收入比重是反映创新成效的指标之一。根据调研组走访德州、枣庄、聊城、济南的12家国有企业反馈，其“四新”产品销售收入占主营业务收入比重约为16%，低于本区域的民营企业、外资企业的平均水平（约为24%）。而这一数字，济南、青岛、潍坊等地的国有企业虽高出全省平均水平的50%左右，但总体上仍低于民营企业。“创新驱动”这一企业发展规律在国有企业体现的并不充分。

另外，创新文化日益成为影响创新行为的重要因素，而创新文化与创新实践“两张皮”的问题是一直以来的“怪相”。提高创新水平和市场竞争力，国有企业的劣势也是积重难返。国有企业历史遗留问题多、负担重，长期的计划经济约束，旧有的文化习惯对国有企业的发展带来巨大的阻碍和负担，也影响着国有企业的创新进程。

三、国有企业创新工作问题解决思路

根据调研反馈，综合各企业主要负责人意见，皆认为："国有企业实现高质量发展，需要在优化要素投入方式、增强创新发展的体制机制激励等方面下更大功夫。"

课题组经梳理多方意见、总结国有企业在创新方面存在的问题后，提出"五个创新"的问题解决路径，即培育创新观念、营造创新氛围、打造创新机制和平台、创建市场创新模式、建设创新体系和方法论。通过这"五个创新"，打通"新"与"旧"的关键连接点，使创新行为拥有外显的平台，解决创新文化"看不见、摸不着、感触浅"的问题，使创新活动"外化于行"、有效落地。

（一）培育创新观念

国有企业明显的规模和效益优势，特别是部分行业的垄断性优势，使其对创新的重要性和必要性认识不够充分。从创新的重要性来看，国有企业都能认识到创新对企业的生存和发展所起作用"相当高""必须重视创新工作"，但在实际中，创新制度、创新平台和成果远低于民营企业尤其是"独角兽""瞪羚"和互联网企业的水平。

在同样的竞争条件下，国企优越感较强，而且推动创新工作其成果并非立竿见影，大家尚未形成从企业命运和市场竞争力的角度考量创新的价值，往往"以奖补政策为导向"而不是"以提高市场竞争力为导向"，创新工作"材料中重视""行动里轻视"的问题较为突出和明显。创新观念要靠"一把手"引领，靠企业干部带头，由于国有企业发展历史遗留问题较多、各类权属关系复杂，加之与地方政府领导的发展思路紧密关联，"求稳""求安"是第一诉求，而"求新""求变"在国企内部并非主流观念。

2017年11月，中共山东省委、山东省人民政府印发《关于激励干部担当作为干事创业的意见（试行）》，鼓励政府机关、事业单位和国有企业干部"勇作为"，健全完善澄清保护机制"为担当作为者提供保障"，营造干事创业良好氛围。具体贯彻落实《意见》时，各地国有企业干部认识不一、水平各异。

鉴于该问题，课题组的改善思路是，在不改变所有制的条件下，通过实施授权经营体制、建立职业经理人制度和引入第三方合作机构等方式，用量化指标和市场机制考核负责人是倒逼企业求新、求变和快速发展的有效途径。

1. 在“授权经营”框架下孕育创新的种子

党的十九大以后，创新“授权经营”模式是国企监管体制改革的核心。在国有企业改革的过程中，以“管资本”为主的国资监管体制改革将大大加速，而以“授权经营”体制为主的国资改革，将成为新一轮改革的“牛鼻子”。“授权经营”作为国企改革的理论基础，历史上对推动我国经济体制改革和国企改革起过重要的历史作用。因此，国有企业应在“授权经营”框架下释放创新活力，腾出“干事创业”的激情空间是培育创新种子、培养创新观念的前提条件。

2. 职业经理人制度是国企创新的重要基础

2017 年 5 月，国务院办公厅《关于进一步完善国有企业法人治理结构的指导意见》（国办发〔2017〕36 号），要求有序推进职业经理人制度建设，逐步扩大职业经理人队伍，有序实行市场化薪酬，探索完善中长期激励机制，并畅通企业经理层成员与职业经理人的身份转换通道，充分发挥企业家作用，造就一大批政治坚定、善于经营、充满活力的董事长和职业经理人。

据临沂、枣庄等地的 6 家国有企业反馈，其尝试推行职业经理人制度以来，企业的资产监管、人事考核、薪酬激励等众多受制于现行体制的问题都迎刃而解。尽管职业经理人在国企会面临短时期的“水土不服”，但从长期来看，凡是留得住、干得好的职业经理人，都开启了一系列的创新举措，改变了国有企业的创新观念和意识，尤其是树立起了“市场为中心”“高质量为导向”的发展理念。

3. 借助“第三方”机构有效推进创新

根据青岛、潍坊、烟台等地国有企业负责人的反馈，企业创新借助“第三方”是个较快的途径。所有创新和变革都是利益的再分配，曾有文学作品这样描述：“利益错综复杂的组织中，要挪动一张桌子，都是要流血的。”

牵动众多既得利益的事情，同样的出发点和目的，不同的人来做，结果也会截然不同。例如，淄博某国有企业的环保治理问题，牵涉到短期投资增加、生产线改建和员工分流等问题，于是企业干脆选择第三方介入，帮助企业负责人的决策做论证、做动员、做实施，效果反而比自己推行更顺利、更有效。

（二）营造创新氛围

国有企业干部是创新工作的主导因素，目的是将创新培养成一种文化习惯，形成浓厚的创新文化氛围。国有企业尤其县区属的国有企业“不敢创新”和“不屑创新”的风气较为严重。作为企业中的个体，职工中仅有极少数人愿意为创新付出时间成本、承担压力和失败风险。

针对这一问题，课题组认为国有企业应该持续不断地学习标杆、强化文化培训和引进外部人才，培养好的创新氛围。

1. 形成“容忍失败”的文化

培养创新文化氛围，首要的是培育一种“容忍失败”的文化。创新具有不可预见性，有时要承担很大的风险，只允许成功不容忍失败，不可能调动起全员创新工作积极性。鼓励创新，要在行动上给予合作支持，在精神上给予安慰。因此，创新需要最大限度地鼓励、理解、容错的态度和文化氛围支持。

2. 引进和善待“鲶鱼型”人才

“鲶鱼型”人才大都在某些方面有特殊才能，但他们爱表现、爱较真、喜欢“挑刺”，不会明哲保身，不会亦步亦趋，更有甚者可能心高气盛，但这些人常常是破除国有企业固有的文化氛围最好的“破冰铲”。企业要善待这样的“另类”，要豁达大度，容其个性、宽其缺点，创造条件和平台使之发挥特长。要多做引导，做好服务，将他们的缺点所产生的副作用降到最低，最大限度地发挥“鲶鱼”的正面作用，使企业保持创新的活力，实现“一个带一片”的实效。

创新驱动从根本上说是人才驱动。部分国有企业可完善薪酬分配制度和人才培养机制，制定有效激励政策，完善对创新失败的容错机制，激发员工的创新积极性。同时，加快吸引和集聚有利于企业创新发展的各类人才，尤其是国内外相关领域的技术领军人才。将创新精神作为市场化选聘和管理企业领导人员的重要考核内容，着力激发人才创新创造动力，带动企业创新发展。

3. **借助“混改”与“整合”的东风，通过与中央企业、民营企业的融合，融入活跃的文化因素**

在重组、合并的过程中，文化融合的风险和文化创新的机遇并存。课题组走访的3家滨州企业，均以事实成果证明了在重组过程中，通过职工换岗、轮岗、合并部门等方式，将不同公司之间的文化差异甚至冲突转化为文化生产力，激活了创新的氛围。

（三）打造创新机制和平台

创新人才的积极性，很大程度上取决于机制是否适宜，然而当下国有企业管理机制改革尚未到位，表现为活力不足。

一方面，创新特别是技术创新风险性高、回报周期长的特点与国有企业考核制度之间存在不协调、不匹配；另一方面，国有企业创新激励机制欠缺，职工受到诸多行政化束缚，也难以放开手脚开展创新活动。在制度安排上，既缺少“心动”的激励机制，也缺少“兜底”的保障措施。受访企业反馈“2017年以来开展创新工作的成果”是：认为增加工资或奖金、股权或期权、汽车或住房等物质奖励、岗位调整或升职机会等4种创新激励措施效果明显的分别占52%、3%、9%和42%，均低于民营企业水平（67%、18%、24%和71%）；认为缺乏人才或人才流失是阻碍创新重要因素的占比为52.6%，高于民营企业。

与此同时，仅仅依靠国有企业内部资源已经很难实现突破，需要在更大范围整合经济资源和要素，形成全球化开放式创新平台。国有企业应围绕行业和企业创新短板，聚焦具有决定性、枢纽性、通用性、前瞻性的重大关键技术进行研发；与国内外知名科研院所、高校形成“产学研用”技术创新战略联盟，实现各自在运行机制、组织结构、技术发展、人才培养等方面的优势叠加；打造涵盖技术、工程、产业、市场、管理全链条的一体化创新模式，实现创新链与产业链有效衔接。

（四）创建市场创新模式

以高附加值战略引领高端技术布局。高附加值战略的核心是通过高强度研发驱动高增长，提高企业的全要素生产率。国有企业应结合自身资源和技术优势，为向全球价值链高端攀升进行战略布局，为转型升级进行技术储备；在引进高端技术的同时，通过消化吸收再创新、集成创新和原始创新相结合的方式努力掌握关键核心技术；加快运用互联网、云计算、人工智能、大数据等现代技术发展实体经济，促进传统产业转型升级；通过提供差异化、定制化、专业化服务，加速由单一产品提供商向综合方案解决商转变；利用颠覆式创新、军民融合协同创新等方式，打造自己主导的新兴全球价值链和产业链，发展高附加值新兴产业。

按照新旧动能转换重工大工程提出的“四新促四化”理论，即通过发展新技术、新产业、新业态、新模式，实现产业智慧化、智慧产业化，跨界融合化，品牌高端化。在课题组走访过程中，以市场为导向、将产品创新、产业创新、业态创新和模式创新的案例进行整理总结，归纳出如下五个发展阶段的“市场创新模式”。

1. 市场细分创新模式

就是从现有的产品品类中找到细分品类或市场（特殊人群或特定使用场景）进行创意化设计，推出“新产品”。例如青岛某人力资源企业，开发了专对“一带一路”沿线国家的外向型人才培养和输出服务项目，取得了成功。这种服务项目本质上并没改变人才服务的特性，但其培养了该产品在细分市场的竞争力，可以称之为“细分市场创新”。

2. 产品改良创新模式

建材市场无疑是个低门槛的红海市场，良莠难辨，品牌繁多。几年前临沂某国企通过并购，其二级公司从小规模扎堆的建材物流市场中脱颖而出，推出了“面向中等收入家庭的装配式建材产品”，实现了外贸和内贸业绩双增长。

实际上，这种产品并没有进行全面技术革新，只是将低门槛产品进行了苛刻的品质升级和性能提升，并以“品质生活的选择”为定位拓展欧美、日本市场，其内部配件和使用体验“精耕细作”，好口碑进而扩散。这是“在红海中找蓝海”的典型例子，可以称之为改良创新。

3. **小颠覆创新（新技术）模式**

所谓小颠覆创新，不是在市场上找细分、讲概念，也不是设计上的花拳绣腿、品质上的精雕细琢，而是真正的技术创新。有句广告语叫“充电五分钟通话2小时”大家是否记得？当然这是手机电源管理技术的创新。那么，该技术在充电宝产品是否能实现？于是，有企业试着发明了“双向快充”移动电源，解决了此前“充电特慢”的行业性痛点。其实“小颠覆创新”也不是电池技术的革命，是在现有技术基础上的新的应用型解决方案。真正的电池技术革命，笔者则称之为“大颠覆”。

4. **大颠覆创新模式**

大颠覆，顾名思义，就是彻底的、材料级技术革命。在青岛某国有企业，将石墨烯材料和技术应用于轮胎生产，其轮胎性能和寿命远超普通橡胶材料的轮胎，成为轮胎行业的新技术、新产品引领者。能实现“大颠覆”或技术创新的国有企业，山东目前为数不多。培养“大颠覆”式的技术创新项目，也是新旧动能转换重大工程的核心工作。

5. **商业模式创新（新模式）**

根据烟台某国企的调研情况，他们从传统的制冷设备生产逐渐转变为“智慧驱动、冷热互联”环境技术解决方案供应商，从“产销”模式转型为“解决方案提供”模式，成为商业模式创新（新模式）的典型代表。这是服务经济和互联网思维下的模式创新，既提高了产品销量，又积累了客户大数据，同时延伸了产业链条。

当完成了上述五个阶段“市场创新模式”，便会形成一种新的业态——抓住细分市场、融入颠覆性技术、升级现有产品、革新商业模式的新业态。例如，潍柴控股集团围绕重型商用车动力总成市场，突破“重型商用车动力总成关键技术和应用系统”获得国家科技进步一等奖，实现了重型商用车动力总成国产化，随后，潍柴控股集团与各大车企建立了市场共享、合作研发的新模式，全面提升了我国商用车全行业的国际竞争力，形成了新的产业生态。

（五）建设创新体系和方法论

企业创新是一个包括新思想或新发现产生、概念形成、研究与开发、试制评价、生产制造、首次商业化和技术扩散的过程，其意义在于创造价值。国有企业应建立以企业为主体、市场为导向的创新体系，充分发挥市场对国有企业创新的导向作用，重视研发前客户需求调研，促进技术创新与商业模式创新深度融合，提高创新成果转化率；面向主要市场，充分利用当地研发资源，开展满足产品功能和性能差异化要求的本土化研发。

中国石油和化学工业联合会会长李寿生编写的《企业创新方法论》中，介绍了如何从全球、国家、企业三个维度下开展企业创新的方法论体系。在深入研究与实践考证的基础上形成适合我国企业的创新体系，使企业在创新之路上有理论可循、有工具可用、有效果可期，是社会各界关注的重要课题。

创新是有规律的，也是有方法的。但凡成功的创新，一定有方法；但凡失败的创新，一定有教训。从诸多企业创新的实践中，企业可以总结出一些带有共性规律的创新方法，创新不是无序的密码。

四、国有企业创新工作前景

党的十九大报告提出，推动国有资本做强做优做大。继续深化国企改革、发展混合所有制经济、培育一批具有全球竞争力的世界一流企业，是国有企业进一步改革的任务和目标。

2019 年，是新中国成立 70 周年，是实施“十三五”规划的重要一年，也是供给侧结构性改革的深化之年。山东省国有企业创新工作在取得丰硕成果的基础上，亦要“盘点经验”“找到问题”“划出重点”为制定“十四五”规划提供宝贵建议。

按照山东省国资委的计划，2019 年将“深化国有资本授权经营体制改革，推动国有资本投资运营公司改革取得新突破”“落实鼓励科技创新政策，推动省属企业提升自主创新能力，评选一批省属企业科技创新成果”“建立灵活高效的市场化经营机制，加快推进职业经理人制度试点工作”“落实省属企业新旧动能转换实施方案，围绕‘十强’产业加快推进氢能源产业园、林德液压、北斗卫星导航应用、高新生物技术产业园等一批重点项目建设”“全面推行上市公司、非上市公司及科技型企业中长期激励”等创新工作内容列入年度重点工作计划。在调研工作中，不少企业反映了贯彻上述创新工作的条件制约、推进阻力和难度，但总体而言各企业对改革创新的方向和路子还是乐观的、充满信心的，普遍认为国有企业创新工作“大有可为”。

从32家国有企业创新工作情况来看，在国企改革的政策安排下，创新发展有很大潜力。例如，在研发经费规模上，2018年企业平均研发经费较往年提升10%以上；在新产品销售规模上，增长率约12%左右；国有企业通过集中力量办大事的体制优势取得了一系列重大科技成果，是其他企业难以企及的。对国有企业来说，利用好现有优势，逐步破除阻碍创新的藩篱，是创新发展取得进一步突破的关键。

结语：发挥好国有企业在创新驱动发展战略中的重要作用，推动国有企业适应市场需求、转变发展方式、依靠创新提升核心竞争力，健全国有企业激励机制和考核办法，充分调动企业家和科研人员创新创造的积极性，增强企业创新内生动力，更好地构建高质量发展的微观基础，让国有企业在创新驱动发展战略中发挥更大作用。

参考文献

[1]孔宪香.以创新驱动加快山东新旧动能转换研究[M].北京:经济科学出版社,2018.

[2]施春来.国有企业治理转型的交集点与机制创新的思考[J].求实,2013(1):119－121.

[3]于永达,韩振国.创新型国家、学创型组织与国企创新发展路径研究:以北汽集团为例[J].管理现代化,2019(2):30－34.

[4]马红,侯贵生.混合所有制改革、地方国企依赖与国有企业创新升级:基于制造业的实证研究[J].上海财经大学学报(哲学社会科学版),2019(2):30－45.

[5]贾俐贞,黄苏萍."新时代＋新常态":国有企业创新动力机制的研究:基于国有企业分类的视角[J].北京工商大学学报(社会科学版),2018(1):

105 - 113.

[6]秦华英. 混合所有制改革影响国有企业创新的机制分析[J]. 管理世界,2018(7):174 - 175.

[7]赵贵军. 万众创新尚需机制保障:浅谈国有企业创新活力的推动机制建设[J]. 中国经贸,2018(7):91 - 92.

[8]王娜. 新形势下创新开展国有企业党建工作思考[J]. 现代国企研究,2019(4):206 - 206.

[9]刘冰. 企业激励与监督机制的模式分析及国有企业机制重构[J]. 经济师,2003(6):145 - 146.

[10]孙海. 中外国有企业机制变革的比较研究[J]. 管理世界,2004(9):152 - 153.

课题组成员简介

戴昊，工程师，山东省工业和信息化研究院。

于政，高级经济师，山东省工业和信息化研究院。

魏涛，博士，中国伦理学会。

4

山东省企业研发费用税前加计扣除政策落实问题研究

李燕芹　张建峰　郭秋芝　张毅

摘　要　作为一项支持企业创新的重要政策，研发费用加计扣除政策实施以来，对国家实施创新驱动发展战略，促进企业研发创新起到了积极作用。本文参照2018年山东省企业享受税前加计扣除优惠的统计数据，分析了山东省企业研发费用加计扣除政策落实情况，解释了影响政策落实的原因，从政策完善、部门推动、企业落实三个层面提出了推进我省研发费用加计扣除政策落实的对策建议。

关键词　山东省；企业；研发费用；加计扣除

习近平总书记在党的十九大报告中指出，创新是引领发展的第一动力，是建设现代化经济体系的战略支撑。为了鼓励企业加大研发投入，有效促进企业创新活力，近年来国家出台了一系列研发费用加计扣除等减税降负政策，对激发企业加大研发投入的积极性，提高研发能力，开展自主创新，发挥了重要的促进作用。好的惠企政策，只有企业实实在在地获得实惠，才能起到应有的激励研发投入、支持科技创新的作用。

一、研发费用加计扣除政策发展历程

税法规定，加计扣除是企业在开发新技术、新产品、新工艺发生的研发费实际发生额基础上，再加成一定比例，作为计算应纳税所得额的扣除数额的一种税收优惠政策。

我国实施企业研发费用加计扣除政策起始于 1996 年。20 多年以来，研发费用加计扣除历经政策创设、享受主体扩大、逐步系统化和体系化、扣除范围逐步扩大、核算申报不断简化的发展历程，从时间上可划分为四个阶段。

第一阶段 1996—2002 年，优惠政策创设。

1996 年，财政部、国家税务总局联合下发了财工字〔1996〕41 号文，明确规定：国有、集体工业企业在研究开发新产品、新技术、新工艺发生的各项费用，增长幅度在 10% 以上的，经主管税务机关批准，可再按实际发生额的 50% 抵扣应纳税所得额。

值得注意的是，这一阶段突出了享受加计扣除优惠的主体是国有、集体工业企业。

第二阶段 2003—2007 年，政策享受主体范围扩大。

2003 年，财政部、国家税务总局联合印发的财税〔2003〕244 号文，将享受研发费用加计扣除的主体从“国有、集体工业企业”扩大到“所有财务核算制度健全，实行查账征收企业所得税的各种所有制的工业企业”。

这一阶段，不再强调优惠政策享受主体的国有和集体身份，只要是财务核算健全、实行查账征收企业所得税的工业企业，都可以享受加计扣除。

第三阶段 2008—2012 年，税法确认，政策逐步系统化和体系化。

2008 年出台的《中华人民共和国企业所得税法》及其实施条例，第一次将研发费用加计扣除优惠政策以法律形式予以确认，规定企业从事国家重点支持的高新技术和优先发展的高技术产业规定项目的研究开发活动，其在一个纳税年度中实际发生的研发费用支出，允许在计算应纳税所得额时按照规定实行加倍扣除。同年的国税发〔2008〕116 号文，对研发费用加计扣除做出了系统而详细的规定。

第四阶段 2013 年至今　扣除范围逐步扩大，申报流程不断简化。

2013 年国家在试验区开展扩大研发费用加计扣除范围政策试点的基础上，把试点政策推广到了全国，放宽了研发活动及研发费用适用范围，大幅减少了研发费用加计扣除口径与高新技术企业认定研发费用归集口径的差异，以“正列举”法将可加计扣除的研发费用范围进行归类，首次在政策层面规定了不可以享受加计扣除的六大行业。

2017 年，中小型科技企业按照 75% 的比例加计扣除。

2018 年出台的财税〔2018〕119 号文，把所有企业享受加计扣除的比例从 50% 提高到 75%。同年国家税务总局出台〔2018〕23 号公告，取消了企业所得税的优惠备案事项，企业享受加计扣除，不需要去税务局提交任何资料，可自行填报自行享受。

享受加计扣除政策的企业有三个限制条件：

一是非限定行业。财税〔2015〕119 号文明确规定了哪些行业不享受加计扣除政策。这些行业是：①烟草制造业；②住宿餐饮业；③批发和零售业；④房地产业；⑤租赁和商务服务业；⑥娱乐业；⑦财政部和国家税务总局规定的其他行业。除此之外的其他行业均可享受。

二是会计核算健全。企业能按照会计准则和财务通则设立总账和明细账，并能如实记账；能准确提供给纳税资料；配备专业的财务人员。

三是查账征收并且能准确核算研发费用。

二、研发费用加计扣除政策在山东省的落实情况

（一）总体情况

在推进新旧动能转换、深化供给侧改革的关键时期，山东省出台了一系列政策措施，将推动研发费用加计扣除政策落实作为重要工作内容，力推优惠政策有效落实。2019 年，省科技厅、财政厅、省税务局联合颁发的鲁科字〔2019〕91 号规定，在企业享受税前加计扣除政策优惠的基础上，可向所在地区县级科技部门提出补助申请，补助上限可达 1000 万元，不足万元的可按 10000 元给予补助。企业需要满足的条件是：①在山东省内（不含青岛市）注册、会计核算健全；②企业的研发活动以及发生的费用符合税前加计扣除政策要求，并且已经申请享受；③年销售收入在 2 亿元以上的企业，研发投入占销售收入大于等于 3%，需要两个会计年度享受研发费用加计扣除。年销售收入在 2 亿元以下的小企业，研发投入与销售收入相比大于等于 5%。符合以上条件的企业，可以申请享受研发费用财政补助，使企业在享受加计扣除政策优惠的基础上，给予财政补助，给企业的研发投入活动再次助力加油。

山东省在全国率先研发“研发费用账表辅助工具”软件，免费提供给纳税人使用，帮助企业自动生成研发项目辅助账和研发费用汇总表、归集表等报表；山东建立了“落实科技税收政策重点企业动态监测数据库”，以“税务纳税人学堂”方式，就加计扣除相关的政策规定、操作流程、风险控制，进行“面对面”的精准辅导，及时掌握企业优惠政策的申报情况。

山东省科技、财政、税务、统计等相关部门建立了高新技术产业发展工作联席会议制度，加强工作配合，将推动研发费用加计扣除政策落实作为重要工作内容，强化信息共享，政策落实情况定期通报，有效促进了研发费用加计扣除政策的落实。享受政策的企业户数从 2017 年的 5629 家增长到了 2018 年的 9749 家，增长了 73.19%，研发费用加计扣除金额也从 2017 年的 197.33 亿元增长到了 2018 年的 433.89 亿元。

2017、2018 年山东省研发费用加计扣除同比统计表　　单位：户、亿元

项目	2017 年	2018 年	增减数	增减幅度
企业数	5629	9749	4120	73.19%
加计扣除金额	197.33	433.89	236.56	119.90%

注：全省不包含青岛市。

（二）研发费用加计扣除政策在山东省落实中的问题

近年来，随着国家减税降费政策的不断推进和完善，特别是随着企业研发费用加计扣除政策的不断深入推进，直接带动了企业科技创新、持续研发投入增长，山东省企业的研发项目数量、研发经费投入都呈现增加态势，享受税收优惠的企业户数和金额不断增长、享受优惠税额占企业所得税的比重不断增加。企业科技创新、研发投入持续增长，进而造就了大批具有创新能力和核心竞争力的企业群体，为大力发展战略型新型产业、加快调结构转方式、提升山东省创新能力和加快全省经济增长起到了重要的推动作用。但是，在政策落实过程中也存在一些问题。

1. 受惠区域分布还不平衡

2018 年山东省（除青岛市外）的 15 个城市，济南市享受优惠企业 2259 家，占全省的比重达 23.17%，位居第 2、3 位的烟台、淄博两市受惠企业户数分别为 1151 家和 1125 家，分别占全省比重为 11.84%、11.54%，其他地市享受优惠的户数比例普遍较低，聊城、滨州、枣庄三市受惠企业分别为 244 家、231 家、210 家，分别占全省落实政策企业的 2.5%、2.3%、2.15%。2018 年山东省研发费用加计扣除金额共 433.89 亿元，其中济南市加计扣除额为 87.78 亿元，占全省 20.23%，位居第 2、3 位的潍坊、烟台加计扣除额分别是 56.96 亿元、55.12 亿元，分别占全省的 13%，12%、12.7%，菏泽、日照、枣庄加计扣除额分别为 10.81 亿元、7.74 亿元和 7.10 亿元，分别占全省加计扣除金额的 2.4%、1.78% 和 1.64%。

2018 年山东省落实企业研发费用税前加计扣除情况

城市	企业数/家		同比增长/%	加计扣除额/亿元		同比增长/%
	2017 年	2018 年		2017 年	2018 年	
济南	1225	2259	84.41	39.53	87.78	122.04

续表

城市	企业数/家		同比增长/%	加计扣除额/亿元		同比增长/%
	2017 年	2018 年		2017 年	2018 年	
潍坊	388	869	123.97	23.99	56.96	137.42
烟台	671	1151	71.54	26.29	55.11	109.62
淄博	531	1125	111.86	17.44	36.44	108.95
临沂	560	599	6.96	10.14	32.02	215.73
威海	440	748	70.00	14.42	26.55	84.02
泰安	273	531	94.51	11.60	24.01	107.02
滨州	153	231	50.98	12.46	23.20	86.16
济宁	414	664	60.39	10.71	22.75	112.38
东营	182	297	63.19	9.73	18.36	88.74
聊城	165	244	47.88	4.66	12.96	177.90
德州	196	365	86.22	5.30	12.08	127.89
菏泽	186	270	45.16	4.71	10.81	129.76
日照	124	186	50.00	3.20	7.74	141.99
枣庄	121	210	73.55	3.13	7.10	126.87

从受惠区域分布看，2018 年山东省（除青岛市外）15 个市中，济南、烟台、淄博落实政策优惠企业占全省受惠企业的 46.47%，日照仅占 1.9%，枣庄、菏泽两市分别占比在 2.15%、2.77%，受惠企业多集中在经济较发达的城市。

2. 规上企业享受加计扣除的范围还不广泛

2018 年，全国开展研发活动的规上工业企业有 10.5 万户，占规上企业总数的 27.8%。山东省同期开展研发活动的规上企业有 7980 户，占规上企业总数的 21%，低于全国水平 6.8%，其中享受加计扣除优惠政策的有 1410 户，占规上有研发活动企业的 17.67%，还有很大的工作空间。

三、影响山东省研发费用税前加计扣除政策落实的原因

从国家政策制定、政府部门推动、企业落实方面分析来看，研发费用税前加计扣除优惠政策在山东省落实过程中存在的问题有：

（一）国家政策制定层面

1. “研发活动”定义不明晰，导致部分纳税人放弃享受优惠

财税〔2015〕119号规定，研发活动是企业为获得科学与技术新知识，创造性运用科学技术新知识，或实质性改进技术、产品（服务）、工艺而持续进行的具有明确目标的系统性活动。而何为“创造性运用”，何为“实质性改进”，没有进一步的边界标准说明，只是概括性解释。这样在研发项目先进性的判断上，税企双方容易产生歧义。在“研发活动”含义不明晰的情况下，税务部门出于执法风险考虑，往往倾向于从严执行政策，企业也会基于后期评估的风险主动放弃享受政策的优惠。

2. 征管方式的改变，纳税人对政策享受心存忧虑

现行研发费用加计扣除政策税收征管由审批制改为备案和留存备查制。这一管理方式在提高纳税申报效率同时，也加大了财务人员对项目认定处理风险。国家税务总局2015年76号公告明确规定，企业应对报送的备案资料、留存备查资料的真实性及合法性承担法律责任，留存备查资料的保存期限为10年。这就意味着企业在10年内都有可能为税收优惠政策不当享受承担后果。缺少税务部门的把关和审定，企业难免在项目定性和研发费用汇集方面出现失误和偏差，企业享受加计扣除具有潜在风险。

3. 研发费用加计扣除政策的限制规定，抑制企业享受政策积极性

近年来，可以加计扣除的研发费用一直在努力扩围，但与会计核算口径和高新技术企业认定的研发费用归集范围相比仍显过窄，其中有行业的限制，也有研发费用核算范围的限制。2015年财税119号文件规定，批发零售业等六行业不得享受研发费用加计扣除政策，研发费用加计扣除金额的统计采取正列举的归集方式。批发零售行业也有相当数量的研发投入，被政策规定不能享受税前加计扣除的优惠，不免有失公允。在如今企业的研发投入多元、经营模式多样的经济形势下，研发费用归集方式仍然采取正列举方式，有些行业企业的研发费用难以完整归集。

（二）地方政府推动层面

1. 协同工作机制有待完善

研发费用加计扣除由于其专业性，很多税收优惠条件已经超出税务机关的专业范围，企业研发资料的获取缺乏有效渠道，难以及时、准确掌握研发企业信息，必须加强与科技、财政、经信等相关部门的合作，建立信息共享机制，以便税务部门有针对性地开展宣传辅导、精准服务。但相关部门在定期会商、联动认定等信息协同化管理方面还有进一步拓展的空间。

2. 纳税服务水平还有待提高

目前地方政府有关部门的纳税服务，从服务对象看，重对科技型、大型企业的服务，轻对一般企业特别是非科技型企业和中小微型企业的服务。从纳税服务内容看，重税收优惠政策宣传和解读，轻关键财务问题和技术问题操作指导；重对纳税服务对象的培训，轻自身的学习提高。

3. 涉税中介机构作用没有充分发挥

注册会计师或注册税务师事务所是财税领域的专业力量，是一支综合素质较高、业务能力较强的会计和税收专业队伍。目前这支队伍在所得税征收管理中发挥的作用有限，不能说不是一种高素质人力资源的浪费。目前税务机关大多面临“户多人少”的难题，企业研发费用项目涉及种类多、情况复杂、技术性强，仅靠税务机关难以全面准确把握、跟进精准服务，政策落实往往陷入力不从心的困境。

（三）企业落实层面

目前企业的考核机制、管理水平、人员专业能力有待完善和提高，一定程度限制了企业享受优惠政策。

首先，由于企业经营目标的多维性，“一把手”更加关注企业的生产、营销、投资、规划，在企业发展的某些阶段，与减少的税金相比，往往更加看重社会效益，看重创造良好的外部发展环境。出于对利润指标的追求，对研发费用加计扣除政策落实积极性不高。

其次，部分具有创新意愿的中小型企业，在起步阶段，虽然研发费用投入较大，但由于管理水平和人员专业能力所限，支出划分不合理，会计核算不规范，达不到税法规定的有关条件，无法享受该项优惠政策；有的企业由于自身财务管理不规范，担心如果享受加计扣除优惠政策，可能会引发其他税收风险，出于纳税谨慎原则或涉税成本考虑，只能放弃享受加计扣除税收优惠政策。

最后，企业激励机制没有发挥有效作用，很大程度上制约了企业享受税收优惠政策。有些企业即使高管对加计扣除认识比较透彻，对享受政策优惠表现出很高的积极性，但是财务人员却以各种理由推挡搪塞，不积极申报，一个重要原因就是激励机制的缺失。由于没有激励机制或者奖励措施得不到有效落实，有些企业的相关工作人员，存在怕麻烦，多一事不如少一事的思想情绪。

从调研的企业了解到，落实加计扣除政策存在五个方面的误区。

一是非高新技术企业不得享受加计扣除优惠。在享受研发费用加计扣除的条件中，采用负面清单制度，列举了不能享受加计扣除的行业，要求企业会计核算健全，研发费用归集准确。并没有规定企业必须是高新技术企业。所以，只要是六大行业以外的企业，开展的研发活动符合政策规定，并且能准确归集研发费用，就可以享受加计扣除优惠。

二是加计扣除优惠与高新技术企业优惠不能同时享受。研发费用加计扣除政策是税基优惠，减少的是应纳税所得额。高新技术企业优惠是税率优惠，将企业所得税税率从25%降到15%。这两种优惠政策并不冲突，可以叠加享受。

三是亏损企业不能享受加计扣除优惠。现行企业所得税法第5条明确规定，企业每一纳税年度的收入总额减去不征税收入、免税收入、各项扣除以及允许弥补的以前年度亏损之后的余额为应纳税所得额。因此，企业发生的研发费用，不论当年亏损与否，都可以做加计扣除。我国有不少省份出台了研发费用加计扣除财政补贴政策，亏损企业在享受研发费用加计扣除优惠的同时，一样可以申领财政补贴。

四是只有外部立项的研发项目才可以享受加计扣除优惠。企业发生的研发费用是基于研发项目发生的。相关政策并没有规定可以享受的研发项目是内部立项还是外部立项，只有内部立项的企业同样可以享受加计扣除。这里需要注意的是，企业的研发能力需要有效的外部证明，这是税务机关核查的重点。

五是失败的研发活动所发生的费用不得加计扣除。企业的研发活动有一定风险的，同时也不可预测成功与失败。有些研发项目的执行是跨年度的，在会计年度核算时无法预知研发成功与否。加计扣除政策是针对研发活动予以鼓励，并不强调结果。因此，不管研发活动是否成功，是否跨年度，只需规范地汇集，就可为享受加计扣除政策奠定扎实的基础。

四、推动落实研发费用加计扣除政策的意见与建议

（一）政策设计层面

1. 降低政策门槛，增加税收优惠的普惠性

建议取消研发费用加计扣除税收优惠领域的限制，无论是否国家重点支持的高新技术项目都给予政策扶持，扩大加计扣除研发费用扣除范围，进一步提高加计扣除的加成比例，将研发费用统计由正列举改为概括式列举，将研发人员的工会经费、教育培训费用、通信费用、装备调试费等列入加计扣除范围。

2. 明晰概念边界，强调权利义务

进一步明晰“研发活动”边界标准，强化企业权力，明确税务机关义务。企业对申报材料把握不准的，可要求税务机关进行事前辅导，对纳税企业年度申报享受政策优惠有疑问的事项，税务机关有义务进行风险提示，强化事前、事中的纳税服务，让企业安全享受加计扣除政策的优惠，消除后顾之忧。

（二）政府部门层面

1. 加强各部门间的信息沟通和协作

研发费用加计扣除政策专业性强，涉及部门多，需要相关部门的通力协作，共同破解在政策落实过程中的困难障碍，共同推进政策宣贯、培训、指导答疑。工信、科技和财政等部门应定期向税务机关传递企业研发活动相关信息，以便税务机关及时有针对性地开展政策和培训辅导。税务机关也应定

期向工信、科技和财政部门反馈信息，配合上述部门做好政策分析，及时调整规划布局和财政扶持力度。

2. 税务部门增强主动服务意识，尝试对研发企业提前介入服务

税务机关根据科技部门的信息，有针对性地组织推送税收优惠政策，做到企业研发项目立项和税收优惠同步。对企业的研发项目从项目立项、费用归集、扣除范围和汇算清缴环节、预先审核把关，消除企业顾虑。

3. 依法引入涉税中介开展鉴证辅导业务

应当充分发挥涉税中介机构作为税务机构和企业之间的桥梁和纽带作用，发挥专业注册会计师和注册税务师业务熟练的特长，配合税务机关做好政策宣传、辅导、审核和落实工作。一方面税务机关在加强监管的前提下，引导企业通过中介机构办理汇算清缴、优惠备案以及其他涉税鉴证事项，以减少涉税风险；另一方面可以采取政府购买服务的方式，由中介机构在研发期间为企业免费提供涉税辅导服务，帮助企业建立完善财务核算制度，辅导企业准确归集研发支出，将风险消灭在萌芽状态。

（三）企业层面

1. 多措并举，提高企业财务人员专业水平

一是建立政策落实的激励机制。鼓励财务人员研究政策，钻研业务，不断提高会计理论水平和业务操作能力，积极落实优惠政策，并给予奖金激励，反之惩罚。二是鼓励财务人员通过多种形式提升业务水平。激励财务人员加强税务、实务知识学习，提高专业素质，准确领会加计扣除政策要领，按照管理费用、研发支出、资本或费用化支出、费用细目依次科学设置会计科目，以便研发费用清晰归集、便捷查询，提高研发费用辅助账编制的效率和准确性，为企业享受政策优惠打好基础。

2. 强化信息交流，畅通信息共享渠道

对企业来讲，享受加计扣除政策优惠，涉及企业内的财务、技术、人事，须得多部门相互协作、充分沟通，优惠政策才能有效落实。技术部门的项目管理人员须得了解研发费用的归集要求，财务核算人员也要掌握研发活动的各阶段、环节的工作内容，人事部门要按期提供科技人员工资、考勤、五险一金等信息，各相关部门需要充分沟通，通力合作，才能做到会计科目、辅助账设置合理，费用归集便捷、完整。再就是要加强与有关中介服务机构的合作交流，把部分自己没有能力做好的事情，交给具有技术优势的专业机构去做。

企业研发费用加计扣除政策的落实是一个系统工程，国家层面需要进一步完善政策；地方主管部门需要进一步加强合作；企业需要提高认识、提升税收落实执行能力。

参考文献

[1]林颖,赵浩男,徐一帆．湖北省企业研发费用加计扣除政策落实研究[J]．湖北经济学院学报,2019－09－15.

[2]科技部:研发费用加计扣除政策执行指引．

[3]杨晓晖．研究开发费用加计扣除政策的研究[J]．商业会计,2018－08－10.

[4]王嘉岳,岳磊．创制鼓励企业研发的阶梯递进加计扣除企业所得税优惠政策的思考:以济南市为例[J]．财政经济评论,2016－12－31.

[5]陶可．研发费用加计扣除政策对企业研发投入的影响[J]．浙江财经大学硕士论文,2019－06－30.

[6]黑明星．研发费用加计扣除政策现状及对策分析[J]．财会学习,2019－02－05.

课题组成员简介

李燕芹，高级经济师，室主任，山东省工业和信息化研究院。

张建峰，高级经济师，山东省工业和信息化研究院。

郭秋芝，高级经济师，山东省工业和信息化研究院。

张毅，工程师，山东省工业和信息化研究院。

5

山东省企业管理创新推动与应用研究

山东省企业管理创新的推动与应用研究课题组

摘　要　为促进企业形成科技与管理双轮驱动发展模式，需要从政府引导管理角度对山东省企业管理创新的现状、问题和促进措施进行系统研究。本文共包括5个部分内容：第一部分，综述我国各级政府对企业管理创新的战略指导和国内外相关研究，从宏观层面和理论层面明确推进我省企业管理创新工作的方向和必要性，形成研究的理论基础。第二部分，通过问卷调查和拜访调研，对山东省典型企业管理创新推进现状分析，明确企业管理创新工作现状和发展需求，形成研究的企业管理创新需求基础。第三部分，通过调研梳理出山东省企业管理创新推动工作中存在的优势和不足，形成研究的现实基础。第四部分，梳理出可借鉴的其他省市推动企业管理创新的做法和经验，形成研究的有益启发。第五部分，基于上述三项基础和一个启发，从政府研究机构视角提出促进山东省企业管理创新工作的建议。

关键词　企业管理创新；管理创新意识；管理创新制度；创新成果转化；七方资源协作

一、企业管理创新发展现状综述

管理来源于人类社会实践活动，企业则是人类生产力发展到一定水平的产物。在当今时代，企业管理已经成为促进区域经济发展、助力国家整体竞争力的重要力量。而企业管理创新，则是这种力量还会持续存在和进化的关键。

（一）国家关于企业管理创新的战略指导

我国经济正处于重要转型时期，我国企业也必然会遇到新的挑战和新的机遇。只有持续不断地推进企业管理创新，才能保证企业不断应对挑战、抓住发展机遇。特别是要在开拓视野的基础上，企业应当注重解决经营中遇到的“热点、难点、重点”问题，由内而外的激发广大员工的创新热情，不断探索管理创新，系统带动技术创新、工艺创新和市场创新，推动企业在新时期获得新的竞争优势。

党中央始终高度重视管理创新和科技创新。特别在党的十八大会议后，国家开始大力推进创新驱动发展战略，努力建设世界型科技强国。2016 年 7 月，工业和信息化部、国务院国资委等 11 家单位联合发布了《关于引导企业管理创新体质增效的指导意见》（工业和信息化部联产业〔2016〕245 号），明确提出了 10 种基本路径和 6 项保障措施，为企业管理创新工作的持续推进提供了战略指导。党的十九大报告中明确提出要“加快建设创新型国家”“创新是引领发展的第一动力，是建设现代化经济体系的战略支撑”。这些政策规划，为我国企业管理创新提供了指导和良好的政策基础。

（二）国内外相关研究

在当今时代，管理创新已经成为企业管理发展的重要基础和主要组成部分，是企业生存发展的重要影响因素。就本质而言，企业创新的目的都是要增强企业的市场竞争力，而企业管理创新则是企业创新的纲领性工作。从企业创新根本目的和企业管理创新的纲领性作用角度，国内外学者对管理创新进行了诸多的研究。

1. **国外相关研究**

在国外学者对企业创新研究成果中，影响广泛而深远的是熊比特与德鲁克的研究。

熊彼特最早提出创新的概念，他认为生产就把所能支配的原材料和力量组合起来，而创新就是这些生产要素的新组合。同时，熊彼特采用了函数思维来阐释创新含义。他认为创新就是要“建立一种新的生产函数”，将新的生产要素和生产条件作为变量，引入原有的生产体系函数中，以实现对生产要素或生产条件的“新组合”，从而获得新的利润。

另外，熊比特将创新分为三类：技术创新、市场创新、组织创新，提出了企业创新的五种具体情景。一是采用新产品或产品的新特性来实现创新。二是创新生产工艺和生产方法。三是开拓新市场。四是掠取或控制新的原料来源。五是优化并建立新的组织。从这些分类可以看出，熊比特对企业创新的研究，主要是基于生产企业为研究对象而得出的。后来的学者基于这一分类研究，将企业创新归纳为产品创新、技术创新、市场创新、资源配置创新和组织创新。这些创新类都隐含着或关联着企业管理创新。

德鲁克关于创新的研究也具有广泛影响。作为现代管理学之父，德鲁克的研究涉及组织设置、员工管理、计划管理、客户管理等多个方面。其中，他对企业管理创新的研究，对西方创新理论起到了承上启下的作用。

关于创新含义的研究，德鲁克认为创新就是提高更好、更多的商品和服务。也就是说，企业创新的本质并非单纯包括发明或者创意，而是“为客户创造新的价值”。这种观点，将企业创新（包含管理创新）提升到一个新的认知高度，从市场开拓、客户增值的层面，进一步说明了“创新是如何创造更多企业利润”的作用机理。同时，也说明了企业创新发挥作用的基本途径：首先要为客户创造价值，进而才能为企业创造价值，最终实现企业与消费者的双赢。

德鲁克对创新性质的分析，指出了企业管理创新的本质是一个确定创新目标、实现创新目标的过程，是一连串平衡的动作。因此，企业最高管理层的核心工作应当是“将自身打造成创新型组织”，不断实现系统性创新。这是决定企业未来兴衰存亡的关键，远比获得阶段性经营成果更加重要。

2. **国内相关研究**

当前，我国学者对管理创新的研究主要集中在内涵和内容两个方面。

国内学者中，复旦大学芮明杰和清华大学常修泽较早地对管理创新内涵进行了研究。芮明杰认为管理创新是创造一种更有效的资源整合范式，以更好地实现企业的目标和责任。新的资源整合范式应该以企业组织战略为配合目标，涵盖企业管理全过程和各细节管理。这些观点，不仅指出了管理创新的内容和范畴，还将管理创新的作用关联实现企业战略目标和履行社会责任的高度，也映射企业管理创新对企业经营发展的重要作用。

常修泽将管理创新与企业运营的成本控制目标联系起来，认为管理创新是一种以降低企业交易费用为目标的管理行为重组。此外，常修泽将企业管理创新中的制度创新进行了广义和狭义的分类，丰富发展了企业管理创新理论和内涵。

在企业管理创新内容方面，清华大学经济管理学院教授魏杰将企业管理创新分为三个方面，即企业制度创新、企业战略创新的问题和企业文化创新，并且这三项创新都极为重要。其中，企业战略创新既决定了企业经营活动成败，也决定了企业能否长久的、高效的发展；企业制度创新决定了企业各生产要素的组合方式；而企业文化创新则是制度创新和经营战略创新的最终表现。

3. **国内外相关研究综述**

上述国内外企业管理创新的研究和实践，可以归纳为以下三个结论：

（1）国内外对企业管理创新的理论认识越来越清晰。当前，国内外学者虽然从不同的角度界定了管理创新定义和内容，但是普遍将企业管理创新作为一项支撑企业发展的工作过程。管理创新与技术创新的概念进一步融合，相互区别有紧密联系，管理创新已经成为技术创新与企业发展关联的系统化措施。这些观点，成为企业管理创新持续推进和发展的能量源泉和灵魂。

（2）企业管理创新成果的实践运用越来越丰富。一方面，随着网络信息技术发展，企业管理创新成果不断丰富多样化，其内容涉及商业模式创新、流程创新、组织创新、企业文化创新等各项管理职能。另一方面，随着查阅共享越来越方便，企业管理创新成果的转化应用越来越广泛，为企业发展提供了大量新的启发和方法借鉴。

（3）企业管理创新的理论研究和实践应用结合越来越紧密。企业管理思想直接来源于管理实践；经过实践检验的、系统化的管理思想可以转化为有效的管理理论；而管理理论又对管理实践提供科学指导，并在实践中获得新的发展。管理实践、管理思想和管理理论三者之间存在联动关系。当今信息技术的发展和应用，不仅加速了由管理实践到管理思想、再到管理理论的进化过程，还使得管理理论对管理实践的指导更加便捷。

从国内外企业管理创新产生的实际结果来看，只有将理论研究和实践应用有机结合起来，才能保证企业管理创新获得高效执行和良好效益，这符合“管理是从实践中来、再指导提升实践”的管理学学科本质，也为我省推进企业管理创新工作提供了可靠的理论支撑和技术指导。

二、山东省典型企业管理创新工作开展现状分析

课题组通过问卷调查、典型企业拜访调研等形式，并结合近几年来我省百强企业申报数据中创新方面内容的分析，对我省企业管理创新开展情况进行了研究。

（一）大规模问卷调查分析

在2019年8—9月，课题组在广大企业的积极配合下，通过微信、电子邮件等多种联系方式，向我省典型企业发放《关于开展企业参与管理创新推进工作的专项调研函》和调查问卷200份。经过沟通督促，共回收问卷196份，其中有效问卷168份。被调查企业涉及制造业，电力、燃气、水的生产，供应业，建筑业，服务业，采掘业等多种类型。

通过问卷调查，课题组从创新意识、创新动力、创新计划、考核、激励、效果6个方面进行了调研统计，系统分析掌握山东省企业管理创新开展现状，并得出以下6项分析结论。

1. 企业高层管理者普遍树立了强烈的管理创新意识

经过统计，所有被调查企业均开展了管理创新工作。其中，98%的被调

查企业高层具有很强或比较强烈的管理创新意识，占据约 59%。这种情况也符合课题组走访调研、电话沟通调研的情景。

这说明，山东省企业的高层管理者普遍认可管理创新对企业的重要促进作用，普遍制订并实施了管理创新计划，有序开展并推进自身的管理创新工作。

2. 企业管理创新的内部动力主要来自管理高层

经过统计，有 68% 的企业管理创新计划由董事会或企业经营高层发起。有 28% 的企业管理创新计划由企业部门中层发起。只有 4% 的企业管理创新计划由企业外部推动发起。

这说明：从管理创新工作的开始阶段就会受到企业高层的大力支持，企业内部管理创新的动力充足，可以协调的内部资源也比较充分，可以有力地保障有效解决遇到的问题，从而保障企业管理创新工作顺利开展。

经过深入调研分析，发现推动企业管理创新计划的中坚力量与“企业规模”高度相关。一般情况下，大型企业有高层负责制订计划，有中层负责推进执行。中小型企业则由经营高层全面负责推进。可以看出，我省企业管理创新已经成为企业运营中的一项常态性业务，制订计划、执行和效果检验等各环节已经由不同的部门进行有组织、有秩序的执行。

3. 大多数企业制定并实施了管理创新中短期发展计划

经过统计，只有 8% 的企业还没有制定管理创新工作计划。有 43% 的企业制定实施了年度（1 年）管理创新发展计划。有 40% 的企业制定实施了3 ~ 5 年管理创新发展战略规划。有 9% 的企业制定 5 年以上管理创新发展战略规划。

同时，在制订管理创新工作计划的企业中，有 98% 的企业可以做到规范执行、有序推进。只有 2% 的企业存在管理创新工作不能有序推进，或者与计划脱节。

从这些统计可以看出：（1）山东省企业普遍建立并实施了管理创新计划。而管理创新计划可以有效发挥制度优势，保障企业管理创新工作的有秩序执行。

（2）没有制订管理创新发展计划和制定长期规划的企业都较少，而大多数企业均制订实施中短期创新计划。这种“两头小、中间大”的统计特征，一方面说明，大多数企业都会制定实施与自身实际情况相符的管理创新发展规划，有条不紊地开展管理创新工作。另一方面说明，在当前技术、信息等企业外部经营环境快速变化的时代中，中短期计划适合我省大多数企业的管理创新工作。也就是说，对于我省大部分企业而言，中短期创新发展计划才能协调好计划性与灵活性的关系，既能有秩序的协调资源进行创新，又能根据具体情况进行调节。

4. 大多数企业建立并实施了内部管理创新评价体系

有 89% 的企业建立了企业内部的管理创新评价机制，且管理创新与绩效考核实现了有机结合。只有 11% 的企业没有建立企业内部的管理创新评价机制。同时，超过 75% 的企业已经设置了专项检查制度，并持续检查评估管理创新效果，依据评估效果兑现激励。

这些调研分析说明：（1）绝大部分企业非常重视管理创新成果的转化效益，建立了企业内部的管理创新评估制度和专项检查制度，以期获得管理创新的最大收益。

（2）通过建立并实施管理创新评估和检查制度，实现了管理创新与绩效考核的有机结合。这种情况佐证了当前一个现实：绩效考核，或者管理创新的专项考核激励，是推进企业管理创新工作有序开展、持续执行、不断发展的最重要的措施。

5. 大多数企业建立了多样化的管理创新激励策略

经过统计，有 86% 的企业制订了完善的企业创新激励机制。有 93% 的企业设有促进管理创新工作的专项奖励资金。只有 7% 的企业没有设立促进管理创新工作的专项奖励资金，相关的激励策略也不完善。

在物质激励方面，有 30% 的企业每年用于管理创新工作方面的资金占营业收入的比例占 3% 以上。有 63% 的企业每年用于管理创新工作方面的资金占营业收入的比例占 3% 以下。

此外，课题组设计了开放式题目调研分析企业对管理创新人员的激励措施，由被调研企业填写文字回答。这样做的目的是客观、全面采集分析我省企业每年针对获得管理创新成果奖的参与人员在绩效考核、职务晋升等方面的鼓励政策。本项调研统计结果如表1所示。

表1 被调研企业对管理创新参与人员的激励措施统计表

选项	企业数	基数	占比	备注
(1) 按标准奖励	1	168	0.60%	职称晋升、任职资格考评依据
(2) 颁发荣誉证书	1	168	0.60%	具体情况奖励
(3) 表彰奖励	4	168	2.38%	职务晋升优先考虑；岗位晋升参考；评先树优依据；评先进着重考虑；物质奖励；精神奖励
(4) 不同奖励	16	168	9.52%	职务晋升重点考虑
(5) 畅通专业技术人才成长通道	1	168	0.60%	改善专业技术职务平台
(6) 成果表彰	2	168	1.19%	职务晋升优先考虑；作为职务晋升主要参考因素
(7) 惩罚制度	1	168	0.60%	未完成管理创新项目，取消职称津贴
(8) 创新创效奖励	1	168	0.60%	职务提升重要参考
(9) 创新工作检查，兑现奖惩	2	168	1.19%	获奖奖励；列入职称晋升考核标准
(10) 当月绩效考核加分，年底综评加分	16	168	9.52%	职务晋升有限
(11) 发放单项奖	2	168	1.19%	—
(12) 岗位责任制、人事动态管理和特殊事项奖惩	1	168	0.60%	绩效考核、职务晋升适度倾斜
(13) 个人必备考核项，收入组成部分	2	168	1.19%	干部任期考核、专业技术职务评聘必备考核内容
(14) 根据职责实行奖惩	1	168	0.60%	—
(15) 鼓励科研立项，管理创新成果参与人员鼓励	6	168	3.57%	—
(16) 奖金激励	1	168	0.60%	—
(17) 将为企业提供管理创新人员纳入企业人才储备库	1	168	0.60%	技能考核与培训
(18) 绩效工资奖励	26	168	15.48%	打通评先树优、职务晋升通道，建立骨干股权激励

续表

选项	企业数	基数	占比	备注
（19）建章立制，明确标准	3	168	1.79%	—
（20）奖金激励	15	168	8.93%	绩效考核加分，职务晋升优先提拔录用
（21）科学合理评估	6	168	3.57%	职称晋升、任职资格考评依据
（22）列入绩效考核范围	6	168	3.57%	考核结果与个人绩效挂钩

由这些统计可以得出结论：

（1）大多数企业已经开始通过管理创新成果的评价体系，对管理创新的质量和效益进行评价，并计入团队或个人的工作绩效中，作为个人晋升、团队荣誉的重要组成部分。这些措施将推动企业管理创新工作的持续发展和水平提升。

（2）相对于技术创新的投入，山东省大部分企业对管理创新的平均投入并不充裕，还应进一步加大在管理创新方面的投入。只有这样才能确保管理创新有充足的资金保障，也才能促进各种创新（包括技术创新）项目的系统性转化。

（3）山东省大部分企业都已采用物质激励作为直接推进创新的手段，这主要通过专项奖金发放、增加月度薪酬、增发年度薪酬等措施来对管理创新人员进行物质奖励。这些物质奖励可以快速地调动员工发起创新、参与管理创新的积极性。

（4）除了物质奖励之外，职位晋升、荣誉宣传的激励措施也逐渐被企业认可，管理创新的激励方式更加多样化、差异化，激励效果也更加有效，能够全面地对参加管理创新的团队和人员进行按需激励。

6. 大多数企业管理创新成果转化的效益显著

从本质上讲，管理创新成果产生的效益，是企业最关心的问题，也是决定企业开展管理创新积极性和持续性的最终力量。因此，课题组针对“企业管理创新成果转化效益”方面，从员工积极性提升、改善内部经营条件、改善外部经营条件、综合提升企业经营效益 4 个方面进行了系统调研分析，得出以下重要结论。

（1）管理创新可以显著提升企业员工的劳动积极性。经过统计发现：高达96%的企业在开展管理创新后，显著提升了员工劳动积极性。这说明，企业开展管理创新后，一方面，通过具体的创新活动和创新项目的实施，促进了团队之间、员工之间的协作沟通，营造了良好的工作氛围。另一方面，通过多样化、差异化的管理创新激励措施，有效调动了员工的工作热情，员工劳动积极性显著提高，有利于企业开展全员创新，建立更加持续和全面的管理创新氛围。

（2）管理创新显著改善了企业内部经营条件。通过多选题调研统计，采集并梳理出管理创新对企业内部经营的影响效果，如表2所示。

表2　管理创新对企业内部经营条件产生的影响统计表

选项	企业数	基数	占比	总占比	备注
A. 显著提升了各级工作效率和执行效率	161	168	96%	25%	共163家企业进行多选；有67家全选，5家单选；单选中4家选择A选项，1家选择C选项
B. 显著提升了经营绩效	135	168	80%	20%	
C. 业务规模显著扩大	81	168	48%	12%	
D. 显著提升了员工工作积极性	144	168	86%	22%	
E. 显著提升了员工自信心和成就感	139	168	83%	21%	

这些统计信息说明：通过实施管理创新，所有企业都提升了内部经营效率。同时，超过1/4的企业从多方面综合提升了内部执行效率、经营绩效、员工工作积极性、工作自信心和成就感等。这种内部经营的改善，不仅能提升企业经营绩效，还可以加速企业核心竞争力的塑造，为日后全面推行管理创新工作打下了良好基础。

（3）管理创新显著改善了企业外部经营环境。经过多选题调研统计，采集并梳理出管理创新对企业外部经营环境的影响效果，如表3所示。

表3 管理创新对企业外部经营环境产生的影响统计表

<table>
<tr><th>选项</th><th>企业数</th><th>基数</th><th>占比</th><th>总占比</th><th>备注</th></tr>
<tr><td>A. 与1家及以上科研/高校机构形成了长期合作模式</td><td>89</td><td>168</td><td>53%</td><td>17%</td><td rowspan="5">共141家企业进行多选，其中35家全选，27家单选；单选中8家选择B选项，18家选择C选项，1家选择D选项</td></tr>
<tr><td>B. 形成了外访学习其他企业经验的机制</td><td>124</td><td>168</td><td>74%</td><td>25%</td></tr>
<tr><td>C. 企业知名度、美誉度显著提升</td><td>147</td><td>168</td><td>88%</td><td>29%</td></tr>
<tr><td>D. 与供应商的合作更加顺畅、高效</td><td>96</td><td>168</td><td>57%</td><td>19%</td></tr>
<tr><td>E. 与代理商（如有）合作更加顺畅、高效</td><td>52</td><td>168</td><td>31%</td><td>10%</td></tr>
</table>

这些统计信息说明：通过实施管理创新，绝大多数企业都改善了外部经营环境。其中，超过53%的企业通过开展管理创新与外部科研院校形成了长期合作模式。有74%的企业通过开展管理创新形成了外访学习其他企业经验的机制。另外，开展管理创新的企业知名度、美誉度显著提升，与供应商和代理商的合作也更加顺畅、高效。综合来看，企业开展管理创新后，对企业外部经营环境产生了众多积极影响，这有利于企业获得更多的利润增长点，也有利于持续开展管理创新工作。

（4）管理创新成果显著增加了企业的经济效益。经过调研统计，通过开展管理创新，有62.5%的企业实现了增收或降低成本，管理创新对提高经济效益有明显促进作用。另外，还有13.1%的企业显著提升了社会效益。综合来看，开展管理创新工作有助于企业节省成本、提高效率，提高社会认同感和美誉度。

（二）典型企业拜访调研分析

经过事前策划和沟通，课题组先后到济南玫德集团、青岛海尔集团、双星集团、山东电力、山东烟草、山东高速集团等20余家企业进行调研，认真听取了这些企业的管理创新现状和有效做法，并从中选取2家具有代表性的企业进行分析。

1. 济南玫德集团的企业管理创新

济南玫德集团（以下简称玫德）是专业的管路连接件生产企业，产量位居全球同行业之首。玫德主要从下面4个方面推进管理创新工作。

（1）加强创新战略设计。近年来，玫德铸造以“三个转型”为核心，从技术创新、工艺创新和管理创新角度，进行了全面的创新管理。

一是工艺转型。从人才、技术入手，着力引进、发展先进工艺，甚至跨行业引进先进工艺技术原理。这一创新的时间为1990—2003年。现在的难题是：我们已经做到了行业第一，难以找到学习的标杆对象。

二是市场转型。首先，依托产品开发，由单一产品到组合产品，再到成套产品。其次，依托产品辅之优良的增值服务，做到了“从安装开始就对客户进行工厂化的一致性服务”，服务质量优秀，降低了客户成本。最后，根据客户反馈，进行定制生产产品和服务。经过多年努力，玫德打造出瀚海天然气、消防等多个领域的产品—市场圈。

三是管理转型。这是历史最长、最费劲的一项创新。首先，立足于玫德相对悠久的历史，注重甄别继承前辈的经验，也提出了一些不再适合的经验和制度。其次，进行组织和制度革新，在2012年引入了项目管理思想，建立了技改、市场、设备3个项目组。同时打造矩阵式组织结构，实现以项目为核心，跨部门调动资源的管理模式，实施了精益管理。最后，在经营生产目标、时间划分、考核评价等方面进行了改进。

（2）积极建设创新动力。玫德一直重视创新动力的建设工作，主要采取“节约分成”“多种股权激励”等动力塑造措施。其中，节约分成的总思想就是“谁节约了就归谁、谁浪费了谁承担”。在股权改革中，分为多种股权，包括干部股、学生股、突出贡献股等。这一阶段创新的核心有效措施是薪酬分配机制更加合理。

（3）引入立项评价管理，带动各项创新。企业设置有管理创新办公室，定期召开评价会，对于好的创新创意进行系统管理。主要措施有：一是建立健全岗位职责，奠定流程化、标准化管理基础。二是实施立项评价，明确各项目自主创新目标，实现标准化管理。三是引入MBO，确定关键事项的效果，督导关键流程，形成流程化管理。四是借鉴华为IPD管理，进行风险点控制和精益管理。

（4）完善创新制度，有序执行创新。一是管理创新办公室有成套的工作制度。二是将管理类创新项目分类分级。分为合理化建议、项目等类别，予以督导及执行。同时管理类项目分为企业级 1 级、部门级 2 级。三是每月都进行专家进行督导评比，并尽力量化目标标准。四是这些创新都与岗位职责、部门目标高度相关，并最终落实到个人待遇上。

（5）持续加强成果转化工作。玫德将创新效益分为项目效益和推广效益两个阶段，由管理创新办公室统一负责执行。

2. 青岛海尔集团公司的企业管理创新

青岛海尔集团（以下简称海尔集团）主要从以下两个方面推进管理创新工作。

（1）建立创新平台，探索企业创新的新模式。当前，海尔集团充分利用互联网技术，努力实现家电的智能化设计、生产、配送、销售和服务。同时，在做好企业内部创新的基础上，带动供应商、合作伙伴等其他利益相关者，互相协作，共享资源，努力实现联合创新。

同时，针对管理创新，海尔集团以项目创新为抓手，努力打造面向全社会的孵化创客平台，以海尔的品牌、技术、工艺、人员、资金、制度等方面的优势，吸引外部有价值的社会资源，努力将海尔建设成为“创客平台”，这是一种新的企业管理创新模式的有益探索。

（2）提升创新项目立项评价和考核奖励的质量。在创新项目立项和奖励方面，海尔集团制定了定量化的立项评价标准和转化效益评价标准。并依据创新项目成果效益和对工作链条中的辐射效果，兑现奖励。这种严格评价、事后奖励的方式，平衡了“鼓励创新项目立项”和“保障创新项目投入产出比”两者之间的关系。

三、山东省企业管理创新推动工作中存在的优势和不足

课题组采用问卷调研分析、资料梳理、会议讨论等方式，系统梳理出我省在企业管理创新推动工作中存在的优势和不足，作为进一步推进企业管理创新工作的现实基础。

（一）山东省在企业管理创新推动工作中存在的优势

课题组从政府单位主导企业管理创新优秀成果评价、我省企业参加优秀管理成果评价的积极性、企业管理创新效益、企业管理创新成果转化 4 个方面，梳理出我省在企业管理创新推动工作中存在的优势。

1. 山东省持续重视企业管理创新推进工作

长期以来，山东省始终高度重视企业管理创新优秀项目的评价工作，早在 1990 年前后，就启动了企业管理创新成果的评价工作。

2009 年 11 月 30 日，山东省人民政府办公厅印发《山东省企业管理奖管理办法》（鲁政办发〔2009〕128 号），对山东省企业管理奖（分设企业和管理创新成果两个奖项）评价及奖励工作进行了详细规定。其中，涉及评奖频率、奖项数量、相应激励和奖励资金来源等。

2017 年 9 月，根据《山东省政府文件清理工作方案》（鲁政办字〔2017〕68 号）有关要求，山东省经济和信息化委员会制订并发布《关于征集〈山东省企业管理创新成果奖管理办法〉的意见的通知》，对原《山东省企业管理奖管理办法》进行修订。经过修订，将原“山东省企业管理奖”，正式改名为“山东省企业管理创新成果奖”，并对奖项设置和奖金数额进行了调整。

从以上资料中可以看出：山东省始终重视企业管理创新的推进工作，形成了由省经信委负责执行的全省企业管理创新优秀成果评价、奖励工作机制，评价过程不断完善，奖励力度不断加大，奖项的含金量和影响力不断提升，为我省企业管理创新推进提供了良好的促进作用。

2. 山东省企业管理创新优秀成果评价工作卓有成效

课题组通过问卷调查分析，对“企业对管理创新优秀成果评价工作的认识”方面进行了三项调研。一是参与省级企业管理创新优秀成果的积极性，二是近三年来获得的省级企业管理创新优秀成果奖项的数量，三是获奖后对企业经营的作用。

经过统计分析，接近 90% 的企业每年都积极地申报企业现代化管理创新成果的评价，由此可见，大部分企业都比较重视管理创新成果的评价，这对于深化企业内部管理创新进程、增加企业营收都具有重要作用。

同时，在近三年中，大部分被调研企业都获得过企业管理创新优秀成果奖项。其中，获得5项以上的企业占到一半以上，说明大多数企业近三年来管理创新都取得较好成果，并且超过一半的企业管理创新成果显著。

另外，有95%的被调研企业认为，企业获得企业管理创新优秀成果奖项后促进了管理创新的积极性。仅有少数的、不足5%的企业认为，企业管理创新优秀成果奖项对企业自身的管理创新工作没有影响。

通过以上调研分析可知：经过多年的工作开展，企业管理创新优秀成果评价工作已经产生了良好的、广泛的影响，优秀成果奖项含金量比较高，获得了大量企业的认可，众多企业积极参加省级优秀管理成果评价申报工作。这种情景进一步促进了企业自身开展管理创新的积极性，为我省持续推进企业管理创新工作提供了良好的参与基础和意识基础。

3. **企业管理创新制度规范，形成了扎实的执行基础**

经过调研统计，山东省绝大多数企业已经拥有管理创新体系，超过2/3的企业的管理创新体系已经比较完善。同时，从前文可以看出，我省企业十分重视管理创新体系的构建，企业管理创新意识明确、愿望坚定；企业高层管理直接负责创新管理，创新动力有力，创新资源丰富；大多数企业有明确的、量化的创新目标和创新计划，高效有序地开展自身的管理创新工作；企业建立并实施了管理创新考核制度，并对接考核指标实施多样化、差异化激励，有效调动了员工参与管理创新的积极性；企业管理创新成果转化效益显著，为持续推进管理创新工作奠定了良好的执行基础。

4. **创新成果转化形式多样，有利于优化推进措施**

经过开放式调研统计，采集了我省典型企业已经制定实施的管理创新成果转化应用措施，统计结果如表4所示。

表4　山东省企业已经制定实施的管理创新成果转化应用措施统计表

转化机制	企业数	基数	占比	备注
（1）创新成果转化机制	26	168	15.48%	认领机制、退出机制、推进机制、保障机制等
（2）召开创新成果经验交流会	35	168	20.83%	创新成果经验分享、交流、宣传推广

续表

转化机制	企业数	基数	占比	备注
(3) 推广应用	23	168	13.69%	创新成果推广应用、优秀成果评价标准注重推广应用性
(4) 完善创新服务体系	14	168	8.33%	完善相关体系、制度；畅通科技成果转化渠道
(5) 搭建创新项目工作平台	6	168	3.57%	创新项目工作平台、管理知识实践平台、创新成果工作室等
(6) 创新评价奖励	14	168	8.33%	物质奖励、表彰奖励、现金奖励等；提高管理创新经费占比
(7) 与绩效考核相结合	4	168	2.38%	管理创新成果与绩效考核结合
(8) 考核激励	26	168	15.48%	以考核激励为抓手，并设立了管理创新成果奖励办法，鼓励员工进行管理创新
(9) 制订企业管理创新的规划、计划	29	168	17.26%	制订成果转化计划、规划、目标
(10) 制订创新项目组织管理制度	15	168	8.93%	设置专项检查制度，成立管理委
(11) 编制激励文件，创立管理办法	21	168	12.50%	颁布技术创新管理制度相关文件、实行管理创新考核办法
(12) 深化项目承包责任制	2	168	1.19%	根据转化情况进行考核和经济责任制兑现
(13) 建立创新管理成果评估体系	14	168	8.33%	建立创新成果申报体系；持续检查评估管理创新效果
(14) 组织员工学习交流经验分享	7	168	4.17%	组织员工进行学习
(15) 人才培训	5	168	2.98%	培训专门的技术人才
(16) 培育全员创新的文化氛围	2	168	1.19%	形成良好的创新氛围
(17) 调动广大员工的创新积极性	5	168	2.98%	实行鼓励办法，调动员工积极性
(18) 学习借鉴先进经验	5	168	2.98%	学习借鉴外部企业的优秀成果经验；建立创新管理成果专项教育模块

续表

转化机制	企业数	基数	占比	备注
（19）完善专业技术服务平台	3	168	1.79%	
（20）将成果转化与创新成果相结合	6	168	3.57%	在创新成果审核通过后相应开展成果转化
（21）实施新的管理创新模式	5	168	2.98%	导入卓越绩效管理模式
（22）精益管理	2	168	1.19%	

这些统计表明：山东省企业普遍制定实施了管理创新落地转化的应用机制，管理创新工作推进得较好，成果转化效益显著。同时，我省企业积极探索和寻找最适合本企业的落地转化措施，探索出了丰富多样的学习交流、促进转化的策略。例如开展成果经验分享交流会、精益管理推进等，可以为政府制订管理创新工作策略、优化推进措施提供直接参考。

（二）山东省企业管理创新推动工作中存在的不足

课题组从企业内部创新意识、创新制度、外部创新动力、内部创新动力、创新手段5个方面，分析出我省在企业管理创新推动工作中存在的不足。

1. 部分企业管理创新意识不足

当前，部分企业的管理创新意识存在不足，主动性不强。这主要是由于：部分企业只注重生产与经济效益，而忽视了企业内部的管理创新工作，没有意识到管理创新对于企业持续健康发展的重要作用，导致企业内部存在一定的问题。

一方面，部分企业领导非常不重视管理创新工作，固守着传统的管理模式，对下级也只是命令式的布置任务，对上级的命令是上传下达，导致管理活动困难重重，这些都是最终导致企业管理混乱的重要因素。

另一方面，部分企业管理创新的执行人员也并没有意识到自身工作的重要性，没有对工作价值与自身价值有明确的认知，在工作中往往唯领导之命是从，部分企业甚至存在严重的造假行为，不仅无法真实呈现企业的管理运营情况，还无法为企业管理创新提出好的建议，更不利于企业的长远发展。

2. 部分企业管理创新制度建设不足

制度是维持一个企业长期创新、持续有效发展的关键，无规矩不成方圆，企业没有强有力的制度作为约束力，难以形成合理的创新项目立项评价标准、成果转化效益评价标准、管理创新成果奖励制度，难以调动员工日常工作的积极性，更无法保证企业管理创新的经济效益。

例如，课题组采用问卷调研分析，发现部分企业创新成果转化机制不健全，有 19 家企业还未制定管理创新落地转化应用机制，还有 39 家未填写，说明还有相当一部分企业并没有足够重视管理创新的落地转化，需要加快推进落地转化应用机制的制定。

同时，在涉及员工管理创新管理制度时，部分企业存在不健全的情况。特别是在管理创新专项奖励制度建设方面不健全，对于创新效果良好的员工没有给予及时的鼓励，对于创新效果差的员工也没有及时提出改正意见，这都不利于推进企业管理创新工作，也不能鼓励员工积极参加管理创新研究工作。同时，这样不完善的制度还可能导致人才的流失，使得企业无法获得持续的管理创新积极性。

3. 部分企业管理创新内部动力不足

在企业内部，一是部分企业特别是民营企业中的管理者大多以专科及专科以下学历为主，学历普遍不高，受教育水平较低，也没有开拓视野的习惯或者意识。这不仅导致创新意识不足，还严重影响了企业管理创新的动力，以至于在管理创新立项、评价、解决具体问题、创新手段设计、专项奖励等各环节缺乏思考，甚至质疑这些工作的价值性，不给予或少给予创新项目所必需的资源，导致企业创新推动管理工作的动力不足。

二是部分企业管理人员的水平素质不高，阻碍了企业管理在管理活动过程中的有效实施，增加了管理成本，也不利于克服企业管理创新研发中的具体问题，导致部分管理创新项目夭折，或者导致部分管理创新项目质量不高，难以形成有效的转化效果。

三是相应的奖励力度不足。课题组通过问卷调研发现，有 50 家企业没有明确的鼓励政策，说明有部分的企业并不十分重视鼓励政策的设置。有接近 1/3 的问卷中并未填写企业对获得管理创新成果奖的参与人员采取的激励政策。由此看来，部分企业对管理创新工作取得成果的员工奖励不到位，打击了员工参与管理创新的积极性，对后续创新成果转化工作的开展增加了阻力。

4. **企业管理创新外部推动力不足**

在企业外部，虽然我省已经持续多年开展企业管理创新优秀成果评价工作和优秀管理企业评选工作，但仍缺乏客观的评价指标体系，也缺乏评价后的持续督导制度和专项奖励制度，这导致了部分企业参与企业管理创新优秀成果评价积极性不高。

例如，从调研问卷分析也可得知：当前我省部分企业参与管理创新优秀成果评价的积极性相对不足，在近三年来并没有获得管理创新奖项。经过沟通得知，这部分企业开展管理创新主动意识不足，自行开展管理创新和成果转化的动力不明，也就导致了参与省级企业管理创新优秀成果评价的积极性不足。

下一步，政府应进一步完善评价机制、服务机制和奖励机制，一方面多角度提升企业获得优秀成果的收益，从外部加强企业管理创新的拉动力量。另一方面通过优秀成果宣传和案例库经营，为企业开展管理创新提供学习和交流的平台，加强企业内部开展管理创新的推动力。最终实现我省企业管理创新工作持续推进和发展。

5. **部分企业创新推动管理工作的手段不足**

在当今信息技术飞速发展的时代里，任何一个企业选择止步不前都意味着毁灭，只有那些能够及时抓住时代命脉，紧紧随潮流的企业才能够成为新时代的佼佼者。

但是，当前的企业却固守在传统的管理模式上，没有运用先进的技术手段、信息化手段来促进管理创新，创新手段匮乏，这就严重降低了企业管理创新的推进速度，也直接影响了企业管理创新成果转化和持续创新。

例如，在信息化应用方面，部分企业却不能利用信息化手段来推进管理创新工作，企业没有采集管理创新质量和转化效果的数据，也没有真正地对企业运营的各环节进行大数据分析。这就导致企业难以客观观察、深入分析企业管理中的问题，也不能提供强针对性的改进措施。

再如，部分企业对管理创新的考核激励还停留在传统的考核管理方式中，没有形成定量化的管理创新立项评价指标体系、管理创新成果质量评价体系或者管理创新成果转化效益评价指标体系，不能根据管理创新成果质量和转化后的效益，对相应的团队或员工进行有效激励，导致员工满意度与积极性不足。

四、部分省市企业管理创新推进的做法和经验

经过通信调研、资料采集、资料分析，课题组重点选择对江西省、江苏省、重庆市和陕西省 4 个地区的企业管理创新方法和经验进行了梳理，为本课题研究提供参考和借鉴。

（一）江西省推进企业管理创新的方法和经验

1. 江西省推进企业管理创新的方法

2017 年，江西省人民政府办公厅发布《关于引导企业创新管理提质增效的实施意见》（赣府厅发〔2017〕100 号），文件从总体要求、发展目标、主要任务和保障措施 4 个方面，对江西省推进企业管理创新工作进行了详细规划。

其中，主要任务部分提出了 4 个方面 15 项工作任务，并明确了每一项工作的责任单位。保障措施部分提出了 7 项保障措施，也明确了责任单位。具体如下。

（1）4 个方面 15 项工作任务：一是促进企业管理现代化，包括夯实基础管理、强化专项管理、推广先进管理模式 3 项工作。二是创新企业管理体制机制，包括推进现代企业制度建设、建立内部市场化经营机制、完善创新创业激励机制 3 项工作。三是构建企业管理创新服务体系，包括培育企业管理人才队伍、发展管理咨询服务业、加快管理创新平台建设 3 项工作。四是促进企业梯次发展，包括推动“个升企”、支持“企入规”、促进“规转股”、力争“扶上市”、加快“育龙头”、推进“聚集群”6 项工作。

（2）7 项保障措施，包括建立工作机制、支持创新项目、加强示范推广、实施培育工程、推广咨询服务、强化资金保障、加大金融支持。

2. 江西省推进企业管理创新的可借鉴经验

从江西省的工作中，课题组梳理出以下 3 条可借鉴的经验。

（1）系统构建全省企业管理创新工作体制，由政府单位搭建平台，提供必要的服务和鼓励措施，引导推进企业管理创新工作。

（2）紧密结合区域企业管理创新现状，制订强可行性、强对需性的工作任务和保障措施，明确当前政府单位的执行工作。

（3）对每一项工作任务和保障措施，都要明确责任单位，将具体工作分解到具体单位甚至部门。

（二）江苏省推进企业管理创新的方法

在 2011 年 10 月，江苏省经信委发布了《关于推进企业管理创新的指导意见》，形成了江苏省推进企业管理创新工作规划。此后，江苏省每年评选并公布年度江苏省管理创新示范企业，发挥了很好的标杆示范、鼓励管理创新的作用。

2017 年 6 月，江苏省政府办公厅发布《关于创新管理优化服务培育壮大经济发展新动能的实施意见》（苏政办发〔2017〕79 号），明确提出了建立政府改革创新便捷服务新模式、探索包容创新的审慎监管新制度、激发生产要素流动的新活力、强化统筹协调保障有力的新支撑 4 项基本工作任务，探索政府单位在督导企业管理创新工作中的新角色和新作用。其中，一个鲜明特色是为企业创新提供便捷、包容、审慎的政务服务。例如在“优化创新药物和创新医疗器械审评价批程序”工作指导中，明确提出：开辟绿色通道，对符合国家和省审评政策的创新药品优先安排注册核查，加快创新药品在省局环节的审查进度。这种特色，有效激励了企业创新工作。

无锡、南京、苏州 3 市制定并实施企业创新成果评价分级制度和科技创新专项奖励制度。在这些评价和奖励中，除了科技类创新成果评价和奖励外，还涉及企业效益规模、知识产权、商标、标准等管理创新的因素，也有效促进了企业管理创新工作。

（三）重庆市推进企业管理创新的方法

2019 年 5 月，重庆市人民政府办公厅发布《关于进一步做好促进企业创新有关工作的通知》（渝府办发〔2019〕58 号），通知从培育科技企业、推进企业研发机构建设、促进企业开展创新活动、优化布局创新型园区、推动科技金融创新、强化人才支撑、优化财政资源配置和支出结构6个方面制定了重点任务促进企业创新。

另外，重庆市工信厅积极引导企业创新管理，主要采取了以下3个方面的措施。

（1）执行成果评选和专项奖励工作，加强服务和引导。会同重庆市企业联合会开展企业管理创新成果评选，推荐优秀成果报送国家企业管理创新成果审定，激发企业创新驱动内在动力。

（2）组织开展“向企业送管理”系列活动，加强企业管理培训。通过会同区县和管理咨询企业指导企业开展创新财务管理、精益化管理、风险管控等管理创新试点，璧山区等5个区县先后组织企业开展管理专题现场交流会和“送管理”公益培训活动。

（3）开展优秀管理创新成果的总结推广活动，加强成果推广学习。一方面，聘请第三方进行客观的企业管理创新成果评价，保障了创新成果的客观性和质量。另一方面，通过培育、发现和总结一批管理创新成功经验和好的做法，委托重庆市企业联合会、重庆市中小企业协会总结提炼管理模式，并通过多种形式宣传推广。

（四）陕西省推进企业管理创新的方法

2018年5月，陕西省工业和信息化厅、陕西省财政厅联合发布《关于印发〈技术创新示范企业认定管理实施办法〉的通知》，其中提出了企业技术创新示范企业评价指标体系。

在这一评价指标体系中，包括创新机制、技术与人才、产出与效益、其他4项一级标题指标，以及8项二级标题和21项三级标题指标，并设置出各项指标的权重和标准值，为提升企业创新成果评价提供了比较规范的标准。

五、对策和建议

在系统分析我国企业管理创新发展趋势、先进地区的优秀做法、我省企业管理创新的现状、优势和不足的基础上，课题组立足政府研究机构的角度，从整体模式规划、营造良好企业管理创新环境、引导企业完善自身管理创新机制和持续推进我省企业管理创新的保障措施4个方面，提出以下推进我省企业管理创新的对策建议。

（一）构建全省“政用共媒产学研”七方资源协作模式

产学研创新模式，即产业、学校、科研机构等相互配合，发挥各自优势，形成强大的研究、开发、生产一体化的先进系统并在运行过程中体现出综合优势。

长期以来，产学研合作主要是指企业、科研院所和高等学校之间的合作，通常指以企业为技术需求方，与以科研院所或高等学校为技术供给方之间的合作，其实质是促进技术创新所需各种生产要素的有效组合。

随着技术发展和创新形态演变，政府在创新平台搭建中的作用，用户在创新进程中的需求导向作用，用户体验和社会舆论等生态圈要素的反馈作用对创新进一步凸显，知识社会环境下的创新2.0形态正推动科技创新从“产学研”向“政产学研用”，再向“政共媒用产学研”协同发展的转变。

依据当前我国企业创新发展趋势，结合我省企业管理创新工作开展现状，课题组经过思考和论证，提出了“政用共媒产学研”七方资源协同创新模式。

1.“政用共媒产学研”七方资源协作的含义

“政用共媒产学研”七方资源协同创新模式，是指系统协调政府引导、用户使用体验、共用产品促进、媒体监督宣传、企业生产、学习培育人才、研发原型原理6种资源，发挥政府引导和服务的整合力，引导强化产学研供给生态圈和用共馈需求生态圈的对接，一方面增强用户使用体验、共用产品和服务适配、媒体监督宣传的需求引导作用，提升供给价值性。另一方面引动企业生产、学校培育人才、研究机构研发原理原型的供给质量，在持续增强企业创新能力的基础上，不断满足用户的新需求，实现产学研供给生态圈和用共馈需求生态圈的循环发展。

“政用共媒产学研”七方资源协同创新模式包括以下7种力量：

（1）政（国家政府管理），由政府出台相关政策来推动一体化的发展规划，充分发挥企业管理创新评价宣传的抓手作用，稳定发展国计民生的企业创新，助力发展较大潜力空间的企业创新，在强有力的政策保证下促进用共馈、产学研两个生态圈的协同得到快速发展。

（2）用（用户），用户使用体验和反馈，是改进产品和服务的第一动力。当前，我国用户的消费观念，出现了重品质的发展趋势，对产品和服务的品质要求越来越高，越来越追求使用稳定、应用便利。因此，以生产者为中心的创新模式正在向以用户为中心的创新模式转变，以用户为中心、社会为舞台的面向知识社会、以人为本的创新 2.0 模式正逐步显现，用户创新成为科技创新活动的重要战场。

（3）共（配套和可嵌接的共用产品/服务），配套产品和可嵌接产品可以降低新产品/新服务进入市场的难度，也有利于新产品/新服务的市场推广，形成并固化用户新的消费使用习惯。因此，企业在推出新产品/新服务时，一定要充分调研和把握当前已有的配套产品和可嵌接产品。

（4）媒（媒体监督和宣传），在保证真实地情况下，媒体宣传优秀产品/服务，揭露违法违规的不良经营现象，已经成为影响用户使用的重要因素。因此，要充分发挥媒体媒介在新产品/新服务的品质、应用反馈等方面信息的监督和宣传作用，一方面梳理良好企业的口碑，另一方面揭露不良企业的行为，助力健康的市场经济发展。

（5）产（企业的市场经济），在市场经济的前提下，企业寻找更加适合企业发展的合作方式，以科研机构、高校的人才、研究成果输出作为企业发展的原动力。同时也为高校、研究机构提供研究和人才开发的利用资源。

（6）学（高校人才的培养计划），高校的人才培养能更加适应社会企业的需求，以高素质的专业人才来完成对行业内的转型需求。同时在人才产出的同时引进社会专业人才对高校的人才库进行充实。

（7）研（科研机构的科学技术研究），借助社会企业的良好平台及资源，科研机构在技术上开发的同时完成对研究方向的规划，以单纯的技术型研究机构转型成技术、方向性兼顾的研究结构，同时研究成果将推动企业以及行业的整体发展。

2. 政府在“政用共媒产学研”模式中的职责定位

在“政用共媒产学研”七方资源协同创新模式中，政府和企业是两大主导力量。其中，政府发挥着统筹规划、统筹指导、统筹服务和统筹监督的作用，具体而言：

（1）统筹规划，依据国家经济发展规划和我省区域市场经济发展实情，对需要稳定发展、鼓励突破的行业进行规划。在此基础上，启用企业优秀管理创新成果评价、企业优秀创新成果案例库建设经营等抓手，制订区域“政用共媒产学研”七方资源协同创新发展规划，并将各项工作落实到具体牵头单位，重点对媒体、企业、学校、科研院所和共用产品供给情况进行协调，配置必要资源，优化市场供给，消除发展短板，形成供给和消费的良好对接发展。

（2）统筹指导，在不直接干预企业经营的前提下，政府采用发展指导政策、举办展销会、举办发展论坛、专业培训、媒体宣传、优化企业优秀成果评价奖励等多种方式，开拓企业管理者的视野，坚定科学创新发展的思路，提供有价值的信息、知识和经验，在信息和知识层面形成经营指导。

（3）统筹服务，依据市场经济发展规律，通过整合政务服务资源、公开政务服务信息、优化政府服务过程、提升政务服务效率，提供更加规范、便捷的政务服务。

（4）统筹监督，除引导媒体媒介舆情监督之外，政府还要发挥法律监督监管功能，对违法违规的市场行为，形成有效的监督监管，增大违规成本，净化市场环境和消费环境，保障区域经济健康发展。

（二）营造良好的企业管理创新环境

1. 细化优化企业管理创新优秀项目评价工作

（1）细化评价类型，引导全面创新。将当前企业管理创新优秀项目评价的范围适度放大、分类适度细化，涵盖企业管理综合创新项目、企业管理专项创新项目、企业管理工作创新项目 3 类，从大、中、小 3 个层面，对改进企业整体、部门、具体工作 3 个层面的创新成果进行评价、评奖和宣传，引导企业不弃小微创新，强化企业全面创新意识。

（2）增加事先立项和追踪评价，完善评价流程。当前，我省实施的企业管理创新优秀项目评价工作，主要集中在对企业申报的成果材料进行审核环节，创新的信息来源单一，真实性也存在质疑。因此，有必要增加事先立项申请、事中调研和后续追踪评价 3 个环节，形成涵盖“事先立项评价、事中执行调研、成果资料评奖、事后跟踪评价”4 个环节完整的评价流程，真正评选出具有真实效益、可推广价值高的优秀管理成果。

其中，特别要加强对企业管理创新项目转化的追踪评价。政府要针对不同项目转化、持续实施和推广实施的观测方案，在合理的时间内，持续追踪管理创新成果的转化效益，并进行后续验收、后续宣传和兑现后期奖励。对于虚假虚报行为，要追回前期奖励，舆情通报，直至追究法律责任。

（3）制定量化标准，优化评价质量。政府建立并优化上述 3 类管理创新的评选标准和奖励标准，采用量化、客观、可测的指标体系，真正评选出有效益、可推广的企业管理创新项目，提升企业管理创新优秀项目评价结果的质量。只有在此基础上，才能根据项目的价值性和可推广性进行有效奖励，才能进一步发挥政府督导的作用。

2. 强化广化企业管理优秀项目的宣传工作

（1）在严格评价、保证真实的基础上，政府要通过公文发布、媒体宣传等方式，加大企业管理优秀项目的宣传力度和推广力度。

（2）引导或要求企业成立以主要管理者负责的、固定的创新管理部门，一是全面协调企业自身创新管理工作，二是对接政府服务沟通，三是采用免费或有偿服务，到其他企业拜访学习开展对接业务。

3. 建立健全企业管理创新优秀项目案例库

政府要建立健全企业管理创新优秀项目案例库，并充分发挥其作用，为企业管理创新提供直接参考和借鉴。具体建议：

（1）建立企业管理创新优秀项目案例库，集合优秀企业的创新经验，并通过分类梳理，形成可以直接推广的企业创新知识。

（2）通过立项研究，建立案例库分析工作机制，政府要对区域企业管理创新优秀项目进行分析，掌握区域企业管理创新现状、特点、不足和趋势，为企业创新发展形成有价值的方向指引。

（3）采用信息化手段，将企业管理创新优秀项目案例库挂靠到政务网站，一是固化成果，方便企业检索、查阅、学习，有利于推广。二是保证发布案例的权威性、真实性。三是有利于在合适阶段形成“企业优秀管理成果案例检索库”，防止重复创新、抄袭创新等不良行为的发生。

（4）采用市场经济思维，对案例库的推广实施合理的收费和利润分成。具体而言，在案例库形成和推广阶段，实施免费检索和下载服务。在案例库获得企业普遍认可、需求稳定阶段，仿照学术期刊论文检索下载的经营模式，委托第三方经营案例库网站，收取差异化的下载费用。而对于收取的下载费用的分配，受委托的第三方除了享有经过审批后的合理管理费用外，大部分应分配给提供案例的具体企业。这样做，一方面可以增强企业下载学习案例的重视度，另一方面可以增强优秀企业持续创新、持续参与优秀成果评价的积极性。

（三）引导企业完善自身管理创新机制

政府不能直接干预企业经营，但应适当引导企业完善自身管理创新机制，帮助企业自动自发地开展并持续推进管理创新工作，这种机制引导涵盖组织、职责、考核、激励、调节等环节的策略。

1. 强化全面创新意识，完善创新工作机制

推动企业有序开展管理创新工作的关键在于领导重视和组织实施，企业应通过强化组织领导、创新团队以及专家顾问队伍建设，进一步完善创新工作组织体系，推动创新工作有序开展。

一是强化创新工作组织领导。构建企业管理创新工作领导小组统一领导、归口管理、各专业部门（部室）共同参与的管理创新工作组织体系，强化管理创新专业管理和考核激励，提升管理创新工作积极性、主动性。

二是强化管理创新团队建设。围绕企业发展战略、人才培养目标以及创新型企业建设发展规划依托管理技能技术创新团队等平台，充分发挥专业带头人的示范作用，通过跨部门（单位）、跨领域等多种方式开展创新性研究，推动管理创新工作再上新台阶。

三是组建创新专家顾问团队。一方面，企业要加强与高校、科研院所甚至政府单位的合作，聘请有价值的外部专家，形成顾问团队。另一方面，鼓励企业借助外部智力资源，建立自己的企业大学、企业内部培训网和科研机构，将外部的智力资源真正融入企业创新和经营中。

2. 构建循环拓展体系，持续推进管理创新

对应上述3类管理创新的分类，鼓励引导企业内部实施综合创新项目、专项创新项目和工作创新项目的分类管理。具体而言：

（1）政府要引导对综合创新项目、专项创新项目要进行事先立项、先付启动研究实施经费，在取得实际效益并通过项目验收后，再兑现全部经费和奖励。其中，对专项创新项目拨付的经费和奖励，一般要低于对综合创新项目拨付的经费和奖励。

（2）政府要引导对工作创新项目，要进行事后评价，针对实际效益和推广价值，进行一次性奖励。

（3）政府要引导企业对3类创新项目进行持续实施和拓展思考，实现小创新引动大创新、专项创新引导综合创新、综合创新衍生更多创新的良性循环。

（4）政府要引导企业积极参与优秀成果评选，通过宣传展示、案例库经营等措施，引动更多企业对高价值创新项目的关注，助力企业之间的合作创新，形成企业群落创新力量。

（四）持续推进山东省企业管理创新的保障措施

1. 建立联动工作机制

建立并完善跨部门协调联动工作机制，建议建立由省工信厅牵头，省国资委、省财政厅等单位参加的省企业管理创新联席会议制度，明确任务分工，强化责任考核，统筹政策、整合资源、协同创新。联席会议办公室设在省工信厅，负责全省企业管理创新工作的协调和督导，全面推进企业创新管理，帮助企业创新工作提质增效。

2. 推广咨询服务

通过政府采购、经营案例库、引导舆论宣传、举办多种用共馈产学研研讨活动等方式，开展“向企业送信息、送点子、送管理”工作，鼓励企业向专业化管理咨询服务机构购买管理咨询服务，帮助企业坚定创新思想、开拓创新思路、介绍创新资源，助力企业提升创新能力。

3. 加大奖励力度

详细论证对优秀企业、优秀企业管理创新项目的奖励力度，从政府可以支配的相关奖金和可以提供的政策中，寻找专项奖励基金，制订年度企业优秀管理创新项目的奖励计划和政策扶持计划。

在获得省政府审批后，每年重点对全省管理创新示范企业、管理创新重大项目、管理创新重要成果、企业管理人才培训、企业管理创新平台建设、建立现代企业制度等进行支持，提升对高推广价值的企业专项创新、工作创新的奖励力度和宣传力度。

4. 加大金融支持

依据对企业优秀管理成果转化效益和推广应用的评价结果，鼓励金融机构加大对管理创新示范企业、优秀企业管理创新项目的信贷支持，在贷款额度、贷款期限及贷款利率等方面予以倾斜。

参考文献

[1]杨晨欣．KK公司管理创新研究[D]．南昌:南昌大学,2018:4－6.

[2]杨比特．基于DEA模型的中国工业企业自主创新能力评价与分析研究[D]．南昌:江西财经大学,2016.

[3]钟文涛,王旭．熊彼得创新理论和罗斯托经济成长阶段论[EB/OL]．豆丁网,https://www.docin.com/p－239526777.html? ref＝360.

[4]柳亚涛．德鲁克创新理论与企业创新实践[J]．互联网经济,2015(06):84－89.

[5]张学银．企业管理创新的几个着力点[J]．领导科学,2009(20):57－58.

[6]周昕．面向高管的战略人力资源管理对企业创新的影响:市场动态性的调节作用[D]．厦门:厦门大学,2019:23.

[7]高传贵．企业自主创新内生性驱动因素的影响机制与系统构建研究[D]．济南:山东大学,2018:20－21.

[8]魏杰．企业必须要解决的三大创新问题[J]．中国高新技术企业,2006(1):61－64.

课题组成员简介

赵彬，经济师，山东省工业和信息化研究院。

庄永辉，高级经济师，山东省工业和信息化研究院。

崔磊，高级经济师，室主任，山东省工业和信息化研究院。

王强，经济师，山东省工业和信息化研究院。

任传鹏，副教授，山东财经大学。

费振国，教授，山东财经大学。

毕晓倩，山东财经大学。

王凯，高级经济师，国网山东电力公司。